我的第一本 HR 入门书

王胜会 编著

人民邮电出版社

北 京

图书在版编目（ＣＩＰ）数据

我的第一本HR入门书 / 王胜会编著. -- 北京 ：人
民邮电出版社，2013.4（2016.1重印）
　ISBN 978-7-115-31250-1

　Ⅰ．①我… Ⅱ．①王… Ⅲ．①人力资源管理　Ⅳ.
①F241

　中国版本图书馆CIP数据核字(2013)第044949号

内容提要

本书采用"环节+制度+方案+流程+工具+要点"的结构模式，以人力资源管理的 6 个模块为基础，将人力资源规划、人员招聘与配置、培训与开发、绩效管理、薪酬管理、劳动关系管理等工作细分为具体的 26 个工作环节，并详细介绍了它们在实际工作中的内容、细节，帮助初学者快速成长为 HR 职业经理人。

本书适合企业人力资源管理人员，尤其是人力资源的初学初做者、人力资源岗位新入职人员，以及高等院校相关专业的师生阅读、使用。

我的第一本 HR 入门书

◆ 编　著　王胜会
　　责任编辑　刘　盈
　　执行编辑　代新梅

◆ 人民邮电出版社出版发行　　北京市丰台区成寿寺路 11 号
　　邮编　100164　　电子邮件　315@ptpress.com.cn
　　网址　http://www.ptpress.com.cn
　　北京艺辉印刷有限公司印刷

◆ 开本：787×1092　1/16
　　印张：24　　　　　　　　2013年4月第1版
　　字数：200 千字　　　　　2016年1月北京第14次印刷

ISBN 978-7-115-31250-1

定价：49.00 元

读者服务热线：(010) 81055656　印装质量热线：(010) 81055316
反盗版热线：(010) 81055315

广告经营许可证：京崇工商广字第 0021 号

前　言

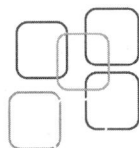

对于刚刚踏入人力资源管理领域的从业人员来讲，尽快熟悉人力资源管理的业务体系，做好人力资源管理的基础性和执行性工作，并高效运用人力资源管理的方法和技巧，是其面临的首要任务。

在实际工作中，HR 做什么？如何快速编制人力资源工作计划？如何快速绘制组织结构图？如何高效进行岗位调查与工作分析？如何编制岗位说明书？如何进行"四定"？如何办理新员工入职手续？如何管理员工福利？关于这些问题的解决方案，本书将为您系统地呈现。

本书从人力资源管理业务体系和 HR 角色定位出发，建立了"纵向+横向"的坐标模式，并采用了"业务模块+范例"的结构，对人力资源规划、招聘与配置、培训与开发、绩效管理、薪酬管理、劳动关系管理 6 大业务模块中的 26 个具体的工作事项进行了系统化设计，并提供了解决这些人力资源管理问题的实用范例，以锻造出卓越的 HR 职业经理人。

本书主要具有以下**四大特点**。

1. 建立"**纵向+横向**"的坐标模式，采用"**业务模块+范例**"的结构设计

纵向上将人力资源管理 6 大业务模块细分为 26 个具体的工作环节；横向上针对"纵向"的每块工作进行设计并提供了**制度、方案、流程、图表和工具**，共计 120 多个范例，

为迷茫中的 HR 新手提供实战操作必备的指南。

2. 设计"**体系化+精细化+职业化**"三重维度

体系化，出发点和归结点都在于指导 HR 的实际工作，由浅入深、循序渐进地介绍人力资源的基本知识及各项管理活动开展的方法和技巧。精细化，总结各行各业 HR 以往的工作经验，帮助 HR 新手迅速掌握人力资源管理的精髓。职业化，吸收最新的理论和实践成果，使 HR 快速成长为卓越的职业经理人，在工作中运筹帷幄、左右逢源。

3. 聚焦初学初做 HR 工作的**关键环节和要点**

本书通过**问题答疑的形式**，细致地阐释了怎样从每一项具体的工作环节中学做 HR。帮助 HR 新手在最短的时间内找到并掌握明确的人力资源管理方法和技巧，从而破解 HR 工作中深奥难解的谜团，使人力资源管理的各项工作达到事半功倍的效果。

4. 提供"拿来即用"或"稍改即用"的范例

本书采用制度、方案、流程、图表和工具等配套展现的方式，给出了 HR 实际工作中常见的典型示例或特色模板，便于读者随时查阅、参照或者根据需要修改套用，对初学初做 HR 工作的人员具有极强的指导性。

在本书编写的过程中，孙立宏、王淑燕、刘井学、刘伟负责资料的收集和整理，王玉凤、廖应涵、王建霞、董芳芳负责图表编排，董越参与编写了本书的第 1 章、第 2 章，徐朝阳参与编写了本书的第 3 章、第 4 章，周书娟参与编写了本书的第 5 章、第 6 章，高娃参与编写了本书的第 7 章、第 8 章，滕金伟参与编写了本书的第 9 章、第 10 章，李健参与编写了本书的第 11 章、第 12 章，刘柏华参与编写了本书的第 13 章、第 14 章，李作学参与编写了本书的第 15 章、第 16 章，张安琪参与编写了本书的第 17 章、第 18 章，屈玉侠参与编写了本书的第 19 章、第 20 章，田玲参与编写了本书的第 21 章、第 22 章，张洁浩参与编写了本书的第 23 章、第 24 章，杨晓溪参与编写了本书的第 25 章、第 26 章，姜东青参与编写了本书的第 27 章、第 28 章，全书由王胜会统撰定稿。

目　录

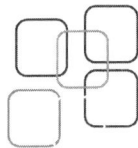

第 1 章　HR 做什么工作

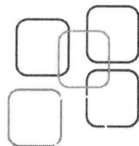

对于刚刚踏入人力资源管理领域的从业人员来说，首先应明确人力资源与人力资源管理的联系和区别，准确地认知人力资源管理工作，只有这样，才能准确地定位自己的职责。

人力资源管理是一种管理行为，是在组织特定的环境下，通过规划、招聘、培训、绩效、薪酬、员工关系管理等管理形式，对组织内外相关的人力资源进行有效的配置和运用，以满足组织当前及未来发展的需要，保证组织目标的实现和组织成员的最优化发展。

人力资源部作为企业中人力资源管理工作的执行部门，其主要职能是规划、选拔、配置、考核、培养和开发企业所需要的各类型人才，制定并实施企业各项薪酬福利政策及员工职业生涯发展规划，调动员工积极性，激发员工潜能，满足企业发展对人力资源的需求。

1.1　人力资源管理概述

人力资源的概念最先是由现代管理学之父彼得·德鲁克（Peter F. Drucker，也译为彼得·杜拉克）在其 1954 年出版的《管理的实践》（*The Practice of Management*）一书中提出的。他认为，人力资源和其他所有资源相比较，唯一的区别就在于它是人，是具有"特殊资产"的资源，并且拥有其他资源所没有的素质，即"沟通能力、融合能力、判断力和想象力"。

彼得·德鲁克还说过，企业只有一项真正的资源，那就是人。由此可见人力资源在经济发展和保持竞争优势中的特殊地位和重要作用。而且，随着知识经济的来临，人的因素越来越成为组织实现自身战略目标的关键因素。可以说，人力资源是第一资源，人力资源管理是所有管理工作的核心。

1.1.1 人力资源与人力资源管理

想准确对人力资源和人力资源管理进行区分，就要从基本概念入手。

1. 人力资源的界定

（1）人力资源的含义

人力资源又称为 "劳动资源" 或 "劳动力资源"。人力资源通常有广义和狭义之分。广义的人力资源是指以人的生命为载体的社会资源，以人口为存在的自然基础。狭义的人力资源的定义则有很多种，具体如图 1-1 所示。

本书中的"人力资源"是指存在于人们身上的能够推动整个经济和社会发展、为社会创造财富和价值的一切体力、智力、知识和技能，即直接投入建设和尚未投入建设的人口的能力。

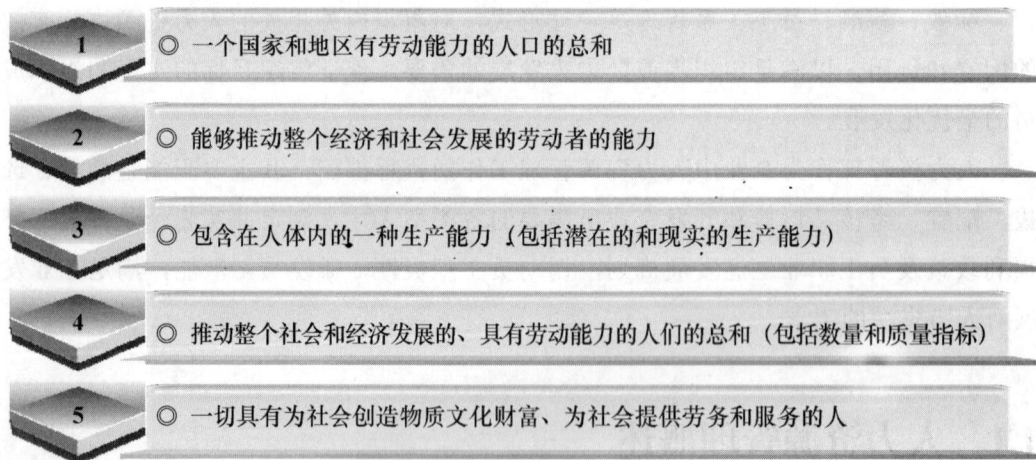

1	◎ 一个国家和地区有劳动能力的人口的总和
2	◎ 能够推动整个经济和社会发展的劳动者的能力
3	◎ 包含在人体内的一种生产能力（包括潜在的和现实的生产能力）
4	◎ 推动整个社会和经济发展的、具有劳动能力的人们的总和（包括数量和质量指标）
5	◎ 一切具有为社会创造物质文化财富、为社会提供劳务和服务的人

图 1-1 人力资源狭义的定义

（2）与人力资源相关的其他概念

为了加深对人力资源概念的理解，避免混淆，下面就本书涉及的与人力资源相关的概念，即人口资源、劳动力资源和人才资源，作相关界定。

① 人口资源：一个国家和地区的人口的总体。

② 劳动力资源：一个国家和地区的处于 "劳动年龄" 以内的人口的总和。

③ 人才资源：一个国家和地区具有较强的管理能力、研究能力、创造能力和专门技术能力的人口的总和。

（3）人力资源与人力资本

① 人力资本的含义

关于人力资本（Human Capital）的概念，被称为"人力资本之父"的美国经济学家西奥多·舒尔茨（Theodore W. Schultz）认为，人力资本是体现在人身上的技能和生产知识的存量。人力资本是劳动者身上所具备的两种能力：一种是通过先天的遗传获得，是由个人与生俱来的基因所决定的；另一种能力是后天获得的，是由个人经过努力学习形成的。

人力资本同物质资本一样也要通过投资才能够形成。按照劳动经济学的观点，人力资本的投资主要有以下五种形式，如图 1-2 所示。

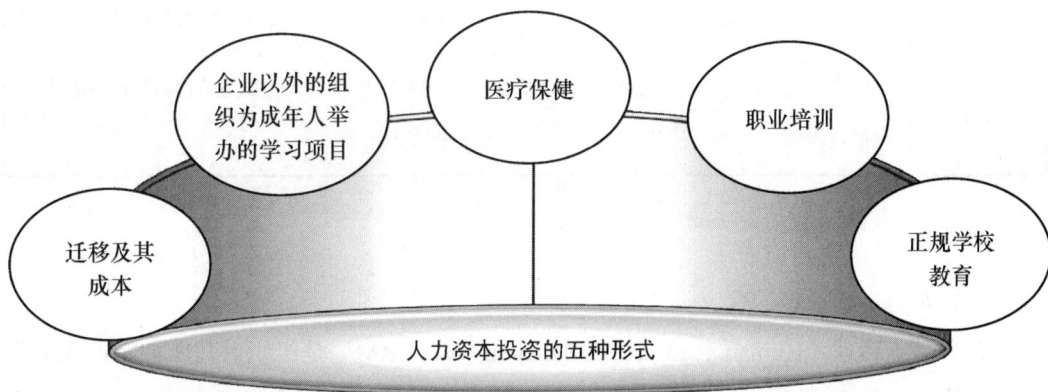

图 1-2　人力资本投资的五种形式

② 人力资本与人力资源的关系

现代人力资源管理理论以人力资本理论为依据，人力资本理论是人力资源管理理论的基础部分和重要内容，两者都是以人为基础而产生的概念，研究的对象都是人所具有的脑力和体力，在内容和形式上有一定的相似之处，但从其内涵和本质上看，二者具有明显的区别，具体如表 1-1 所示。

表 1-1　人力资源和人力资本的区别

比较项目	人力资源	人力资本
概念内涵	人力资源是人所拥有的劳动能力，是存在于人力中的经济资源，可以开发和使用，从静态角度看，不存在增值问题	人力资本是通过投资而形成的，从动态角度看，可以通过生产劳动转移交换，实现价值的增值

（续表）

比较项目	人力资源	人力资本
概念范围	包括自然性人力资源（未经任何开发的遗传素质和个体）和资本性人力资源（经过教育、培训、健康与迁移等投资而形成的人力资源）	人力资本仅包括在教育投资基础上形成的具有一定知识和能力、从事复杂劳动的人力资源。人力资本对应的是人力资源中的人才部分
关注焦点	关注的是价值问题	关注的是收益问题
强调重点	人力资源强调劳动者的数量，而对劳动者的素质重视不足	人力资本则强调劳动力的素质
研究角度	将人力作为财富源泉，从人的潜能与财富关系研究人的问题	将人力作为投资对象，作为财富的一部分，从投入与收益的关系研究人的问题
作用	往往在增加人力数量的基础上满足生产和物力需要	可以在不增加人力数量的基础上满足生产和物力需要

2. 人力资源管理的内涵

（1）人力资源管理的含义

人力资源管理（Human Resources Management，HRM）是组织对其所拥有的人力资源进行的一种管理活动。具体地说，人力资源管理是指组织为了实现既定目标，对人力资源的获取、开发、利用和保持等方面，所进行的计划、组织、协调、控制、监督和激励等一系列的活动。

人力资源管理研究的是组织内部人与人关系的调整以及人与事的配合，以便充分开发人力资源，调动员工工作的积极性，挖掘员工的潜能，为实现组织的目标而服务。人力资源管理是一种特殊的资源管理，它重视以人为本，也重视人的特点、需求和感受等。

（2）人力资源管理与人事管理

人事管理（Personnel Management）本意为人员管理。简单地说，人事管理是指对人以及与人有关的全部领域的一种管理。传统的人事工作包括人员招聘、员工档案管理、合同管理、薪资福利制定、工资的计算和发放、考勤及休假管理工作等，然而，上述工作只是现代人力资源工作管理的基础性工作。

传统人事管理和现代人力资源管理的区别如表1-2所示。

表 1-2　传统人事管理和现代人力资源管理的区别

比较项目	传统人事管理	现代人力资源管理
管理主体	单纯的人事管理人员	企业内所有的管理者
管理对象	员工	劳资双方
管理内容	以事为中心	以人为中心
管理目的	满足员工自我发展的需要，保障组织的长远利益实现	着重于保障组织短期目标的实现，而忽视长期目标
管理策略	战术性的管理	战术性与战略性相结合的管理
管理形态	静态的管理（被动的）	动态的管理（主动开发的）
管理导向	注重结果	注重结果的同时更加注重过程
管理观念	将人力看做成本	将人力看做资源
主要职能	行政事务性的管理，强调各项事务的具体操作，如人员招聘、人员录用、合同管理、档案管理等	以建立具有鲜明的员工开发特性、协调合作的组织体系为目标
管理方式	多采取用制度控制和用物质激励的手段	更加注重人性化的管理
管理技术	照规章制度办事	科学性和艺术性相结合
与其他部门	职能式	合作关系
管理层次	人事管理部门居于执行层	现代人力资源部门直接参与组织计划和决策
劳资关系	从属的、对立的	平等的、和谐的

1.1.2　人力资源管理的历史

关于人力资源理论的发展，国内和国外学者都将其划分为若干个不同的阶段，其中，国外典型的理论有六阶段论（科学管理运动、工业福利运动、早期的工业心理学、人际关系运动时代、劳工运动和行为与组织理论时代），五阶段论（工业革命时代、科学管理时代、工业心理时代、人际关系时代和工作生活质量时代）和四阶段论（档案管理阶段、政府职责阶段、组织职责阶段和战略伙伴阶段）。

国内也有典型的两阶段论（人事管理阶段和人力资源管理阶段）以及四阶段论（人事管理、人力资源专业职能管理、战略人力资源管理和知识与信息管理）。

本书中将人力资源管理的发展划分为雇佣管理、人事管理和人力资源管理三个阶段，具体如图 1-3 所示。

3 人力资源管理

20世纪60年代左右

◎ 背景：人力资源管理作为替代传统人事管理的概念被提出，到70年代中期，"人力资源管理"一词已为企业所熟知

◎ 理论：怀特·巴克的人力资源管理职能理论和雷蒙德·迈勒斯的人力资源模式理论等

◎ 特点：人力资源管理逐步和人事管理区分开来，人力资源管理以团队为中心，重视生态环境、人力资源的健康保护，为企业的战略服务，研究组织和员工关系等

2 人事管理

19世纪末

◎ 背景：人口和市场需求的膨胀促进了生产发展，用机器取代人力等高效率的工作方法成为管理的首要问题

◎ 理论：泰勒的科学管理思想、赫茨伯格的"双因素理论"和马斯洛的"需求层次理论"

◎ 特点：组织一味地追求效益最大化，是以"工作"为中心的人事管理方法

1 雇佣管理

18世纪至19世纪

◎ 背景：资本主义国家发生产业革命，资本主义制度建立，生产力水平提高，生产方式发生重大变革。同时，福利人事概念产生

◎ 特点：是一种雇佣关系，管理主要依靠领导者的个人经验

人力资源管理的发展历程

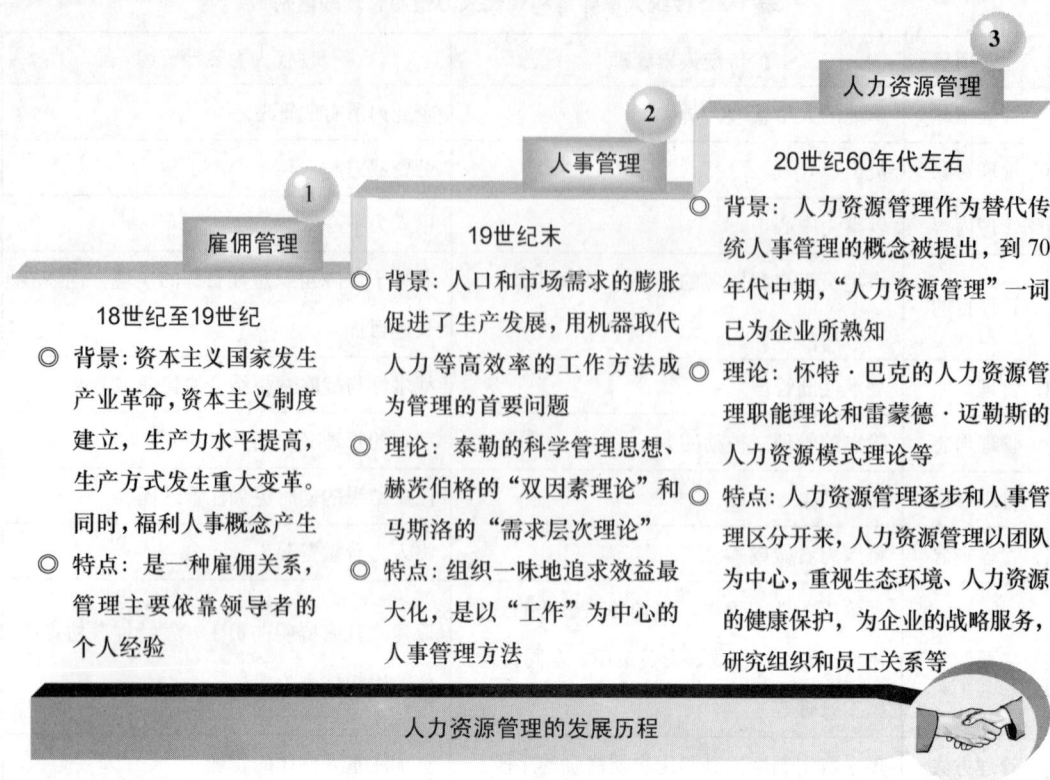

图 1-3　人力资源管理的发展历程

1.1.3　人力资源管理面临的问题与挑战

随着社会经济和科学技术的不断发展，人力资源管理日益成为现代管理者关注的焦点。然而，人力资源管理面对全球化的竞争和信息技术的冲击，其传统的理论、技术和方法的有效性正面临严峻的挑战。又由于企业的发展历程较为短暂，企业管理者与员工的职业化素养欠缺等诸多原因，使得现代企业的人力资源还面临着一系列独特的问题，具体如图 1-4 所示。

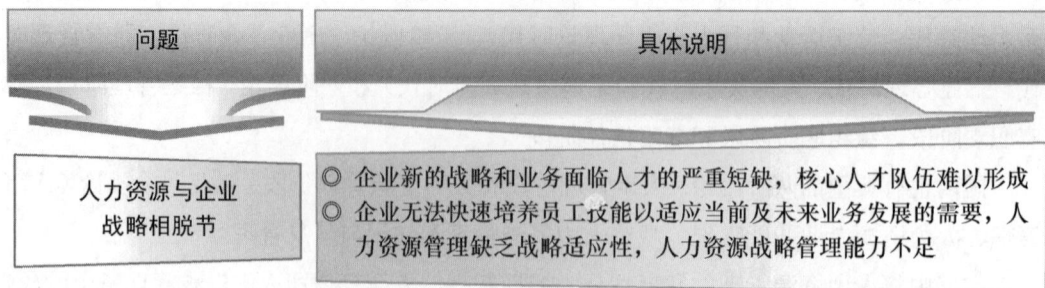

问题	具体说明
人力资源与企业战略相脱节	◎ 企业新的战略和业务面临人才的严重短缺，核心人才队伍难以形成 ◎ 企业无法快速培养员工技能以适应当前及未来业务发展的需要，人力资源管理缺乏战略适应性，人力资源战略管理能力不足

图 1-4　人力资源管理面临的问题和挑战

人力资源总体 规划缺失	◎ 企业管理者对总体规划缺乏全面认识，重业务计划，轻人力资源规划 ◎ 缺少科学、系统的技术手段和优秀的管理人才，致使企业不具备人 　力资源总体规划的能力
人力资源管理 体系不健全	◎ 人力资源管理体系未适应企业致力于结构优化（上市、产权改革、 　并购重组和集团化等）的要求 ◎ 企业的人力资源管理体系不能适应知识型员工的特点，管理领导方 　式单一，未建立授权体系，基于官本位的职务系统与单一的职业发 　展使员工的发展受限，人才的潜能不能有效地发挥出来
薪酬设计不合理 易导致人才流失	◎ 突出体现为企业对人才的薪酬激励模式单一，难以形成核心人才队 　伍，核心人才频繁跳槽，致使薪酬激励不具有集体竞争优势
绩效评估随意性强 缺乏客观标准	◎ 绩效评估目标单一，注重企业业绩提升，忽视员工发展等目标 ◎ 把绩效评估误以为是绩效管理，重绩效，轻考核过程和对产生绩效 　行为的激励和控制 ◎ 绩效评估公开性、公正性不高，绩效评估的建立和执行缺乏有效沟通
企业核心文化 建设落后	◎ 企业未能把核心文化纳入人力资源管理中来，没有将企业文化所具 　有的导向、动力、激励、约束和协调等功能很好地挖掘出来

图 1-4　人力资源管理面临的问题和挑战（续）

1.1.4　人力资源管理未来的发展趋势

　　面对复杂多变的宏观环境和组织内部微观环境变化的影响，人力资源管理的理论和实践呈现出新的发展趋势，如图 1-5 所示。

　　其中，人力资源外包已日益成为众多企业的选择，其目的是为了减轻企业的成本压力，提高企业的绩效水平，建立企业竞争优势。人力资源外包是指将原来由企业人力资源部承担的工作职能，通过招标的方式，委托给专业从事相关服务的机构的做法。人力资源外包的主要内容体现在招聘配置、培训、薪酬福利管理和遵守劳动法规等方面。

　　以客户价值为导向的人力资源管理的理念是，视员工为服务的对象，站在员工需求的角度，以新的思维来对待员工，以营销的视角来开发组织中的人力资源管理活动，通过提供令顾客满意的人力资源产品与服务，来吸引、保持、激励和开发企业所需的人力资源。

1	人力资源管理与战略规划的一体化
2	人力资源管理的虚拟化（信息和外包化管理）和全球化
3	人力资源管理的重心向知识型员工的管理偏移
4	人力资源管理逐渐注重以人为本
5	人力资源管理以客户价值为导向
6	人力资源管理职业化
7	构建学习型组织
8	人力资源管理趋向柔性化
9	科学考评和合理的价值分配相结合
10	更加注重企业文化、价值观念和道德修养

（人力资源管理未来的发展趋势）

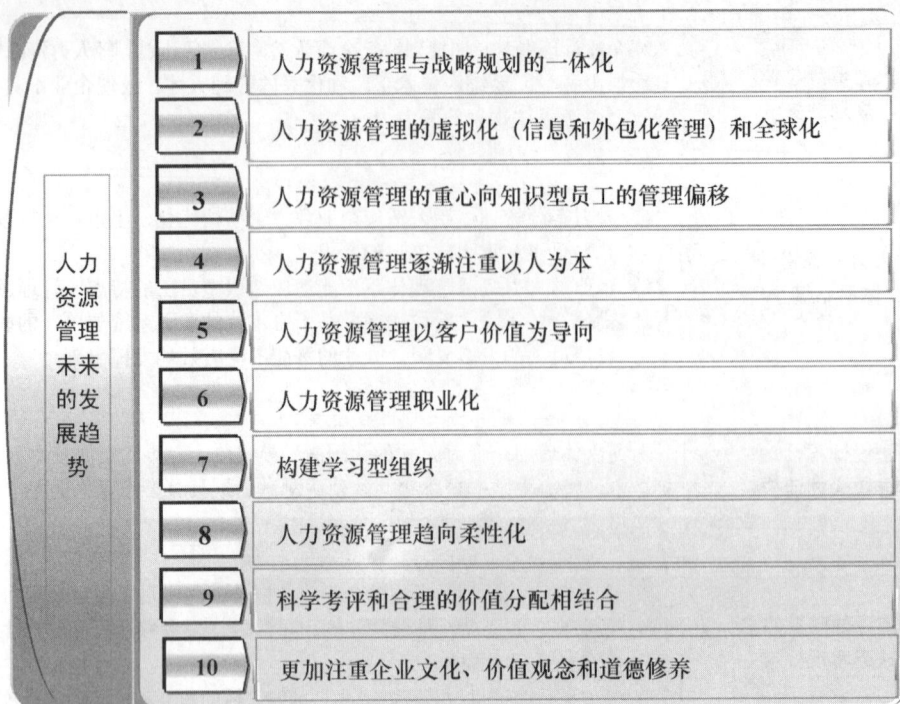

图 1-5　人力资源管理未来的发展趋势

1.2　人力资源管理业务体系

人力资源管理的业务体系可划分为六大业务模块，具体如图 1-6 所示。

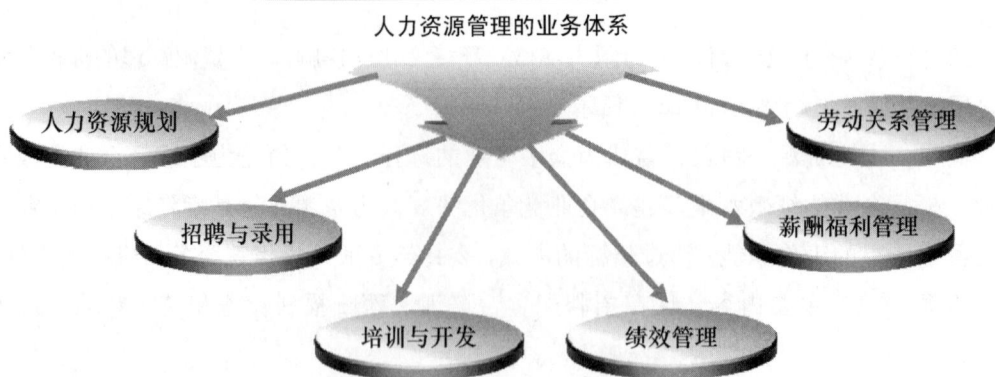

人力资源管理的业务体系

人力资源规划　　劳动关系管理
招聘与录用　　薪酬福利管理
培训与开发　　绩效管理

图 1-6　人力资源管理的业务体系

1.2.1　人力资源规划

人力资源规划是指为了达到企业的战略目标和战术目标,根据企业目前的人力资源状况，为了满足未来一定时期内企业的人力资源质量和数量方面的需要，对决定引进、保持、提高、流出人力资源作出的预测和相关事项。

人力资源规划是企业人力资源管理的一项基础性工作，人力资源规划的目标是保证企业人力资源供给和需求的平衡，优化人力资源结构，并为人力资源的其他各项工作提供保障。

1.2.2　招聘与录用

招聘是指为了实现企业的目标，人力资源管理部和相关职能部门根据组织战略和人力资源规划的需求，通过各种渠道和方法，把符合职位要求的求职者引进到企业中来，以弥补岗位空缺的过程。分别从广义和狭义的角度看，招聘的内容是不同的，如图 1-7 所示。

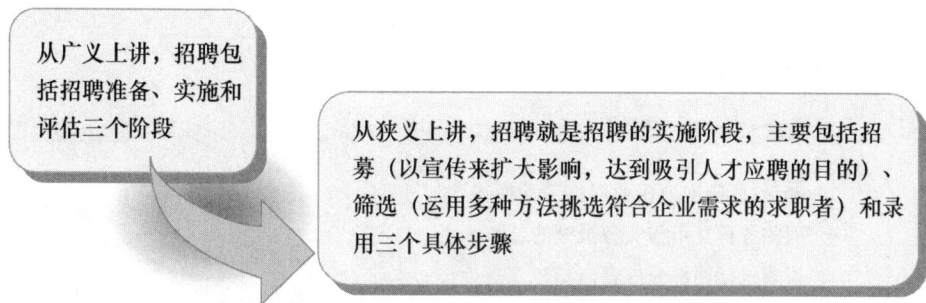

从广义上讲，招聘包括招聘准备、实施和评估三个阶段

从狭义上讲，招聘就是招聘的实施阶段，主要包括招募（以宣传来扩大影响，达到吸引人才应聘的目的）、筛选（运用多种方法挑选符合企业需求的求职者）和录用三个具体步骤

图 1-7　广义与狭义角度的招聘内容

录用是人员招聘的主要环节之一，主要涉及在对应聘人员进行挑选之后，对候选人进行录取和任用的一系列具体事宜（决定并通知录用人员、试用期合同签订、员工的初步安排、试用和正式录用等内容）。在这一环节，招聘者和求职者都要作出决策，以达成个人和工作的最终匹配。

有效的招聘和录用具有提高员工满意度，降低员工流失率，减少甚至无需支付员工培训成本，提升团队工作士气，减少工作纠纷的发生和提高组织的绩效水平等作用。

1.2.3　培训与开发

培训是指企业为了实现其战略发展目标，满足培养人才、提升员工职业素养的需要，采用各种方法对员工进行有计划的教育、培养和训练的活动过程。开发是指企业依据员工需求和组织发展需求，对员工的潜能开发与职业发展进行系统设计与规划的过程。培训和开发的最终目的都在于通过提升员工的能力实现员工与企业的共同成长。

有效的培训和开发可以传授给员工与工作相关的知识和技能，提高员工的终生就业能力，从而为企业吸引和保留人才、培养学习型组织及营造优秀企业文化等提供必要的支持。

1.2.4 绩效管理

绩效管理是指组织为实现企业发展战略目标，运用特定的标准和指标，采用科学的方法与员工共同进行绩效计划、绩效沟通、绩效评价和绩效反馈，以持续改进员工个人绩效，并最终提高组织绩效的管理过程。

绩效管理的目标是不断改善组织氛围，优化工作环境，持续激励员工，提高组织效率。有效的绩效管理有助于组织真正地了解自身，改善组织绩效，保证员工与组织目标一致，提高员工满意度，优化和协调人力资源管理等。

1.2.5 薪酬福利管理

首先，我们来了解一下薪酬和福利的含义，如图 1-8 所示。

薪酬是员工为企业提供劳动而得到的各种货币与实务报酬的总和。薪酬包括两部分内容：(1)以工资、奖金、津贴、提成工资、劳动分红和福利等形式存在的外在薪酬；(2)员工获得优越工作条件、培训和晋升机会以及成就感、满足感等内在薪酬

福利是指企业为了满足员工的生活需要，除了工资和奖金收入之外，向员工及其家庭提供的货币、实务及其他服务的劳动报酬。员工福利是薪酬体系的重要组成部分

图 1-8　薪酬与福利的含义

薪酬福利管理就是指企业在发展战略的指导下，对员工薪酬福利支付原则、薪酬福利策略、薪酬福利水平、薪酬福利结构和薪酬福利构成进行确定、分配和调整的动态管理过程。

科学、有效的薪酬福利管理具有推动和支持企业战略目标的实现，确立企业的竞争优势；满足员工的需求，激发员工潜能，开发员工能力；调和劳资关系，推动社会和谐发展等作用。

1.2.6　劳动关系管理

劳动关系是指企业与员工之间在劳动过程中发生的以经济利益关系为核心的各种关系的总和。劳动关系管理的主要工作事项包括劳动合同管理、劳动纠纷管理、员工满意度管理以及沟通与冲突管理等。

劳动关系管理的总目标是依据劳动关系管理的法律法规，缓解、调整企业劳动关系的冲突，营造良好的工作氛围和良好的人际关系环境，最大限度地促进劳动关系的和谐，提高企业管理效率，实现组织战略目标。

人力资源管理工作是一个有机的整体，人力资源管理六大业务模块之间相互作用、密不可分。人力资源管理各项业务的工作必须到位，同时也要根据不同的情况调整工作重点，以保证人力资源管理的良性运作，支持企业战略目标的实现。

1.3　精准定位 HR 角色

随着知识经济的到来，人力资源成为企业的第一资源，是企业获取竞争优势的重要源泉，人力资源管理逐步从传统的强调专业职能角色转向战略性的人力资源管理。要实现这种转变，除了要在理论、方法和技术上解决人力资源支撑企业战略外，还要对人力资源管理者的角色进行重新定位。

目前，对于人力资源管理部门和 HR 的角色定位，国内外学者从多种角度作出了不同的解释。

在雷蒙德·A·诺伊等人所著的《人力资源管理：赢得竞争优势》一书中，对于人力资源管理部门职能角色的变化，作者给出了一些实证数据：相对于 20 世纪末的最后 5～7 年时间，现在人力资源管理部门在保持人事记录、审核控制、人力资源服务提供者、产品开发的职能所花费时间的比重越来越小，而其战略经营伙伴的职能日益凸显。

在杰里·W·吉雷等著的《组织学习、绩效与变革》一书中，作者为战略人力资源开发与管理定义了 11 种角色，包括战略经营伙伴、银行家、评估者、项目经理、学习的拥护者、运营经理、市场经营者、影响者、战略家、问题解决者和变革代理人。

国内学者时勘教授曾提出战略人力资源管理者的角色由七种组成，包括战略伙伴、流程专家、精通业务者、变革管理者、员工的支持者、人力资源管理的精通者和可信任者。彭剑锋主编的《人力资源管理概论》一书也对人力资源管理的角色进行了界定。

本书将重点对以下四种人力资源管理者的角色进行阐述，如图 1-9 所示。

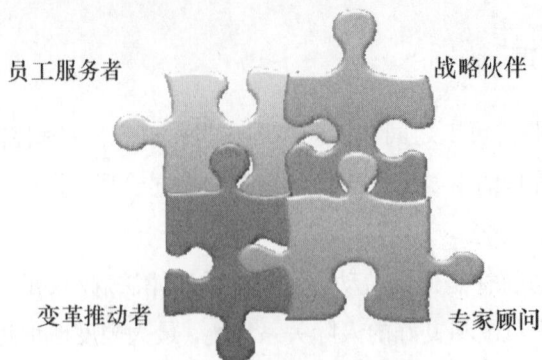

图1-9　人力资源管理者的四种角色

1.3.1　战略伙伴

人力资源管理者的战略伙伴角色是指人力资源管理者要积极参与企业战略的制定和决策，提供基于战略的人力资源规划及系统的解决方案，以便将人力资源纳入企业的战略与经营管理活动当中，使人力资源管理与企业的战略相结合。

1.3.2　专家顾问

专家顾问的角色是指人力资源管理者要学会运用专业知识和技能研究开发企业人力资源的产品和服务，为企业人力资源问题提供服务和咨询，以提高企业人力资源开发和管理的有效性。

1.3.3　员工服务者

员工服务者的角色强调人力资源管理者要重视与本企业员工的沟通，及时了解员工需求和解释员工所关心的问题（开发新市场、扩建生产线和关闭厂房等），并为员工提供必要的支持，以提高员工对企业的满意度，增强员工对企业的忠诚度，真正筑起企业与员工之间的心理契约，起到企业和员工之间的桥梁作用。

1.3.4　变革推动者

变革推动者的角色是指人力资源管理者主动参与组织的变革与创新，处理组织变革过程中的各种人力资源问题（并购与重组、组织裁员和业务流程再造等），并帮助提高员工对组织变革的适应能力，最终推动组织变革。

第2章　如何编制人力资源工作计划

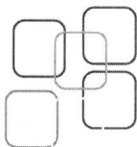

人力资源计划（Human Resource Planning，HRP）是指为实现企业的发展战略和完成企业的生产经营目标，根据企业内外环境和条件的变化，运用科学的方法对企业人力资源的需求和供给进行的预测，目的是制定相应的政策和措施，使企业人力资源的供给和需求达到相对平衡和合理配置，以有效激励员工。

2.1　解析人力资源管理理念和战略规划

人力资源管理和战略规划之间相互支持和影响，人力资源管理一方面为战略规划的制定提供必要的支持，一方面也回应总体战略规划的需要。企业的人力资源管理必须与企业的总体经营战略、发展战略和文化战略等相吻合、相匹配、相互支持，这样才能发挥最大的效用。

2.1.1　人力资源计划与组织计划的关系

人力资源计划和组织计划的关系主要表现在两个方面：一是人力资源计划是人力资源管理的一项基础性工作，同时也是组织计划的一个重要组成部分；二是人力资源计划在制订过程中必须与组织计划的制订过程相对应，即人力资源计划的制订必须以组织的计划为依据，具体如图 2-1 所示。

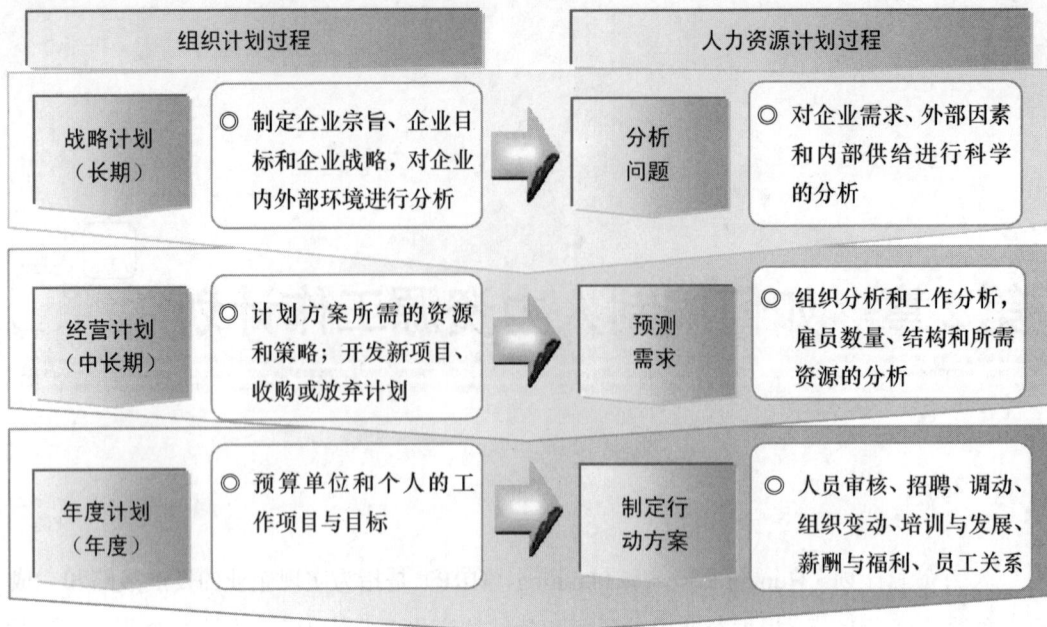

组织计划过程		人力资源计划过程	
战略计划（长期）	◎ 制定企业宗旨、企业目标和企业战略，对企业内外部环境进行分析	分析问题	◎ 对企业需求、外部因素和内部供给进行科学的分析
经营计划（中长期）	◎ 计划方案所需的资源和策略；开发新项目、收购或放弃计划	预测需求	◎ 组织分析和工作分析，雇员数量、结构和所需资源的分析
年度计划（年度）	◎ 预算单位和个人的工作项目与目标	制定行动方案	◎ 人员审核、招聘、调动、组织变动、培训与发展、薪酬与福利、员工关系

图 2-1　人力资源计划以组织计划为依据的内容体现

2.1.2　人力资源计划的基本问题

人力资源计划的编制主要基于环境的变化，人力资源计划的主要工作是制定必要的人力资源政策和措施，保障组织及个人的长期良好发展。因此，人力资源计划必须综合考虑各个方面因素的影响，严格依照要求进行编制。人力资源计划的影响因素及编制原则如图 2-2 所示。

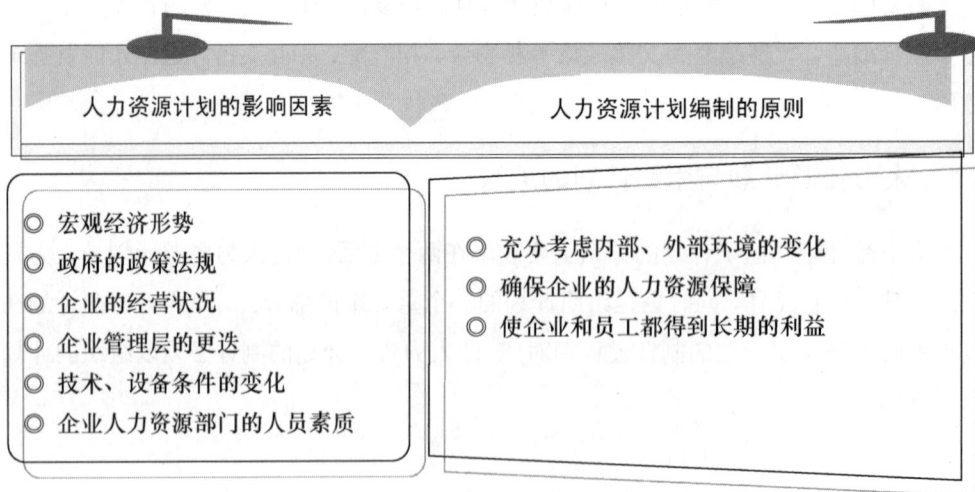

人力资源计划的影响因素	人力资源计划编制的原则
◎ 宏观经济形势 ◎ 政府的政策法规 ◎ 企业的经营状况 ◎ 企业管理层的更选 ◎ 技术、设备条件的变化 ◎ 企业人力资源部门的人员素质	◎ 充分考虑内部、外部环境的变化 ◎ 确保企业的人力资源保障 ◎ 使企业和员工都得到长期的利益

图 2-2　人力资源计划的影响因素及编制原则

2.1.3　人力资源计划的必要性

在知识经济条件下，人力资源是企业最具决定性和最活跃的要素资源，这就决定了企业人力资源计划在企业发展计划中起着关键性的作用。人力资源计划是企业其他计划的保障，同时也有利于对员工个人的培训和开发。人力资源计划的必要性主要体现在以下几个方面，如图 2-3 所示。

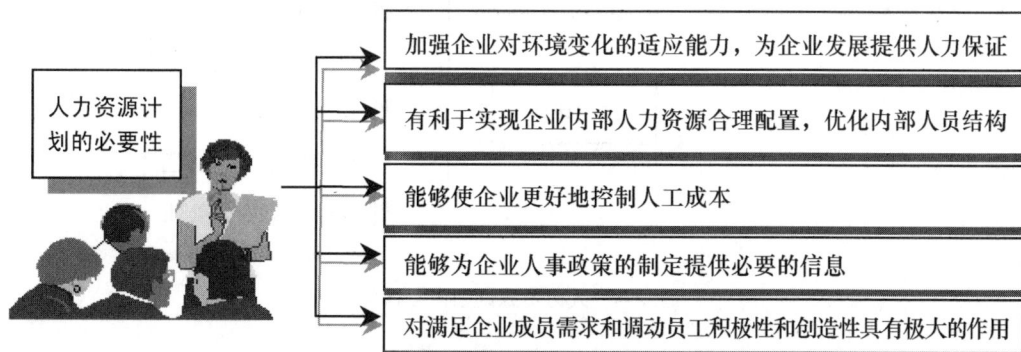

图 2-3　人力资源计划的必要性

2.1.4　人力资源计划的层次

人力资源计划从内容上可分为两个层次，分别是人力资源总体计划和人力资源业务计划。人力资源总体计划是指计划期内人力资源开发利用的总目标、总政策、实施步骤及总预算的安排。人力资源业务计划则包括人员补充计划、人员使用计划、人员接替与晋升计划、教育培训计划、评估与激励计划、劳动关系管理计划和退休解聘计划等。

2.2　人力资源供需预测

2.2.1　人力资源计划模型

人力资源计划的制订首先要依赖于企业的目标，其次要以工作分析为依据。一份完整的人力资源计划应该涉及员工招聘、测试与选拔、培训与开发、职业规划、绩效评估、报酬系统、员工问题及处理等人力资源开发与管理的各个领域。人力资源计划内容模型如图 2-4 所示。

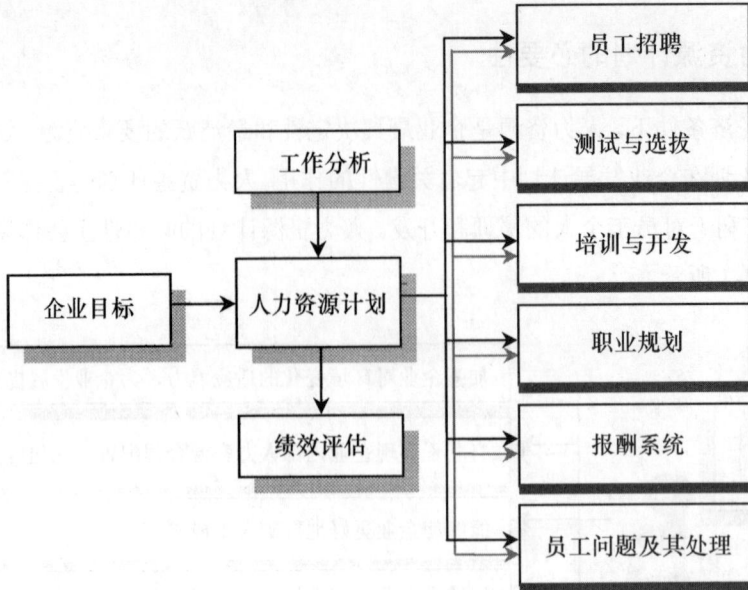

图 2-4　人力资源计划内容模型

2.2.2　人力资源需求预测

人力资源需求预测是企业以组织的战略目标、发展规划和工作任务为出发点，综合考虑企业内部和外部各方面的因素，运用科学的预测方法，对人力资源需求的数量、质量和结构等进行的预测。

1. 人力资源需求预测的影响因素

人力资源需求预测的影响因素主要包括两个方面，即宏观层面和微观层面，各层面包含的因素如图 2-5 所示。

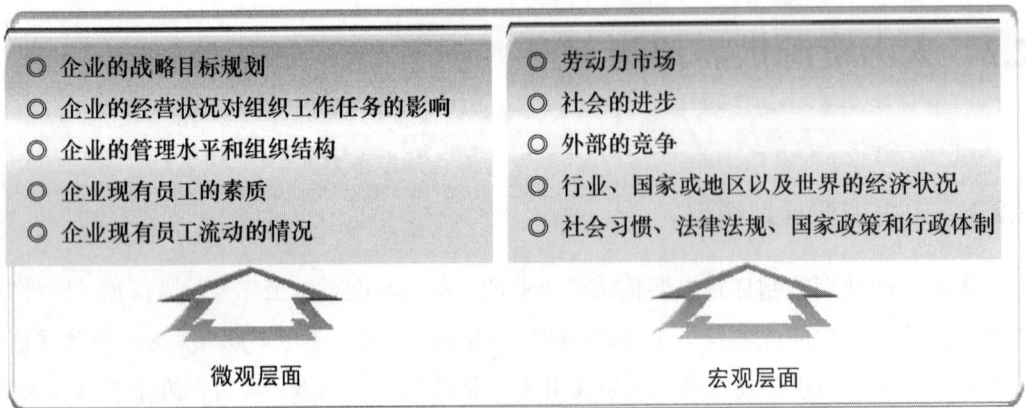

图 2-5　人力资源需求预测的影响因素

2. 人力资源需求预测的方法

人力资源需求预测受到多种因素的影响,各部门在预测过程中应灵活应用定性预测方法和定量预测方法,并在实际执行中对预测结果不断地进行修正,保证预测结果的准确性。人力资源需求预测的方法如表 2-1 所示。

表 2-1　人力资源需求预测的方法

分类	方法	方法说明	适用范围
定性预测法	经验预测法	根据以往的经验来推测未来的人员需求	适用于较稳定的小型企业,适合一定时期内企业发展状况没有发生方向性变化的情况
	现状规划法	1. 假定当前岗位设置和人员配置恰当、没有空缺,且不存在人员总数扩充,人员需求完全取决于人员退休、离职等状况 2. 人力资源预测就相当于人员退休、离职等情况的出现 3. 通过对历史资料的统计与分析,准确预测离职人数	适用于中、短期的人力资源预测
	德尔菲法（专家讨论法）	依靠专家的知识和经验,对未来作出判断性估计,为增加预测的可信度,可采取二次和多次讨论法	适用于技术型企业的长期人力资源预测
	自下而上法	1. 从企业组织结构底层开始逐步进行预测 2. 先对组织结构底层人员进行预测,然后将对各个部门的预测情况层层向上汇总,制定出人力资源总体预测	短期人力资源预测
	自上而下法	1. 上级人员先拟订出预测计划,然后逐级传达给下级 2. 进行讨论和修改,上级听取并集中意见后,修改总的预测和计划	适用于短期预测或企业组织结构进行总体调整、变化时
定量预测法	人力资源成本分析预测法	1. 从成本的角度进行人力资源需求预测 2. NHR 指未来一段时间内人力资源的需求数量,TB 为未来一段时间内人力资源预算成本总额,VC 为目前的人工成本,a% 为企业计划每年人力资源成本增加的百分比,T 为未来计划期的年限	适用于所有企业
	定员法	根据企业人力资源现状预测出未来的人力资源状况,其预测方法主要有设备定员法、岗位定员法、比例定员法和生产率定员法	适用于大型企业和历史久远的传统企业

（续表）

分类	方法	方法说明	适用范围
定量预测法	趋势预测法	这是一种基于统计资料的定量预测方法，主要根据企业的历史人员数据来分析其在未来的变化趋势，并以此预测企业在未来某一时期的人力资源需求量	假设其他一切因素都保持不变或者变化幅度保持一致，忽略循环波动、季节波动和随机波动等
	多元回归预测法	这是一种建立在统计技术上的人力资源需求预测方法，不仅考虑时间、产量这些单个因素，还考虑两个或两个以上的因素对人力资源需求的影响，更重视变量之间的因果关系，根据多个自变量的变化推测出因变量的变化趋势	适用于较成熟、规模较大的企业

2.2.3 人力资源供给预测

人力资源供给预测是指为满足企业未来某一时点或某一时期对员工的需求，对组织可从其内部及外部得到的员工数量和质量进行预测。人力资源供给预测包括内部人力资源供给预测和外部人力资源供给预测。

1. 人力资源供给预测的影响因素

人力资源供给预测的影响因素主要有两个方面，分别是企业外部环境和企业内部环境，具体如图 2-6 所示。

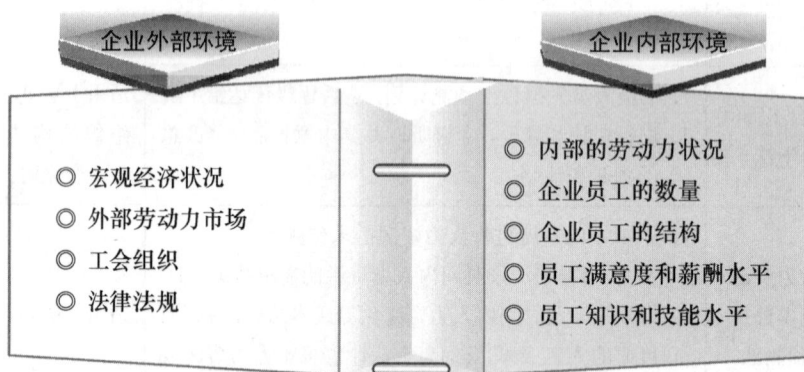

图 2-6 人力资源供给预测的影响因素

2. 人力资源供给预测的方法

在对企业人力资源供给进行预测时，主要从两个方面进行分析：一是企业内部人力资源供给，如对人员调动、晋升的预测；二是对企业外部人员补充的预测。

表2-2 对人力资源内部供给预测方法作了相关说明，供读者参考。

表 2-2　人力资源内部供给预测方法操作说明

方法	方法操作	方法特点
技能清单法	技能清单是一个用来反映员工工作能力特征的列表，内容包括技能、特殊资格、工资和工作经历、个人在企业内的情况、健康状况、其他特殊爱好等	技能清单反映员工竞争力，可以用来帮助人力资源部预测现有员工调换工作岗位的可能性，决定哪些员工可以填补企业当前的空缺
替换单法（接任计划）	1. 根据现有人员分布状况及绩效评估资料，在未来理想人员分布和流失率已知的情况下，对各个岗位，尤其是管理阶层的备选人员预作安排，并且记录各职位的备选人员预计可以晋升的空间，作为企业内部人力供给的参考 2. 经过规划，由待补充岗位空缺所需求的晋升量和人员补充量可知人力资源供给量	1. 替换单法是一种定性研究方法，预测结果具有强烈的主观性和模糊性，精确性较差 2. 依据员工置换图进行，实施起来简单易行
德尔菲法	1. 同样适用于人力资源供给预测 2. 首先将要咨询的内容写成若干条意义明确的问题交给专家，由中间人归纳中间意见，并将意见反馈给专家，在此基础上，由专家重新考虑其预测，得出最后的结论并说明经过和理由	1. 德尔菲法是一种定性研究方法，预测结果带有主观性 2. 预测时综合考虑社会环境、企业战略、人员流动三大因素对人力资源计划的影响
马尔科夫分析法	1. 找出过去人力资源变动的规律，推测未来人力资源变动的趋势 2. 前提是：假设受任何外部因素的影响，且 t+1 时刻的员工状态只依赖于 t 时刻的状态，而与 t−1、t−2 时刻状态无关	1. 为企业提供精确的数据信息，有利于企业作出有效决策 2. 实施效果差

上述方法各有优势、劣势，企业在实际运用中需根据自身规模、周围环境及规划预测重点等，选择最适合本企业的预测方法或者方法组合。

2.2.4　人力资源供需平衡

企业人力资源需求与供给预测的结果一般会出现三种情况：一是人力资源供不应求；二是人力资源供大于求；三是企业人力资源在供求总量上达到平衡，但在内部层次和结构上不平衡。企业若想使人力资源供求达到或接近平衡，应采取相应的措施克服以上三种情况的出现，具体措施如表 2-3 所示。

表 2-3　企业克服人力资源供需不平衡的措施

问题	措施
供不应求	1. 通过内部调剂，将符合条件而又处于相对富余状态的人调往空缺职位
	2. 内部调剂不能满足时，制定招聘政策，有计划地从外部招聘
	3. 对于短缺不严重且员工有意延长工作时间的，企业采取延长工时、增加报酬的措施
	4. 提高企业资本的有机构成（通过提高企业的机械化水平，降低企业对劳动力的依赖程度，在一定程度上实现资本对劳动的替代）
	5. 制订聘用非全日制临时用工计划（聘用小时工和返聘已退休者等）
	6. 聘用全日制临时工
供大于求	1. 永久性辞退某些劳动态度差、技术水平低、劳动纪律观念差的员工
	2. 撤销或合并臃肿机构，减少冗员
	3. 鼓励提前退休和内退
	4. 加强培训工作，提高员工整体素质，为企业本身储备人力资本
	5. 减少员工的工作时间，并随之降低员工的工资水平
	6. 使多个员工分担以往只需要一个人或少数人就可以完成的工作和任务，随之企业按照工作任务完成的量来计发工资的办法
内部层次和结构不平衡	1. 制订晋升和培训计划
	2. 根据企业业务需要适当地进行辞退与招聘工作
	3. 适时地延长与缩短工作时间

2.3　人力资源工作计划编制实例

2.3.1　某公司人力资源年度工作计划

以下为××公司 2012 年度人力资源工作计划书，供读者参考。

计划书名称	××公司 2012 年度人力资源工作计划书	执行部门	
		监督部门	

一、人力资源现状调查与分析

1. 人力资源现状调查（略）。

2. 人力资源统计与分析（略）。

二、某公司 2012 年度人力资源部总体目标

人力资源部计划从以下五个方面开展 2012 年度的工作。

1. 进一步完善公司的组织结构，确定和区分每个职能部门的权责，争取做到组织结构的科学适用，两年内不再作大的调整，保证公司在既定的组织结构中平稳运行。

2. 完善日常人力资源招聘与配置工作，保证各岗位人员的及时、有效配置。

3. 大力加强员工岗位知识、技能和素质培训，加大内部人才开发的力度。

（续）

4．推行薪酬管理，完善员工薪资结构，实行科学公平的薪酬制度。

5．在现有绩效考核制度的基础上，参考先进企业的绩效考核办法，实现绩效评价体系的完善与正常运行，并保证与薪资挂钩，从而提高绩效考核的权威性和有效性。

三、各项工作总体负责人

1．第一负责人为人力资源部经理。

2．协同责任人为人力资源部经理助理、人力资源专员、招聘专员和薪酬专员等。

四、公司组织构架完善工作计划

（一）实施步骤

1．2012 年 1 月底前，完成公司现有组织结构和职位编制合理性调查及公司各部门未来发展趋势调查。

2．2012 年 2 月底前，完成公司组织结构的设计草案并征求各部门的意见，报请董事会审阅和修改。

3．2012 年 3 月底前，完成公司各部门组织结构图和人员编制方案。要求公司各部门根据本部门组织结构图对本部门岗位说明书、工作流程，在 2011 年的基础上进行改进。人力资源部负责整理成册并归档。

（二）实施注意事项

1．组织结构的设计本着简洁、科学、务实的方针，以提高组织的工作效率为目标。

2．组织结构的设计不是对现有组织结构状况的记录，而是综合公司整体发展战略和未来一定时间内公司运营的需求而进行的。

3．组织结构的设计应注重可行性和可操作性。

五、人力资源招聘与配置工作计划

（一）实施安排

1．计划招聘的方式

（1）以现场招聘为主，兼顾网络招聘。

（2）现场招聘会主要考虑××地区人才市场、××人才市场。

（3）在 2 月、3 月考虑大型招聘会，在 6 月、7 月考虑各院校举办的应届生见面会等。

（4）网络招聘主要以××人才网为主。

2．具体招聘时间安排

（1）1 月～3 月，根据公司需求参加 3～5 场现场招聘会。

（2）6 月～7 月，根据公司需求参加 1～3 场现场招聘会（含学校供需见面会）。 保持与学校学生部门的良好联系，以备所需。

（3）长期保持在××人才网的网上招聘，以便储备可能需要的人才。

3．为规范人力资源招聘与配置工作，人力资源部于 1 月 31 日前草拟完成《公司人事招聘与配置规定》，经公司领导审批后下发到各部门执行。

4．计划发生招聘费用＿＿＿＿＿元。

（二）实施注意事项

1．招聘前应做好准备工作。

2．安排面试时应注意面试方法的选定、面试官的选定、面试题的拟定、面试表单的填写、面试官的形象和面试结果的反馈等。

六、员工培训与开发工作计划

（一）实施安排

1．人力资源部根据公司整体需求和 2012 年培训需求编制"2012 年度公司员工培训计划"。

2．培训形式：外聘讲师到企业授课，派学员到外部学习，对有潜力的员工进行轮岗培训和员工自我培训等。

3．计划培训内容根据企业发展和各部门的需求而定，重点培训人力资源管理和生产管理等。

（续）

4. 培训时间安排

（1）外聘讲师到公司授课或外派人员参加培训时，要根据公司生产经营的实际情况和部门工作计划进行安排。

（2）组织员工内部学习或开展读书会等，原则上一个月不得低于一次。

5. 对于所有讲师的聘请、培训课程的开发，均由人力资源部全权负责。

6. 针对培训的工作细节，人力资源部在2012年2月28日前拟定《公司培训制度》，报总经理批准后下发到各部门。2012年的员工培训工作将严格按制度执行。

7. 培训费用约需＿＿＿万元。

（二）实施注意事项

1. 人力资源部平时应注意培训课程的研究和开发，及时收集国内知名咨询和培训公司的讲师资料以及培训课程资料，结合公司和部门需求，不定期地向有关部门推荐相关课程信息。

2. 培训不能形式化，要做到有培训、有考核、有提高。外派培训人员回到公司必须进行培训总结和内容传达，并将相关资料交到人力资源部。

3. 人力资源部应注意培训后的考评组织和工作绩效观察，并将其结果存入员工个人培训档案，作为其绩效考核、升迁和调薪等的依据。

4. 人力资源部在安排培训时也要考虑到与工作的协调性，避免培训与工作发生冲突。

七、薪酬管理工作计划

（一）实施步骤

1. 2012年3月底前，人力资源部完成公司现有薪酬状况分析，结合公司组织结构设置和岗位分析情况，制定并提交《公司薪酬设计草案》，即公司员工薪酬登记、薪酬结构和薪酬调整方案等。

2. 2012年4月底前，人力资源部根据初步完成的岗位分析资料，结合本地区同行业薪资状况和现有各岗位人员薪资状况，提交"各部门职位薪资等级表"，报各部门经理审议并修改后，呈报公司董事会审核。

3. 2012年5月，人力资源部完成《公司薪酬管理制度》并报请董事会审核。

（二）实施注意事项

1. 改革后的薪酬体系和管理制度应以能激励员工、留住人才为出发点。

2. 人力资源部对特例进行个案处理，全面考虑整体影响，以免因个案影响全员士气。

八、绩效评价体系建设与运行工作计划

（一）实施安排

1. 2012年1月31日前，完成对《公司绩效考核制度》和配套方案的修订和撰写，提交各部门经理审议。

2. 自2012年春节后，人力资源部按修订后的绩效考核制度对员工全面实施绩效考核管理。

3. 结合上一年绩效考核工作中存在的不足，对现行《绩效考核规则》和《绩效考核具体要求》等进行修改，建议将考核形式、考核项目、考核办法、考核结果反馈与改进情况跟踪、考核结果与薪酬体系的挂钩等多方面进行修改，保证绩效考核工作的良性运行。

4. 建议将目标管理与绩效考核进行平行分离。

5. 人力资源部在完善绩效考核评价体系后，将对全体员工进行绩效考核。

6. 人力资源部完成推进工作的目标是建立科学、合理、公平、有效的绩效评价体系。

（二）实施注意事项

1. 人力资源部要做好绩效考核过程中的宣传和释疑，以期达到绩效考核改善工作的目的和校正目标。

2. 人力资源部在操作过程中要注意纵向和横向的沟通，确保绩效考核工作的顺利进行。

编制人员		审核人员		批准人员	
编制日期		审核日期		批准日期	

2.3.2　人力资源工作计划管理流程

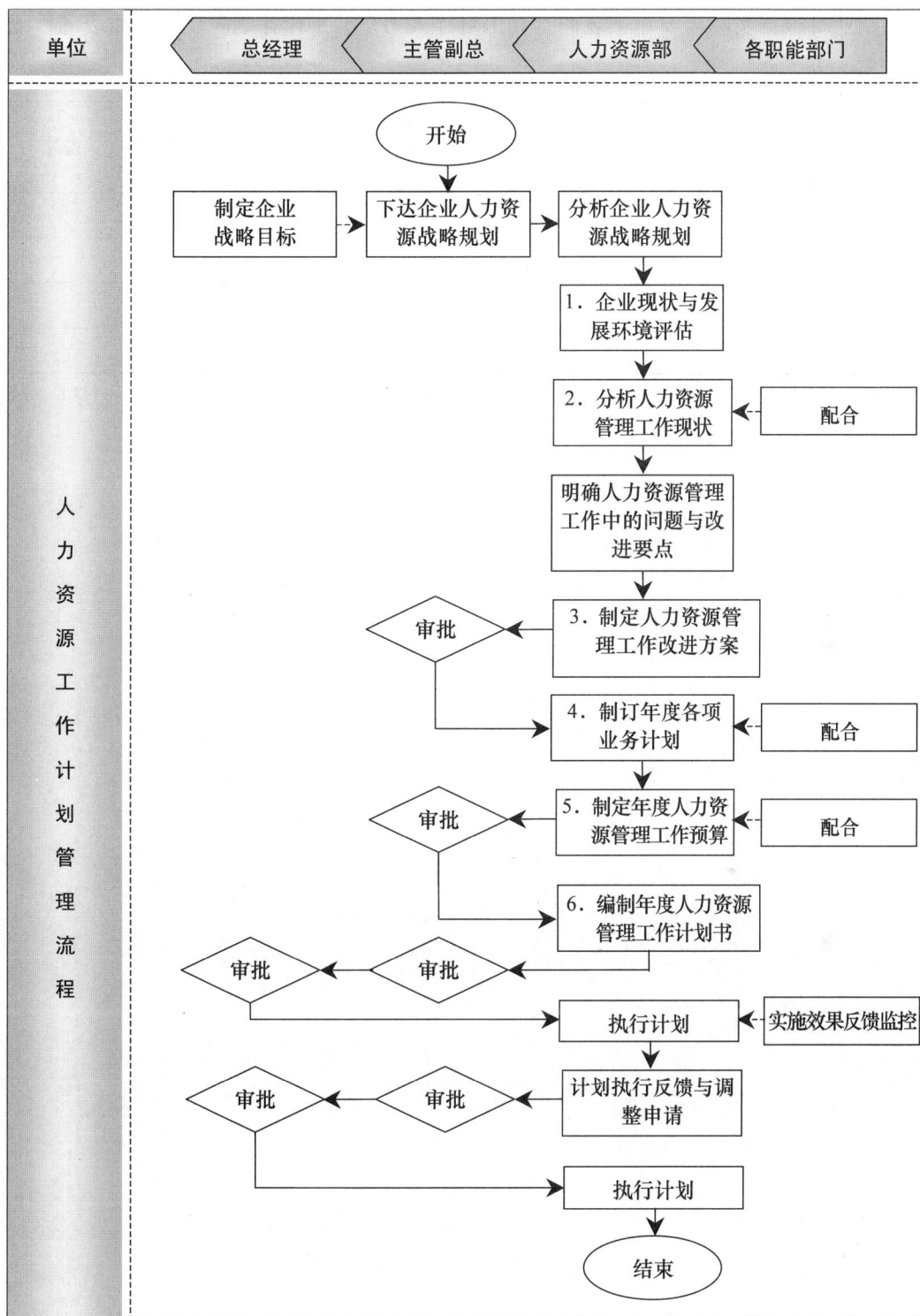

单位	总经理	主管副总	人力资源部	各职能部门

```
                              开始

   制定企业    →    下达企业人力资     分析企业人力资
   战略目标          源战略规划          源战略规划

                                    1. 企业现状与发
                                       展环境评估

                                    2. 分析人力资源      配合
                                       管理工作现状

                                    明确人力资源管理
                                    工作中的问题与改
                                    进要点

                      审批    ←    3. 制定人力资源管
                                       理工作改进方案

                                    4. 制订年度各项      配合
                                       业务计划

                      审批    ←    5. 制定年度人力资     配合
                                       源管理工作预算

                                    6. 编制年度人力资源
                                       管理工作计划书

      审批    ←    审批    ←

                              执行计划    ←    实施效果反馈监控

      审批    ←    审批    ←    计划执行反馈与调
                                    整申请

                              执行计划

                                    结束
```

人力资源工作计划管理流程

2.3.3 人力资源年度计划表

企业可根据实际需要在下表的基础上对"人力资源工作计划表"进行相应的修改或调整。

序号	项目	完成时间（月）				备注
		1	2	3	......	

填表人：　　　　　　　　审核人：　　　　　　　　填表时间：＿＿年＿＿月＿＿日

第 3 章　如何绘制组织结构图

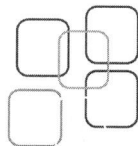

组织结构图是指一个机构、企业或组织人员结构的图形化表示。组织结构图由一系列图框和连线组成，表示一个机构的等级和层次等。绘制组织结构图，有利于清楚地界定组织各部门及组织成员的权责角色，并在此基础上恰当地协调和控制，有助于提高工作效率，增强组织竞争力。

组织结构图并没有固定的格式。绘制组织结构图时，首先要对组织内部和外部的信息进行采集并处理，并在此基础上设计出合理的组织结构，最后结合绘制的图式和方法等绘制出具体、个性化的组织结构图。

3.1　现代组织信息采集与处理

组织信息采集是组织信息处理的先决条件，现代组织信息处理要以组织信息采集为依据，两者互为联系、密不可分。现代组织信息的采集和处理必须同时坚持准确性、系统性、针对性、及时性、实用性和经济性的原则。

3.1.1　组织信息的采集

组织信息采集过程中应运用适当的方法并遵从相应的程序，以保证采集信息的准确、有效。

1. 组织信息采集的程序

组织信息采集主要分为调研准备阶段和正式调研阶段，具体如图 3-1 所示。

项目＼阶段	调研准备阶段	正式调研阶段
目的	通过对企业相关信息进行分析和非正式调研，确定调研主题和范围	调研人员确定获取相关信息的方法，设计合理的调查表格，按预定计划到现场展开调查
具体内容	1. 初步情况分析：调研人员对本部门、本企业已掌握的相关信息进行初步分析，提出假设的调研主题 2. 非正式调研：对调研主题展开调查，发现新问题，探求真正的问题所在 3. 确定调研目标：在初步情况分析和非正式调研之后，逐步缩小调查范围，明确调查目的，确定调查项目的重点	1. 相关信息来源 　(1) 原始资料：调研人员自己采集的资料 　(2) 二手资料：经过别人采集、整理和初步分析的资料 2. 选择抽样方法，设计问卷调查：理想的调查问卷和科学合理的抽样方法是调研顺利进行的保证 3. 实地调查（现场调查）：到现场去调查，获取第一手资料

图 3-1　企业组织信息采集的阶段

2. 企业组织信息采集的方法

（1）档案记录法

档案记录法是指向企业的档案管理部门或档案管理人员了解组织过去的建设、运行状况，以及关于重大事件或决议计划的档案记录的方法。档案记录法可用于采集组织过去的决策计划、决策效率、决策效果、执行效率、文件审批效率和文件传递效率。

（2）调查研究法

调查研究法是指针对具体问题，对企业内部员工进行个人访谈或问卷调查，以了解组织运行的情况及相关信息的方法。

调查研究法可用于采集组织过去和现在的决议计划机构效果、决议计划效率和效果、执行效率、文件审批效率、文件传递效率、各横向机构之间的协调程度、各组织内部信息传递的畅通程度，以及信息自上而下或自下而上传递的速度和质量等。

调查研究法主要分为询问法和观察法两种，具体如表 3-1 所示。

表 3-1　调查研究法的两种具体方法

方法	相关说明
询问法	1. 指调查者通过询问的方式向被调查者展开调查的方法
	2. 要求调查者事先拟定具体的调研提纲，然后根据提纲向被调查者展开询问，采集信息

（续表）

方法	相关说明
观察法	1. 指调查者通过到现场观察被调查者的言行来采集相关信息的方法
	2. 被调查者不知道自己正在被观察，故其行为不受外界的干扰，采集到的信息可信度较高
	3. 调查者往往只能观察到被调查者的表面行为，难以把握其心理的变化，因此需要较长的时间，而较长的时间往往会增加企业不必要的成本

3.1.2　组织信息的处理

组织信息的处理是指对调查研究所获得的信息进行去粗取精、去伪存真的筛选，并对信息进行科学统计和综合分析的过程。组织信息的处理过程主要包括组织信息的分析、调研报告的撰写和组织信息的应用。

1. 组织信息的分析

组织信息分析的方法主要有三种：可靠性分析、数理统计分析和经济学分析，如图 3-2 所示。

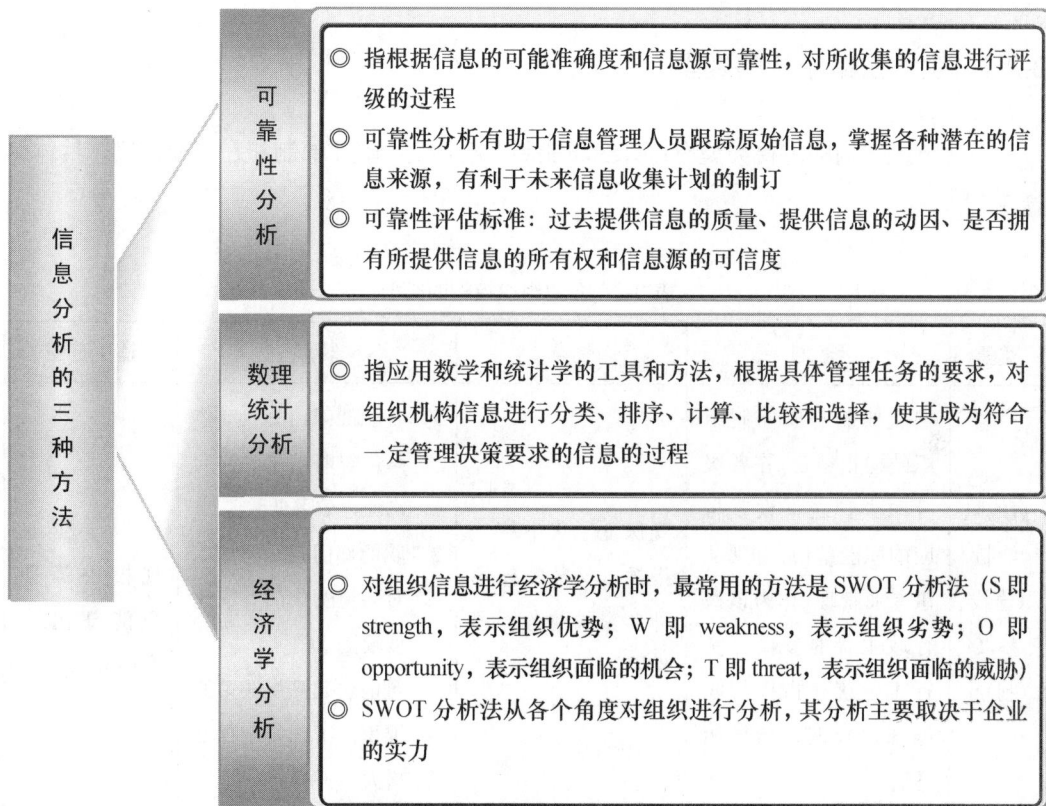

图 3-2　信息分析的三种方法

2. 调研报告的撰写

调研报告是指根据调查研究和数据分析的情况整理的、供组织决策者使用的书面报告。调研报告的内容包括调研的目的、要求和方法，调研结果和对相关问题的建议，调研过程的详细资料和统计分析表等。

3. 组织信息的应用

组织信息的应用主要包括三个方面的内容：组织信息的传输、组织信息的储存和组织信息的检索。

3.2 现代企业组织结构设计

组织结构设计是对组织的结构和活动进行创造、构建、变革和再设计的过程。组织结构反映组织成员之间的分工协作关系。设计组织结构的目的就是为了更有效、更合理地整合组织成员的力量，形成组织合力，为实现组织的目标而共同努力。

3.2.1 企业组织结构的类型

企业组织结构的主要类型有：直线职能制、矩阵制、事业部制和超事业部制，具体如表 3-2 所示。

表 3-2 企业组织结构的类型

类型	含义	优点	缺点	适用范围
直线职能制（直线参谋制）	把直线制与职能制组织结构相结合，在各级行政主管之下设置相应的职能部门，分别从事专业管理，作为该级行政主管的参谋，实行主管统一指挥与职能部门参谋、指导相结合	既保证了集中统一指挥，又能发挥各种专家的业务管理作用	1. 各职能部门易自成体系，忽略信息的横向沟通，效率低 2. 职能部门缺乏弹性，对环境变化的反应速度较慢 3. 可能引起高层决策的堆积，工作复杂程度增大	适用于企业规模中等且职能部门不多的企业

（续表）

类型	含义	优点	缺点	适用范围
矩阵制（规划目标结构）	矩阵制组织结构是在直线职能制垂直形态组织系统的基础上再增加一种横向的领导系统，可称之为"非长期固定性组织"	1. 加强了各职能部门的横向联系，具有较大的能动性和适应性 2. 组建方便，有效节约成本 3. 组织结构相对稳定，较好地解决了管理任务多变的问题	1. 组织关系比较复杂，对项目负责人的要求较高 2. 成员位置不固定，有临时观念，有时责任心不够强。人员受双重领导，有时不易分清责任	适用于临时性工作任务较多或突发事件频繁的企业。特别适用于以开发与实验为主的企业，如科学研究，尤其是应用性研究单位
事业部制（分权制结构）	是一种在直线制基础上演变而来的现代企业组织结构形式。它遵循"集中决策，分散经营"的总原则，按产品、地区和顾客等因素将企业划分成若干个相对独立的经营单位，分别组成事业部。各事业部实行独立核算，自负盈亏，可根据经营需要设置相应的职能部门	1. 高层领导可以摆脱企业日常事务，集中精力考虑全局问题 2. 事业部实行独立核算，更能发挥经营管理的积极性，有利于组织专业化生产和实现企业内部协作 3. 各事业部之间有比较、有竞争，有利于企业发展	1. 公司与事业部的职能机构重叠，造成管理人员的浪费 2. 事业部实行独立核算，各事业部只考虑自身利益，影响事业部之间的协作	适用于经营规模较大、生产经营业务多样化、市场环境差异大、对适应性要求较高的企业
超事业部制（执行部制）	是一种在事业部制的基础上演变而来的现代组织机构，即在公司总经理与各个事业部之间增加一级管理机构	1. 可联合几个事业部的力量研发新产品，提供新服务，形成拳头优势 2. 增强了企业的灵活性和适应性 3. 高层领导可以摆脱企业日常事务，集中精力考虑全局问题	1. 管理层次增加，企业内部的横向、纵向沟通问题紧迫 2. 管理人员增多，企业费用增加	适用于规模巨大、产品（服务）种类较多的企业

3.2.2　新组织结构实施原则

明确组织结构的实施原则,有利于使组织结构形成一个系统的整体,并科学合理地发挥其应有的作用。新组织结构的实施原则具体如图3-3所示。

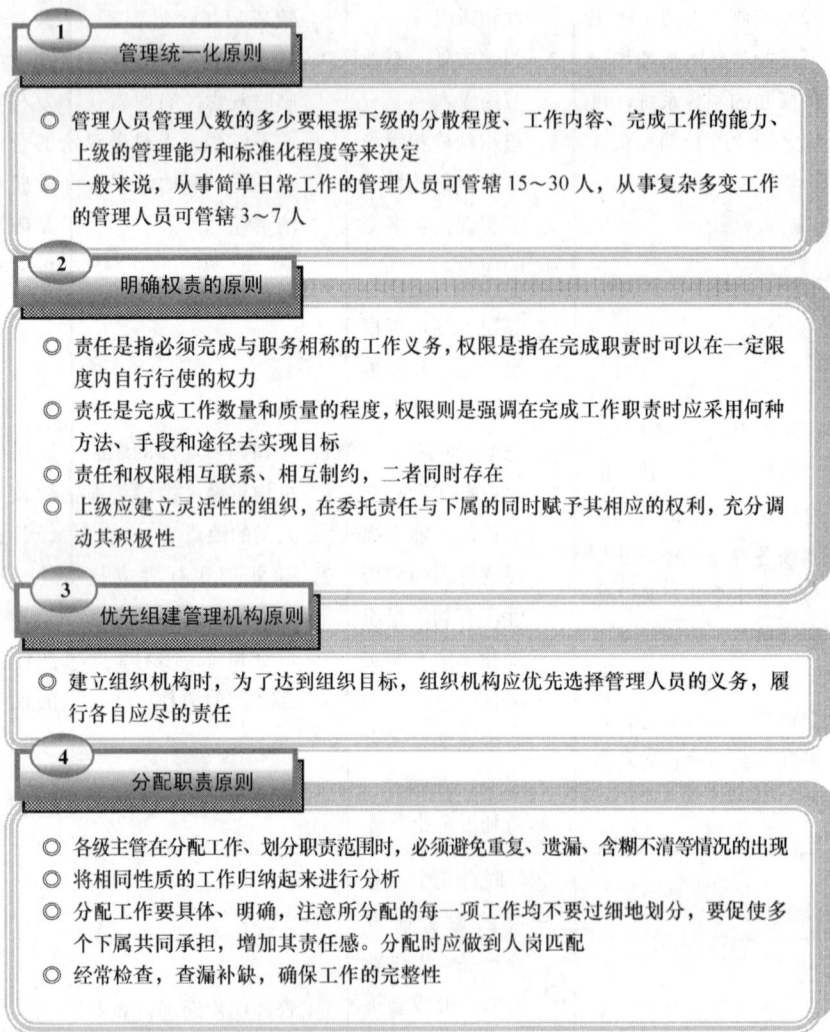

1　管理统一化原则

◎ 管理人员管理人数的多少要根据下级的分散程度、工作内容、完成工作的能力、上级的管理能力和标准化程度等来决定

◎ 一般来说,从事简单日常工作的管理人员可管辖15~30人,从事复杂多变工作的管理人员可管辖3~7人

2　明确权责的原则

◎ 责任是指必须完成与职务相称的工作义务,权限是指在完成职责时可以在一定限度内自行行使的权力

◎ 责任是完成工作数量和质量的程度,权限则是强调在完成工作职责时应采用何种方法、手段和途径去实现目标

◎ 责任和权限相互联系、相互制约,二者同时存在

◎ 上级应建立灵活性的组织,在委托责任与下属的同时赋予其相应的权利,充分调动其积极性

3　优先组建管理机构原则

◎ 建立组织机构时,为了达到组织目标,组织机构应优先选择管理人员的义务,履行各自应尽的责任

4　分配职责原则

◎ 各级主管在分配工作、划分职责范围时,必须避免重复、遗漏、含糊不清等情况的出现

◎ 将相同性质的工作归纳起来进行分析

◎ 分配工作要具体、明确,注意所分配的每一项工作均不要过细地划分,要促使多个下属共同承担,增加其责任感。分配时应做到人岗匹配

◎ 经常检查,查漏补缺,确保工作的完整性

图3-3　新组织结构实施原则

3.2.3　组织结构图绘制的图式

组织结构图绘制的基本图式主要有四种,分别是组织结构图、组织职务图、组织职能图和组织功能图。

1．组织结构图

组织结构图是说明公司各个部门及职能科室、业务部门设置，以及管理层次、相互关系的图，如图 3-4 所示。

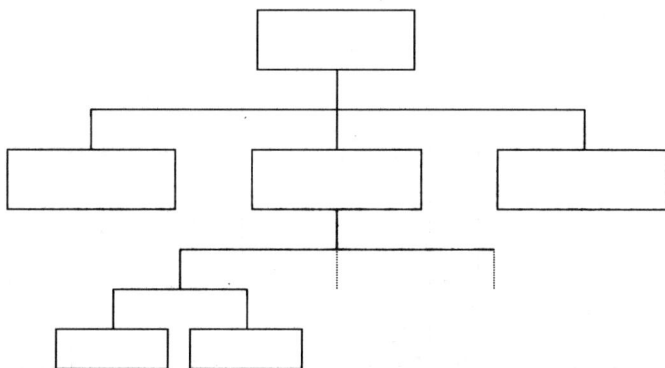

图 3-4　组织结构图图例

其中，框图代表某一工作岗位、职能和业务部门，横线表示机构之间的横向联系，竖线则表示上下级之间的领导与被领导的关系。结构图的上下层次必须符合组织结构设计的要求。

2．组织职务图

组织职务图是表示机构中所设立的各种职务的名称和种类的图。在说明人员编制情况时，也可以在组织职务图上标注现任职务人员的相关情况，如姓名、年龄和学历等，如图 3-5 所示。

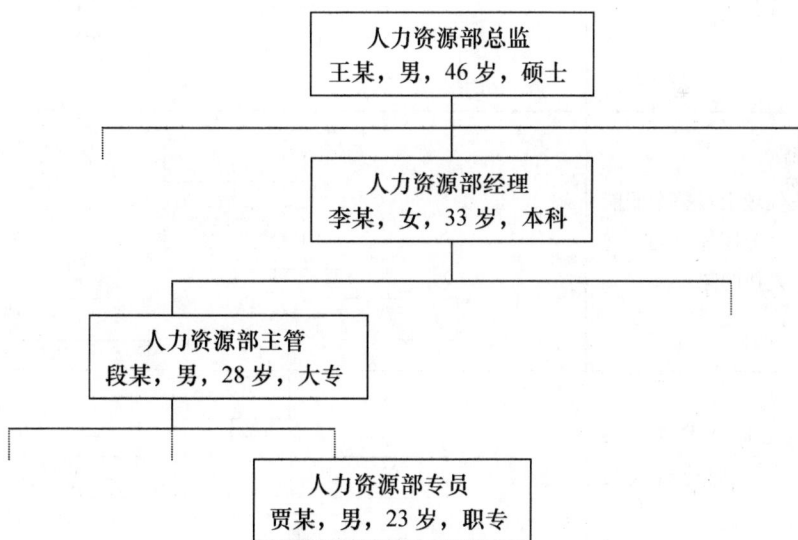

图 3-5　组织职务图图例

3. 组织职能图

组织职能图是表示各级行政负责人或员工主要职责范围的图，如图3-6所示。

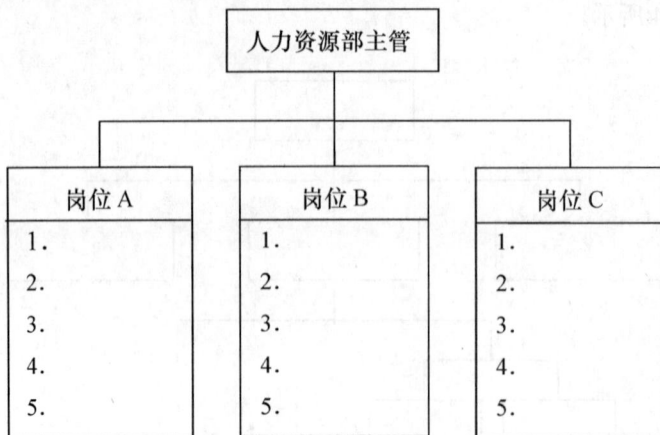

```
                    ┌─────────────┐
                    │  人力资源部主管  │
                    └──────┬──────┘
         ┌─────────────────┼─────────────────┐
   ┌─────┴─────┐     ┌─────┴─────┐     ┌─────┴─────┐
   │   岗位 A    │     │   岗位 B    │     │   岗位 C    │
   ├───────────┤     ├───────────┤     ├───────────┤
   │ 1.        │     │ 1.        │     │ 1.        │
   │ 2.        │     │ 2.        │     │ 2.        │
   │ 3.        │     │ 3.        │     │ 3.        │
   │ 4.        │     │ 4.        │     │ 4.        │
   │ 5.        │     │ 5.        │     │ 5.        │
   └───────────┘     └───────────┘     └───────────┘
```

图 3-6　组织职能图图例

4. 组织功能图

组织功能图是表示某个机构或岗位主要功能的图。具体又可分为如表3-3所示的几种图式。

表 3-3　组织功能图图式表

序号	图式	图例
1	具有参谋作用或岗位主要功能的图	图中含"参谋机构"
2	反映代理上级整个职能或一部分职能机构、岗位或人员的图	图中含"代理机构"
3	表明不适合发展应降格的机构岗位或人员的图	图中含"A"、"A"

（续表）

序号	图式	图例
4	表明有两个或更多机构、岗位分担上级功能的图	
5	表明现存脱离组织系统的或没有任何责任和权限的机构，如顾问咨询机构	

3.2.4 组织结构图绘制的方法

在绘制组织结构图时应注意采用统一、标准的方法，具体如图 3-7 所示。

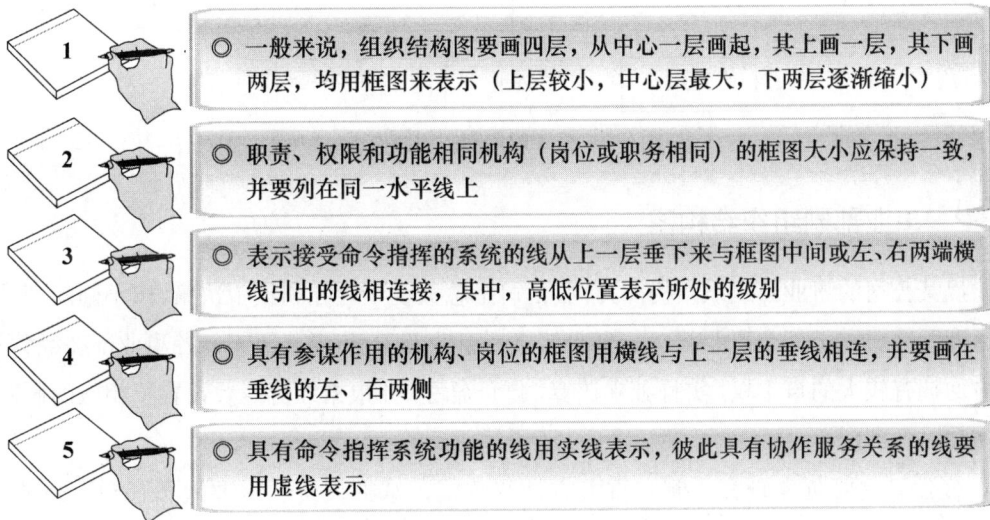

1 ◎ 一般来说，组织结构图要画四层，从中心一层画起，其上画一层，其下画两层，均用框图来表示（上层较小，中心层最大，下两层逐渐缩小）

2 ◎ 职责、权限和功能相同机构（岗位或职务相同）的框图大小应保持一致，并要列在同一水平线上

3 ◎ 表示接受命令指挥的系统的线从上一层垂下来与框图中间或左、右两端横线引出的线相连接，其中，高低位置表示所处的级别

4 ◎ 具有参谋作用的机构、岗位的框图用横线与上一层的垂线相连，并要画在垂线的左、右两侧

5 ◎ 具有命令指挥系统功能的线用实线表示，彼此具有协作服务关系的线要用虚线表示

图 3-7 组织结构图的绘制方法

3.3　组织结构图设计实例

3.3.1　直线职能制组织结构图

　　直线职能制组织结构是指以直线制结构为基础，在厂长（经理）的领导下设置相应的职能部门，实行厂长（经理）统一指挥与职能部门参谋、指导相结合的组织结构形式。直线职能制组织结构图如图3-8所示。

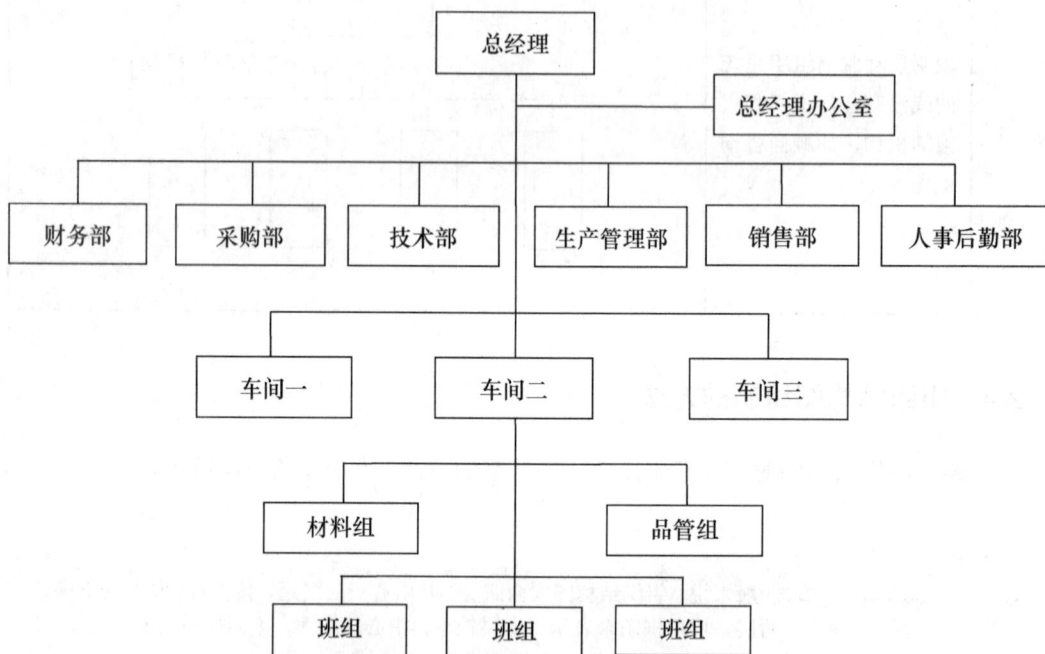

图 3-8　直线职能制组织结构图

3.3.2　事业部制组织结构图

　　以某公司的事业部组织结构图为例，公司由总裁统一领导和集中决策，按不同的产品、地区和顾客成立了三个事业部——事业部A、事业部B和事业部C。各事业部在经营管理方面拥有较大的自主权，实行独立核算，自负盈亏，并根据经营需要设置了相应的研发、生产和财务部门。

　　总公司主要负责研究和制定重大方针和政策，掌握投资、重要人员任免、价格幅度和经营监督等方面的大权，并通过指标对事业部A、事业部B和事业部C实施控制，如图3-9所示。

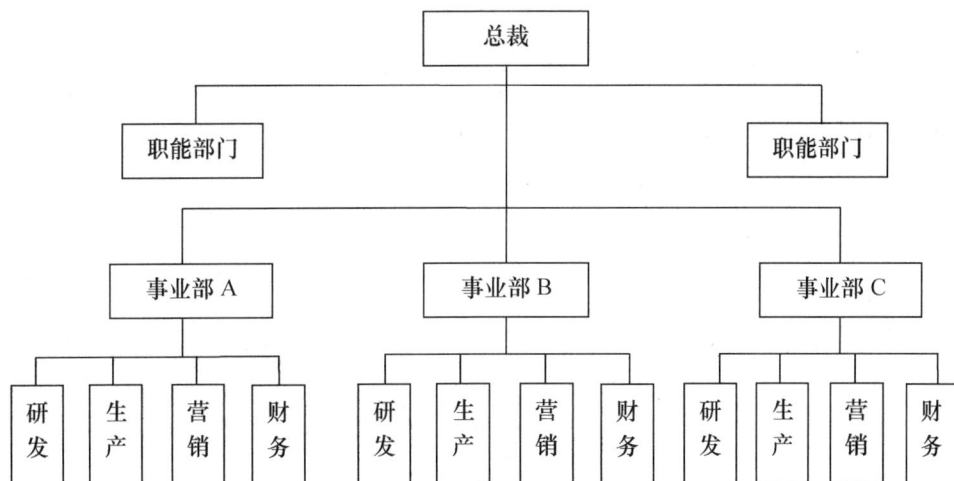

图 3-9　事业部制组织结构图

3.3.3　超事业部制组织结构图

　　超事业部制组织结构是对事业部组织结构图的扩展和延伸,以某公司的超事业部组织结构图为例,公司根据产品和地域的不同成立了六个事业部:　A 区域电子事业部 A_1、A区域家电事业部 A_2、B 区域电子事业部 B_1、B 区域家电事业部 B_2、C 区域电子事业部 C_1、C 区域家电事业部 C_2。

　　为了便于 A 区域、B 区域和 C 区域事业部之间的协调和管理,总公司成立了三个超事业部:A 区域超事业部、B 区域超事业部和 C 区域超事业部,分别负责管理和协调 A区域、B 区域和 C 区域的事业部,如图 3-10 所示。

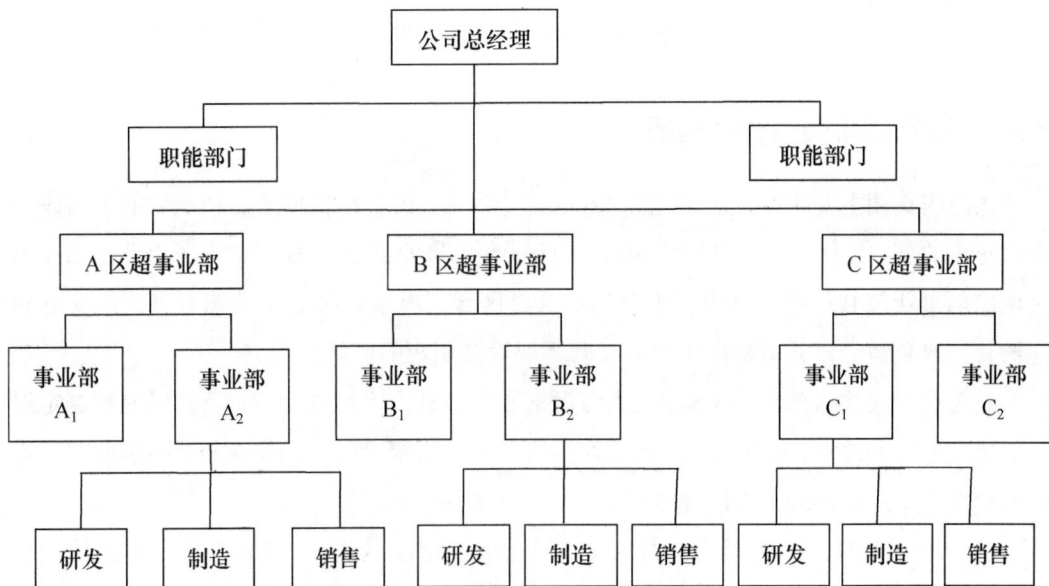

图 3-10　超事业部制组织结构图

3.3.4 矩阵制组织结构图

以某公司的矩阵制组织结构图为例，该公司把按职能划分的部门系统（职能部门1、职能部门2、职能部门3和职能部门4）以及按项目划分的小组系统（项目小组1、项目小组2、项目小组3和项目小组4）结合起来组成一个矩阵，使同一名员工既同原职能部门保持组织与业务上的联系，又参加所在项目的工作，同时接受所在职能部门和项目小组的双重命令，如图3-11所示。

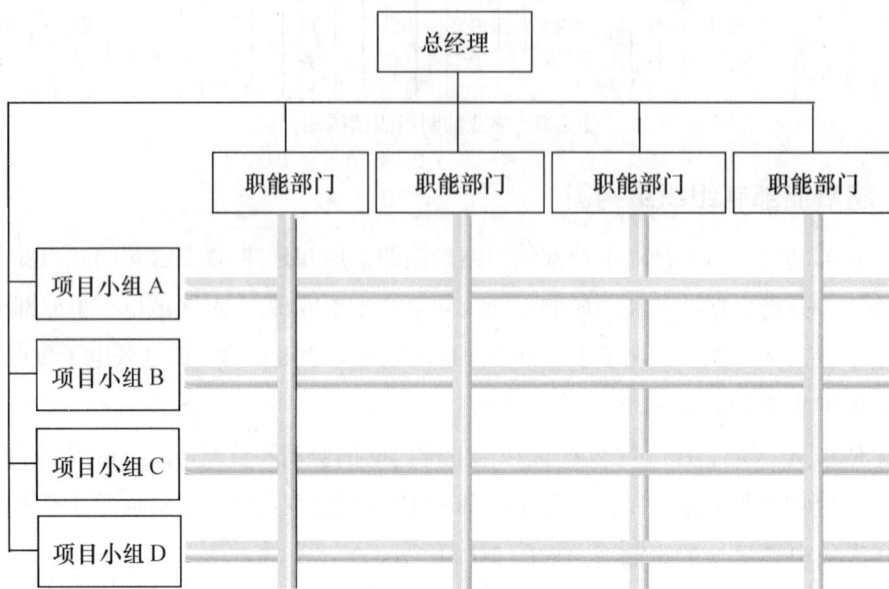

图3-11 矩阵制组织结构图

3.3.5 某跨国集团组织结构图

某跨国集团主要生产、经营电子产品和家电产品。该公司根据产品和地域的不同成立了六个事业部：A区域电子事业部A_1、A区域家电事业部A_1、B区域电子事业部B_1、B区域家电事业部B_2、C区域电子事业部C_1、C区域家电事业部C_2。各事业部之间实行独立核算，自负盈亏，并可根据生产和经营需要设置相应的职能部门。

总公司下设战略部、行政部、人力资源部和财务部四大职能部门，负责研究和制定组织的重大方针和政策，掌握投资、重要人员任免和价格幅度等方面的大权。各事业部下均设有研发、生产和销售三大职能部门。

为了便于管理，总公司今年成立了三个超事业部：A区域超事业部、B区域超事业部和C区域超事业部，分别负责管理和协调A区域、B区域和C区域的事业部。该跨国集团根据组织结构图的绘制要求，结合自身实际变化情况，绘制出其组织结构图，如图 3-12 所示。

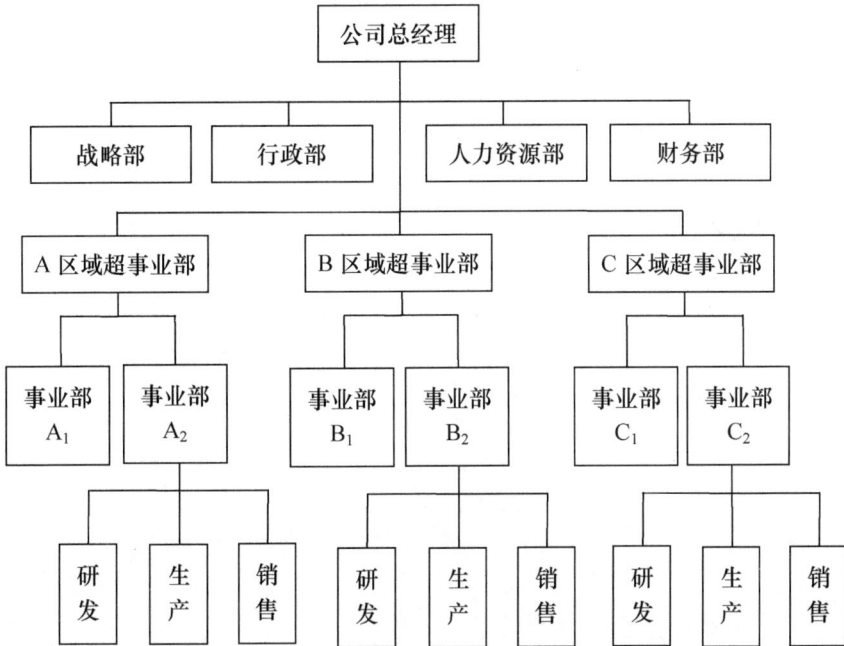

图 3-12　某跨国集团的组织结构图

第4章 如何进行岗位调查与工作分析

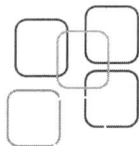

岗位调查和工作分析是人力资源管理的重要基础工作之一，人力资源管理者应掌握其基本的概念、实施流程及方法。

4.1 工作岗位调查

工作岗位调查是以工作岗位为对象，采用科学的研究方法收集各种与岗位有关的信息和资料的过程。

4.1.1 工作岗位研究

工作岗位研究是岗位调查、岗位分析、岗位设计、岗位评价和岗位分级等各项活动的总称。

工作岗位研究是指以企业各类工作岗位为对象，采用科学的方法，经过岗位调查、岗位分析、岗位设计、岗位评价和岗位分级等多个环节，制定出"岗位说明书"等人力资源管理文件的过程。

工作岗位研究为人力资源的战略规划、招聘配置、绩效考评、培训开发、薪酬福利和员工关系管理等提供了参考和标准，其特点和实施原则如图4-1所示。

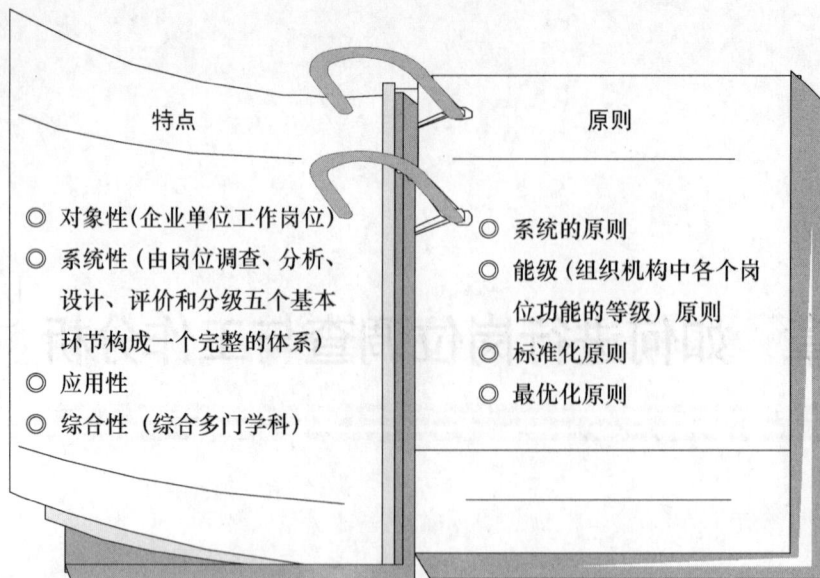

图 4-1　工作岗位研究的特点及原则

4.1.2　工作岗位调查方式

在组织工作岗位调查的过程中，可以采用多种具体的方式，但就其实质而言，主要可以归纳为面谈、现场观测和书面调查三种基本方式。

1. 面谈

面谈是指为了获得岗位的相关信息，调查人员和该岗位相关的人员（如该岗位的上级、该岗位的工作人员、该岗位的下级等）进行面对面的交流，达到了解该岗位情况的目的。通过面谈，既可以掌握现场观测和书面调查所不能获得的资料和情报，又能够进一步证明现有资料的真实性和可靠性。

为了保证面谈的科学、有效，调查人员在面谈过程中（主要包括面谈前和面谈中）应注意以下几点，具体如图 4-2 所示。

2. 现场观测

现场观测是指调查人员直接到现场进行实地观察和测定的方法，包括测时、工作日写实和工作抽样等。现场观测应注意以下几点，如图 4-3 所示。

3. 书面调查

书面调查是指利用调查表进行调查的方式。调查表由专业人员在调查之前进行设计，被调查人接到调查表之后，需按照调查的项目逐一进行填写。

书面调查结果的可靠性和准确性一般受到两个因素的影响：第一，调查表本身设计的合理性；第二，被调查人文化水平的高低以及填写时所表现出的诚意、兴趣和态度。

面谈前	◎ 调查人员应先拟定调查提纲，列出所有需要调查的事项
	◎ 在选择调查对象时，选择范围应尽量广泛一些，不仅要约见主管人员，也要约见一般人员；不仅要对担任本岗位的人员进行调查，也要对与本岗位有关的其他人员进行调查，以便掌握经常和非经常性工作的情况
	◎ 根据调查目的布置面谈环境（良好的面谈环境有利于被调查者回答问题）
面谈中	◎ 尊重被调查人（接待热情、态度诚恳、用语恰当）
	◎ 允许被调查人长篇大论，调查人则视情况记录被调查人的发言
	◎ 对于重大原则性的问题，调查人员应避免发表个人的观点，做到"引而不发"
	◎ 避免采用命令式的提问，应采取启发式的提问

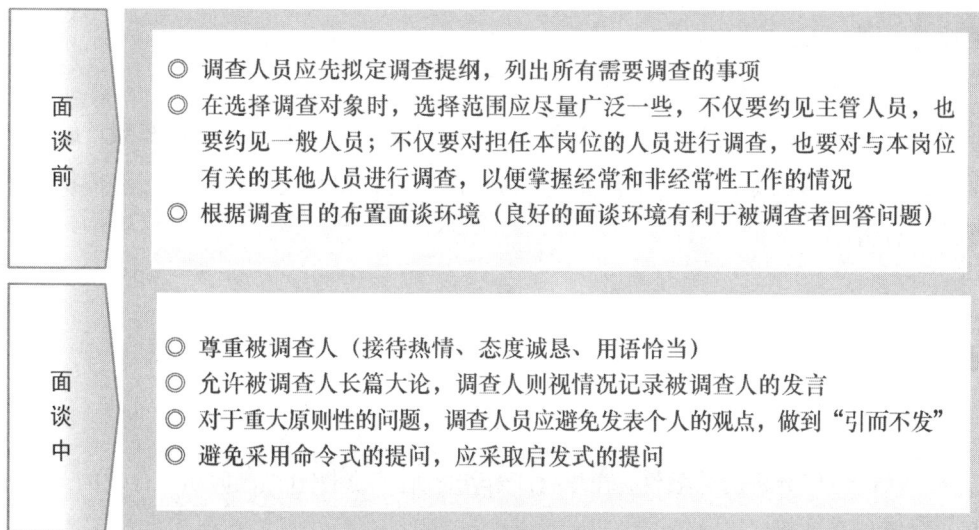

图 4-2　面谈过程中的注意事项

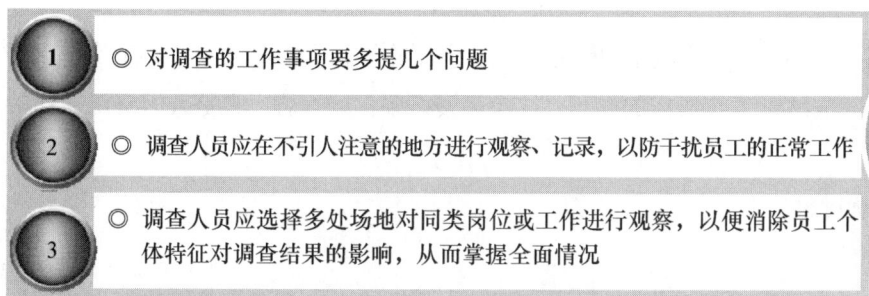

1	◎ 对调查的工作事项要多提几个问题
2	◎ 调查人员应在不引人注意的地方进行观察、记录，以防干扰员工的正常工作
3	◎ 调查人员应选择多处场地对同类岗位或工作进行观察，以便消除员工个体特征对调查结果的影响，从而掌握全面情况

图 4-3　现场观测的注意事项

4.1.3　工作岗位调查方法

　　工作岗位调查的方法有岗位写实、作业测时、岗位抽样、技术会议法、结构调查表、日志法、关键事件法、设计信息法、活动记录法和档案资料法等。企业在进行工作岗位调查时，可以根据调查对象所处的环境和条件等选择合适的方法。下面简单介绍一下岗位写实、作业测时、岗位抽样三种方法。

　　1. 岗位写实

　　岗位写实是指调查人员对被调查人的工作过程进行全面观察、记录和分析的一种信息采集方法。根据岗位调查对象的不同，岗位写实可分为：个人岗位写实、工组岗位写实、多机台看管写实、特殊岗位写实和自我岗位写实。

　　2. 作业测时

　　测时是以工序或某一作业为对象，按照操作顺序进行实地观察、记录、测量和研究工时消耗的一种方法。

3. 岗位抽样

岗位抽样法是统计抽样法在岗位调查中的具体运用，是根据概率论和数理统计学的原理对工作岗位随机地进行抽样调查，并利用抽样调查得到的数据资料对总体状况进行推断的一种方法。

4.2 工作分析

为了保证工作分析的有效性，在进行工作分析时应选择恰当的时机、合适的方法，并遵循一定的程序进行。

4.2.1 工作分析概述

工作分析又称岗位分析和职务分析，是指通过全面的信息收集对某一特定工作作出明确规定，并确定完成这一工作所需的知识、技能等资格条件的过程，它是人力资源工作的基础。

1. 工作分析时机

（1）新成立的企业

对于新成立的企业要进行工作分析，这样可以为后续的人力资源管理工作打下良好的基础。

（2）职位有变动

当职位的工作内容等因素有所变动时，应该对该职位的变动部分重新进行工作分析，以保证工作分析成果的有效性和准确性。需要注意的是，在职位变动时，往往并不是一个职位发生改变，而是与之相关联的其他职位也会发生相应的变化。

（3）企业发展的关键时期和变革时期

当企业发展处于关键或变革时期，也就是说，在出现以下情况时需要进行系统的工作分析：新的岗位出现，新的工作任务产生，工作再设计或合并、拆分，组织和工作流程发生变更，新的部门成立，战略策略调整等。

2. 工作分析成果

通过对职位信息的收集、整理、分析和综合，工作分析成果主要包括两种，即职位说明书和职位分析报告，具体如图4-4所示。

职位说明书	◎ 职位描述：主要是对职位的内容进行概括，包括职位设置的目的、基本职责、工作权限、业绩标准和职责履行程序等内容
	◎ 职位的任职资格要求：主要是对任职人员标准和规范的概括，包括该职位的行为标准，胜任职位所需的知识、技能、能力和个性特征，以及对人员的培训需求等
职位分析报告	◎ 内容较为自由广泛，主要用于阐述在职位分析过程中所发现的组织与管理上的问题和解决方案等
	◎ 主要包括组织结构与职位设置、流程设计与运行、组织权责体系、工作方式和方法以及人力资源管理等方面的问题与解决方案

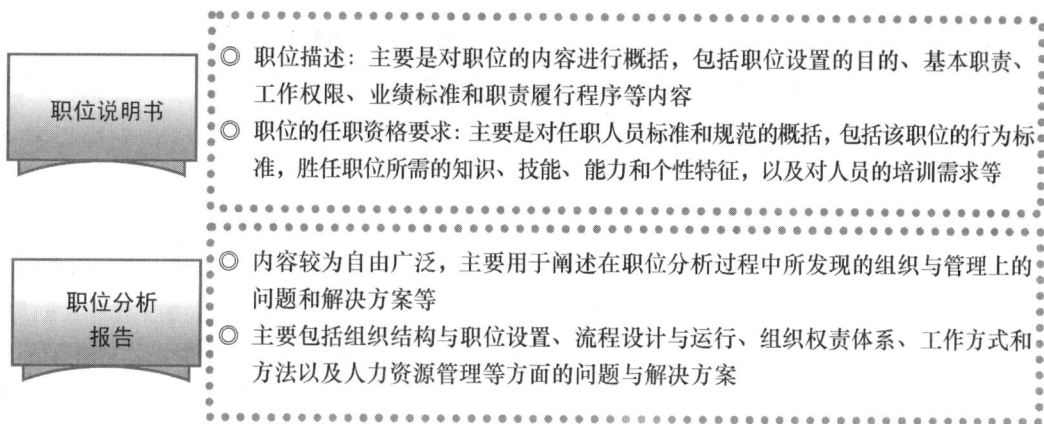

图 4-4　工作分析的两种成果

4.2.2　工作分析程序

工作分析包括准备、实施、结果形成、应用与反馈四个阶段，具体如图 4-5 所示。

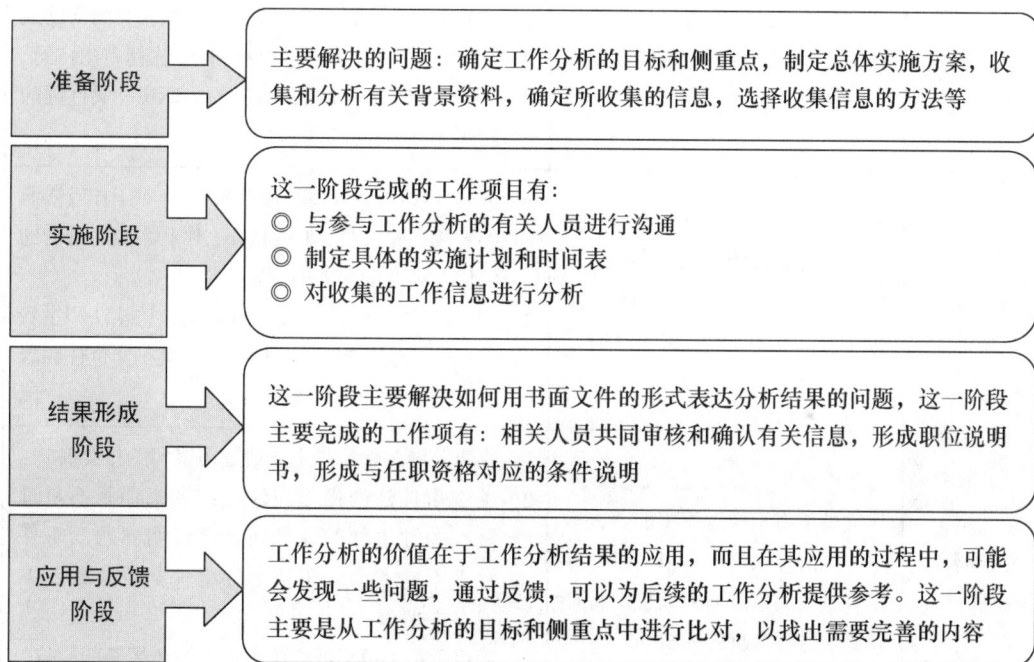

准备阶段	主要解决的问题：确定工作分析的目标和侧重点，制定总体实施方案，收集和分析有关背景资料，确定所收集的信息，选择收集信息的方法等
实施阶段	这一阶段完成的工作项目有： ◎ 与参与工作分析的有关人员进行沟通 ◎ 制定具体的实施计划和时间表 ◎ 对收集的工作信息进行分析
结果形成阶段	这一阶段主要解决如何用书面文件的形式表达分析结果的问题，这一阶段主要完成的工作项有：相关人员共同审核和确认有关信息，形成职位说明书，形成与任职资格对应的条件说明
应用与反馈阶段	工作分析的价值在于工作分析结果的应用，而且在其应用的过程中，可能会发现一些问题，通过反馈，可以为后续的工作分析提供参考。这一阶段主要是从工作分析的目标和侧重点中进行比对，以找出需要完善的内容

图 4-5　工作分析实施程序

4.2.3　定性工作分析方法

按照不同的标准，定性工作分析方法有不同的类型。按照分析结果的可量化程度，可分为定性分析法和定量分析法。定性分析法主要有观察法、问卷法、访谈法、关键事件法和工作日志法等。企业常用的定性工作分析方法具体如表 4-1 所示。

表 4-1　定性工作分析方法

方法	含义	具体内容
观察法	指工作分析人员必须到工作现场实地查看员工的实际操作情况，通过观察将有关的工作内容、方法、程序和工作环境等信息记录下来，并将取得的信息归纳整理为适合使用的文字资料的方法	1. 主要方法：直接观察法（观察员工工作的全过程）、阶段观察法（分阶段对某一职位的工作事项进行观察）和工作表演法（要求被观察者当场表演某一工作事项并对其进行观察） 2. 适用于工作周期短、规律性强的职位及流水线工人的职位
问卷法	指根据工作分析的目的和内容等，由分析人员事先设计一套岗位调查问卷，再由被调查者填写，最后将问卷进行汇总，从中找出有代表性的回答，对相关信息进行表述的方法	1. 主要形式：开放式问卷（设计的问卷只有问题而没有给出备选答案）、封闭式问卷（被调查者在工作分析人员设计的备选答案中选择合适的答案）和混合式问卷 2. 对于问题设计的次序应注意：将易回答的问题放在前面；按照逻辑顺序排列问题；先问范围广的、一般的甚至是开放的问题，后问职位相关性强的问题
访谈法	又称面谈法，是工作分析人员按事先拟定的访谈提纲，就某一岗位与访谈对象进行面对面交流和讨论，从而收集岗位信息的方法	1. 访谈对象包括：该职位的任职者、对工作较熟悉的直接主管人员、与该职位工作联系较为密切的工作人员及任职者的下属等 2. 主要形式：个别员工访谈法、集体访谈法和主管人员访谈法（指工作分析人员与某一岗位任职者的直接领导进行面谈）
关键事件法	指要求分析人员、管理人员或本岗位员工将工作过程中的"关键事件"的详细情况加以记录，并在大量收集信息后对岗位的特征和要求进行分析的方法	1. 收集关键事件信息主要通过访谈和工作会议 2. 关键事件法的操作应注意：调查期限不易过短；关键事件的数量应足够说明问题，事件数目不能太少；正反面的事件都要兼顾，不能有失偏颇 3. 适用于员工很多或者工作内容过于繁杂的职位
工作日志法	又称为工作写实法，是通过让员工在一段时间内以工作日记或工作笔记的形式记录日常工作活动，从中获得有关岗位工作信息资料的方法	1. 优点：如果记录信息详细，会得到其他方法无法获得的细节；对高水平和复杂工作的分析比较经济、有效 2. 缺点：工作日志内容的真实性难以保证

4.2.4　定量工作分析方法

定量工作分析法主要有职位分析问卷法（Position Analysis Questionnaire，PAQ）、管理岗位描述问卷法（Management Position Description Questionnaire，MPDQ）和功能性工作分析法（Functional Job Analysis，FJA）等。企业常用的定量工作分析方法具体如表 4-2 所示。

表 4-2　定量工作分析方法

方法	内容	相关说明
职位分析问卷法（PAQ）	含义	1972 年由普渡大学教授麦考密克（E. J. McComick）等提出的结构化的职位分析问卷是以人员为导向（通过概述人员的行为，揭示组织、工作和人三者之间的相互关系，获得该项工作的要求及重点）的职务分析系统，也是一种适用性很强的数量化工作分析方法
	项目与类别	1. PAQ 包括 194 个项目，其中 187 项被用来分析完成工作过程中员工活动的特征，另外 7 项涉及薪酬问题 2. 所有的项目被划分为六个类别：信息输入、思考过程、工作产出、人际关系、工作环境和其他特征
	六个计分标准	信息使用度、耗费时间、适用性、对工作的重要程度、发生的可能性以及特殊计分
	五个基本尺度	具有决策、沟通能力，执行技术性工作的能力，身体灵活性与体力活动，操作设备与器具的能力和处理资料的能力及相关的条件
	三个步骤	1. 首先分析每一个项目要素是否属于该项工作 2. 再根据计分标准对每个工作要素进行衡量，给出主观评分 3. 最后运用评价尺度对所分析的工作进行分析核查，确定该工作要素的量化分数，进而确定职务的等级
	优点	1. 同时考虑了员工和工作两个变量因素，得到各种工作所需的基础技能与行为的标准化描述，为人事调查、薪酬标准制定等提供了依据 2. 有量化的基本尺度，可得出每一个（或一类）工作的技能数值与等级，方便用于工作评估及人员甄选 3. 无需修改便可用于不同组织和工作，易于各组织间的工作比较，使得工作分析更加准确与合理
	缺点	1. 耗时、繁琐，仅适合对新组织、新职位进行分析 2. 没有对职务的特殊工作活动进行描述 3. 不易区分不同工作的差异 4. 可读性差，对使用者要求较高

（续表）

方法	内容	相关说明
管理岗位描述问卷法（MPDQ）	含义	MPDQ 由托纳和平托在 1976 年提出，是一种结构化和工作导向的问卷，分析对象是管理职位和督导职位，由任职人员自己完成。它具有数量形式，能够通过电脑对问卷收集到的信息进行分析，其目的是确保组织拥有高素质的管理人才
	两个特殊问题	在分析管理者工作时应注意： 1. 管理者经常试图使他们工作的内容去适应自己的管理风格，而不是使自己去适应所承担的管理工作的需要 2. 管理工作具有非程序化的特点，经常随时间的变化而变化，需考察的时间较长
	特点	1. 通过各种回答的形式，MPDQ 能够提供关于管理职位的多种信息，如工作行为、工作联系、工作范围、决策过程、素质要求及上下级之间的汇报关系等 2. MPDQ 的分析结果将形成管理职位描述、管理职位价值报告和管理职位任职资格报告等多种报告形式，可以应用到工作比较、工作评价、管理人员开发、绩效评价、甄选/晋升以及工作设计等人力资源管理职能中去
	类别	1. MPDQ 包括 208 个用来描述管理人员工作的问题，这些问题可以被划分为 13 个类别：（1）产品、市场、财务与战略计划，（2）与组织其他部门和人员的协调，（3）内部业务的控制，（4）产品和服务责任，（5）公共关系与客户关系，（6）高层次的咨询指导，（7）行动的自主性，（8）财务审批权，（9）雇员服务，（10）员工监督，（11）工作复杂性和压力，（12）重要财务责任，（13）广泛的人事责任 2. 在实施时，MPDQ 将每个工作要素评定为 0～4 五个 5 分评定的等级评价尺度，此时，问卷填写者需针对每个问题所描述的活动评定该项活动相对于该工作所包含的所有其他项目的重要程度以及发生频率
	优点	1. 适用于不同组织内管理层级以上的职位分析，具有较强的针对性 2. 为培养管理者指明了方向，也为正确评估管理工作提供了依据 3. 为管理工作的分类和确定管理职业发展路径提供了依据 4. 为管理人员的薪酬设计、选拔程序及提炼绩效考核指标奠定了基础
	缺点	1. 成本较高，投入较大 2. 由于管理工作的复杂性，难以深入分析所有类型的管理工作
功能性工作分析法（FJA）	含义	1. 由美国训练与就业署开发出来的功能性工作分析，是一种以工作为中心的分析方法。FJA 以工作者应发挥的职能为核心，对工作的每项任务要求进行详细分析，对工作内容的描述全面、具体 2. 每一项工作的功能都反映在它与资料、人和事这三项要素的关系上，故可由此对工作进行分析评估。具体应用时用一组代表"员工功能"的基本活动来描述一名员工事实上能对信息、人、事情做些什么，各类基本功能均有其重要性的等级，数值越小，代表的等级越高；反之亦然。最后三项得分的总和就成为此项工作的等级划分基础

方法	内容	相关说明
功能性工作分析法（FJA）	特点	1. 采用此种方法进行工作分析时，各项工作均会出现数值，具此可以决定薪酬和待遇标准 2. FJA 方法同样也可以对工作环境、机器与工具和员工特征等进行数量化的分析
	优点	对工作内容描述彻底，有利于建立工作绩效标准，确定培训内容，甚至选拔要素
	缺点	1. 对每项任务都要求做某种详细分析，因而撰写起来相当费时、费力 2. 不记录有关工作背景的信息，对员工必备条件的描述不理想

　　工作分析方法不同，其利弊也不同。人力资源管理者在进行具体的工作分析时，要结合企业自身的实际、工作分析本身的优缺点以及工作分析的目的和工作分析的对象等来选择不同的方法。

4.3　工作再设计

　　科学的工作分析是进行有效工作设计的前提，只有在详尽、科学的工作分析的基础上才能够设计出适合企业发展的工作职位。

　　工作设计是指对工作完成的方式和工作所要求完成的任务进行界定，主要是针对新设置的职位而进行的。工作再设计则是为了适应工作设计的动态性而进行的适应性修正活动。工作再设计是指改变某种已有工作中的任务或者改变其工作完成方式的过程，其主要任务是对现有工作进行重新设计。

4.3.1　工作分析评价

　　工作分析是进行工作评价的前提。工作评价又称职位评价或岗位评价，是在工作分析的基础上，对岗位的责任大小、工作强度、所需资格等条件进行评价，以确定岗位相对价值等的过程。合理的工作评价为建立公平合理的薪资和奖励制度提供科学依据，为招募甄选、职位管理、绩效考评等人力资源决策提供参考。

　　进行岗位评价时，首先要有一套适用于本企业生产经营特点的岗位功能测试指标。工作评价指标一般要围绕工作责任、劳动技能、劳动强度、劳动条件及劳动心理五个方面进行工作评价。在实际工作中，为了便于对五个因素进行评定，可根据企业的实际需要将每个因素进行分解，具体如图 4-6 所示。

工作评价要素	评价指标
工作责任	◎ 质量、产量、安全生产、经营管理、成本消耗和设备管理责任
劳动技能	◎ 技术知识要求、工作复杂度、所受教育、工作实践
劳动强度	◎ 体力劳动强度、工作紧张程度、工作实践、劳动姿势
劳动条件	◎ 粉尘危害、高温和高空作业、噪音
劳动心理	◎ 择岗心理等

图 4-6 工作评价指标

4.3.2 改进岗位设计的内容

改进岗位设计是为了满足企业劳动分工与协作，不断提高生产效率、增加产出，满足劳动者在心理等方面的需求。

为了使岗位设计能够满足企业和员工的需要，可从岗位工作扩大化与丰富化、岗位工作满负荷、岗位工时制和劳动环境的优化四个方面对其进行改进，具体如表 4-3 所示。

表 4-3 改进岗位设计的内容

内容	相关说明
工作扩大化与丰富化	1. 工作扩大化是将属于分工很细的作业单位合并，由一人负责一道工序改为几个人共同负责几道工序
	2. 工作丰富化是指纵向扩大控制权，可将经营管理人员的部分职能转由生产者承担，工作范围沿组织形式的方向垂直扩大
	3. 两者的差异表现为：前者是通过增加任务、扩大岗位任务结构，使员工完成任务的内容、形式和手段发生变更；而后者是通过岗位工作内容的充实，使岗位的工作变得丰富多彩，更有利于员工的身心健康
岗位工作满负荷	1. 有限的劳动时间应当得到充分利用
	2. 在岗位设计过程中，应当重视对岗位任务量的分析，设计出先进、合理的岗位劳动定员定额标准，切实保证岗位工作的满负荷

（续表）

内容	相关说明
岗位工时制	1. 科学地安排员工工作轮班和作业时间
	2. 两个方面的意义 （1）对企业来说，它将影响到工时利用的状况、劳动生产率以及整体经济效益 （2）对员工来说，它将体现如何"以人为本"，科学、合理地安排员工的工作轮班和作业时间，切实保证劳动者的身心健康，使他们始终保持旺盛的精神状态
劳动环境的优化	1. 劳动环境优化是指利用现代科学技术改善劳动环境中的各种因素，使之适合劳动者的生理、心理特点，建立起"人—机—环境"的最优化系统
	2. 劳动环境优化应考虑物质因素（工作地点、照明与色彩以及设备、仪表和操纵器的配置等）和自然因素（空气、温度、湿度、噪声和厂区绿化等）

4.3.3　改进岗位设计的原则

改进岗位设计必须遵循一定的原则，才能保证组织内人力资源的最佳配置，提升企业的竞争力。改进岗位设计的原则主要有以下三点，如图 4-7 所示。

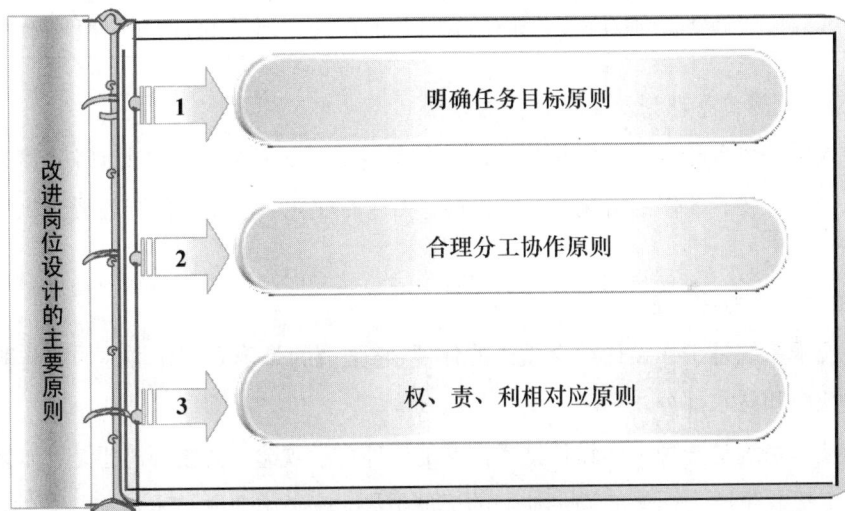

图 4-7　改进岗位设计的主要原则

4.3.4　工作设计的基本方法

工作设计的目的或关注重点不同，工作设计的方法选择也不相同。以下就几种工作设计的方法进行相关介绍。

1. 基于工作效率的方法

机械型工作设计法是基于工作效率的设计方法，其强调找到一种使效率最大化、同时又最简单的方式来对工作进行组合，通常包括降低工作的复杂程度，尽量使工作简单化。这种基于工作效率的设计方法使得工作安全、简单、可靠，使得员工工作中的精神需要最小化。

2. 基于工效学思想的方法

基于工效学思想的设计方法主要表现为两种：生物型工作设计方法和直觉运动型工作设计方法，具体如表4-4所示。

表4-4　基于工效学思想的方法

方法	相关说明
生物型工作设计方法	1. 通常用于体力要求比较高的职位的工作设计
	2. 目的是降低某些特定的职位对于体力的需求，从而使得任何人都能够完成这些职位上的工作
	3. 较关注对机器和技术的设计
直觉运动型工作设计方法	1. 关注人的心理能力和心理局限
	2. 通过降低工作对于信息加工的要求来改善工作的可靠性和安全性

3. 基于人际关系理论及工作特征的方法

基于人际关系理论及工作特征模型理论的设计方法为激励型工作设计法。该方法主要是通过工作扩大化、工作丰富化、工作轮换、工作专业化、弹性工作制等形式来提高工作的激励性。

4. 工作设计的综合模式

社会技术系统是工作设计综合模式的体现，它强调的是确立工作群体的工作职责并平衡工作的社会和技术部分。

社会技术系统是一种工作设计技术，更是一种哲学观念，其核心思想是：如果工作设计要使员工更具生产力而又能满足他们的成就需要，就必须兼顾技术性与社会性，技术性任务的实施总要受到企业文化、员工价值观以及其他社会因素的影响。

第 5 章　如何编制部门和岗位说明书

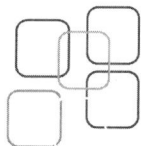

部门和岗位说明书是人力资源管理中重要的工作指导文件,为人力资源管理的多项工作提供决策依据。编制部门和岗位说明书应建立在认清企业目标,并对企业、部门和岗位目标进行层层分解的基础之上。

5.1　目标管理

5.1.1　目标管理概述

"目标管理"是由管理学家最早提出的一个概念。目标管理强调结果意识,注重目标的达成。

目标管理在企业中的应用体现为事先由企业确定并提出在一定时期内期望达到的理想总目标,然后由各部门和全体员工根据总目标确定各自的分目标,并积极主动、竭尽所能使之实现的一种管理方法。目标管理具有自身独特的特点,并存在一定的优势和劣势,具体如图 5-1 所示。

5.1.2　目标分解与目标管理法

目标管理实施的过程一般可以分为四个阶段,即目标建立、目标分解、目标控制以及目标评定与考核。目标分解作为目标管理实施过程中的一个重要环节,其合理与否直接关系到目标能否达成,从而影响目标管理的效果。

所谓目标分解（Target Decomposition），是指将总体目标在纵向、横向或时序上分解到各层次、各部门直至具体的人，并量化为经济指标和管理指标等，以形成目标体系的过程。目标分解是明确目标责任的前提，是使总体目标得以实现的基础，在进行目标分解的过程中应遵循以下几点要求，具体如图5-2所示。

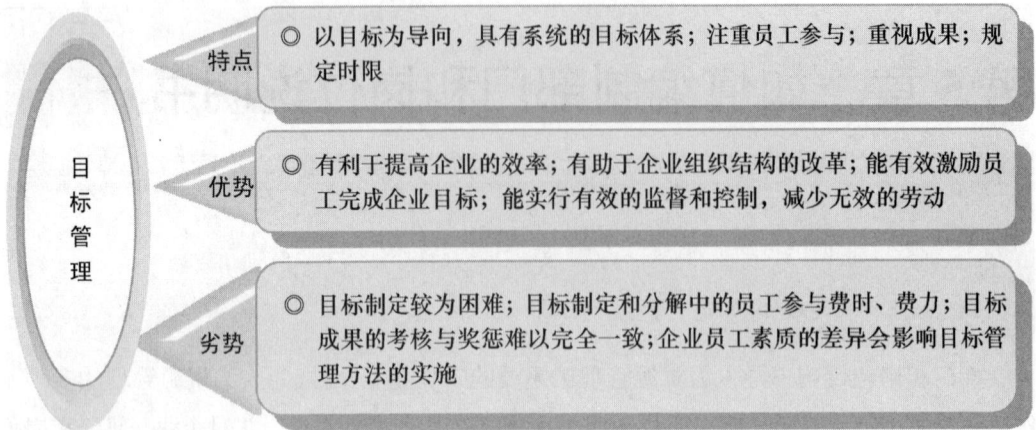

目标管理

特点：◎ 以目标为导向，具有系统的目标体系；注重员工参与；重视成果；规定时限

优势：◎ 有利于提高企业的效率；有助于企业组织结构的改革；能有效激励员工完成企业目标；能实行有效的监督和控制，减少无效的劳动

劣势：◎ 目标制定较为困难；目标制定和分解中的员工参与费时、费力；目标成果的考核与奖惩难以完全一致；企业员工素质的差异会影响目标管理方法的实施

图 5-1　目标管理的特点、优势和劣势

1	2	3	4	5	6
分目标要突出重点并要体现总体目标，以保证总体目标的实现	注意各分目标所需的条件极其限制因素（人才、物力和协作条件等）	各个分目标之间要求在内容及时间上保持平衡，确保同步发展，表明销售人员的素养高，增加客户对销售人员的好感	各个分目标要简明扼要、明确具体，要有详细的目标价值和完成时限要求	要鼓励员工积极参与目标分解	目标分解完成后，要对其进行严格的审批

图 5-2　目标分解的六项要求

5.1.3　部门和岗位目标分解步骤

部门和岗位的目标分解可以分为七个步骤，即深入分析企业目标信息、分析其他部门等提供的信息、深入分析部门和岗位职责、确定关键目标领域、进行能力分析、目标的协调沟通、制定最终目标。各步骤的具体工作事项如图5-3所示。

1. 深入分析企业目标信息

◎ 主要通过三方面执行：了解企业目标的主要内涵和重点，实施企业内外环境分析以及了解企业关于目标实施的关键要求。此步骤的目的在于为各部门建立目标体系提供统一的信息基础

2. 分析其他部门等提供的信息

◎ 通过了解相关部门和相关人员的信息来确定本部门或本岗位目标的合理性，避免产生误解

3. 深入分析部门和岗位职责

◎ 确定部门和岗位的职责可以通过职责分析报告来进行，并应与主管领导共同探讨目标及职责的分配事项，最后给出清晰的界定，以方便上下级之间对职责范围进行沟通和确认

4. 确定关键目标领域

◎ 在对企业目标和部门及岗位职责分析的基础上，确认部门及岗位职责中支持企业目标达成的重点工作项目及目标达成标准

5. 进行能力分析

◎ 对于部门和岗位能力分析的重点——关键目标领域能力分析，可以通过 SWOT 的分析法来进行，以便帮助部门负责人对本部门和本部门岗位的资源环境和薄弱环节进行分析

6. 目标的协调沟通

◎ 对于部门和岗位目标而言，存在诸多不可控因素，这些因素可能导致部门和岗位在实现目标的过程中受阻。因此，在制定部门和岗位目标时，必须确保相关部门以及内部人员之间的沟通

7. 制定最终目标

◎ 主要目标：编制目标实施计划，分配所需的资源（预算），与其他管理人员协作，确定与目标相适应的权限。主要工作：部门负责人主持召开专题会议，提出部门和岗位目标，组织下属讨论；各部门相关人员提出相应的目标草案，并与负责人讨论需修订处；进行目标公示

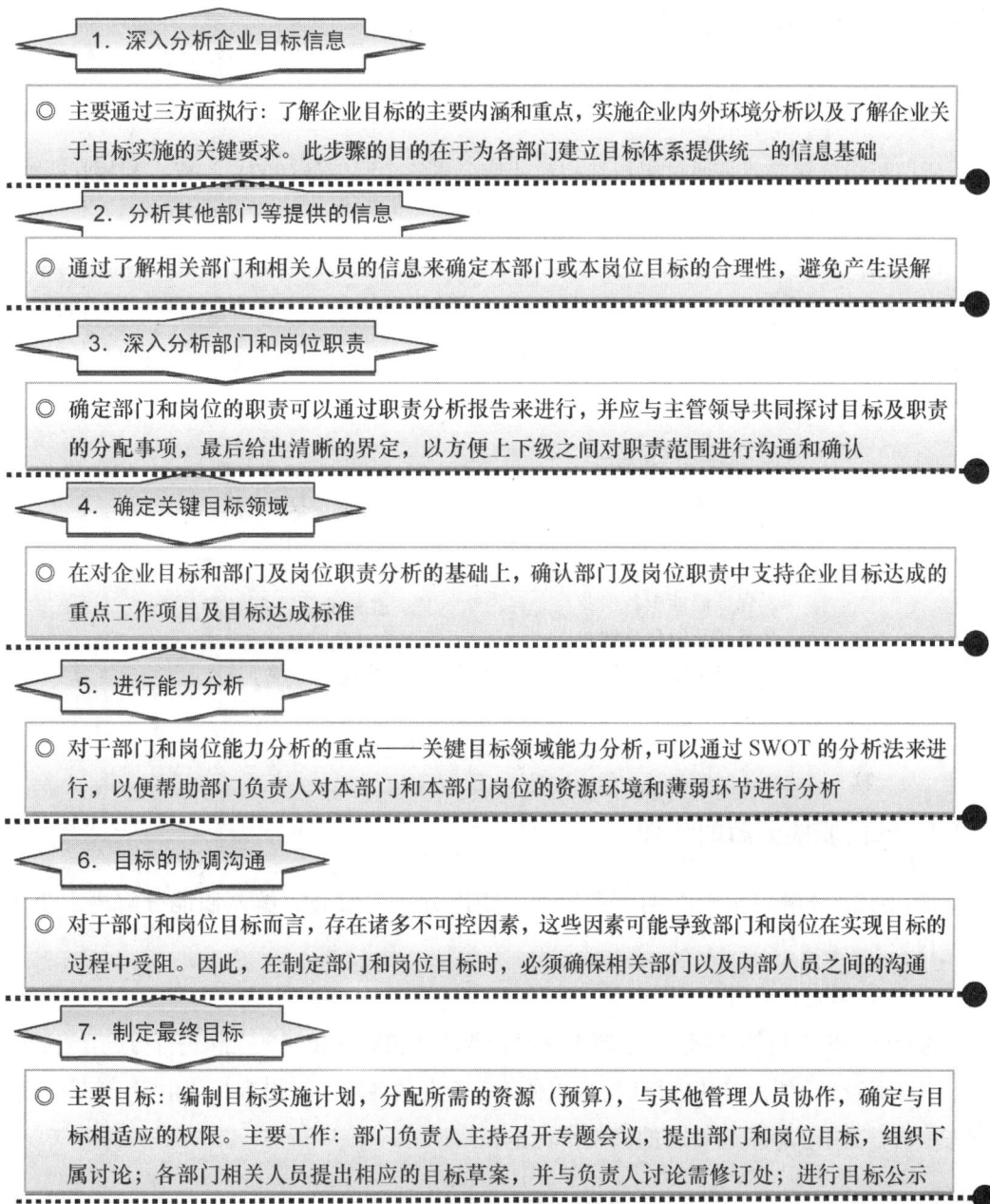

图 5-3　部门和岗位目标分解的步骤

5.2　部门说明书的编制及实例

部门职能分解是从部门的总体职能出发逐级分解，以明确部门、部门岗位职责及岗位

职责的具体内容，为部门和岗位说明书的编制提供依据。

5.2.1 部门职能分解的要求

所谓职能分解，就是通过组织结构设计使公司各个职能部门的责、权、利相互匹配，最终形成一种最佳的业务组合和协作模式。

所谓部门职能分解，是在职能分析的基础上，将部门应该具备的各项职能细化为独立的、可操作的具体业务活动，是通过量化的工具与相关手段澄清部门定位与职责，避免职责重叠或者工作遗漏，实现管理中职责无重叠、又无空白的职责与权限的设计目标。部门职能分解的要求如图5-4所示。

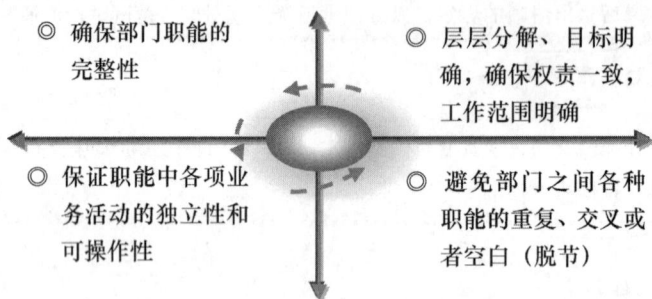

◎ 确保部门职能的完整性

◎ 层层分解、目标明确，确保权责一致，工作范围明确

◎ 保证职能中各项业务活动的独立性和可操作性

◎ 避免部门之间各种职能的重复、交叉或者空白（脱节）

图5-4 部门职能分解的要求

5.2.2 部门职能分解的步骤

部门职能分解可按职能调查和识别、职能分解与组合、编制职能分解表三个步骤进行。

1. 职能调查和识别

为确保职能分解的顺利进行，首先应将企业的各项业务和管理工作进行排列，编制成一个职能调查表，然后对其进行识别，以便确认企业的各项工作内容具体由哪一部门或职位来承担。其中，职能调查表的编制如表5-1所示。

表5-1 职能调查表的编制

部门名称		上级或分管上级岗位名称		下属部门名称	
本部门目前职能	主要职能		具体工作内容		
	一般职能		具体工作内容		

（续表）

与其他部门之间的关系	为本部门提供支持或服务的部门		具体支持或服务的内容、方式	
	需本部门提供支持或服务的部门		具体支持或服务的内容、方式	
履行本职工作所需条件	工作条件			
	权限			
对本部门职能调整的建议	应增加职能		原因	
	应调整职能		原因	
其他相关说明				

2. 职能分解与组合

对于编制好的职能调查表，应在职能识别的基础上对其进行归纳，把属于同一职位或属于同一部门的工作汇总到一起，形成职能汇总表。

职能汇总表将组织结构中各个部门的各项职位和各职位的工作内容对应罗列，为职能分解表的编制奠定基础。

3. 编制职能分解表

职能分解的最后一个环节是编制职能分解表，即将各个部门的职能划分为三个层级，并通过表格将各层级的具体内容表述清楚，具体如表 5-2 所示。

表 5-2　部门一级、二级、三级职能的内涵及特点

职能 项目	一级职能	二级职能	三级职能
内涵	通常用一句话来表述本部门的主要业务和管理职能	是为了完成一级职能所需要开展的重要工作	是为了完成二级职能而开展的一些具体业务工作
特点	是一项基本职能。仅仅是对部门职能的宏观描述，不具备可操作性	严格地讲，这些子职能较宏观，是某一方面而不是具体的工作事项，很难直接操作	是一些具体的作业项目，具备可操作性

5.2.3　部门职能分解的模板

　　按照职能分解的步骤和要求逐步进行部门职能分解，再将分解项目以表格等模板的形式直观地呈现出来，一目了然，提高工作效率。部门职能分解模板如表5-3所示。

表5-3　部门职能分解模板

一级职能	二级职能	三级职能
	1.	（1） （2）
	2.	（1） （2）

5.2.4　人力资源部职能分解

　　人力资源部的主要职能有：选拔、配置、开发、考核和培养企业所需的各类人才，实施各项薪酬福利政策及员工职业生涯规划，调动员工积极性，激发员工潜能，实现企业人力资源的有效提升和合理配置，满足企业持续发展对人力资源的需求。人力资源部职能分解如表5-4所示。

表5-4　人力资源部职能分解

一级职能	二级职能	三级职能
人力资源管理与开发	1. 人力资源制度建设与管理	（1）组织编制、修订与实施企业各项人力资源管理规章制度 （2）编制员工手册，建立员工日常管理规范 （3）执行企业人力资源管理制度和相关管理办法，并具体组织实施 （4）完善各项人力资源管理制度以及与人力资源政策、制度配套的工作流程和操作规范
	2. 人力资源规划	（1）结合企业的性质及生产经营的特点进行组织结构设计 （2）调整、优化组织结构，规范岗位设置 （3）负责研究、制定并组织实施企业人力资源战略 （4）制订并实施人力资源的各项业务计划
	3. 职位管理	（1）负责公司及下属单位的职位设置工作，合理控制各部门、各下属单位的编制和定员 （2）组织、指导各部门编写职位说明书，审核并汇总各部门编写的职位说明书 （3）定期对职位说明书进行修改、补充

（续表）

一级职能	二级职能	三级职能
人力资源管理与开发	4. 招聘与配置	（1）制订年度人力资源需求计划、招聘计划 （2）负责招聘渠道的拓展与维护工作 （3）负责招聘过程中的人才测评与面试等工作 （4）建立后备人才选拔方案和人才储备机制 （5）合理配置新招聘的员工 （6）根据人员能力与公司发展需求，对现有人员进行不定期评估并据此进行合理的配置
	5. 培训与开发	（1）企业培训计划的制订与实施 （2）负责培训课程的开发与管理 （3）监督、指导企业各部门的教育培训工作 （4）管理企业员工因公出国培训、学历教育和继续教育等培训工作
	6. 绩效管理	（1）绩效管理指标体系的构建 （2）管理并实施企业员工的业绩考核工作
	7. 薪酬福利管理	（1）收集同行业薪酬信息，为企业薪酬决策提供依据 （2）设计具有激励性并符合企业实际情况的薪酬方案 （3）制定企业人工成本预算并监督其执行情况 （4）负责员工薪资福利的调整与奖惩实施工作
	8. 员工关系管理	（1）定期进行员工满意度调查，建立良好的沟通渠道 （2）负责企业员工劳动合同、人事档案等资料的管理工作 （3）负责员工离职与劳动纠纷处理
	9. 企业文化建设	（1）通过各种形式建立公司企业文化体系并发挥企业文化的牵引作用 （2）负责企业文化工作的开展，推进公司对内、对外的宣传，塑造良好的企业形象，营造良好的工作氛围

5.3　岗位说明书的编制及实例

　　部门说明书为岗位说明书的编制提供了客观依据。岗位说明书是指对工作性质、任务、环境、工作处理方法以及岗位工作人员的任职资格所进行的书面记录。

　　科学、合理的岗位说明书不但可以帮助任职者了解其工作、明确其责任范围，还可以为管理者的决策等提供参考。为了确保岗位说明书编制的合理性，人力资源管理人员应严格按照起草和修改岗位说明书的相关要求，制定出相应模板，为后续岗位说明书的编制打好基础。

5.3.1 起草和修改岗位说明书

在编制岗位说明书前，应首先掌握其编制步骤，然后按步骤有计划地完成岗位说明书的起草、修改，直至形成完善的岗位说明书。

1. 岗位说明书的编写步骤

编制岗位说明书是岗位分析的直接结果。岗位说明书由起草到修改再到形成主要有以下六个步骤，具体如图 5-5 所示。

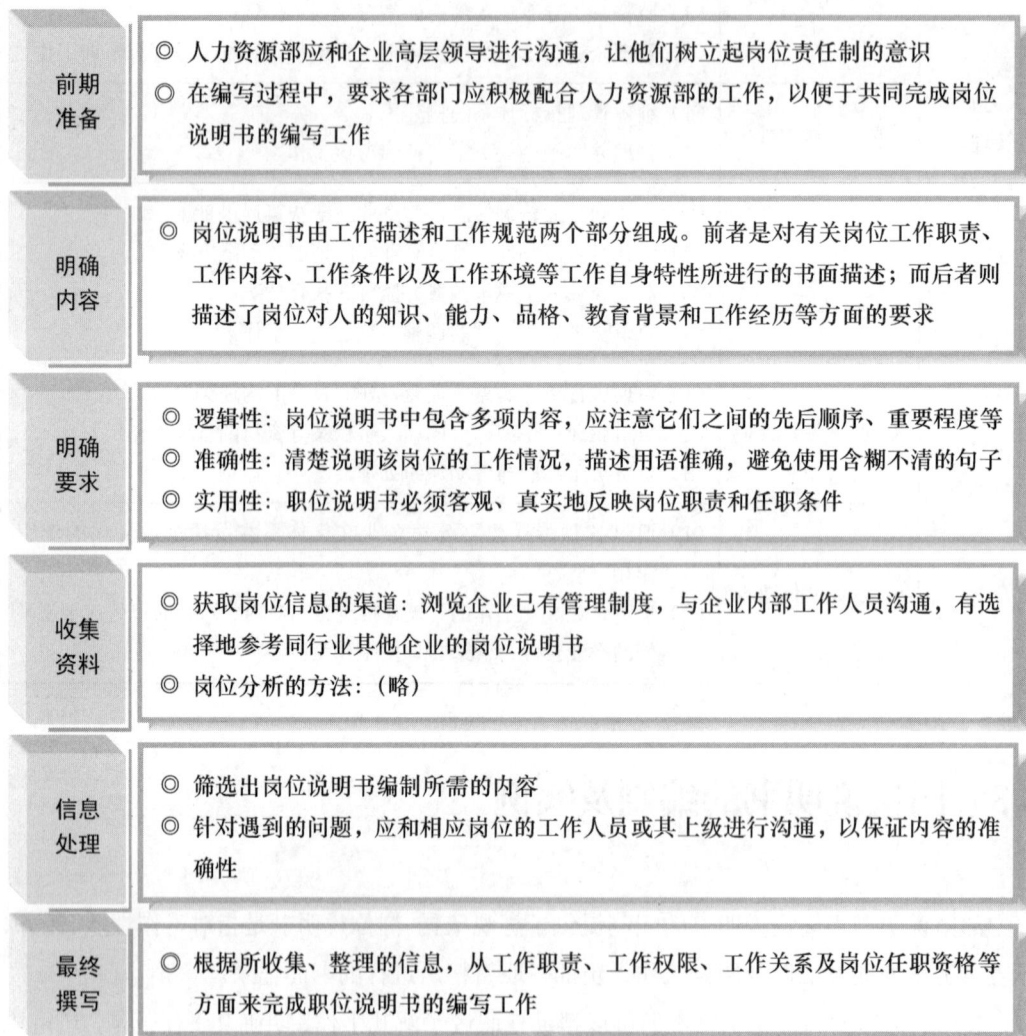

前期准备	◎ 人力资源部应和企业高层领导进行沟通，让他们树立起岗位责任制的意识 ◎ 在编写过程中，要求各部门应积极配合人力资源部的工作，以便于共同完成岗位说明书的编写工作
明确内容	◎ 岗位说明书由工作描述和工作规范两个部分组成。前者是对有关岗位工作职责、工作内容、工作条件以及工作环境等工作自身特性所进行的书面描述；而后者则描述了岗位对人的知识、能力、品格、教育背景和工作经历等方面的要求
明确要求	◎ 逻辑性：岗位说明书中包含多项内容，应注意它们之间的先后顺序、重要程度等 ◎ 准确性：清楚说明该岗位的工作情况，描述用语准确，避免使用含糊不清的句子 ◎ 实用性：职位说明书必须客观、真实地反映岗位职责和任职条件
收集资料	◎ 获取岗位信息的渠道：浏览企业已有管理制度，与企业内部工作人员沟通，有选择地参考同行业其他企业的岗位说明书 ◎ 岗位分析的方法：（略）
信息处理	◎ 筛选出岗位说明书编制所需的内容 ◎ 针对遇到的问题，应和相应岗位的工作人员或其上级进行沟通，以保证内容的准确性
最终撰写	◎ 根据所收集、整理的信息，从工作职责、工作权限、工作关系及岗位任职资格等方面来完成职位说明书的编写工作

图 5-5 岗位说明书的编写步骤

2. 岗位说明书起草和修改的内容

岗位说明书主要是对岗位名称、上下级关系、职务概述、岗位目的、岗位职责、企业内外部沟通关系、建议考核内容以及任职资格和条件等的编写，具体如图 5-6 所示。

岗位名称和上、下级关系	◎ 岗位名称要统一，确保岗位名称与前一部分"岗位设置"中的名称一致 ◎ 每个岗位只能有唯一的一个上级，不能有多个上级，但可以有多个下级；在填写下属人员一栏的内容时，还要注明是直接领导还是间接领导
职务概述	◎ 职务概述是用简明的话语对某一岗位的总体工作职责和工作性质进行的简要说明，表明该岗位的特点和工作的概况
岗位目的	◎ 在"岗位目的"一栏中，主要是说明设置这个岗位的目的及完成该岗位的工作对实现组织战略和目标的意义
岗位职责	◎ 每个岗位的责任范围应根据本岗位所在的部门或单位的职能分解来确定 ◎ 每个岗位的工作职责按照负责程度的大小可分为：全责、部分、支持三种
企业内外部沟通关系关系	◎ 在岗位说明书中，要明确本岗位在公司内外部的沟通关系 ◎ 在公司内部要明确它与公司内部的其他岗位——上级、平级之间的沟通关系。在公司外部要明确它与社会上的其他单位——相关政府部门、上下游或关联企业、客户企业、社会团体、学术单位等之间的沟通关系
建议考核内容	◎ 除了要明确本岗位的责任范围和责任程度外，还要明确某一项责任的建议考核内容。针对某项责任的考核内容一般规定为 2～3 项，而且尽量选择较容易量化的指标
任职资格和条件	◎ 任职资格与条件主要从受教育程度、知识水平、工作能力和专业技能、工作经验等方面来撰写，如在"所受教育程度"一栏中，应注明最低学历要求与最高学历要求

图 5-6 岗位说明书起草和修改的内容

5.3.2 岗位说明书编制的模板

以下为某企业的岗位说明书编制模板，供读者参考。

基本信息	职位名称		所属部门	
	所属部门		直接上级	
	职位编号		编制日期	
职位概述				

（续）

职责细化描述					
岗位职责	职责一				
	工作任务	1.			
		2.			
		3.			
	考核重点				
	职责二				
	工作任务	1.			
		2.			
		3.			
	考核重点				
工作关系	内部关系				
	外部关系				
任职资格	学历				
	专业				
	工作经验				
	能力	能力项目	能力标准		
工作环境	工作场所		环境条件		
	工作时间		使用设备		
职业发展	晋升职位		轮换职位		
KPI 指标					

5.3.3　人力资源岗位说明书示例

以下为某企业的人力资源经理岗位说明书范例，供读者参考。

<table>
<tr><td rowspan="3">基本信息</td><td>职位名称</td><td>人力资源经理</td><td>职位编号</td><td></td></tr>
<tr><td>所属部门</td><td>人力资源部</td><td>直接上级</td><td>人力资源总监</td></tr>
<tr><td>职位编号</td><td></td><td>编制日期</td><td></td></tr>
<tr><td>职位概述</td><td colspan="4">依据公司的发展战略组织编制和实施人力资源规划，组织、协调各部门的人力资源工作，为公司年度经营目标的实现和管理的有序开展提供人力资源支持和保障</td></tr>
<tr><td colspan="5" align="center">职责细化描述</td></tr>
<tr><td rowspan="29">岗位职责</td><td>职责一</td><td colspan="3">制定人力资源管理规章制度</td></tr>
<tr><td>工作任务</td><td colspan="3">1. 组织编制公司人力资源管理的相关制度，上报人力资源总监、总经理批准
2. 执行人力资源管理的各项制度，并组织落实，适时修正</td></tr>
<tr><td>考核重点</td><td colspan="3">人力资源管理制度的有效执行情况</td></tr>
<tr><td>职责二</td><td colspan="3">人力资源规划与开发</td></tr>
<tr><td>工作任务</td><td colspan="3">1. 组织编制并落实人力资源发展规划，为重大人事决策提供建议和信息支持
2. 编制和落实公司人力资源规划，实现公司人力资源和业务发展间的供需平衡
3. 配合公司管理部进行文化建设活动</td></tr>
<tr><td>考核重点</td><td colspan="3">人力资源规划中年度指标的实现程度</td></tr>
<tr><td>职责三</td><td colspan="3">招聘管理</td></tr>
<tr><td>工作任务</td><td colspan="3">1. 依据公司各部门、下属单位的需求和岗位任职条件，制订员工招聘计划
2. 通过推荐、媒体介绍、公开招聘等形式招聘新员工
3. 组织面试、复试，择优录用新员工</td></tr>
<tr><td>考核重点</td><td colspan="3">招聘计划的实现程度</td></tr>
<tr><td>职责四</td><td colspan="3">培训管理</td></tr>
<tr><td>工作任务</td><td colspan="3">1. 组织制订公司各类岗位人员的培训计划并具体实施
2. 根据公司发展的要求，针对各类岗位员工设计培训方案并具体实施
3. 组织实施培训效果评估</td></tr>
<tr><td>考核重点</td><td colspan="3">培训内容与效果、培训计划安排的合理性</td></tr>
<tr><td>职责五</td><td colspan="3">绩效考核管理</td></tr>
<tr><td>工作任务</td><td colspan="3">1. 安排人员定期组织各部门，各分公司、子公司实施员工绩效考核
2. 根据公司任命程序组织实施干部晋升前考核</td></tr>
</table>

（续）

		职责细化描述	
岗位职责	考核重点	考核覆盖程度，公正客观程度	
	职责六	薪酬管理	
	工作任务	1. 引进具有竞争力的薪酬管理体系，组织制定公司的薪酬政策 2. 负责组织员工的日常薪酬福利管理 3. 安排人员按规定为员工办理各种保险手续	
	考核重点	员工对薪酬的满意程度，核心员工的保有率	
	职责七	员工关系管理	
	工作任务	1. 根据政府劳动部门的规定组织制定公司统一的劳动合同文本 2. 安排人员组织员工办理劳动合同签订及续签手续 3. 组织受理员工投诉和公司内部劳资纠纷，完善内部沟通渠道 4. 协同法律顾问处理有关劳动争议	
	考核重点	劳动纠纷处理及时率，劳动合同管理情况	
	职责八	部门内部管理	
	工作任务	1. 制订部门的工作计划、工作制度，进行下属员工的分工和组织工作 2. 对下属员工进行考核、业务指导	
	考核重点	本部门各项工作计划的及时完成率	
工作关系	内部	公司各部门	
	外部	人才交流中心、培训机构、咨询机构、劳动部门等	
任职资格	学历	大学本科以上	
	专业	人力资源管理、行政管理、企业管理等相关专业	
	工作经验	5年以上人力资源管理工作经验	
	能力素质	具有很强的沟通协调能力、组织管理能力、激励能力、分析判断能力，工作细致、原则性强	
	业务了解范围	熟悉国家有关政策法规，全面掌握人力资源管理知识，了解国内外人力资源管理的新动向	
工作环境	工作场所		环境条件
	工作时间		使用设备
职业发展	晋升职位		轮换职位
KPI指标	人力资源成本控制率、招聘计划完成率、信息管理差错率、考核申诉处理及时率、劳动纠纷及时解决率、培训计划完成率、核心人才流失率		

第6章　如何进行定岗定编定员定额

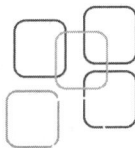

定岗、定员、定编、定额设计是企业设计组织结构的内容和方法，企业通过对定岗、定员、定编、定额的设计来确定部门员工的数量和质量等内容。

人力资源管理者若要通过定岗、定员、定编、定额实现人力资源优化配置，最大限度地提高劳动效率，达到精简高效的目的，首先必须明确定岗、定员、定编和定额与人力资源管理之间的关系，切实做好定岗管理、定编管理、定员管理和定额管理工作。

6.1　四定与人力资源管理

6.1.1　四定之间的内在联系

本书将定岗、定编、定员、定额合称为"四定"。

定岗是指设定企业运营过程中不可缺少的岗位、岗位职责、职权和工作关系等。定编是指企业在一定的规模和技术条件下，设计每个岗位的人数。定员是指确定每个岗位的任职资格，制定人力资源质量标准，其核心是胜任能力。定额是指采取科学、合理的方法，对生产单位合格产品或完成一定工作任务的活劳动消耗（人力消耗）量所预先规定的限额。

四定之间相互联系，密不可分。定岗是进行四定的首要工作，定员、定编和定额需建立在岗位确立的基础之上。定岗的过程也是岗位设计的过程，岗位设计过程本身包括了对工作量的确定，同时也就包括了对上岗人员数量和素质要求的确定，而定编和定员则恰恰满足了定岗对基本上岗人员数量和素质的需求。

6.1.2　四定与人员异动管理

人员异动是指企业员工离开现有工作岗位的情况。人员异动管理主要是对晋升、降职、调动、停职留薪、自动离职、辞职、辞退和开除等进行的管理。人员异动管理旨在有效地开发人力资源，促进企业内部人力资源的合理配置。

四定与人员异动管理相互影响，四定为人员异动管理提供相应的标准和支持，人员异动管理为四定的再次设计和调整提供必要的参考。

6.1.3　四定与企业人力资源管理

四定是一项基础的人力资源管理工作，四定的不断完善和应用能不断促进人力资源管理水平的提高。四定对人力资源管理的促进作用如图6-1所示。

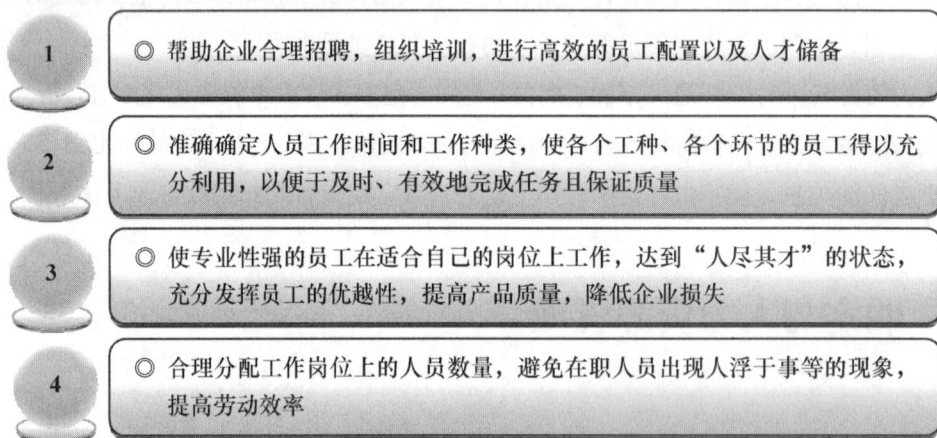

1	◎ 帮助企业合理招聘，组织培训，进行高效的员工配置以及人才储备
2	◎ 准确确定人员工作时间和工作种类，使各个工种、各个环节的员工得以充分利用，以便于及时、有效地完成任务且保证质量
3	◎ 使专业性强的员工在适合自己的岗位上工作，达到"人尽其才"的状态，充分发挥员工的优越性，提高产品质量，降低企业损失
4	◎ 合理分配工作岗位上的人员数量，避免在职人员出现人浮于事等的现象，提高劳动效率

图6-1　四定对人力资源管理的促进作用

6.2　定岗管理

6.2.1　企业定岗概述

定岗要根据企业的目标、实际工作需要以及工作任务进行，按照岗位性质、工作任务、工作量的大小、所需要的专业知识和业务技能的要求等确定不同的岗位。因事设岗是定岗的基本原则，除此之外，定岗还需要遵循以下原则，具体如表6-1所示。

表 6-1　企业定岗原则

原则	内容
最低数量原则	1. 进行岗位设置时，从企业实际需要出发，明确所设置的岗位在企业中的作用，以尽可能少的岗位来承担尽可能多的职责
	2. 若设置一个岗位就可以满足需要，则绝不设置额外的岗位、聘用额外的人员
有效配置原则	1. 根据企业的目标和任务，将企业的总目标和总任务层层分解到各个部门、岗位及人员，并明确各自的职责 2. 在岗位职责中，还应进一步区分并明确"主要责任"和"部分责任"以及协作性的岗位和辅助性的岗位，以达到有效配合、实现组织目标的目的
权责统一原则	岗位设置除了要明确各岗位的职责外，还须赋予其履行职责所需的权限，保证责权相统一
有效管理幅度原则	管理幅度是指组织中的上级主管能直接、有效地指挥和领导下属人员的数量。在设置岗位时，要设计出一个合适的管理幅度，保证组织能够有效运行

6.2.2　定岗操作三步骤

定岗操作可以按照三个步骤进行，具体如图 6-2 所示。

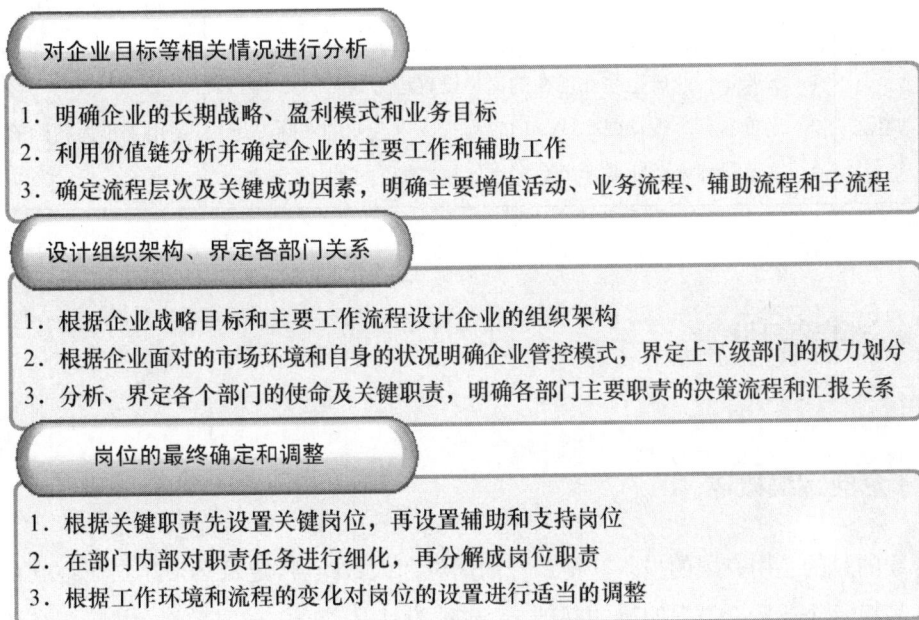

对企业目标等相关情况进行分析

1. 明确企业的长期战略、盈利模式和业务目标
2. 利用价值链分析并确定企业的主要工作和辅助工作
3. 确定流程层次及关键成功因素，明确主要增值活动、业务流程、辅助流程和子流程

设计组织架构、界定各部门关系

1. 根据企业战略目标和主要工作流程设计企业的组织架构
2. 根据企业面对的市场环境和自身的状况明确企业管控模式，界定上下级部门的权力划分
3. 分析、界定各个部门的使命及关键职责，明确各部门主要职责的决策流程和汇报关系

岗位的最终确定和调整

1. 根据关键职责先设置关键岗位，再设置辅助和支持岗位
2. 在部门内部对职责任务进行细化，再分解成岗位职责
3. 根据工作环境和流程的变化对岗位的设置进行适当的调整

图 6-2　定岗操作三步骤

6.2.3　定岗管理四方法

　　企业需根据规模大小、战略规划、技术水平等实际情况，在充分理解客户需求的基础上选择确定定岗的方法或方法组合。定岗管理方法及操作说明如表 6-2 所示。

表 6-2　定岗管理的四种方法

方法	方法操作说明	适用范围
组织分析法	1. 从整个企业的愿景和使命出发，设计基本的组织模型，然后根据具体业务流程的需要设计出不同的岗位 2. 深入解决诸多细节问题，往往会过于复杂和具体 3. 必须有一个相对稳定的业务环境和发展战略	适用于规模相对较大的企业，组织设计和岗位设计占整个项目的大部分
关键使命法	1. 岗位设计仅集中于对企业成功起关键作用的岗位 2. 方法灵活，但岗位间的衔接处理较差 3. 对关键岗位的认定要有判断力和决心	适用于因时间和预算的限制，对整个企业岗位设计不可行的情况
流程优化法	1. 根据新的信息系统或新的流程对岗位进行优化 2. 注重新管理系统对在岗者的影响，确定新岗位 3. 参与人员需熟悉流程，又必须跳出原有的或熟悉的工作流程	适用于较小的企业，主要在实施一个新的管理信息系统时应用
标杆对照法	1. 参照本行业典型企业现在的岗位设置进行设计 2. 简单易行，设计成本低，但容易脱离本企业的实际 3. 需要对标杆企业或参考数据有比较透彻的了解	适用于不太精确的企业

6.3　定编管理

6.3.1　企业定编概述

　　定编的目的是用有限的投入获得最佳的岗位和人数组合，定编必须建立在企业有一定的业务规模且企业发展方向明确的基础上。定编设计具有一定的时效性，并应严格遵循一定的原则，主要包括以目标为中心的原则、比例协调原则以及量化和专业化原则，具体如图 6-3 所示。

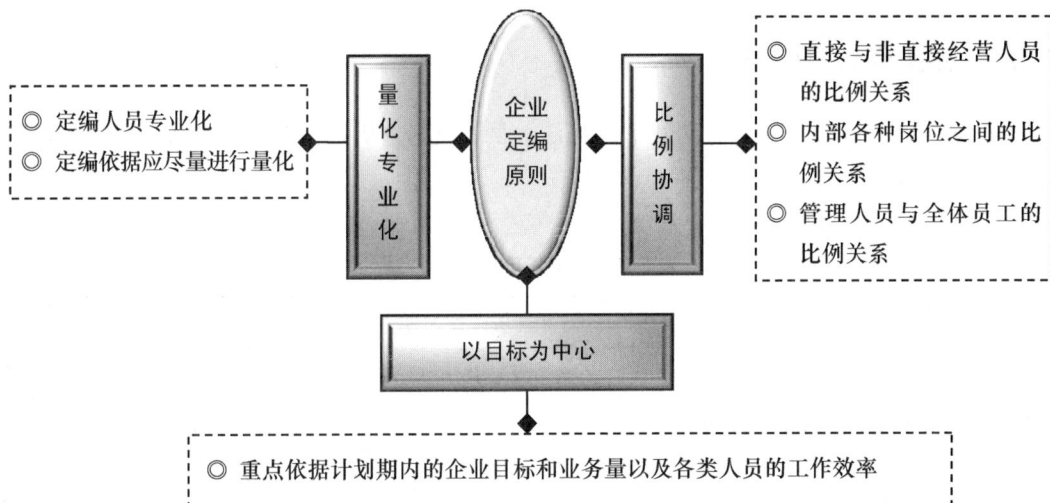

图 6-3 企业定编原则

6.3.2 定编操作四步骤

定编操作主要分为四个步骤，包括确定一线业务人员和管理人员的总规模、合理分配管理人员总编制、将总编制分解为岗位编制，以及最终确定部门和岗位编制，具体如图 6-4 所示。

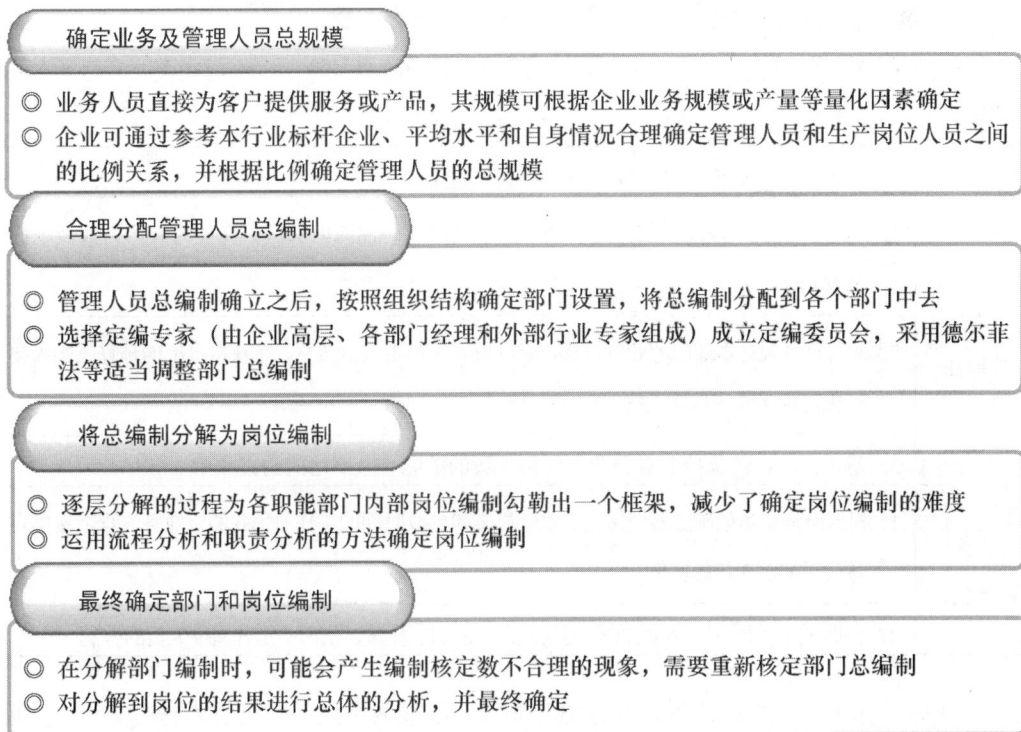

确定业务及管理人员总规模
- ◎ 业务人员直接为客户提供服务或产品，其规模可根据企业业务规模或产量等量化因素确定
- ◎ 企业可通过参考本行业标杆企业、平均水平和自身情况合理确定管理人员和生产岗位人员之间的比例关系，并根据比例确定管理人员的总规模

合理分配管理人员总编制
- ◎ 管理人员总编制确立之后，按照组织结构确定部门设置，将总编制分配到各个部门中去
- ◎ 选择定编专家（由企业高层、各部门经理和外部行业专家组成）成立定编委员会，采用德尔菲法等适当调整部门总编制

将总编制分解为岗位编制
- ◎ 逐层分解的过程为各职能部门内部岗位编制勾勒出一个框架，减少了确定岗位编制的难度
- ◎ 运用流程分析和职责分析的方法确定岗位编制

最终确定部门和岗位编制
- ◎ 在分解部门编制时，可能会产生编制核定数不合理的现象，需要重新核定部门总编制
- ◎ 对分解到岗位的结果进行总体的分析，并最终确定

图 6-4 定编操作四步骤

6.3.3 定编管理五方法

定编管理的方法主要有劳动效率定编法、业务数据分析法、本行业比例法、预算控制法和业务流程法五种，具体如表6-3所示。

表6-3 定编管理的五种方法

方法	方法操作说明
劳动效率定编法	1. 根据工作量和劳动定额来计算员工数量的方法
	2. 采用数量定额：定编人数=计划期生产任务总量/（员工劳动定额×出勤率）
	3. 采用时间定额：定编人数=生产任务×时间定额/（工作时间×出勤率）
	4. 适用情况：实行劳动定额的人员，特别是以手工操作为主的岗位
业务数据分析法	1. 根据企业的历史数据（销售收入、利润、市场占有率和人力成本等）以及战略目标来确定企业在未来一定时期内的岗位人数
	2. 根据企业的历史数据，将员工数与业务数据进行回归分析，得到回归分析方程；根据企业短期、中期、长期业务发展目标数据，确定人员编制
本行业比例法	1. 按照企业职工总数或某一类人员总数的比例来确定岗位人数的方法
	2. M＝T×R（M为某类人员总数，T为服务对象人员总数，R为定员比例服务对象人员总数
	3. 适用情况：适合各种辅助和支持性岗位定员
预算控制法	1. 通过人工成本预算控制在岗人数，而不是对某一部门内的某一岗位的具体人数做硬性的规定
	2. 部门负责人对本部门的业务目标、岗位设置和员工人数负责，在获得批准的预算范围内自行决定各岗位的具体人数
	3. 适用情况：预算控制对企业各部门人数的扩展有着严格的约束作用
业务流程法	1. 根据岗位工作量确定各个岗位、单个员工和单位时间的工作量，并结合业务流程衔接确定各岗位编制人员的比例
	2. 根据企业总业务目标确定单位时间流程中总的工作量，从而确定各岗位人员的编制

在实际工作中，企业通常将各种方法相结合，以按效率定编、定员为基本方法，参照行业标杆来确定岗位的人数。

6.4　定员管理

企业定员包括定组织机构、定人员类别和职务以及定人员数量的比例关系三项内容。科学、合理的劳动定员是企业用人的科学标准，是企业人力资源计划的基础，是企业内部各类员工调配的主要依据、有利于提高员工队伍的素质。

6.4.1　企业定员关注五大因素

企业定员主要受到业务流程、技术水平、客户需求、员工能力和成本压力五大因素的影响，具体如图 6-5 所示。

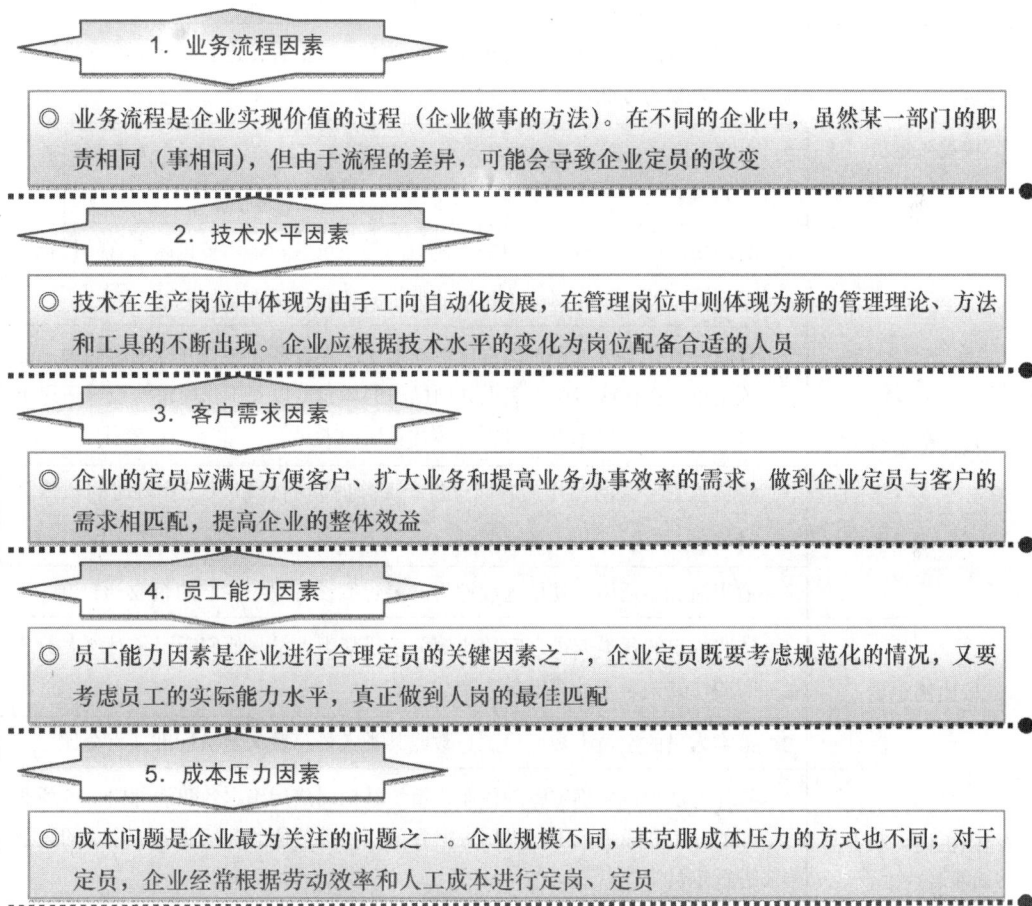

1. 业务流程因素

◎ 业务流程是企业实现价值的过程（企业做事的方法）。在不同的企业中，虽然某一部门的职责相同（事相同），但由于流程的差异，可能会导致企业定员的改变

2. 技术水平因素

◎ 技术在生产岗位中体现为由手工向自动化发展，在管理岗位中则体现为新的管理理论、方法和工具的不断出现。企业应根据技术水平的变化为岗位配备合适的人员

3. 客户需求因素

◎ 企业的定员应满足方便客户、扩大业务和提高业务办事效率的需求，做到企业定员与客户的需求相匹配，提高企业的整体效益

4. 员工能力因素

◎ 员工能力因素是企业进行合理定员的关键因素之一，企业定员既要考虑规范化的情况，又要考虑员工的实际能力水平，真正做到人岗的最佳匹配

5. 成本压力因素

◎ 成本问题是企业最为关注的问题之一。企业规模不同，其克服成本压力的方式也不同；对于定员，企业经常根据劳动效率和人工成本进行定岗、定员

图 6-5　企业定员五大影响因素

6.4.2 企业定员管理五方法

由于各类人员的工作性质、总工作量、工作效率以及其他影响定员的因素不同,所以确定企业定员的具体方法也不同。一般来说,企业定员管理的方法主要有按劳动效率定员,按设备定员,按岗位定员,按比例定员,以及按组织机构、职责范围和业务分工确定定员的人数,具体如表6-4所示。

表6-4　企业定员管理的五种方法

方法	操作说明
按劳动效率定员	1. 根据生产任务量和员工工作效率来计算定员人数的方法
	2. 定员人数＝计划期生产任务总量/（一名员工有效工作时间×定额完成系数）
	3. 适用情况:以手工操作为主,已有劳动定额的岗位
按设备定员	1. 根据设备需要开动的台数和开动的班次、员工看管定额以及出勤率来计算定员人数的方法
	2. 定员人数＝（需要开动设备次数×每台设备开动班次）/（个人看管定额×出勤率）
	3. 适用情况:以机械操作为主、使用同类型设备、采用多机床看管的岗位
按岗位定员	1. 根据岗位的多少和岗位工作量的大小来计算定员人数的方法
	2. 有两种具体方法:设备岗位定员（适用于在设备和装置开动的时间内,必须由单人操作或多岗、多人共同操作的场合）以及工作岗位定员（适用于有一定岗位,但无设备且不能实行定额的人员）
	3. 定员人数＝共同操作的各岗位生产工作时间的总和/（工作班时间－休息时间）
	4. 适用情况:适用于使用连续性生产装置或设备组织生产的企业
按比例定员	1. 按照规定的各类人员之间的比例关系或某类人员与他们所服务对象人数之间的比例关系来计算定员人数的方法
	2. 某类人员的定员人数＝员工总数或某类人员总数×定员标准（百分比）
按组织机构、职责范围和业务分工定员	1. 具体方法为:先确定管理体制、组织结构,然后确定各职能部门、各项业务的分工和职责范围,最后根据各部门和各单位的各项业务工作量的大小进行定员
	2. 适用情况:管理人员和工程技术人员

6.4.3　定员标准编写及示例

所谓定员标准，是指由劳动定额定员标准化主管机构批准和发布，在一定范围内对劳动定员所作的统一规定。

劳动定员标准根据特定的技术、组织条件制定，是关于不同企业的同类型岗位在人员配备方面的统一规定。定员标准的科学编制具有为企业设计定员提供依据，节省编制定员时间，促进人员使用合理化，考察企业用人是否先进、合理等作用。

1. 定员标准的构成

定员标准主要由三部分构成，分别为概述、标准正文和补充。

2. 定员标准的编写格式及示例

劳动定员标准的编写多采用表格的形式，主要是对用人的数量和质量提出要求。因此，在标准条文中，对每张表都应明确提及和说明，使表与条文的关系更加明确，起到其应有的作用。定员标准的编写格式主要包括定员标准的适用范围、规范性引用文件格式、术语和定义、标准的名称、劳动定员标准组成要素及其编写规范、表格、图和附录八个方面。

（1）定员标准的适用范围格式

定员标准的适用范围格式：本标准规定了劳动定员标准编制的规范和审定要求，适合于行业、地方和企业编制、审定劳动定员标准时使用。

（2）规范性引用标准示例

编写格式要符合国家标准 GB/T 1.1《标准化工作导则》的要求，并且由下列引言开头："下列标准所包含的条文，通过在本标准中引用而构成为本标准的条文。在标准出版时，所示版本均为有效。所有标准都会被修订，使用本标准的各方应探讨、使用下列标准最新版本的可能性。"

（3）术语和定义

术语和定义主要是对劳动定员水平，编制定员，编制总额，岗位职务等级序列表（由序号、部门、单位名称、岗位编码、岗位名称、职责范围、职务等级等标志组成的表格），效率定员，设备定员，岗位职务定员和比例定员等术语的界定。

（4）标准的名称

标准的名称为劳动定员。名称应与标准的内容和范围相一致，名称后面不要加后缀"标准"，其示例为：人力资源部招聘专员定员。

（5）劳动定员标准组成要素及其编写规范

劳动定员标准的主要组成要素及其编写规范如表 6-5 所示。

表6-5　劳动定员标准组成要素及编写规范

总体划分	组成要素	编写规范
概述	封面	1. 表述要求便于读者识别标准，了解标准产生的背景，制定、修订的过程，以及与其他标准的关系 2. 前言应符合国家标准 GB/T 1.1《标准化工作导则》的要求，采用列项方式给出附加说明
概述	目次	
概述	前言	
概述	首页	
标准正文	标准名称	应认真推敲，并且简明概括，通常由引导词、主体词和补充词组成
标准正文	范围	作为标准正文的第 1 章，示例如下： "本标准规定了……"，"本标准适用于……"
标准正文	引用标准	1. 其中，技术要素包括定义、符号、缩略语，各工种、岗位、设备、各类人员的用人数量和质量要求等 2. 均应符合国家标准 GB/T 1.1《标准化工作导则》的格式要求
标准正文	技术要素	
补充部分		提示的附录、脚注、条文注、表注、图注等内容

（6）劳动定员标准的表格

① 编号及表题

每个表应有编号。表的编号由"表"和从 1 开始的阿拉伯数字组成，如"表 1"、"表 2"等。表的编号应一直连续到附录之前，且与章、条和图的编号无关。若只有一个表，仍应标为"表 1"。

每个表宜有表题，表题应置于表的编号之后。标准中有无表题应统一。表编号和表题应置于表上方的居中位置，见示例 1。

示例 1：

表×　（表题）

×××	×××	×××	×××

② 表头

表中栏目使用的单位应标在该栏表头中的名称之下。如果表中所有单位均相同，则应在表的右上方用一句话适当地陈述（如"单位为人·年"）代替各栏中的单位，见示例 2、示例 3。

示例 2：

类型	×××（人·年 Mn）	×××（人·月 My）	×××（人·月 My）

示例 3：

单位：人·年

类型	×××	×××	×××

③ 表注及表的脚注

表注和示例只给出对理解或使用标准起辅助作用的附加信息。表注应置于表中，并位于表的脚注之前。表中只有一个表注时，应在注的第一行文字前标明"注"；若有多个注时，应标明"注 1"、"注 2"等。

表的脚注是针对表中某个栏提供附加信息，应尽量少用脚注。

④ 表的接排

如某个表需要转页接排，则在随后的各页上应重复表的编号，编号后跟"（续表）"，见示例。

示例 4：

表×　（续表）

序号	岗位名称	工作范围	机器设备	工作轮班制度	定员额	职业资格要求	其他项目

注 1：核定定员的基本公式

注 2：替休和轮休系数以及计算方法

注 3：其他应说明的与本表有关的事项

（7）劳动定员标准的图

如果用图提供信息更有利于对标准的理解，则最好使用图。每幅图在条文中均应明确提及，每幅图均应有编号。图的编号由"图"和从 1 开始的阿位伯数字组成，如"图 1"、"图 2"等。图的编号应一直连续到附录之前，且与章条和表的编号无关。只有一幅图时，仍应标为"图 1"。

对于表中附图，只有一幅时不用编号；当有多幅图时，可用 a、b、c 等符号区分。图题即为图的名称，可根据需要加或不加，但在标准中应统一。图的编号和图题应置于图下方的居中位置。

（8）关于附录编写的规定

对于附录编写的规定，主要从规范性附录（附录 A）的编写规定、资料性附录（附录 B）的编写规定和参见文献（为可选要素，应作为标准的最后一个要素）的编写规定三个方面来进行。

其中，规范性附录为可选要素，并给出标准正文的附加条款，条文中提及的地方的措辞为"遵照附录 A 的规定"。与定员标准相关的资料应列入"规范性附录"，例如，在定员的标准中涉及到的在作业中加工和影响劳动对象的规范，使用的各种设备的规范，以及涉及到劳动环境和劳动条件的规范等。

资料性附录为可选要素，它给出对标准的理解和使用时起辅助作用的附加信息，如标准使用的典型实例等。

6.5 定额管理

定额是企业生产经营活动中，对人力、物力、财力的配备、利用和消耗以及获得的成果等方面所应遵守的标准或应达到的水平。定额管理（norm management）是指利用定额来合理安排和使用人力、物力、财力的一种管理方法。实行定额管理对于节约使用原材料，合理组织劳动，调动劳动者的积极性，提高设备利用率和劳动生产率，降低成本和提高经济效益均有极其重要的作用。

6.5.1 定额与定员的区别

定额与定员有着密切的联系，同时也存在一定的区别，两者的区别主要表现在计量单位和应用范围两个方面，具体如表 6-6 所示。

表 6-6　定额与定员的区别

区别	定额	定员
计量单位	◎ 从劳动过程规定劳动消耗量：通常采用的劳动时间单位是"工日"、"工时"和"工分"等 ◎ 从最终成果上规定劳动消耗：采用实物量单位	◎ 通常采用的劳动时间单位是"人·年"、"人·月"和"人·季"等

（续表）

区别	定额	定员
实施和应用范围	◎ 劳动定额人员占企业全体员工的 40%～50%	◎ 企业全体人员（长期脱离生产岗位的人员除外）

6.5.2　企业定额操作三关键点

企业定额操作的关键点及其具体规范如图 6-6 所示。

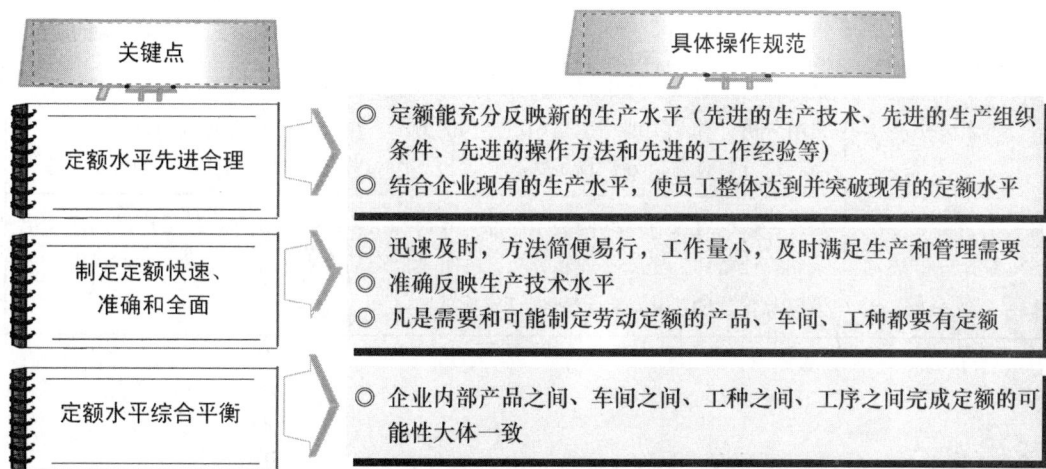

图 6-6　企业定额操作的三个关键点

6.5.3　企业定额管理五方法

常用的企业定额方法有经验估工法、工作日写实法、类推比较法、技术定额法和统计分析法，具体如表 6-7 所示。

表 6-7　企业定额的五种方法

方法	方法操作说明	优点	缺点
经验估工法	是一种由定额员依照产品图纸和工艺技术的要求，考虑生产现场使用的设备、工艺装备、原材料及其他生产条件，并根据过去的实践经验对产品劳动消耗量进行估定的方法	简单易行，工作量小，能满足定额制定"快"和"全"的要求	易受估工人员的水平和经验局限，出现定额偏高或偏低的现象，制定的劳动定额准确性较差，定额水平不易平衡

（续表）

方法	方法操作说明	优点	缺点
工作日写实法	是一种在现场按时间消耗的顺序对劳动者的工作时间利用情况进行观察记录、整理分析和改进设计的方法	观察范围广，适应性强，获得资料全面和完整等	费时费力，被观察者易产生心理、生理压力，影响写实结果的准确性
类推比较法	是一种以现有同类型产品的零件或工序的定额为依据，经过分析、比较推算出另一种产品的零件和工序定额的方法	制定定额简单易行、工作量小，便于保持定额水平的平衡，也有利于提高定额的准确性	需要制定一套典型的定额标准，工作量较大；如果零件选择不当、对影响劳动时间的因素考虑不充分，还会影响定额的质量
技术定额法	是一种通过对生产技术条件的分析，在挖掘生产潜力以及操作合理化的基础上，采用分析计算或实地测定来制定定额的方法，也是一种较为先进的方法 步骤：分解程序，分析设备状况，分析生产与劳动组织，现场观察和分析计算		
统计分析法	是一种根据过去生产的同类型产品、零件和工序的实耗工时，结合产量的原始记录和统计资料，经过整理和分析，并且考虑今后企业的生产技术、生产条件、人力资源管理的变化，制定或修订定额的方法		

第 7 章　如何进行人力资源费用预算与核算

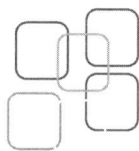

进行人力资源费用预算与核算是人力资源管理的基础工作职责,也是衡量人力资源工作成效的重要标准。对于刚刚接触人力资源管理工作的人员来说,进行人力资源管理费用的预算与核算,掌握基本的方法、要求、流程,是做好工作的基础。

7.1　人力资源费用的预算

人力资源费用预算是人力资源部门根据企业的发展战略以及企业前一年度人员及成本费用的统计情况,对下一年度人员需求及成本费用所进行的预测。

7.1.1　人力资源费用的构成

人力资源费用包括人工成本和人力资源管理成本。人工成本是指企业在一个生产经营周期(通常为一年)内,支付给员工的全部费用;人力资源管理成本是指企业在一个生产经营周期(通常为一年)内,开展人力资源管理活动所用经费的总和。人力资源管理成本是计划期内人力资源管理活动得以正常运行的资金保证。

1. 人工成本

人工成本包括工资项目、保险福利项目和其他项目三个方面的内容,具体如表 7-1 所示。

表7-1 人工成本的主要内容

内容	含义	举例说明
工资项目	是指根据劳动法的规定，定期直接支付给本企业全体员工的劳动报酬总额	主要有计时工资、基础工资、职务工资、计件工资、奖金、津贴、补贴和加班工资等部分组成
保险福利项目	是指根据劳动合同以及国家相关规定，定期支付给本企业全体员工，或定期替员工缴纳的保险和福利费用	基本养老保险费和补充养老保险费、医疗保险费、失业保险费、工伤保险费、生育保险费、员工福利费、员工教育经费、员工住房基金等
其他项目	除工资项目和保险福利项目之外的其他一些预算费用	其他社会费用、非奖励基金的奖金和退休费用等

2. 人力资源管理费用

人力资源管理费用主要包括招聘费用、培训费用和劳动争议处理费用三个方面的内容，具体如表7-2所示。

表7-2 人力资源管理费用的主要内容

内容	含义	举例说明	
招聘费用	是指招聘过程中发生的全部费用	招聘前	调研费、广告费和招聘会经费等
		招聘中	选拔方案制定与实施和获取测试工具等的经费
		招聘后	对录取结果进行通知经费、分析招聘结果经费和签订劳动合同的经费等
培训费用	是指培训过程中发生的全部费用	培训前	绩效考核经费（考评方案制定与实施经费、获取考评工具经费和处理考评结果的经费等）和制定培训方案经费
		培训中	教材费、教员劳务费和差旅费等
		培训后	评价培训结果的经费
劳动争议处理费用	是指劳动争议处理过程中发生的全部费用	法律咨询费等	

7.1.2 人力资源费用预算四原则

人力资源费用的预算主要遵循四项原则，包括合理合法原则、客观准确原则、整体兼顾原则和严肃认真原则，具体如表7-3所示。

表 7-3　人力资源费用预算的四项原则

原则	说明
合法合理原则	◎ 指为了保证人力资源费用预算的正确性和准确性，人力资源管理人员应当关注国家相关部门发布的各种政策和法律、法规信息
客观准确原则	◎ 指各种项目的预算要客观、合理，防止人为加大、加宽，以至于出现有预算未使用的情况
整体兼顾原则	◎ 指企业从整体出发，密切关注不同预算项目之间的内在联系，防止顾此失彼、造成总体预算的失衡现象
严肃认真原则	◎ 指在进行费用预算时，要秉持严肃认真、实事求是的工作作风，缜密地进行分析预测，不可主观臆断

7.1.3　人工成本预算编制程序和方法

关于人工成本预算的编制程序和方法，主要从工资项目的预算、社会保险福利与其他项目的预算两个方面来展开说明。

1. 工资项目的预算

（1）工资项目预算的前期准备工作

在编制工资项目预算之前，人力资源管理人员需要从以下几点出发，做好前期的准备工作，具体如图 7-1 所示。

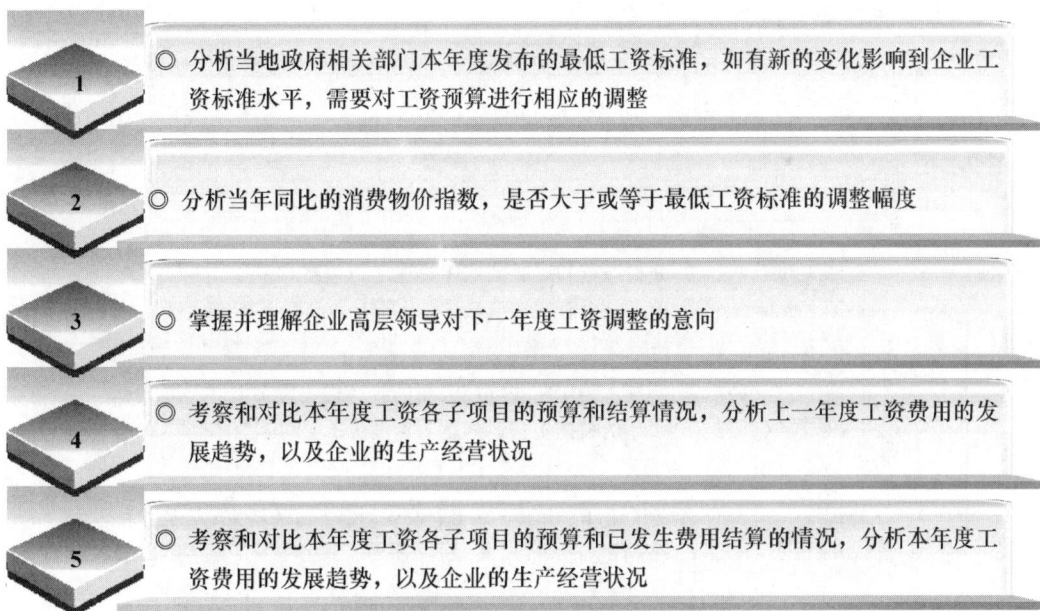

1 ◎ 分析当地政府相关部门本年度发布的最低工资标准，如有新的变化影响到企业工资标准水平，需要对工资预算进行相应的调整

2 ◎ 分析当年同比的消费物价指数，是否大于或等于最低工资标准的调整幅度

3 ◎ 掌握并理解企业高层领导对下一年度工资调整的意向

4 ◎ 考察和对比本年度工资各子项目的预算和结算情况，分析上一年度工资费用的发展趋势，以及企业的生产经营状况

5 ◎ 考察和对比本年度工资各子项目的预算和已发生费用结算的情况，分析本年度工资费用的发展趋势，以及企业的生产经营状况

图 7-1　编制工资项目预算的准备工作

（2）工资预算的步骤

工资预算的步骤具体如表 7-4 所示。

表 7-4　工资预算的步骤

序号	步骤	操作说明
1	从工资费用预算和结算的发展趋势进行预测	（1）分析上一年度和本年度的工资费用预算、结算情况，分析二者之间的规律
		（2）根据上述规律，预测下一年度工资费用的变化趋势，从而提出下一年度的预算方案一
2	从公司的生产经营发展趋势进行预测	（1）根据上一年度和本年度工资费用的发展趋势以及公司的生产经营状况，预测下一年度工资费用的发展趋势和公司的生产经营状况
		（2）根据工资费用的发展趋势和公司的生产经营状况，预测下一年度的工资费用的发展趋势
		（3）在上述分析的基础上，按照工资总额的项目逐一进行预算、汇总，提出预算方案二
3	对比、分析并调整预算方案一、方案二，最终形成工资费用预算方案	（1）对比最低工资标准和消费者的物价指数，取增长幅度较高的指数作为调整工资的标准，以保证公司的合法经营，又不降低员工的生活水平
		（2）分析当地政府相关部门发布的工资指导线，作为编制费用预算参考指标之一
		（3）根据企业高层领导对下一年度工资调整的意向做出最后的费用预算

2．社会保险费与其他项目的预算

社会保险费与其他项目的预算主要受到国家、地区相关规定的影响，具有较强的连续性，相对于工资项目更易于预测。社会保险费与其他项目的预算需要掌握以下几个要点，如图 7-2 所示。

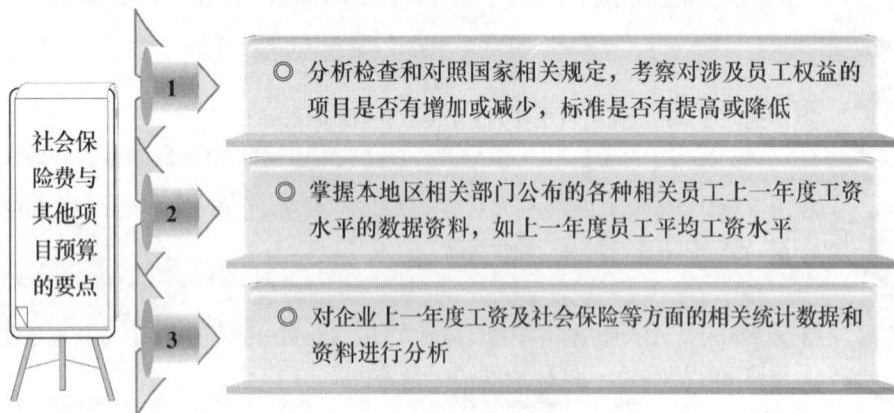

社会保险费与其他项目预算的要点

1　◎ 分析检查和对照国家相关规定，考察对涉及员工权益的项目是否有增加或减少，标准是否有提高或降低

2　◎ 掌握本地区相关部门公布的各种相关员工上一年度工资水平的数据资料，如上一年度员工平均工资水平

3　◎ 对企业上一年度工资及社会保险等方面的相关统计数据和资料进行分析

图 7-2　社会保险费与其他项目预算的要点

7.1.4　编制人力资源管理费用的预算

为合理安排人力资源管理活动资金，规范人力资源管理活动费用的使用，在遵循公司战略目标和人力资源战略规划目标的前提下，人力资源管理人员必须合理编制人力资源管理预算，并充分发挥资金的运用效果。人力资源管理预算的编制步骤如图 7-3 所示。

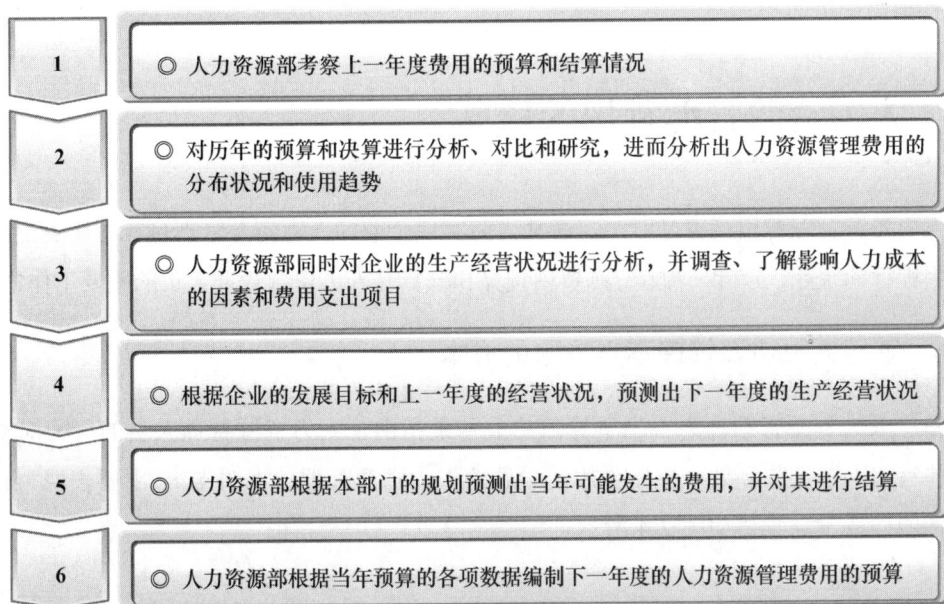

1	◎ 人力资源部考察上一年度费用的预算和结算情况
2	◎ 对历年的预算和决算进行分析、对比和研究，进而分析出人力资源管理费用的分布状况和使用趋势
3	◎ 人力资源部同时对企业的生产经营状况进行分析，并调查、了解影响人力成本的因素和费用支出项目
4	◎ 根据企业的发展目标和上一年度的经营状况，预测出下一年度的生产经营状况
5	◎ 人力资源部根据本部门的规划预测出当年可能发生的费用，并对其进行结算
6	◎ 人力资源部根据当年预算的各项数据编制下一年度的人力资源管理费用的预算

图 7-3　人力资源管理预算的编制步骤

在人力资源管理预算编制步骤 3 中常见的人力资源管理费用支出项目（活动项目以及活动所用到的费用项目）如表 7-5 所示。

表 7-5　人力资源管理费用项目

序号	活动项目	费用项目
1	招聘	广告费、招聘会务费、高校奖学金
2	人才测评	测评费
3	培训	教材费、讲师劳务费、培训费、差旅费、设备租赁费
4	公务出国	护照费、签证费
5	调研	专题研究会议费、协会会员费
6	劳动合同	认证费
7	辞退	补偿费
8	劳动纠纷	法律咨询费

（续表）

序号	活动项目	费用项目
9	办公业务	办公用品费与设备费
10	残疾人安排	残疾人就业保证金
11	薪酬水平市场调查	调研费

7.2 人力资源管理费用的核算

人力资源管理费用核算是对一定时期内为实现企业的人力资源管理目标、所支出的各项费用进行的统计、分析。人力资源费用预算和核算是人力资源管理人员的重要工作之一。

7.2.1 基层人力资源管理不当导致的成本

基层人力资源管理行为不当所导致的成本是指由于人力资源管理人员的行为对员工的工作行为乃至工作绩效产生副作用而导致的人力资源管理成本的支出，主要表现为直接成本和间接成本，具体如图7-4所示。

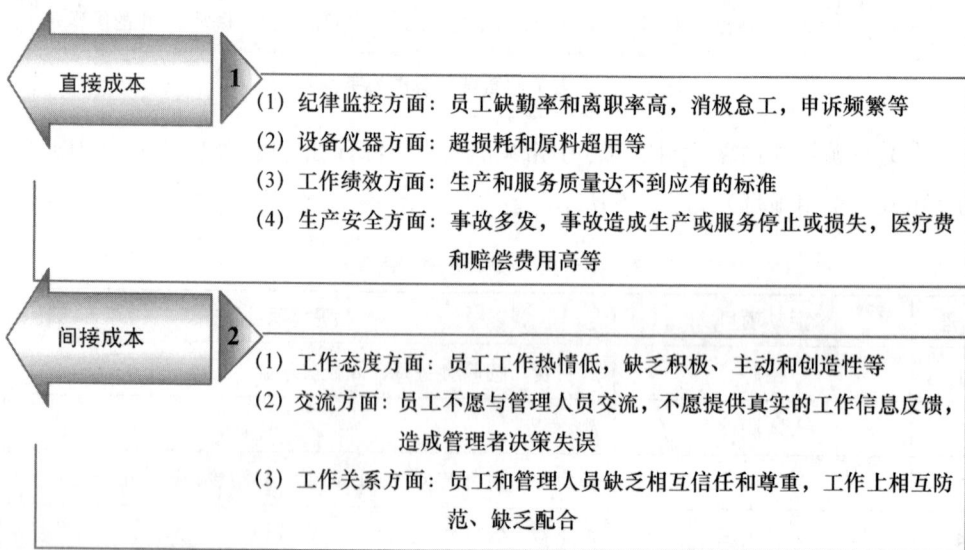

直接成本 **1**
(1) 纪律监控方面：员工缺勤率和离职率高，消极怠工，申诉频繁等
(2) 设备仪器方面：超损耗和原料超用等
(3) 工作绩效方面：生产和服务质量达不到应有的标准
(4) 生产安全方面：事故多发，事故造成生产或服务停止或损失，医疗费和赔偿费用高等

间接成本 **2**
(1) 工作态度方面：员工工作热情低，缺乏积极、主动和创造性等
(2) 交流方面：员工不愿与管理人员交流，不愿提供真实的工作信息反馈，造成管理者决策失误
(3) 工作关系方面：员工和管理人员缺乏相互信任和尊重，工作上相互防范、缺乏配合

图 7-4　基层人力资源管理不当导致的成本表现

7.2.2 人力资源管理费用核算三要求

人力资源管理费用核算应遵循以下三个方面的要求，具体如图7-5所示。

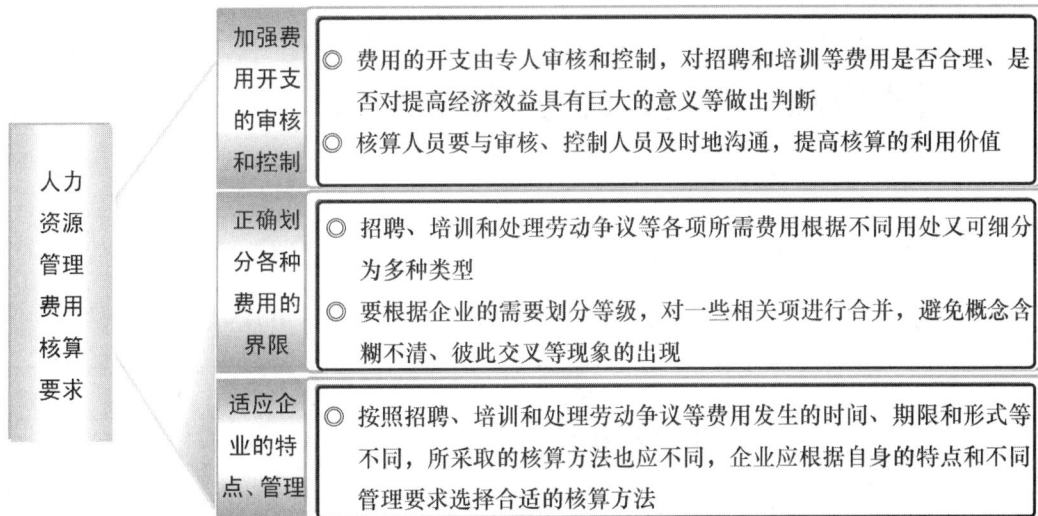

图 7-5　人力资源管理费用核算三要求

7.2.3　人力资源管理费用核算的步骤

人力资源管理费用核算主要有分析人力资源管理费用的项目，建立成本核算账目；确定具体项目的核算办法两个步骤，具体如表 7-6 所示。

表 7-6　人力资源管理费用核算的步骤

序号	步骤	操作说明
1	分析人力资源管理费用的项目，建立成本核算账目	（1）各个企业可根据实际人力资源管理活动的内容和范围确定进行成本核算的主要项目
		（2）根据企业需要，将进行成本核算的主要项目进行细化、分类排列，形成人力资源管理成本账目
2	确定具体项目的核算办法	（1）企业可根据需要来规定本企业的人力资源管理成本核算办法，包括核算单位、核算形式和计算方法等
		（2）人员招募与人员选拔的成本应按实际录用人数分摊
		（3）在某些直接成本项目中也包括间接成本，在核算时，间接成本应折算合并入账。此外，对于管理人员在人力资源管理活动中所涉及的具体工作时间，应根据其具体工资标准折合为具体金额
		（4）某些成本项目部分交叉，在核算时，要注意成本交叉部分，避免重复核算

7.3 人力资源管理预算制度实例

7.3.1 人力资源管理制度模板

以下是人力资源管理制度模板，供读者参考。

制度名称	××制度		制度编号	
	监督部门		受控状态	
执行部门			生效日期	
第1章 总则 第1条 第2章 ×× 第＿＿条 第3章 附则 第＿＿条 附件				
编制日期		审核日期		批准日期	
修改标记		修改次数		修改日期	

7.3.2 人力资源管理预算制度

以下是某公司的人力资源管理预算制度，供读者参考。

制度名称	人力资源管理预算制度		制度编号	
			受控状态	
执行部门		监督部门		生效日期	

第1章 总则

第1条 目的

为合理安排人力资源管理活动资金，规范人力资源管理活动费用的支出，在遵循企业战略目标和人力资源战略规划目标的前提下，根据公司预算制度，特制定本制度。

第2条 范围

人力资源预算的编制、执行与调整工作均参照本制度执行。

第3条 职责

（续）

　　人力资源部是人力资源管理预算的主要部门，其他各职能部门具体负责本部门的人力资源规划工作并提供相关依据，公司预算委员会负责预算的审查与核准等，具体如下表所示。

人力资源管理预算中各部门的职责

部门	具体工作职责
人力资源部	1. 根据公司人力资源战略规划及年度经营计划编制年度人力资源管理预算，并上报预算委员会审批
	2. 负责向公司各职能部门收集人工成本和人力资源管理费用预算所需的数据，并进行确认
	3. 按时进行各项费用的月度预算，并编制费用预算表
	4. 及时根据变化情况对预算提出修改意见
各职能部门	向人力资源部提供真实、详尽的历史数据和预测数据，配合人力资源部完成本部门预算的申报工作
预算委员会	1. 负责审核人力资源管理年度预算、决策报告以及中长期预算和规划
	2. 审定并下达正式预算
	3. 根据预算执行过程中遇到的问题，及时组织对预算进行调整

第 4 条　作用

1. 人力资源管理预算是对公司整体人力资源活动的一系列量化的计划安排，有利于人力资源战略规划及年度工作计划的监控执行，并能够及时针对可能出现的变化做好准备。

2. 可促进公司各类资源的有效配置，提高资源利用效率。

3. 加强对费用支出的控制，有效降低人力资源管理成本。

第 2 章　预算的编制

第 5 条　预算编制的时间

1. 人力资源部除应于编定年度经营计划书时提交年度管理资金预算外，还应于每月____日前将逐月预计的次三个月的费用情况资料送交会计部，以利于汇编。

2. 人力资源部应于每月 28 日前编定次三个月的各项费用预计表，并于次月____日前编定上月的实际费用与预计费用比较表（一式三份），呈请总经理审阅。该表一份自存，一份留存总经理办公室，一份送交财务部。

第 6 条　预算编制的依据

1. 董事会确定的经营发展规划及人力资源战略规划。

2. 过去各年度人力资源管理活动的实际费用情况及本年度预计的内外部变化因素。

第 7 条　预算编制的原则

可行性、客观性、科学性、经济性。

第 3 章　预算制度的实施

第 8 条　预算管理

1. 人力资源管理费用构成要素（略）。

2. 人力资源管理费用项目（略）。

（续）

第9条 其他注意事项

人力资源部在进行实际预算时，应考虑各项可能变化的因素，留出预备费，以备发生预算外支出。

第10条 预算的核准和审批

人力资源部根据确定的年度预算编制年度预算书，并在____个工作日内上报预算委员会核准和审批。

第11条 预算的执行与控制

1. 人力资源预算执行

（1）人力资源部在收到预算委员会批复的年度预算后，按照计划实施。

（2）人力资源部应建立全面的预算管理簿，按时填写预算执行表，按预算项目详细记录预算额、实际发生额、差异额、累计预算额，具体如下表所示。

人力资源部费用分摊预算执行表

填报单位：　　　　　　　　　　填报人：　　　　　　　　　　填报时间：

项目	月度		季度累计		年度累计	
	预算	实际	预算	实际	预算	实际
培训费用						
外派学习						
入职培训						
……						
小计						
薪金费用						
员工工资						
保险总额						
……						
小计						
……						
总计						

2. 人力资源管理预算控制

（1）预算控制原则上按金额进行管理，同时运用项目管理和数量管理的方法。

① 金额管理：从预算的金额方面进行管理。

② 项目管理：从预算的项目方面进行管理。

③ 数量管理：从预算的数量方面进行管理。

（2）在预算管理过程中，预算内的项目由人力资源部经理、总经理进行控制，预算委员会、财务部进行监督；预算外支出由主管财务的副总经理和总经理直接控制。

（3）预算指标是与业绩挂钩的硬性指标，公司定期根据预算执行的情况对相关责任人进行奖惩。

（续）

（4）费用预算如遇特殊情况确需突破时，相关人员必须提出申请、说明原因，经主管财务的副总经理审批后纳入预算外支出；若支出金额，必须由审核委员会审核批准。

（5）预算剩余可以跨月使用，但不能跨年度使用。

（6）预算执行过程中，由于市场变化或其他特殊原因阻碍预算发挥作用时，应及时进行预算修正。

第 12 条　预算的修正权限与权力

预算的修正权属于预算委员会和公司董事会。当遇到特殊情况需要修正预算时，人力资源部必须提出预算修正分析报告，详细说明预算原因以及对今后发展趋势的预测，提交预算委员会审核并报董事会批准后执行。

第 13 条　预算的执行反馈与差异分析

预算执行过程中，人力资源部要及时检查、追踪预算的执行情况，编制预算差异分析报告，与每月＿＿＿日前将上月差异分析报告交到财务部。

1．预算执行情况反馈（略）

2．预算差异分析报告内容

（1）内容包括预算额、本期实际发生额、本期差异额、累计预算额、累计实际发生额、累计差异额等，具体如下表所示。

人力资源部预算执行表

填报单位：　　　　　　　　　填报人：　　　　　　　　　填报时间：

项目	月度			季度累计			年度累计		
	预算	实际	差异率	预算	实际	差异率	预算	实际	差异率
培训费用									
外派学习									
入职培训									
……									
小计									
薪金费用									
员工工资									
保险总额									
……									
小计									
……									
总计									

（2）对差异额的分析。

（3）产生不利差异的原因、责任归属、改进措施，以及形成有利差异的原因和今后巩固、推广的建议。

（续）

第 14 条　预算的考核与激励

1．预算考核对象的作用

预算考核是发挥预算约束与激励作用的必要措施。公司可以通过预算目标的细化、分解与激励措施的付诸实施，达到引导每一位员工向公司战略目标方向努力的效果。

2．预算考核原则

包括目标原则、激励原则、时效原则、例外原则、分段考核原则。

3．公司通过季度/年度预算考核来保证预算的顺利实施。

4．季度/年度预算考核是对前一季度/年度预算目标的完成情况进行考核，及时发现潜在问题；必要时修正预算，以适应外部环境变化。

第 4 章　附则

第 15 条　本制度由公司人力资源部拟定并负责解释。

第 16 条　本制度经预算委员会批准后实施。

编制日期		审核日期		批准日期	
修改标记		修改次数		修改日期	

第 8 章　如何设计规范化的招聘流程

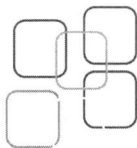

　　所谓招聘，是指企业根据自身发展的需要，通过各种可行的方法、手段及媒介，向目标群体发布招聘信息，并按照一定的标准进行招募、选拔、聘用企业所需的人力资源的过程。

　　规范化的招聘流程能够充分体现企业公平、公正、公开的招聘原则，确保企业任用员工的素质，满足企业的人力资源需要及长远发展，促使企业招聘工作实施的科学化和程序化。

8.1　招聘渠道和方法的选择

　　企业招聘的渠道包括内部招聘和外部招聘。外部招聘又包括网络招聘、中介、招聘会等形式。根据岗位特点选择适合的招聘渠道能够有效地提高招聘工作的质量和效率，节约招聘成本。

8.1.1　选择招聘渠道的步骤

　　选择招聘渠道可以按照以下步骤进行，具体如图 8-1 所示。

1	◎ 分析单位的招聘要求	
2	◎ 分析潜在应聘人员的特点及招聘来源	
3	◎ 确定合适的招聘来源：按照招聘计划中岗位需求的数量和资格要求，确定是内部招聘还是外部招聘，是面向学校还是社会	
4	◎ 选择合适的招聘方法：根据对成本收益的计算来选择效果最佳的招聘方法，确定是发布广告还是上门招聘，是借助中介还是直接选择猎头等	

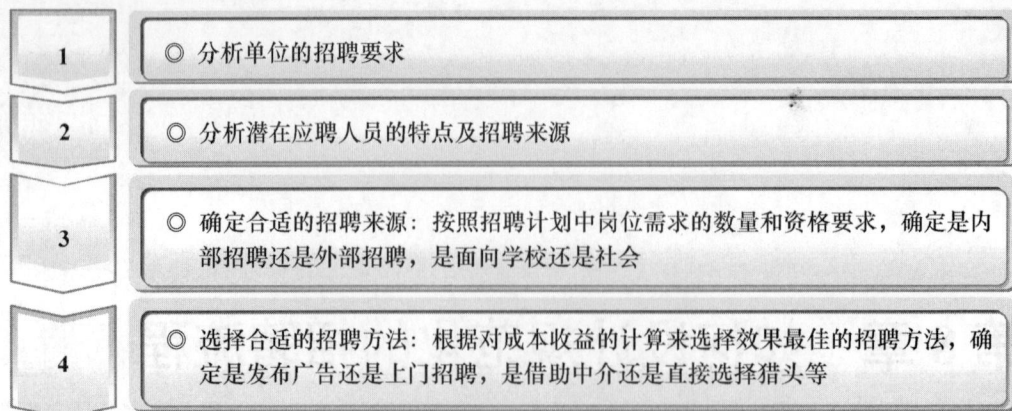

图 8-1　选择招聘渠道的步骤

8.1.2　外部招募与内部招募

按照招聘对象的来源划分，招聘活动可以分为外部招募和内部招募两种。外部招募是指在企业出现职位空缺而内部招聘无法满足需要时，从企业外部选拔人员的过程。内部招募是指在企业出现岗位空缺而企业内部又有相应的人才储备时，优先招聘选拔企业内部人员的行为。外部招募和内部招募各有利弊，具体如表 8-1 所示。

表 8-1　外部招募和内部招募的优点和缺点

项目 特点	外部招募	内部招募
优点	1. 可以为企业注入新鲜的血液 2. 为企业带来新的思想和观念	1. 员工熟悉本企业情况，可以很快融入角色 2. 招聘和培训成本低 3. 有利于激发员工的积极性
缺点	1. 相对于内部招募，成本较高 2. 新员工不能很快适应环境，需要一段时间的磨合期 3. 压缩内部人员的升职空间，内部晋升激励的效果可能降低	1. 容易产生裙带关系和帮派现象 2. 形成"近亲繁殖"，不利于创新和引进新的技术和观念，不利于企业的长期发展 3. 从内部选拔人才可能会鼓励员工安于现状

8.1.3　网络招聘与借助中介

利用网络招聘与借助中介进行招聘均是企业进行外部招募的方法。网络招聘与借助中介招聘有各自的优点、缺点和适用招聘范围等，企业应根据自身需要对二者进行恰当的选择。

1. 网络招聘

网络招聘指企业通过自己的网站或第三方招聘网站等,使用简历数据库或搜索引擎等工具来完成招聘的过程。网络招聘的优点、缺点和适用范围如图 8-2 所示。

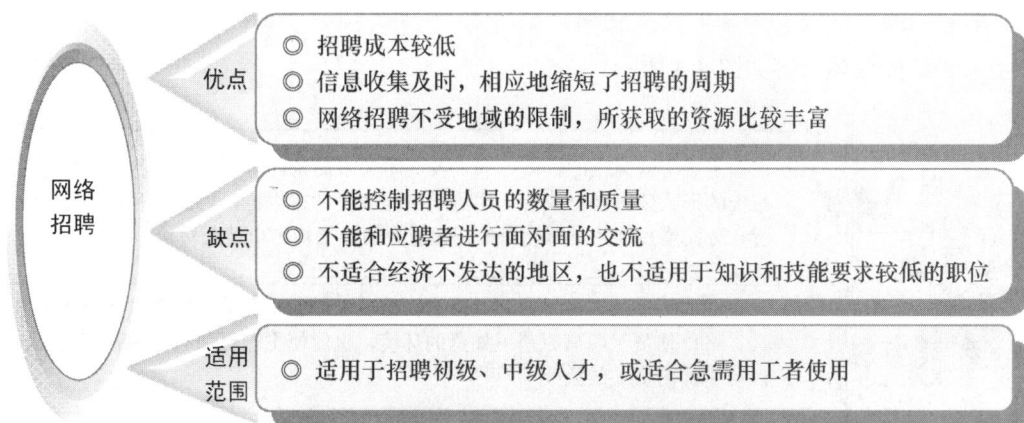

图 8-2　网络招聘的优点、缺点和适用范围

2. 借助中介

通过"借助中介"这一外部招募方式,单位与求职者均可获得大量的信息,同时也可传播各自的信息。借助中介招聘的形式主要有人才交流中心、招聘洽谈会和猎头公司三种,具体如表 8-2 所示。

表 8-2　借助中介招聘的形式

形式	相关说明
人才交流中心	1. 一般建有人才资料库,用人单位可以方便地在资料库里查找条件相符的人员资料
	2. 针对性强、费用低
	3. 对于计算机、通信等热门专业或高级人才的招聘,效果不太理想
招聘洽谈会	1. 单位招聘人员可以了解当地人力资源素质和走向、同行业其他单位的人力资源政策和人才需求情况
	2. 应聘者集中,单位选择余地较大
	3. 应聘者众多,洽谈面受限;挑选面受限,有时也难以招到合适的高级人才
• 猎头公司	1. 推荐的人才素质高,对单位及其人力资源需求有较详尽的了解,对求职者的信息掌握较全面,供需匹配上较慎重,成功率高
	2. 招聘过程较长,费用高,收费占所推荐人年薪的 25%~35%

8.1.4 布告法与档案法

布告法与档案法均是企业进行内部招募的方法。二者具有各自的特点，企业应根据实际需要进行恰当的选择。

1. 布告法

布告法的具体内容如图8-3所示。

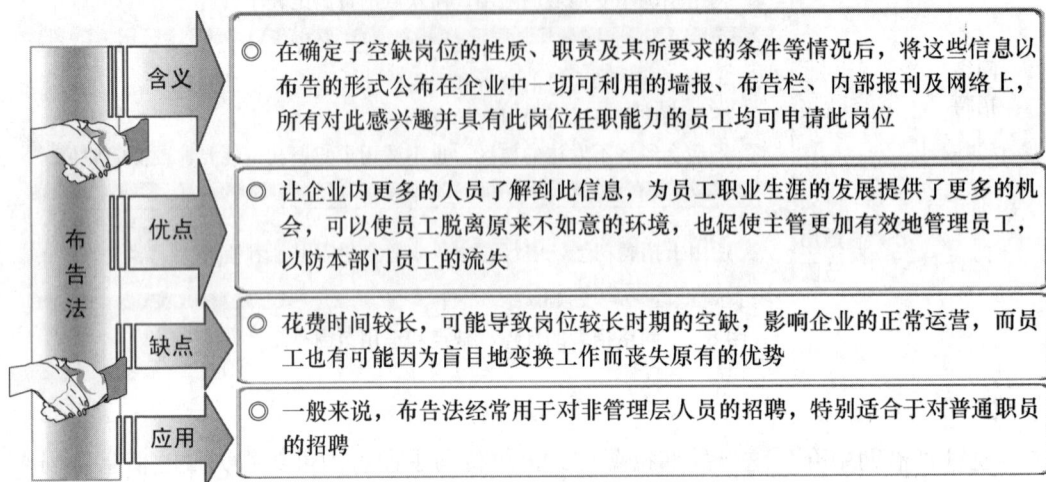

布告法

含义	在确定了空缺岗位的性质、职责及其所要求的条件等情况后，将这些信息以布告的形式公布在企业中一切可利用的墙报、布告栏、内部报刊及网络上，所有对此感兴趣并具有此岗位任职能力的员工均可申请此岗位
优点	让企业内更多的人员了解到此信息，为员工职业生涯的发展提供了更多的机会，可以使员工脱离原来不如意的环境，也促使主管更加有效地管理员工，以防本部门员工的流失
缺点	花费时间较长，可能导致岗位较长时期的空缺，影响企业的正常运营，而员工也有可能因为盲目地变换工作而丧失原有的优势
应用	一般来说，布告法经常用于对非管理层人员的招聘，特别适合于对普通职员的招聘

图8-3 布告法的具体内容

2. 档案法

档案法是指人力资源部根据员工的档案，从中了解员工在教育、培训、经验、技能、绩效等方面的信息，并寻找合适的人员补充岗位空缺。员工档案对员工的培训、晋升和发展均有着重要作用。因此，员工档案应力求准确和完备，对于员工在岗位、技能、教育和绩效等方面信息的变化，应及时做好记录，为人员选择与配置做好准备。

8.1.5 推荐法

推荐法可分为内部推荐和外部推荐。内部推荐最常见的是主管推荐，其优点在于主管一般比较了解被推荐人的能力，所以以主管提名的人选一般具有一定的可靠性。外部推荐主要为在职人员推荐，即企业将有关空缺岗位的信息通告给本企业的在职人员，并鼓励他们向企业推荐合适的人选。

同时，为了确保员工推荐能够作为企业招聘的一项常规工作顺利开展，企业应建立完善的员工推荐流程和奖惩机制，使员工推荐工作规范化，避免操作过程中的随意性。

8.2　对应聘者进行初步筛选

选择好招聘渠道和方法、做好招聘的准备工作后，人力资源部需要在规定的招聘时间内筛选收到的应聘简历和申请表，进行电话沟通初选、笔试测试等工作。

8.2.1　笔试测试

企业根据招聘工作的实际需要，可在面试之前对应聘者进行笔试。笔试是一种常用的考核方法，它通常采用书面形式对求职者所掌握的基本知识、专业知识、管理知识、逻辑思维能力、分析能力、文笔等综合素质进行考察和评估。

针对不同的招聘岗位，招聘考核中的笔试有不同的侧重点。例如，对于技术人员，应侧重于考察其技术水平；对于文书工作者，则应侧重于考察其书面写作能力。

8.2.2　筛选简历与申请表

企业收到应聘者的求职简历和申请表后，应对照岗位说明书进行初步的筛选，以确定应聘人员是否进入下一招聘阶段。筛选简历和申请表一般应从以下五个方面进行，具体如图 8-4 所示。

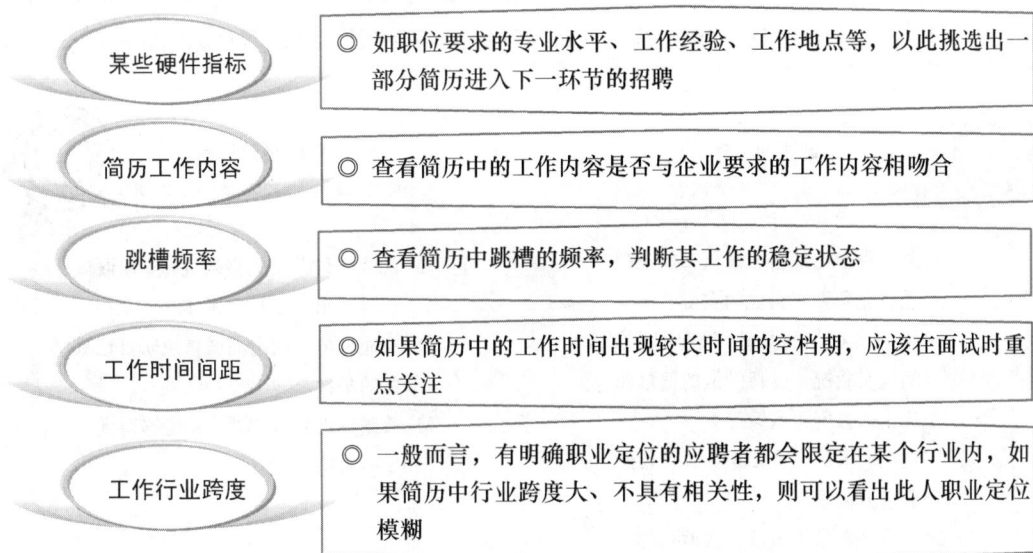

某些硬件指标	◎ 如职位要求的专业水平、工作经验、工作地点等，以此挑选出一部分简历进入下一环节的招聘
简历工作内容	◎ 查看简历中的工作内容是否与企业要求的工作内容相吻合
跳槽频率	◎ 查看简历中跳槽的频率，判断其工作的稳定状态
工作时间间距	◎ 如果简历中的工作时间出现较长时间的空档期，应该在面试时重点关注
工作行业跨度	◎ 一般而言，有明确职业定位的应聘者都会限定在某个行业内，如果简历中行业跨度大、不具有相关性，则可以看出此人职业定位模糊

图 8-4　简历和申请表筛选的要点

8.2.3　通过电话沟通初选

完成简历和申请表的筛选、确定合适的面试候选人后，需要通过电话进行面试初选。通过电话面试方便、快捷，有利于节约企业和应聘者双方的时间和精力。

然而，电话面试也存在着一定的弊端，主要体现在两个方面：第一，缺乏正式的、面对面的沟通，无法观察到应聘者的肢体语言和眼神，可能会漏掉很多重要的信息；第二，部分应聘者在电话中的表达并不自如，无法充分而有效地表述自己的观点。

因此，电话面试只是作为初步面试筛选的工具，而不能作为最终录用应聘者的测试手法。

8.3　面试的组织与实施

在面试正式实施前，招聘人员应做好充分的准备，如明确面试的目标、面试环境布置、面试问题设计、面试的提问技巧等，保证面试顺利、有效地开展。

8.3.1　面试的目标

面试是企业与应聘者双方进行的有目的的沟通活动。企业据此可以初步了解应试者所掌握的知识、技术以及个人能力等相关信息；应试者也可以初步了解企业的整体状况以及所应聘岗位的情况。面试的目标可以分为面试官的目标和应聘者的目标，具体如图 8-5 所示。

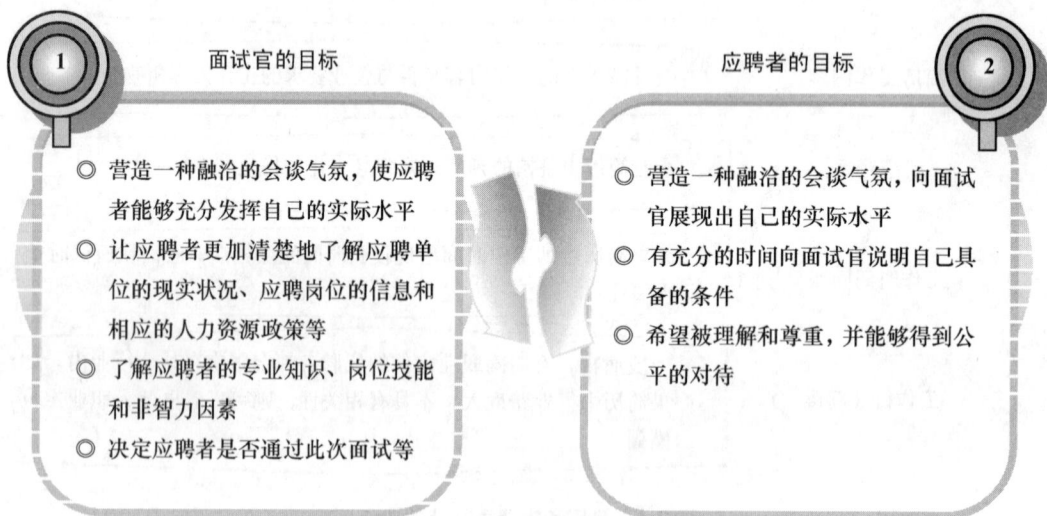

1　面试官的目标

- 营造一种融洽的会谈气氛，使应聘者能够充分发挥自己的实际水平
- 让应聘者更加清楚地了解应聘单位的现实状况、应聘岗位的信息和相应的人力资源政策等
- 了解应聘者的专业知识、岗位技能和非智力因素
- 决定应聘者是否通过此次面试等

2　应聘者的目标

- 营造一种融洽的会谈气氛，向面试官展现出自己的实际水平
- 有充分的时间向面试官说明自己具备的条件
- 希望被理解和尊重，并能够得到公平的对待

图 8-5　面试的目标

8.3.2　面试环境的布置

面试的环境应该安静、舒适，有利于营造融洽的气氛。面试环境的布置应注意面试官与应聘者的位置以及颜色的选择，具体注意事项如图 8-6 所示。

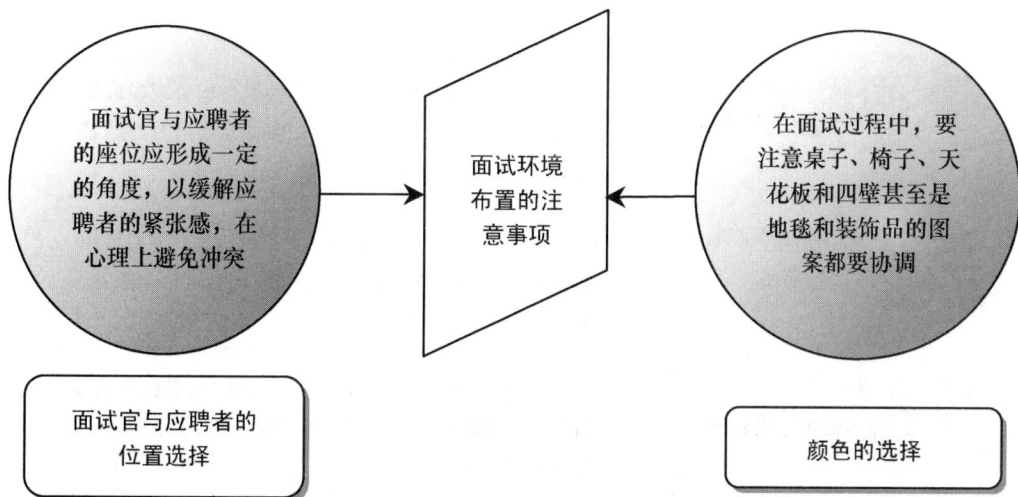

图 8-6　面试环境布置的注意事项

8.3.3　面试问题的设计

设计面试问题的目的应从多个方面考察应聘者的能力。针对不同的面试对象，面试的问题也应有所不同，本书列举了一些面试问题设计的事例，供读者参考，具体如表 8-3 所示。

表 8-3　面试问题的设计事例

第一部分	
能力维度	面试试题
培养他人的能力	请描述一下您曾奖励或鼓励员工的一些具体的做法
	请问您是用怎样的方式来监督您所负责项目的工作进程的
团队合作能力	您希望合作伙伴具备哪些特点
	您认为一个高效的团队应当具备哪些条件
第二部分	
工作类别	面试试题
销售类	对自己所熟悉的商品做一下介绍
	对考场周围的人就一件物品做即兴推销

8.3.4 面试提问的技巧

面试是企业对应聘者综合素质的测试。在面试的过程中，除了应聘者需要积极地发挥自己的潜力和水平之外，面试官的提问方式也会影响应聘者水平的发挥。因此，在提问过程中，面试官应掌握以下几点技巧，具体如图8-7所示。

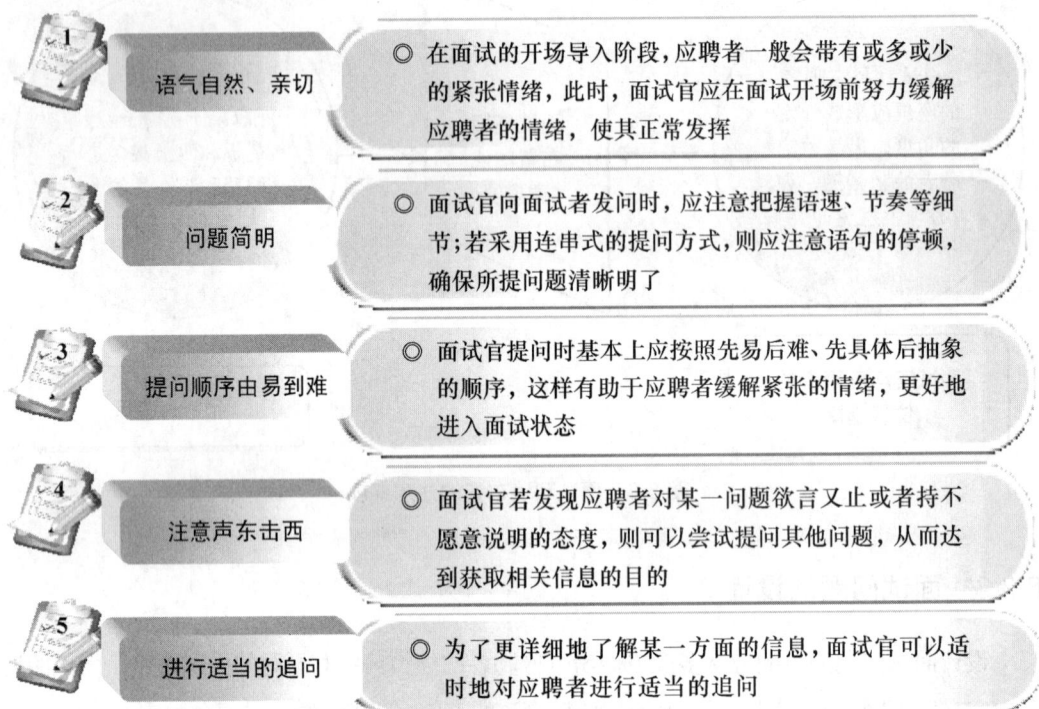

1 语气自然、亲切	◎ 在面试的开场导入阶段，应聘者一般会带有或多或少的紧张情绪，此时，面试官应在面试开场前努力缓解应聘者的情绪，使其正常发挥
2 问题简明	◎ 面试官向面试者发问时，应注意把握语速、节奏等细节；若采用连串式的提问方式，则应注意语句的停顿，确保所提问题清晰明了
3 提问顺序由易到难	◎ 面试官提问时基本上应按照先易后难、先具体后抽象的顺序，这样有助于应聘者缓解紧张的情绪，更好地进入面试状态
4 注意声东击西	◎ 面试官若发现应聘者对某一问题欲言又止或者持不愿意说明的态度，则可以尝试提问其他问题，从而达到获取相关信息的目的
5 进行适当的追问	◎ 为了更详细地了解某一方面的信息，面试官可以适时地对应聘者进行适当的追问

图8-7 面试提问的技巧

8.3.5 结构化面试设计

结构化面试的设计有四个步骤，具体包括：岗位分析、确定测评要素、确定面试试题和确定考评的标准和考评者。其中，在确定面试试题这一环节中，应特别注意开放式试题的设计和编制要求，具体如表8-4所示。

表8-4 结构化面试的注意事项

注意事项	相关问题	举例
开放式试题设计	行为型问题	请简述您认为最有价值的一件事情
	情境型问题	假如您现在是部门经理，您打算如何开展工作
	解决问题型问题	当上级领导提出的方案与您的意见发生冲突时，您打算怎么办

（续表）

注意事项	相关问题	举例
试题的编制要求	◎ 问题简单明了并围绕测评要素 ◎ 题目的总体数量控制在 50 个以内 ◎ 单个考评项目所设置的问题不易过多（最好在 7 个以内）	

8.4　其他选拔方法的选择

　　人员招聘就是对候选人综合素质的甄别，素质模型为人员的招聘提供了用人方面的综合素质要求，基于胜任素质模型的人员招聘与甄选为人力资源的选拔和储备提供了人员配置的标准和依据。

　　麦克利兰（McClelland）的冰山素质模型对岗位胜任素质的构成要素进行了形象的描述，如图 8-8 所示。"冰山以上部分"包括基本知识、基本技能，是外在表现，是容易了解与测量的部分；而"冰山以下部分"包括社会角色、自我认知、品质和动机，是人的内在部分。

　　所以，除了前文所述的选拔方法外，在招聘过程中，企业根据实际需要还应经常选择心理测试、品德测评、能力测评、公文处理法和无领导小组讨论法等方法。

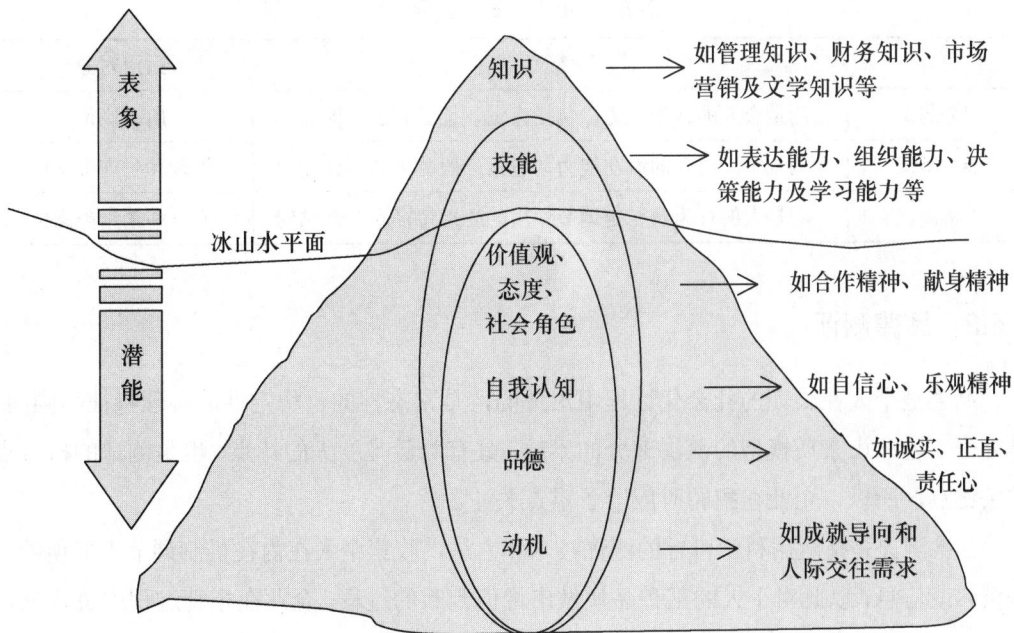

图 8-8　冰山素质模型

技能	掌握某一特定领域所需的技术与知识，完成某项具体工作的能力
知识	一个人在某一特定领域所拥有的知识和经验
社会角色	指一个人基于态度和价值观的行为方式与风格
自我认知	一个人对自己的看法，自己对自身的看法
品德	个性和身体对环境与各种信息所表现出来的稳定的行为特征
动机	个人在特定领域的自然而持续的想法和偏好

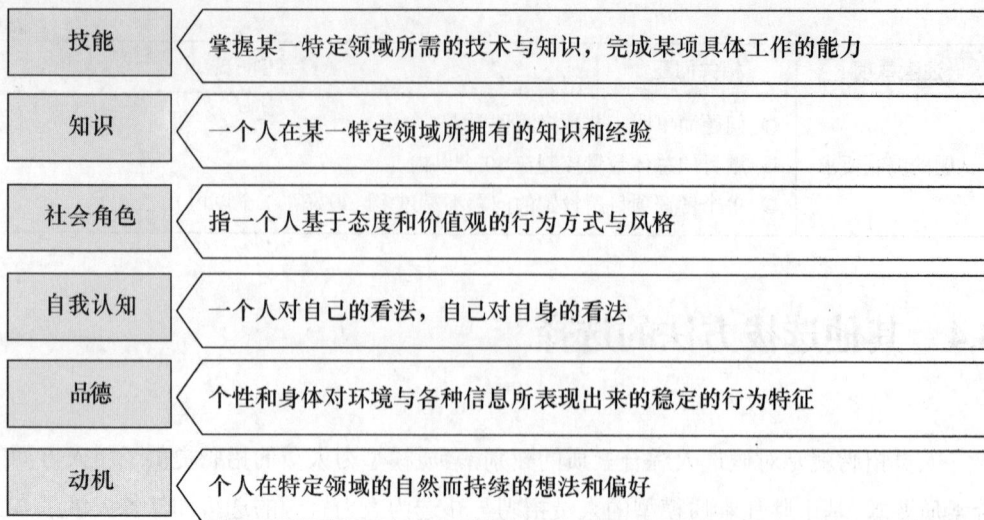

图 8-8　冰山素质模型（续）

8.4.1　心理测试概述

心理测试又称心理测验和心理测评，是指利用心理学原理，了解人的能力水平和人格特征等的测验方法。心理测试的内容及适用范围如表 8-5 所示。

表 8-5　心理测试的主要内容

内容	含义	适用对象
智力测试	测量个人的认知能力，包括直觉、记忆和思维能力	所有岗位
能力测试	测量个人具有的潜在能力，包括一般能力和特殊能力	管理和生产类岗位
人格测试	测量人的行为及稳定调节作用的心理特征和个性倾向	服务和销售类岗位

8.4.2　品德测评

品德是个人在长期的社会化过程中形成的，是常态性的、稳定性的心理特征和倾向，是处于上述冰山素质模型的深层部分的素质，具有测量难度大的特点，也是测评的核心点与关键点，所以，企业在招聘时应给予重点关注。

品德测评是指运用科学可行的测评技术和方法，收集个人在内在机制调节下展现的一些资料或信息，以此对个人的某种品质做出价值判断的过程。企业在招聘过程中进行品德测评时，应注意树立文化本位、沟通交流、实践考验、快速决策的理念，重点掌握品德测评的方法（投射技术、量表测评、结构化面试、背景调查和测谎技术等）。

8.4.3　能力测评

能力测评是一种心理测评，用于测定从事某项工作所具备的某种潜在能力。这种测评可以有效地测量人的某种潜能，从而预测其在某职业领域中适应及成功的可能性。其内容一般可以分为普通能力倾向测试、特殊职业能力测试和心理运动机能测试，具体如表 8-6所示。

表 8-6　能力测评的内容

内容	相关说明
普通能力倾向测试	主要内容有：思维、想象、推理、记忆、分析、数学、空间关系判断能力和语言能力等
特殊职业能力测试	1. 指那些特殊的职业或职业群的能力 2. 目的：测量已具备工作经验或受过有关培训的人员在某些职业领域中现有的熟练水平；选择那些具有从事某种职业的特殊潜能，并且能经过很少或不经特殊培训就能从事某种职业的人员
心理运动机能测试	1. 心理运动能力：选择反应时间、肢体运动速度、四肢协调、手指灵巧、手臂稳定和速度控制等 2. 身体能力：劳动强度、爆发力、广度灵活性、动态灵活性、身体协调性与平衡性等（可通过体检或借助于各种测试仪器等进行测试）

8.4.4　公文处理法

公文处理法又称公文筐测试，是指应聘者模拟某一角色，在规定的时间内对一系列文件和信息进行处理。这些文件或信息可能包括信件、邮件、电话记录和报表等。

公文处理法主要用于考察应聘者的授权、控制、计划、分析、判断和决策等能力，以及对于工作环境的理解与敏感程度。

8.4.5　无领导小组讨论

无领导小组讨论是指让应聘者（每组一般 5～7 人）在没有领导者且所有应聘者的地位均平等的情况下，就某一问题展开讨论，最终制定出一个解决方案或者计划。考评者根据应聘者在讨论中的表现给予评估。无领导小组讨论主要用于考察应聘者的六项能力，如图 8-9 所示。

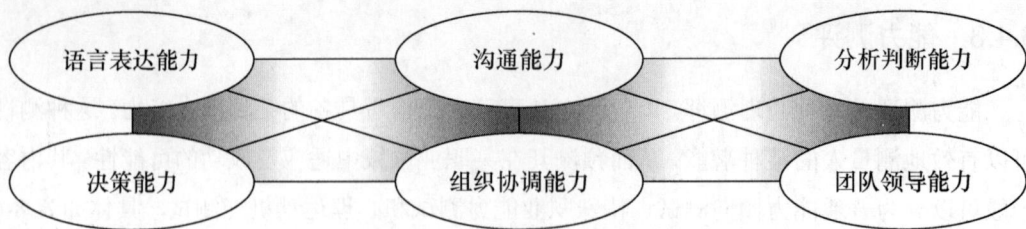

图 8-9　应聘者被考察的六项能力

8.5　录用决策

员工录用是招聘工作的重要环节之一，经过对应聘者的笔试、面试、心理测验等层层选拔后，企业对应聘者有了较全面的了解，从而做出相应的录用决策。其模式主要有多重淘汰式和综合补偿式两种。

8.5.1　多重淘汰式

多重淘汰式是指每种测验方法都是淘汰性的，应聘者必须在每种测试中都达到一定的水平方为合格。该方法是将多种考核与测验项目依次实施，每次淘汰若干低分者。对于全部通过考核项目者，再按最后面试或测验的实得分数排出名次，择优确定录用名单。

8.5.2　综合补偿式

在综合补偿式中，不同测试的成绩可以相互补充，最后根据应聘者在所有测试中的总成绩做出录用决策。例如，分别对应聘者进行笔试和面试选择，再按照笔试与面试的权重综合算出应聘者的总成绩，决定录用人选。值得注意的是，由于权重比例不一样，所录用的人选也会有差别。

8.5.3　做出录用决策

人员录用是指根据选拔的结果做出录用决策并进行安置的活动，其中，最关键的内容是做好录用决策。录用决策是指依照人员录用的原则，避免主观臆断和不正之风的干扰，把选拔阶段的多种考核和测验结果组合起来，进行综合评价，从中择优确定录用名单。

8.6 招聘活动的评估

招聘评估的目的是检验招聘工作的成果与招聘方法的有效性，并为招聘工作的改进提供依据。对招聘活动进行评估主要采用成本效益评估、数量与质量评估和信度与效度评估的方法。

8.6.1 成本效益评估

招聘评估通过成本与效益核算，能够使招聘人员清楚地知道费用的支出情况，区分哪些是应支出项目，哪些是不应支出项目。这有利于降低今后招聘的费用，为组织节省开支。成本效益评估主要分为招聘成本效用评估和招聘成本收益比，其具体内容如表 8-7 所示。

表 8-7 成本效益评估的具体内容

方式	相关说明	所用公式
招聘成本效用评估	◎ 是对招聘成本所产生的效果进行分析	◎ 总成本的效用＝录用人数/招聘总成本 ◎ 招聘成本效用＝应聘人数/招聘时间费用 ◎ 选拔成本效用＝被选中人数/选拔期间费用 ◎ 人员录用效用＝正式录用人数/录用期间费用
招聘成本收益比	◎ 既是一项经济评价指标，同时也是对招聘工作的有效性进行考核的一项指标 ◎ 招聘成本收益越高，则说明招聘工作越有效，反之亦然	◎ 招聘收益成本比＝所有新员工为组织创造的总价值/招聘总成本

8.6.2 数量与质量评估

1. 数量评估

对员工数量的评估是对招聘工作有效性检验的一个重要方面。通过对数量进行评估，可以分析在数量上满足或不满足需求的原因，有利于找出各招聘环节的薄弱之处，改进招聘工作。同时，通过对录用人员数量与招聘计划数量的比较，为人力资源计划的修订提供了依据。

录用人员评估主要从录用比、招聘完成比和应聘比三个方面进行，其计算公式如图 8-10 所示。

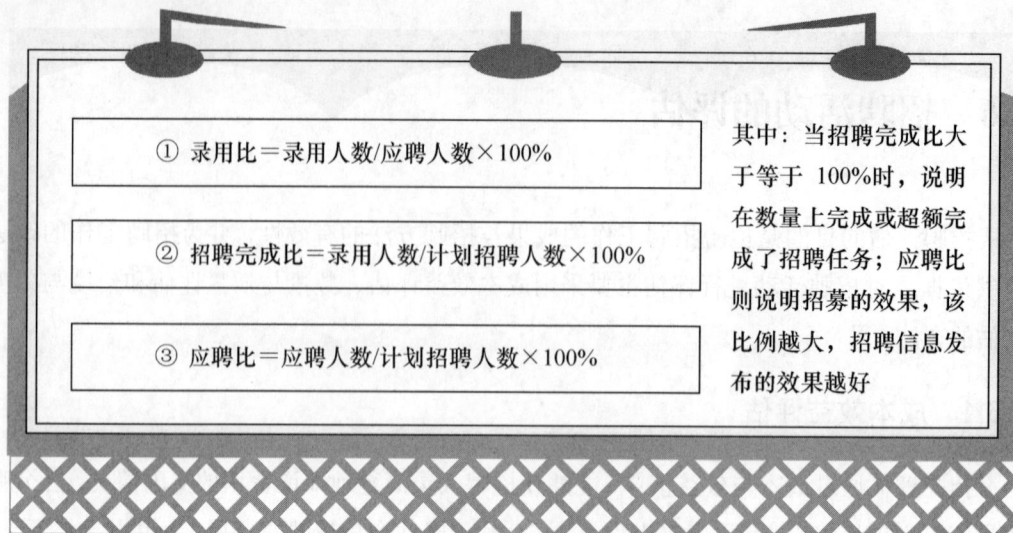

① 录用比＝录用人数/应聘人数×100%

② 招聘完成比＝录用人数/计划招聘人数×100%

③ 应聘比＝应聘人数/计划招聘人数×100%

其中：当招聘完成比大于等于 100%时，说明在数量上完成或超额完成了招聘任务；应聘比则说明招募的效果，该比例越大，招聘信息发布的效果越好

图 8-10 数量评估的三个公式及说明

2．质量评估

对录用员工质量的评估是对员工的工作绩效行为、实际能力、工作潜力的评估。它是对工作招聘成果与方法的检验，又为员工培训、绩效评估提供了必要的信息。通过对录用员工质量进行评估，有利于检验招聘工作与方法的有效性，有利于招聘方法的改进。

8.6.3 信度与效度评估

信度主要是指测试结果的可靠性和一致性。可靠性是指重复测试得出同样的结论。效度即有效性或准确性，是指实际测评的应聘者的有关特征与想要测评的特征的符合程度。

信度与效度评估是对招聘过程中所使用方法的正确性与有效性进行的检验。只有信度和效度达到一定水平的测试，其结果才适于作为录用决策的依据，否则，将误导招聘人员，影响其做出准确的决策。

第9章 如何编制与发布招聘广告

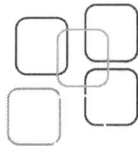

招聘广告是指企业通过报刊、网络、电视、广播等大众媒体向求职者发布人才需求信息，以吸引企业空缺岗位人员的一种招聘方法。招聘广告一方面可以将有关工作的性质、工作要求、雇员应该具备的资格等信息提供给潜在的申请人；另一方面可以向申请人介绍公司或企业的优势。

9.1 公司简介的编写

公司简介是企业为了吸引应聘者、面向应聘人员乃至全社会树立企业的良好形象，对本公司以及工作岗位的基本情况做出的全面介绍。招聘广告中的公司简介应说明公司的性质、业务经营范围、公司文化、公司的发展形势等。公司简介一定要具有吸引力，激起应聘者对企业的兴趣。

9.1.1 公司简介的功能

公司简介应向应聘者展示公司的详细信息和基本资料，并应具有一定的效力和功能。公司简介的功能如图9-1所示。

9.1.2 编写公司简介的六个原则

公司简介是应聘者认识企业的第一扇窗口，所以招聘者应遵循特定的原则来编写公司简介，提升其在招聘工作中的作用。编写公司简介的六个原则如图9-2所示。

◎ 公司传达其价值观，展示真实的公司概况和工作情景，可以使应聘者首先进行一次自我筛选，判断自己与这家公司的要求是否匹配

◎ 公司简介可以使应聘者清楚地知道什么是可以在这个组织中期望的，什么是不可以期望的

◎ 公司向应聘者全面、真实地介绍公司概况及工作情景，使应聘者感到公司是真诚的、值得信赖的

◎ 公司简介所呈现出的工作概况以及对具体环境和条件的描述可以使应聘者对未来发展可能面临的困难和问题有一定的思想准备，即使未来在工作中遇到一些困难和问题，他们也不至于退缩和回避，而是采取积极的态度，想方设法地去解决问题

图 9-1　公司简介的功能

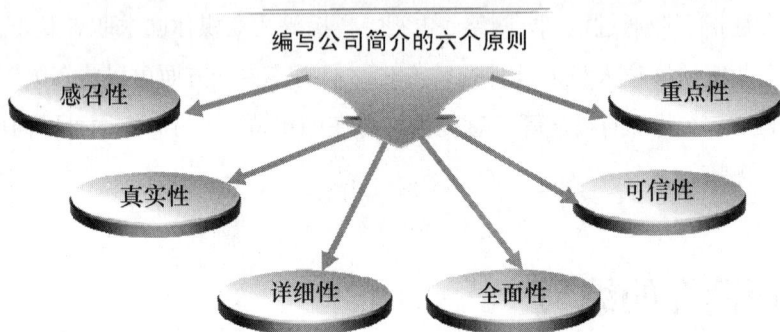

编写公司简介的六个原则

感召性　　重点性

真实性　　可信性

详细性　　全面性

图 9-2　编写公司简介的六个原则

9.1.3　编写公司简介的四个步骤

人力资源管理人员在编写公司简介时，应充分分析公司简介的特点与编写要求，按照合理的步骤进行编写，具体编写步骤如表 9-1 所示。

表 9-1　编写公司简介四个步骤

序号	四个步骤	具体内容
1	正确选择公司简介的形式	（1）不同规模的公司会选用不同的形式来编写公司简介 （2）把公司简介当成一个对外展示公司形象的窗口，同时也要满足企业人员招聘活动的需求 （3）根据人员招募不同场合的需要设计不同形式的公司简介
2	收集整理公司的相关资料	备忘录、大事记等

（续表）

序号	四个步骤	具体内容
3	确定公司简介的基本内容	公司名称、服务领域、经营产品、发展经历、经营规模、公司理念、发展目标等
4	公司简介的制作	内容制作、版式设计、材质设计等

9.2　招聘广告设计

随着现代社会人才竞争的愈演愈烈，为了吸引更多符合企业要求的应聘者，招聘广告的设计是很重要的。一份优秀的招聘广告要充分显示出企业对人才的吸引力和企业自然的魅力，达到使应聘者过目不忘的目的。

9.2.1　招聘广告的一般特点

企业的招聘广告不仅具有传递人员招聘信息的基本功能，还代表着企业的形象，因此需要认真实施。企业通过招聘广告的形式来招聘各类人才，一般具备五个特点，具体内容如图 9-3 所示。

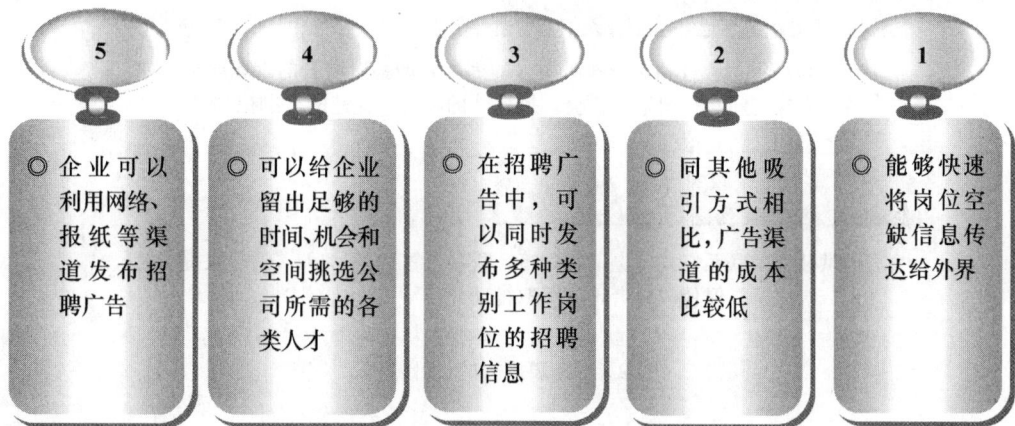

5 ◎ 企业可以利用网络、报纸等渠道发布招聘广告

4 ◎ 可以给企业留出足够的时间、机会和空间挑选公司所需的各类人才

3 ◎ 在招聘广告中，可以同时发布多种类别工作岗位的招聘信息

2 ◎ 同其他吸引方式相比，广告渠道的成本比较低

1 ◎ 能够快速将岗位空缺信息传达给外界

图 9-3　企业招聘广告的五个特点

招聘广告对于招聘初级和中级员工是一种有效的招聘手段。为保证招聘广告的有效性，人力资源管理人员需制作合格的招聘广告。合格的招聘广告应具备四个特点：简单明了；准确清晰；避免引起争议或违反规定；条件要求得当，有的放矢。

9.2.2 招聘广告的设计原则

设计精湛的招聘广告不仅可以吸引更多的求职者关注，还能够达到宣传企业和树立企业良好形象的效果。因此，在确定了适合的招聘渠道和媒体之后，应根据招聘计划的具体需要设计广告的具体形式和内容。一般而言，招聘广告应满足"AIDA"（Attention-Interest-Desire-Action）原则，具体内容包括以下四个方面，如图9-4所示。

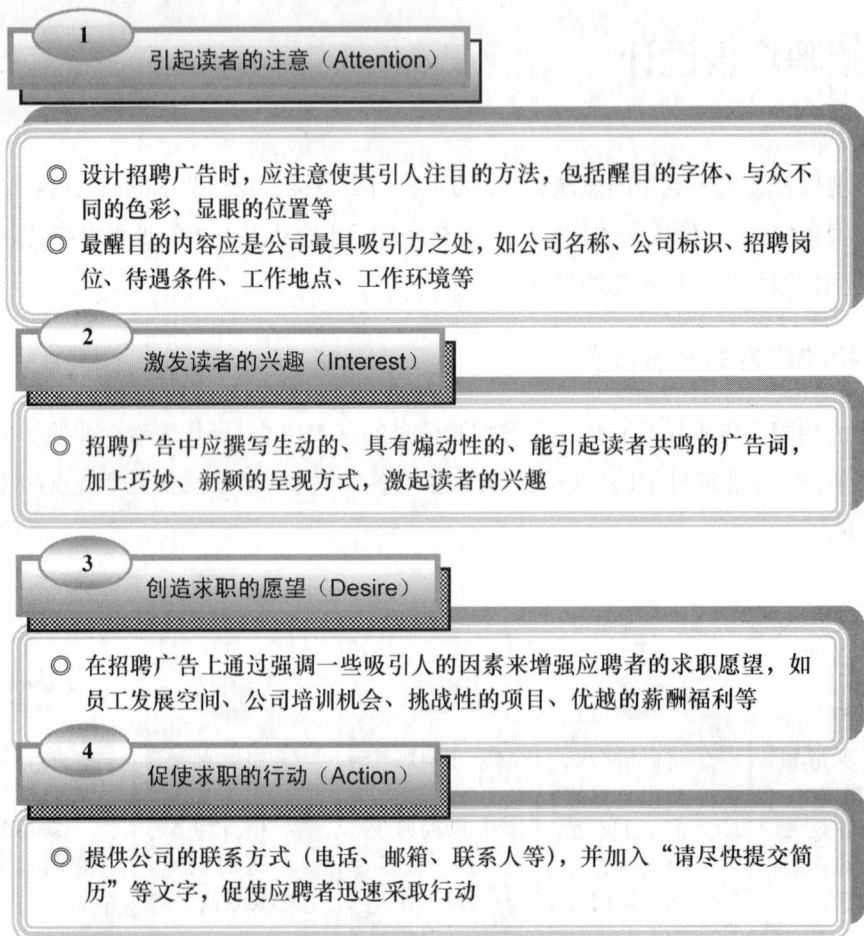

1 引起读者的注意（Attention）

◎ 设计招聘广告时，应注意使其引人注目的方法，包括醒目的字体、与众不同的色彩、显眼的位置等
◎ 最醒目的内容应是公司最具吸引力之处，如公司名称、公司标识、招聘岗位、待遇条件、工作地点、工作环境等

2 激发读者的兴趣（Interest）

◎ 招聘广告中应撰写生动的、具有煽动性的、能引起读者共鸣的广告词，加上巧妙、新颖的呈现方式，激起读者的兴趣

3 创造求职的愿望（Desire）

◎ 在招聘广告上通过强调一些吸引人的因素来增强应聘者的求职愿望，如员工发展空间、公司培训机会、挑战性的项目、优越的薪酬福利等

4 促使求职的行动（Action）

◎ 提供公司的联系方式（电话、邮箱、联系人等），并加入"请尽快提交简历"等文字，促使应聘者迅速采取行动

图9-4 招聘广告的设计原则

9.2.3 招聘广告结构和内容设计

人力资源工作者需要对企业招聘广告的结构进行合理设计，以便将信息准确地传达给应聘者。招聘广告的基本结构包括公司概况、发展前景、工作地点、岗位职务、工作责任、任职资格、工资水平、薪资福利、个人素质。

企业招聘广告的内容主要包含六个部分，具体内容如表 9-2 所示。

表 9-2　企业招聘广告的主要内容

六个部分	具体内容
公司情况简介	1. 以简洁的语言介绍公司情况，公司情况简介应该是公司最具特色和富有吸引力的热点 2. 广告中最好使用公司标识，并提供公司的联系方式、网址等信息，以供读者获取更多信息
岗位情况介绍	1. 对岗位情况的介绍主要包括岗位名称、所属部门、主要工作职责等 2. 编写岗位情况时应依据岗位说明书来完成，但应以读者能够理解和感兴趣为原则
岗位任职资格要求	必须在招聘广告中对应聘者的基本任职条件提出要求，包括专业范围、工作经验等
相应的人力资源政策	根据需要可以在招聘广告中提及应聘岗位能够享受的人力资源政策，如薪酬水平、劳动合同、培训机会等
应聘者的准备工作	在招聘广告中注明应聘者需准备的简历、资格证书、照片等相关材料，以提升招聘工作的效率
应聘的联系方式	在招聘广告中明确标示出公司的联系方式，供应聘者与公司及时取得联系，同时注明应聘的时间范围或截止时间

9.2.4　招聘广告撰写的注意事项

企业在撰写招聘广告时需要注意招聘广告的内容应当真实、合法并简洁，具体内容如图 9-5 所示。

简洁
◎ 广告编写要简明扼要，重点突出岗位名称、任职资格、工作职责及待遇等

合法
◎ 广告中出现的信息要符合国家及地方的法律法规和政策

真实
◎ 确保招聘广告内容客观、真实，涉及的合同、薪酬、福利等政策必须能兑现

图 9-5　招聘广告撰写的注意事项

9.3 招聘信息发布渠道选择

常用的招聘信息发布渠道有平面媒体（报纸、杂志等），网络（人力资源网、专业网站、公司网站），校园招聘，人才交流会等。为达到有效的招聘效果，企业需要结合公司的财务状况和招聘岗位的实际情况来选择信息发布的渠道。

9.3.1 广告媒体针对性比较

发布招聘广告信息的渠道很多，可以采用的广告媒体主要包括报纸、杂志、广播电视、互联网等，这些媒体分别具有不同的优缺点和适用范围。选择哪种媒体发布广告关键取决于企业对人才的需求类型。各种广告媒体的综合对比如表9-3所示。

表9-3 各种广告媒体的综合对比

媒体	优点	缺点	适用范围
报纸	发行量大，传播迅速，可以灵活选择广告的大小	阅读对象繁杂，保留时间短，同时，纸质及印刷质量可能会对广告的设计造成限制	适用于特定地区的招聘、候选人数量较大的岗位、流失率高的行业或职业
杂志	接触目标群体的概率比较大，便于保存，纸质和印刷质量比报纸好	广告预约期长，申请岗位的期限也会比较长，同时发行的区域可能较为分散	候选人相对集中的领域、空缺岗位并非迫切需要补充、地区分布较广的情况
广播电视	可以产生有较强冲击力的视听效果，容易给人留下深刻印象	广告时间短，不便保留，费用比较高	适用于公司需迅速扩大影响，急需招聘大量人员的情况
网络	信息传播范围广、速度快、成本低、周期长，联系快捷方便、不受时间和地域的影响	信息真实度低，应用范围狭窄，基础环境薄弱，技术服务体系不完善，成功率较低	适用范围广，适合公司各类人员的招聘工作
其他印刷品	极富灵活性	需与其他招聘方法结合使用	适用于宣讲会等特殊场合

9.3.2　选择互联网刊登招聘广告的注意事项

互联网招聘已经日渐成为公司招聘的主要媒介。人力资源管理人员在互联网上刊登招聘广告及实施网络招聘时，需要注意四个方面的事项：企业简介要具有吸引力，职位描述要规范，要第一时间给求职者反馈，给予求职者充分的尊重。具体内容如图 9-6 所示。

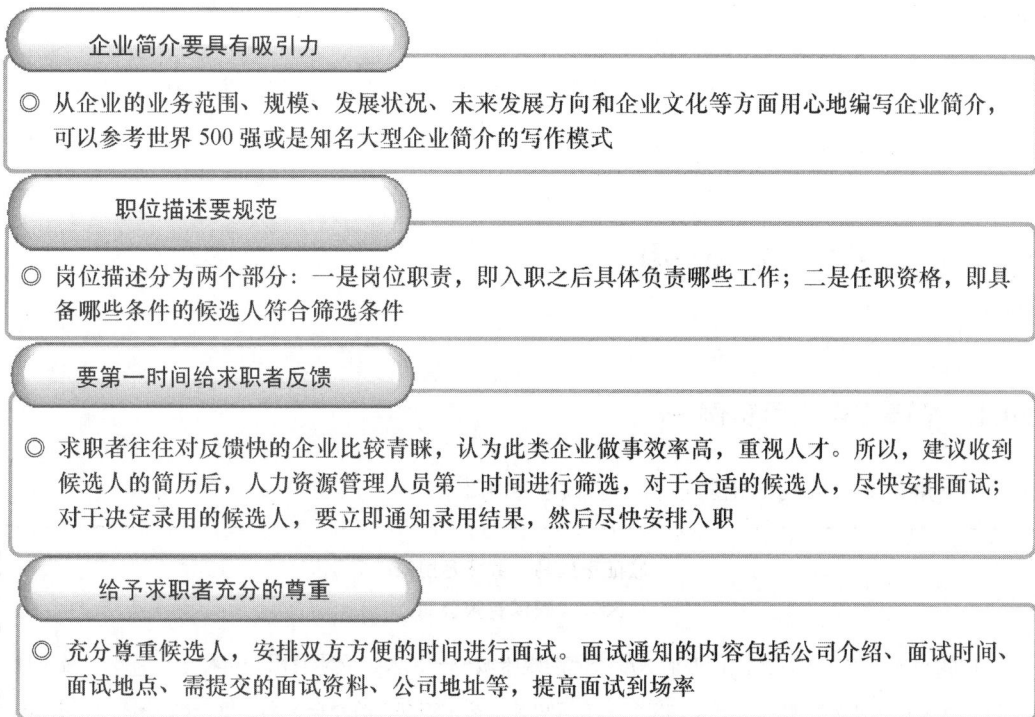

企业简介要具有吸引力

◎ 从企业的业务范围、规模、发展状况、未来发展方向和企业文化等方面用心地编写企业简介，可以参考世界 500 强或是知名大型企业简介的写作模式

职位描述要规范

◎ 岗位描述分为两个部分：一是岗位职责，即入职之后具体负责哪些工作；二是任职资格，即具备哪些条件的候选人符合筛选条件

要第一时间给求职者反馈

◎ 求职者往往对反馈快的企业比较青睐，认为此类企业做事效率高，重视人才。所以，建议收到候选人的简历后，人力资源管理人员第一时间进行筛选，对于合适的候选人，尽快安排面试；对于决定录用的候选人，要立即通知录用结果，然后尽快安排入职

给予求职者充分的尊重

◎ 充分尊重候选人，安排双方方便的时间进行面试。面试通知的内容包括公司介绍、面试时间、面试地点、需提交的面试资料、公司地址等，提高面试到场率

图 9-6　互联网刊登招聘广告的注意事项

9.3.3　选择报纸刊登招聘广告的程序和方法

一般来说，报纸广告的覆盖面比较广，影响持续的时间较长。在招聘人员比较多、岗位层次跨度比较大的情况下，采用报纸刊登招聘信息可以起到事半功倍的效果。

1. 选择报纸发布招聘信息的基本程序

（1）选择刊登广告的报纸。

（2）决定刊登广告的时间。

（3）编制刊登广告的费用预算，并向上级提出申请。

（4）广告文稿的拟定、修改与审批。

2．办理刊登广告的手续

（1）预定版面（一般至少提前五天），并与报社、广告公司订立广告合同。

（2）营业执照副本三份，并加盖公章。

（3）招聘原稿复印件三份，并加盖公章。

（4）手续办理者持单位介绍信和本人身份证去当地行政主管部门办理审批手续。

（5）将主管部门的审批件以及招聘原稿提交报社。

（6）校对广告词的样本。

3．跟踪广告刊登结果并存档

招聘人员应根据与广告公司订立的合同的要求，及时跟踪报纸广告是否如期刊登，并将该份报纸存档。

9.4　招聘广告案例分析

9.4.1　招聘广告应用实例一

以下是某娱乐公司的招聘广告，供读者参考。

诚征千里马　共拓万里路
×××娱乐有限公司

　　由我国知名的×××集团创办的水准一流的娱乐城——×××娱乐有限公司将于＿＿年＿月＿日开业。本公司主要从事唱片的制作和发行，音乐出版，艺人管理，演唱会筹办，舞台剧制作，电影及电视制作。公司以诚信为本，注重人文关怀，以高素质和高效率的服务来满足客户的要求，致力于为全民提供具有长久消费期望的娱乐产品。从媒体内容的创新制作到媒体市场的开发，从艺人发掘到平台经营，×××娱乐公司已形成产品、渠道、品牌的全方位娱乐体系。一流的公司，一流的服务，应由一流的人才组织管理。

　　为此，经行政主管部门批准，诚聘以下人才：

　　（1）资金策划部：经理1人，高级主管5人，会计师2人，出纳1人。要求具有丰富的资金策划管理和融资能力。

　　（2）公关策划部：经理1人，高级职员10人，含人事、俄语、法语、美术摄影各1人。要求相貌端正、有丰富的公关经验和两年以上公关策划经验。

　　（3）人力资源部：经理1人，专员2人。要求具有本科或相当学历，英语口语流利，具有四年以上工作经验，至少精通人力资源领域的某一模块。

（续）

（4）市场销售部：经理 1 人，销售人员 3 人。要求具有敏锐的市场预测能力，两年以上销售经验。				

（5）计算机部：软件工程师 5 人，硬件工程师 3 人。要求熟悉程序编制以及常用计算机管理技术。

一经聘用，待遇从优。应聘者请将详细简历（含生活照）邮寄至：＿＿市＿＿区＿＿路＿＿大厦×××公司人力资源部。来人恕不接待，所寄资料恕不退还。

联系人：＿＿＿＿＿　　邮政编码：＿＿＿＿＿　　联系电话：＿＿＿＿＿　　传真：＿＿＿＿＿

电子邮箱：＿＿＿＿＿＿＿＿＿＿＿

9.4.2　招聘广告应用实例二

以下是某日化用品公司的一则招聘广告，供读者参考。

××公司

所属行业：快速消费品

公司类型：代表处

公司规模：少于 20 人

微生物研究员

发布日期		招聘人数	若干	工作性质	全职
岗位月薪	面议	最低学历	本科	工作经验	1～3 年
城市	北京	是否要求管理经验	否	岗位类别	科研

岗位描述/要求：

工作描述：所属部门为微生物学研究部。

必备资格：

1．本科学历，生物学或生物科技主修科目毕业，主修微生物学者优先；

2．热衷于实验室工作。

上述岗位所需的其他资格：

1．有微生物学、生物科技或生物学领域工作经验者优先；

2．能够熟练运用英语进行听、说、读和写；

3．具有良好的团队精神，能够与团队中的各种人员顺畅沟通；

（续）

4. 善于解决工作中的问题。

联系方式：

我们会根据业务需要和员工的工作贡献为员工提供广泛的培训、良好的发展机会、富有竞争力的薪酬与福利。

请将您的中英文简历、一寸彩色免冠照片一张、学历证书复印件及身份证复印件于两周内寄至：_____，邮编：_____。请注明应聘的岗位，我们会对应聘者的申请材料严格保密。

××公司简介：

××公司生产的产品畅销多个国家和地区，它是冰淇淋和调味品生产商之一，也是洗涤、洁肤和护发产品生产商之一。每天有____人在世界各地选购我们公司的产品，我们的品牌受到各地消费者的信赖。

技术上的研究和革新是××的成功基石，研发能力是企业生存的血脉，而××是较早具有研发能力的公司之一。____年__月__日，××（北京）技术有限公司（以下简称××TC）正式成立，公司旨在开发全新的技术，同时研究将已有的技术应用到新产品中，或者对产品进行改进。另外，公司一直参与顶尖科研机构组织的学术交流活动。

××TC 主要负责"家纺用品"、"个人清洁"、"美容护理"和"女性保健"等领域的研究与开发。××在今后五年的计划是使××TC成为中国、亚洲，乃至世界日化用品的技术、商业中心。

××TC 现有来自各个国家的____名职员，如美国、印度、意大利、南非等。我们坚信，随着××TC 的发展，其员工将会带给我们一系列重要产品的革新，并且为我们继续全球性的创新打下坚实的基础。这样，我们能够提供高质量的产品和服务，进而改善中国以及全世界消费者的生活水平。

对研发工作感兴趣的应聘者，应具有化学、化学工程、材料科学、机械工程、电机工程或相关领域的学士、硕士和博士学位。同时，应具备强烈的好奇心、研究与革新的热情以及领导能力与沟通技巧，从而确保你的想法能够得到实践，变成真正的产品。

9.4.3　招聘广告内容及优缺点评析

以上两个招聘广告各自具备不同的特点，下面我们分析一下这两个招聘广告的优缺点，如表9-4所示。

表 9-4　招聘广告应用实例一、实例二的优缺点分析

实例	优点	缺点
招聘广告实例一	1. 广告标题言简意赅、一语双关，既高度概括了公司的人才观，又与下文的公司名称、性质和特点密切相连 2. 首先介绍了公司宗旨、经营范围、服务方式等概况，使读者一目了然 3. 说明了招聘的合法性——有相关主管部门批准，使应聘者放心 4. 说明了公司哪些部门、哪些工作岗位需要招聘人才，应聘者应该具备什么基本条件以及招聘人数等信息 5. 无性别、年龄、户籍、种族、信仰等任何歧视内容，不会有悖于国家及地方的相关法律、法规和标准	1. 没有介绍薪酬福利、保险给付等应聘者普遍关心的问题 2. 没有提及晋升机会、发展空间、培训机会等 3. 没有详细介绍招聘岗位的工作内容及任职条件
招聘广告实例二	1. 以表格的形式介绍公司概况及招聘岗位所需的基本信息，一目了然，言简意赅，有利于应聘者获取有效信息 2. 对工作描述及任职资格分条叙述，便于应聘者阅读了解。对任职资格介绍详细，也使应聘者了解到了公司的企业文化 3. 介绍到了公司为员工提供的培训、发展机会、薪酬及福利水平，是对应聘者的一种激励 4. 联系方式详细，对于所需准备的相关材料说明清晰，提交方式介绍详细，时限明确 5. 公司简介介绍了公司精神及成就，且语言富有号召力，使应聘者阅读之后增强了对公司的信心	1. 岗位的介绍不够详细，仅介绍了岗位的专业要求 2. 公司简介过于冗长

第 10 章　如何筛选简历与申请表

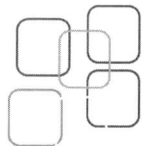

应聘人员最初的资格审查和初选是人力资源部门通过审阅应聘者的个人简历或应聘申请表进行的，目的是筛选出那些背景和潜质与职务规范所需条件相当的候选人，并从合格的应聘者中选出参加后续选拔的人员。所以，简历和申请表的筛选是对应聘者资格审查的重要环节。

10.1　招聘申请表的设计

招聘申请表所反映的资料对企业的面试评定以及应聘者的能力、资历的判断有着极其重要的作用，好的招聘申请表可以帮助企业降低招聘成本，提高招聘效率，尽快招到理想的人选。所以，申请表的设计一定要科学、认真，以便能够全面反映企业需要的有关信息。

10.1.1　招聘申请表与简历

招聘申请表是由招聘企业设计的，并用标准化的格式表示出来的一种初级筛选表。其内容包含应聘人员的个人基本情况、工作经历、教育和培训经历等。

简历是由应聘者自己编写的，是对个人学历、经历、特长、爱好等情况的书面介绍。简历是对求职者个人形象、资历与能力的书面表述，是求职时必不可少的一项材料。

招聘申请表和简历分别有各自的优缺点，具体内容如表 10-1 所示。

表 10-1　招聘申请表和简历的优缺点

项目 优缺点	招聘申请表	简历
优点	• 直截了当 • 结构完整 • 限制不必要的内容 • 易于评估	• 体现应聘者的个性 • 允许应聘者强调自认为重要的东西 • 允许应聘者点缀自己 • 费用较小
缺点	• 限制创造性 • 设计、印刷、分发费用较高	• 允许应聘者略去某些东西 • 难以评估

10.1.2　招聘申请表的特点

企业编制的招聘申请表有三个方面的特点：节省时间、准确了解、提供后续选择的参考。具体内容如图 10-1 所示。

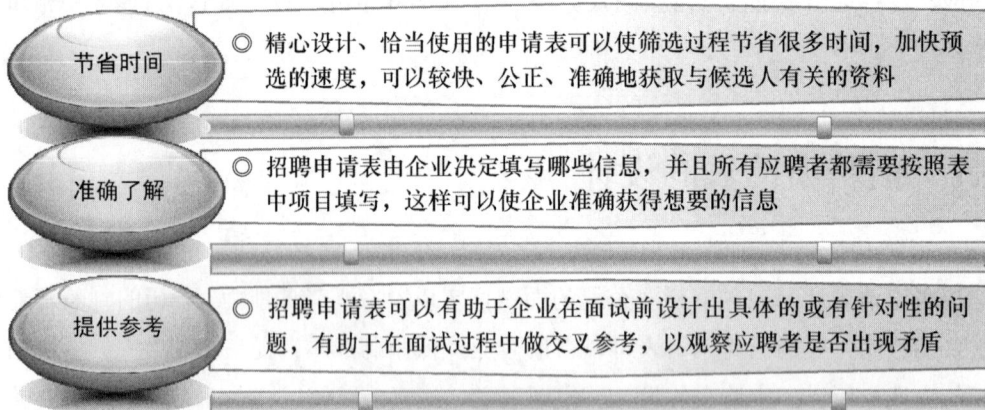

节省时间	◎ 精心设计、恰当使用的申请表可以使筛选过程节省很多时间，加快预选的速度，可以较快、公正、准确地获取与候选人有关的资料
准确了解	◎ 招聘申请表由企业决定填写哪些信息，并且所有应聘者都需要按照表中项目填写，这样可以使企业准确获得想要的信息
提供参考	◎ 招聘申请表可以有助于企业在面试前设计出具体的或有针对性的问题，有助于在面试过程中做交叉参考，以观察应聘者是否出现矛盾

图 10-1　招聘申请表的特点

10.1.3　招聘申请表的内容

一般来说，招聘申请表的内容要根据岗位说明书来设计，每个栏目均有一定的目的，栏目不要繁琐、重复。招聘申请表的主要内容包括以下六个方面，如图 10-2 所示。

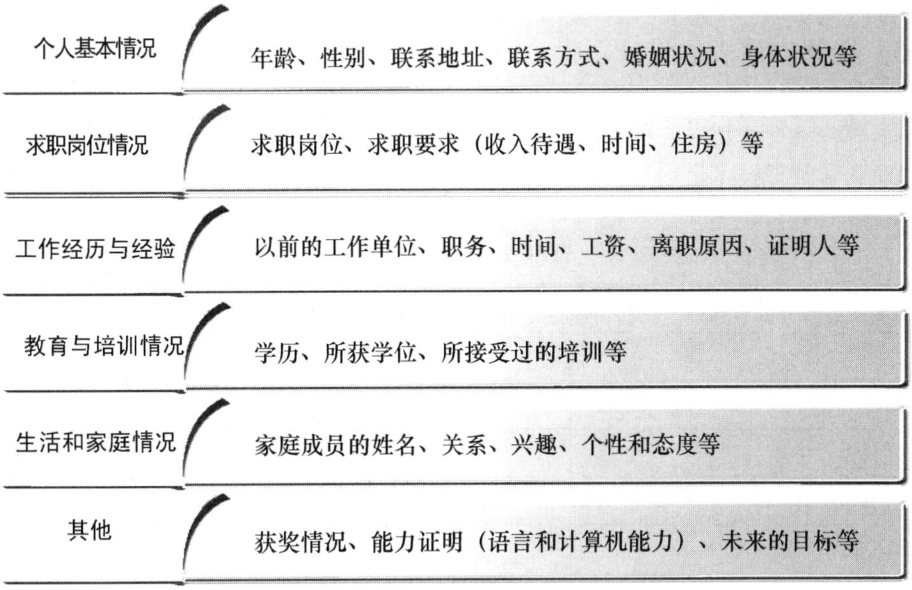

个人基本情况	年龄、性别、联系地址、联系方式、婚姻状况、身体状况等
求职岗位情况	求职岗位、求职要求（收入待遇、时间、住房）等
工作经历与经验	以前的工作单位、职务、时间、工资、离职原因、证明人等
教育与培训情况	学历、所获学位、所接受过的培训等
生活和家庭情况	家庭成员的姓名、关系、兴趣、个性和态度等
其他	获奖情况、能力证明（语言和计算机能力）、未来的目标等

图 10-2　招聘申请表的内容

10.1.4　招聘申请表的设计要求

招聘申请表是应聘者提供个人履历和资料的基本形式，是企业人员进行招聘不可缺少的一种工具。它一般由招聘单位的人力资源部门设计，由应聘人员在求职时自己填写。人力资源部门在设计招聘申请表时应当注意以下三点要求，如图 10-3 所示。

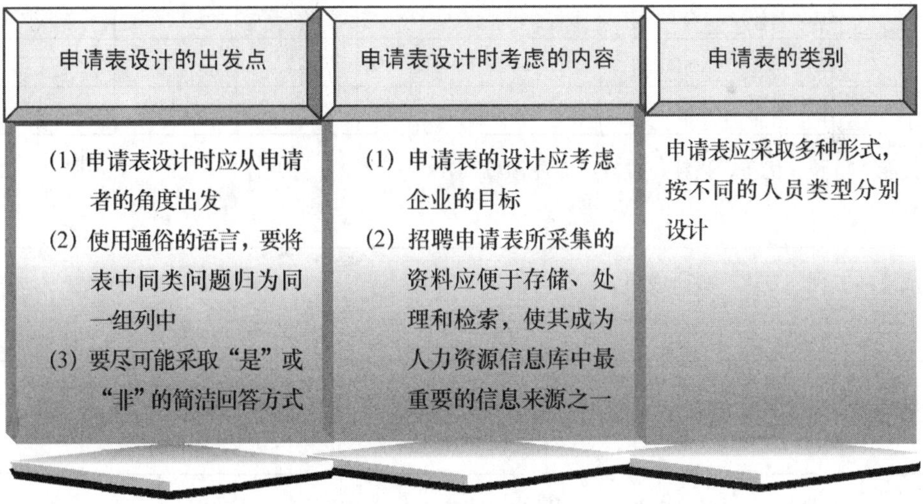

申请表设计的出发点	申请表设计时考虑的内容	申请表的类别
(1) 申请表设计时应从申请者的角度出发 (2) 使用通俗的语言，要将表中同类问题归为同一组列中 (3) 要尽可能采取"是"或"非"的简洁回答方式	(1) 申请表的设计应考虑企业的目标 (2) 招聘申请表所采集的资料应便于存储、处理和检索，使其成为人力资源信息库中最重要的信息来源之一	申请表应采取多种形式，按不同的人员类型分别设计

图 10-3　申请表设计时应注意的三点要求

10.1.5 招聘申请表的设计示例

以下是两家公司根据实际需求设计的招聘申请表,分别反映了两家公司在企业人力资源管理理念和管理技术上的差异。具体内容如表 10-2 和表 10-3 所示。

表 10-2 招聘申请表一

请您如实填写以下项目,我公司郑重声明:绝不会向第三者透露您的信息					照片
姓名		性别		年龄	
婚姻状况		民族		政治面貌	
应聘岗位			专职 / 兼职		
身份证号码			手机号码		
电子邮件			家庭电话		
个人网址			其他联系方式		
通信地址				邮政编码	
健康状况		有无传染性疾病		有无住房	

文化程度与受教育情况(请详细说明您所毕业学校、专业、学历、学位、培训、自学情况):

工作经历	时间	所在单位	职务	待遇	离职原因
	___年__月至___年__月				
	___年__月至___年__月				
	___年__月至___年__月				
	___年__月至___年__月				
	___年__月至___年__月				

特别技能(特长、优势、兴趣、爱好、专注领域等):

主要成果(专利、专著、科研成果、设计方案、突出业绩等):

个人发展意向和待遇要求:

证明资料	推荐信□　应届毕业□　退休人员□　农民工□	可正式	___年__月__日
	就业证□　下岗人员□　停薪留职□　其他□	上班时间	

表 10-3　招聘申请表二

姓名		性别		身高		体重	
社会保险号码		出生年月		现居住地			
详细通信地址			联系电话				
本国公民	是□ 否□	已婚□　分居□ 未婚□　离婚□　丧偶□		赡养		儿子□　年龄□　女儿□　年龄□ 父亲□　年龄□　母亲□　年龄□	
曾用名		自己有无住房：有□　无□		间接联系人			
有工作外其他收入吗？无□　有□　年收入多少：				生理缺陷			
应聘前的工作情况：现在职□　已离职□　最后的离职时间：____年__月__日							
离职原因：劳动报酬□　上司关系□　工作条件□　晋升机会□　家庭因素□　其他情况□							
在职工作情况	岗位：　　　职务：　　　技术水平：　　　使用设备：						
我希望获得的工作岗位：　　　期望月薪：　　　何时上岗：							

履历——受教育程度

	年份	学校	是否毕业	离校时间	专业	平时成绩	备注
小学							
初中							
高中							
大学本科							
研究生							
职业教育							
其他培训							

过去的雇佣记录——请先列出现在的岗位、职务或最后的岗位、职务

开始时间	离开时间	公司名称、地址和负责人姓名	离职原因	职务名称	工资待遇

家庭成员的情况（父母、丈夫、妻子、兄弟姐妹、子女）

姓名	关系	工作单位	现任职务	现在住址

（续表）

你在现住址居住的时间：□年□月；不满一年的，请写出以前的住址：
你经常借用什么交通工具上班：　　　　　你无□或有□自己的汽车，车牌号码是：
证明人：请写出三个了解你的证明人，不包括你的亲戚和原雇主。

1	姓名：	职务：	地址：	联系电话：
2	姓名：	职务：	地址：	联系电话：
3	姓名：	职务：	地址：	联系电话：

其他需要说明的信息，如经历、爱好、特别事项等：

仔细阅读后，我清楚地知道，一旦接受贵公司的聘任，如果本申请书中填写了不真实的资料，我将被解聘。
填写人签字：　　　　　　　____年__月__日

10.2　筛选简历的方法

简历是应聘者自带的个人介绍材料，简历筛选涉及很多方面的问题，人力资源部工作人员可以从以下方面进行简历的筛选：关注整体印象，分析简历结构，审查简历的客观内容，审查简历中的逻辑性，判断是否符合岗位技术和经验要求。

10.2.1　关注整体印象

简历筛选时，一般通过观察法对候选人的简历进行大致浏览后，得出对简历的整体印象，标出简历中感觉不可信的地方以及感兴趣的地方，面试时可以询问应聘者。简历筛选的主要观察因素如图10-4所示。

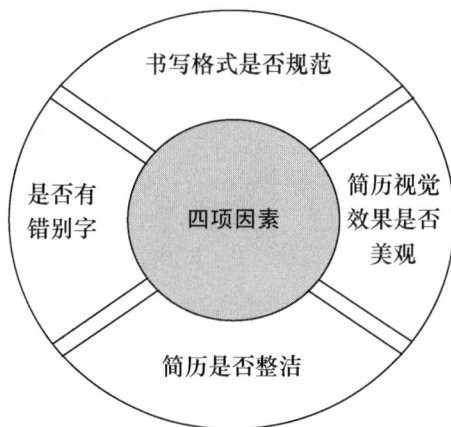

图 10-4 简历筛选的主要观察因素

10.2.2 分析简历结构

简历的结构在很大程度上反映了应聘者的逻辑思维、语言组织和沟通能力，结构合理的简历比较简练，一般不超过两页。通常应聘者为了强调自己近期的工作经验或成果，在书写教育背景和工作经历时，往往采取从现在到过去的时间排列方式，并且，与应聘职位相关的经历常被重点表述。

10.2.3 审查简历的客观内容

简历的内容大体上可以分为两个部分，即主观内容和客观内容。其中，主观内容主要包括应聘者对自己的描述，如"本人开朗乐观、勤学好问"等对自己评价性的内容。在筛选简历时，应将注意力放在客观内容上，客观内容主要包括个人信息、受教育经历、工作经历和个人成绩四个方面，其具体内容如表 10-4 所示。

表 10-4 审查简历的客观内容

四点内容	具体内容
个人信息	1. 个人信息包括姓名、性别、民族、年龄、学历等
	2. 筛选对硬性指标（工作经历、学历）较高的职位时，如其中一项不符合职位要求，则被快速淘汰掉
	3. 在筛选对硬性指标要求不严的职位时，可结合招聘职位的要求进行筛选
受教育经历	1. 受教育经历包括教育经历和培训经历等
	2. 在查看求职者的教育经历时，要特别注意查看求职者是否使用了一些含糊的字眼

（续表）

四点内容	具体内容
受教育经历	3. 在查看培训经历时，应重点关注专业培训和各种考证培训，查看培训内容与招聘岗位是否对口
工作经历	1. 工作经历包括工作单位、起止时间、工作内容、参与项目的名称等
	2. 查看求职者工作时间的长短、跳槽或转岗的频率、各工作时间的衔接等
	3. 查看求职者所学专业与工作的对口程度，查看求职者工作在专业上的深度和广度
个人成绩	1. 个人成绩包括学校、工作单位的各种奖励等
	2. 查看求职者个人成绩是否适度，是否与职位要求相符

10.2.4　审查简历中的逻辑性

审查应聘者简历时，在工作经历和个人成绩方面，要注意简历的描述是否有条理、是否符合逻辑。如果能够断定在简历中有虚假成分存在，就可以直接将这类应聘者淘汰掉。简历中的逻辑问题有很多种，下面列举出两类逻辑问题，供读者参考，具体内容如图10-5所示。

◎ 一份简历在描述自己的工作经历时，列举一些著名的单位和高级岗位，而他所应聘的却是一个普通岗位，这就需要引起注意

◎ 一份简历中称，自己已在许多领域取得了许多成绩、获得了很多证书，但是从他的工作经历中分析，很难有这样的条件和机会，这样的简历也要引起注意

图 10-5　简历中的主要逻辑问题

10.2.5　判断岗位技术和经验相符性

在对应聘人员简历的筛选过程中，最重要的一步就是：通过分析应聘者的学习经历及工作经历来判断其与岗位技术与经验要求的相符性。

在客观内容中，首先要查看应聘者的个人信息和教育经历，判断应聘者的专业资格和经历是否与空缺岗位相关并相符。如果不符合要求，就没有必要再浏览其他内容，可以直接淘汰掉。如果对学历有特殊要求，需特别注意简历中是否使用了模糊的字眼、隐藏教育的起止时间及类别，这可能是混淆教育类别的行为。

教育经历符合要求后，需要对应聘者的工作经历进行评估。详细分析其之前的工作经历是否与本岗位所要求的技能及相关经验相符。工作经验及工作技能的重叠度不可能达到

100%，在实施招聘工作中应对应聘者之前的工作单位、岗位、项目经历等相关因素进行综合分析，找到最适合的候选人。

10.3　筛选申请表的方法

企业招聘人员筛选招聘申请表时，一般会从应聘者的态度、原工作离职原因、求职动机等方面进行判断和考查。

10.3.1　判断应聘者的态度

企业招聘人员在应聘者提交招聘申请表后，应首先查看应聘者填写表格的认真程度和填写内容的准确性，筛选出那些填写不完整和字迹难以辨认的材料，进而根据应聘者的态度开展有针对性的面试和甄选工作。为合理利用面试时间，企业招聘人员应直接淘汰那些态度不认真的应聘者。

10.3.2　关注离职原因与求职动机

离职原因是原公司不能满足应聘者需求的部分，求职动机是新的工作机会吸引应聘者的部分。一般情况下，应聘者的离职原因主要包括个人问题、公司文化的适应问题、薪酬问题等。与此相对应的便是应聘者的求职动机，当公司不能满足员工某些方面的需求时，该员工即会另外选择一家新公司以满足个人的需求。

招聘人员可以通过以下四个方面考察应聘者离职原因与求职动机的可疑之处，如图 10-6 所示。

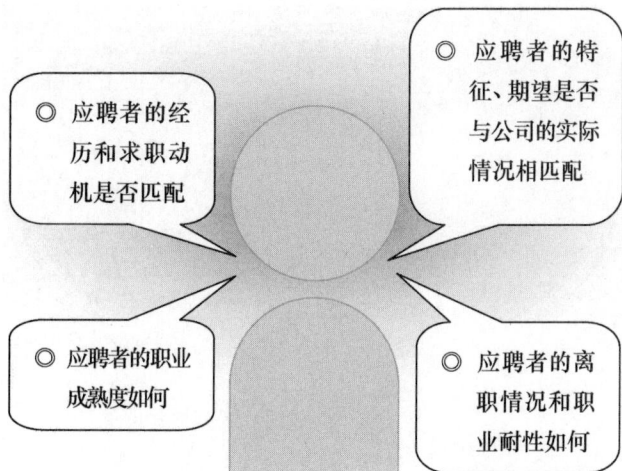

◎ 应聘者的经历和求职动机是否匹配

◎ 应聘者的特征、期望是否与公司的实际情况相匹配

◎ 应聘者的职业成熟度如何

◎ 应聘者的离职情况和职业耐性如何

图 10-6　招聘申请表中离职原因与求职动机的筛选方法

10.3.3　注明高职高薪低就及可疑之处

应聘者的招聘申请表可能会或多或少地存在内容上的虚假。企业招聘人员在审查招聘申请表时，通过分析求职岗位与原工作岗位的情况，尤其要对高职低就、高薪低就等情况加以注意，并且应该用铅笔注明可疑之处，在面试时作为重点提问和甄别的内容之一加以询问和考察。必要时，应该检验应聘者各类证明身份及能力的证件。

10.3.4　注意申请表与简历的匹配度

招聘申请表与个人简历的出发点是不同的，因此，企业招聘人员在进行招聘初步甄选时，要特别注意应聘者所填写的招聘申请表和个人简历的匹配度，具体内容如图 10-7 所示。

招聘申请表	个人简历
◎ 招聘申请表是服从和服务于组织需要的。招聘单位要求应聘者填写招聘申请是为了规避应聘者自发提供资料的漏洞、表述不详和不真实信息等	◎ 个人简历是服从和服务于应聘者个人需要的。应聘者为了获得好的工作，可能会对个人简历进行不真实的描述，或者个人在制作简历时出现纰漏

图 10-7　招聘申请表与个人简历的出发点

对于应聘者个人简历和所填写的招聘申请表中存在有关信息不相符的，企业招聘人员应该用铅笔注明，以便在面试中进行询问和考证。

第 11 章　如何准备与实施校园招聘

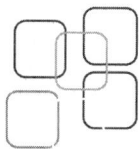

大学校园是高素质人才最为集中的地方，校园招聘很容易收集到足够数量的工作申请材料。应届毕业生凭借充沛的精力和对新事物较强的接受能力，更容易成为企业未来的支柱。没有工作经历的应届毕业生，其思维方式与处理问题的方法不容易与企业产生抵触，更容易融入企业的文化。

11.1　校园招聘的准备

企业选择校园招聘不仅可以使招聘活动更有针对性，保证了应聘者的基本素质，同时还能够适时地为企业做宣传，为企业网罗人才做准备，所以，企业在进行校园招聘前应将准备工作做到实处。

11.1.1　校园招聘的特点

校园招聘亦称上门招聘，即由企业的招聘人员通过到学校招聘、参加毕业生交流会等形式直接招募人员。对学校毕业生最常用的招募方法是每年举办的人才供需洽谈会，供需双方直接见面，双向选择。

校园招聘是一种特殊的外部招聘途径。与其他招聘途径相比较，校园招聘有其自身的特点，具体表现在以下五个方面，如图 11-1 所示。

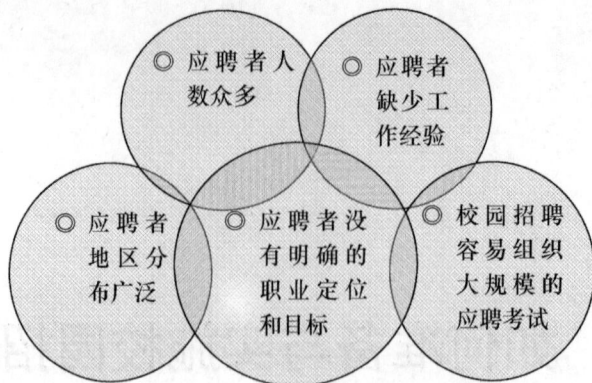

图 11-1　校园招聘的特点

校园招聘与其他招聘途径相比具有以下优缺点，具体表现如图 11-2 所示。

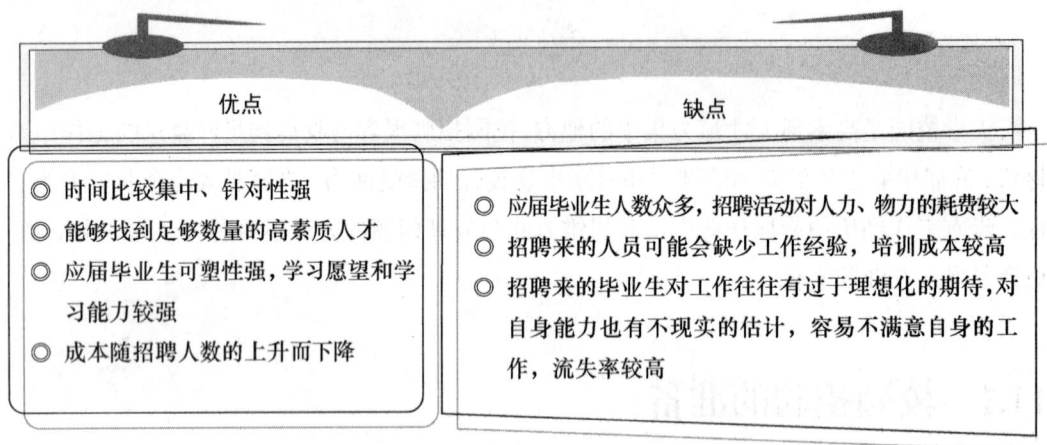

优点	缺点
◎ 时间比较集中、针对性强 ◎ 能够找到足够数量的高素质人才 ◎ 应届毕业生可塑性强，学习愿望和学习能力较强 ◎ 成本随招聘人数的上升而下降	◎ 应届毕业生人数众多，招聘活动对人力、物力的耗费较大 ◎ 招聘来的人员可能会缺少工作经验，培训成本较高 ◎ 招聘来的毕业生对工作往往有过于理想化的期待，对自身能力也有不现实的估计，容易不满意自身的工作，流失率较高

图 11-2　校园招聘的优缺点

11.1.2　校园招聘的方式

　　校园招聘的方式是多种多样的，企业采取什么样的校园招聘方式与其所从事的行业、企业类型、发展阶段、岗位设置要求以及企业文化息息相关。只有对自身有着明确而清晰的定位，运用最适合自身需求的招聘方式，企业才能在校园招聘这场"人才抢夺战"中获得胜利。

　　以下为四种常见的校园招聘方式的比较，如表 11-1 所示。

表 11-1　校园招聘方式比较

校园招聘方式	操作方法	特点
专场招聘会	在每年校园招聘的高峰期，当地政府以及各高校组织的一些大型的专场招聘会，为前来投递简历的学生提供面对面的交流机会，并及时进行选拔测试	1. 可大幅节省招聘成本和时间 2. 一般适合于招聘对象明确、招聘人数不多的中小型企业

（续表）

校园招聘方式	操作方法	特点
校园宣讲会	企业对目标学校组织专门的讲座，通过企业高层、人力资源负责人以及在本企业工作的校友来传达企业基本概况、企业文化、经营理念，发布职位空缺、招聘条件和招聘流程等	1. 通过情绪的感召与互动引导学生全面地了解企业 2. 对企业的形象及其产品有一定的宣传效果
网络招聘	1. 企业可以在专业的招聘网站、学校的招生就业网站、各大校园的 BBS 以及企业自己的网站上发布招聘信息 2. 也可以把初期的校园宣讲会的组织实施，简历的接收、筛选和面试通知等环节委托给专业招聘网站	宣传力度较大，招聘效率高，招聘成本低
实习生招募	在应届毕业生正式求职以前，企业会为经过初步挑选的应届毕业生提供一些实习岗位；对于表现优秀的实习生，将作为下一步正式录用的备选人才，可以将一些优秀毕业生提前纳入人才储备库	1. 企业能够提前了解应届毕业生的个性特点及工作表现 2. 实习生对企业和工作有提前的了解，正式工作后能够很快上手

11.1.3 选择学校的考虑因素

企业在进行校园招聘时，目标学校的选择是招聘工作最基础的环节。企业在选择学校时需要综合考虑以下七个方面的因素，从而提高招聘效率，减少人力、物力、财力等方面不必要的资源浪费。具体内容如图 11-3 所示。

11.1.4 校园招聘关注的问题

校园招聘具有特殊性，相对于社会招聘来说，企业需要重点注意以下问题，以达到预期的招聘效果，具体如图 11-4 所示。

1	◎ 学校地理位置与企业所在地之间的距离
2	◎ 学校在本企业关键技术领域的学术水平和师资水平
3	◎ 符合本企业所需专业的毕业生人数
4	◎ 该校往届毕业生在本企业的业绩和工作情况
5	◎ 该校毕业生过去录用数量与实际报到数量的比率
6	◎ 该校就业指导课程的开设情况
7	◎ 该校学生在校期间与本专业相关的工作实习情况

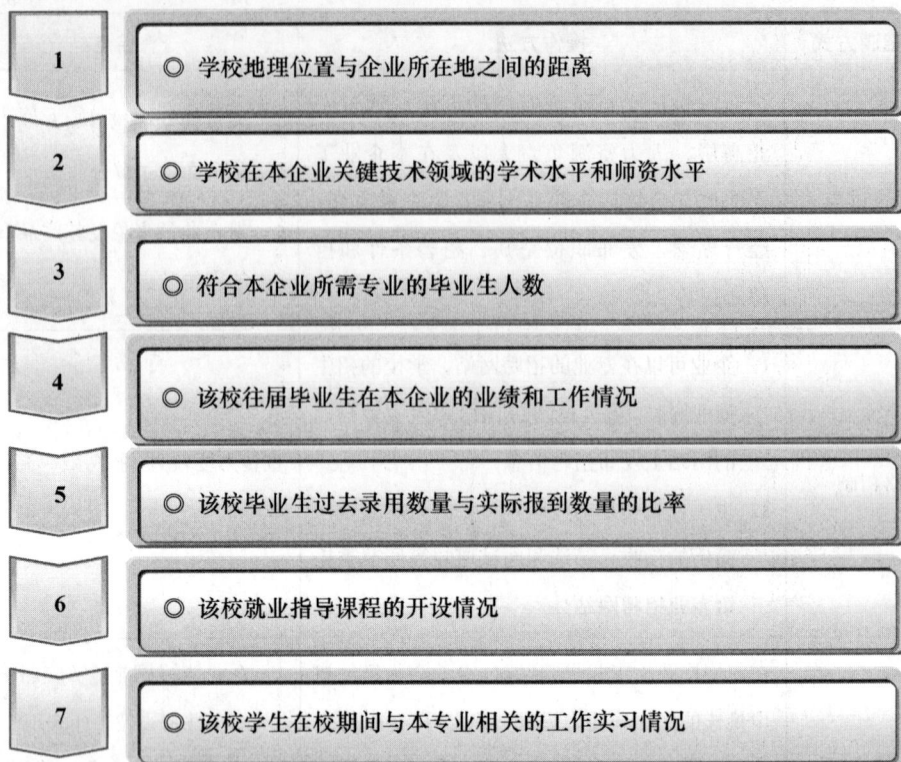

图 11-3　选择学校的考虑因素

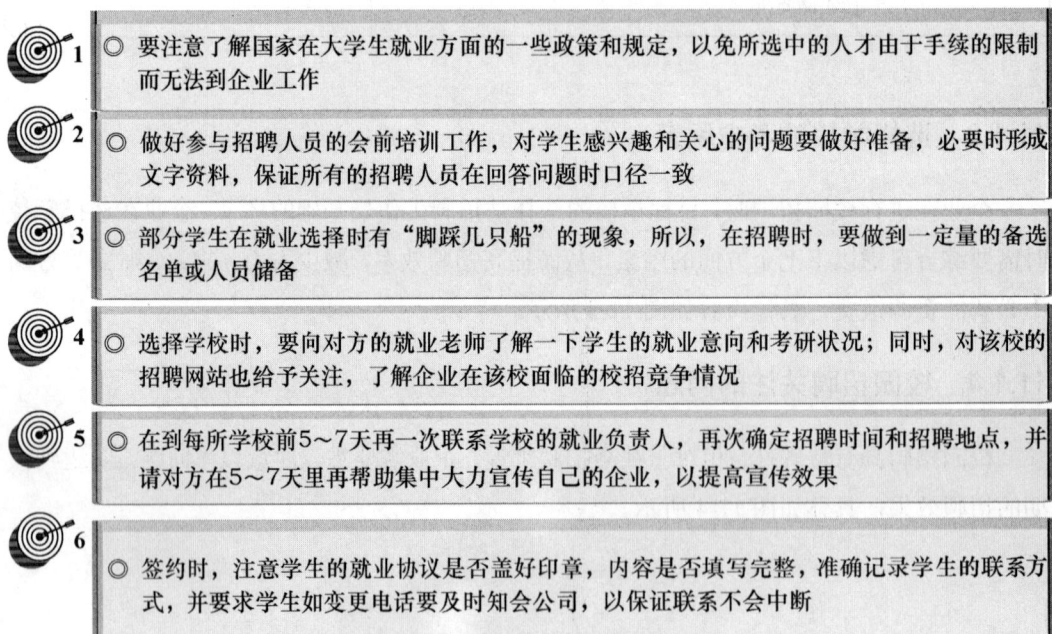

1	◎ 要注意了解国家在大学生就业方面的一些政策和规定，以免所选中的人才由于手续的限制而无法到企业工作
2	◎ 做好参与招聘人员的会前培训工作，对学生感兴趣和关心的问题要做好准备，必要时形成文字资料，保证所有的招聘人员在回答问题时口径一致
3	◎ 部分学生在就业选择时有"脚踩几只船"的现象，所以，在招聘时，要做到一定量的备选名单或人员储备
4	◎ 选择学校时，要向对方的就业老师了解一下学生的就业意向和考研状况；同时，对该校的招聘网站也给予关注，了解企业在该校面临的校招竞争情况
5	◎ 在到每所学校前5～7天再一次联系学校的就业负责人，再次确定招聘时间和招聘地点，并请对方在5～7天里再帮助集中大力宣传自己的企业，以提高宣传效果
6	◎ 签约时，注意学生的就业协议是否盖好印章，内容是否填写完整，准确记录学生的联系方式，并要求学生如变更电话要及时知会公司，以保证联系不会中断

图 11-4　校园招聘关注的问题

11.2 校园招聘的流程

为了保证校园招聘的有效实施，企业在进行校园招聘之前，要做好充分的准备，并按照校园招聘的流程开展各项工作，其具体流程如图 11-5 所示。

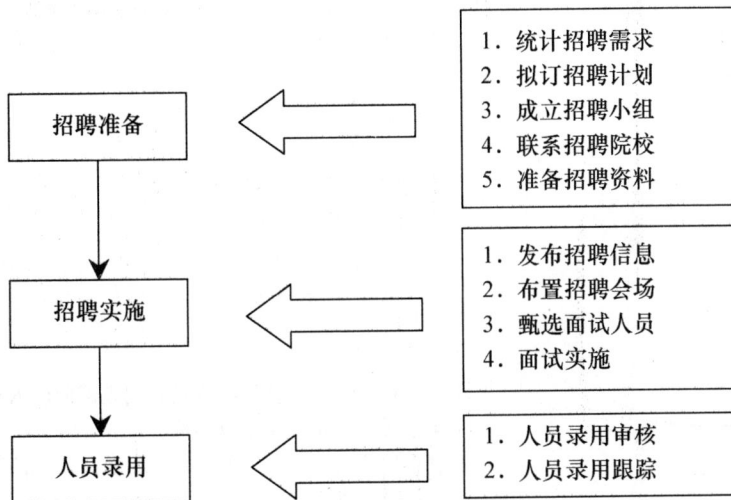

图 11-5 校园招聘流程图

11.2.1 校园招聘准备工作

在深入了解了校园招聘的特点和方式、综合考虑了企业的发展现状及岗位需求情况后，企业应做好开展校园招聘的具体准备工作，具体内容如图 11-6 所示。

11.2.2 校园招聘考题准备

校园招聘的考题侧重于对基础知识和素质能力的测试，一般包括两个层次，即一般知识和能力以及专业知识和能力。一般知识和能力包括一个人的社会文化知识、智商、语言理解能力、数字才能、推理能力、推理速度和记忆能力等。专业知识和能力是指与应聘岗位相关的知识和能力，如财务会计知识、管理知识、人际关系能力等。

根据招聘考题的实现方式划分，考题可以分为笔试题和面谈时需提问的问题。企业进行校园招聘时，可以根据招聘岗位的需求准备考题，主要测试学生的知识面、应变能力、素质和潜力；对于社会阅历、工作经验、领导能力等，可以不做重点考察。以下是一些经典的校园招聘面试考题，如图 11-7 所示。

统计招聘需求
- 各部门根据用人需要填写"人员需求申请表"，报总经理批准后，交由人力资源部备案复核
- 人力资源部统计公司人员需求，由总经理批示，做出校园招聘决策

拟订招聘计划
- 人员需求清单
- 招聘信息发布的渠道
- 招聘工作人员的安排
- 招聘费用的预算
- 招聘时间的安排

成立招聘小组
- 小组成员：由人力资源部人员、用人部门的人员、了解学校的人员三个部分组成
- 招聘小组成员要求：形象职业、态度真诚、职责明确、分工合理
- 对招聘小组进行培训或召开沟通会议

联系招聘院校
- 提前一周与招聘院校就业指导中心取得联系，确定举办校园招聘的相关事宜
- 委托校方在校园就业网站上发布公司的招聘信息，或与相关学院、专业取得联系，直接宣传公司的招聘信息

准备招聘资料
- 招聘简章、公司宣传资料、"人员招聘申请表"、"面试成绩评定表"、面试准备的问题及笔试试卷、公司营业执照复印件及其他相关证明

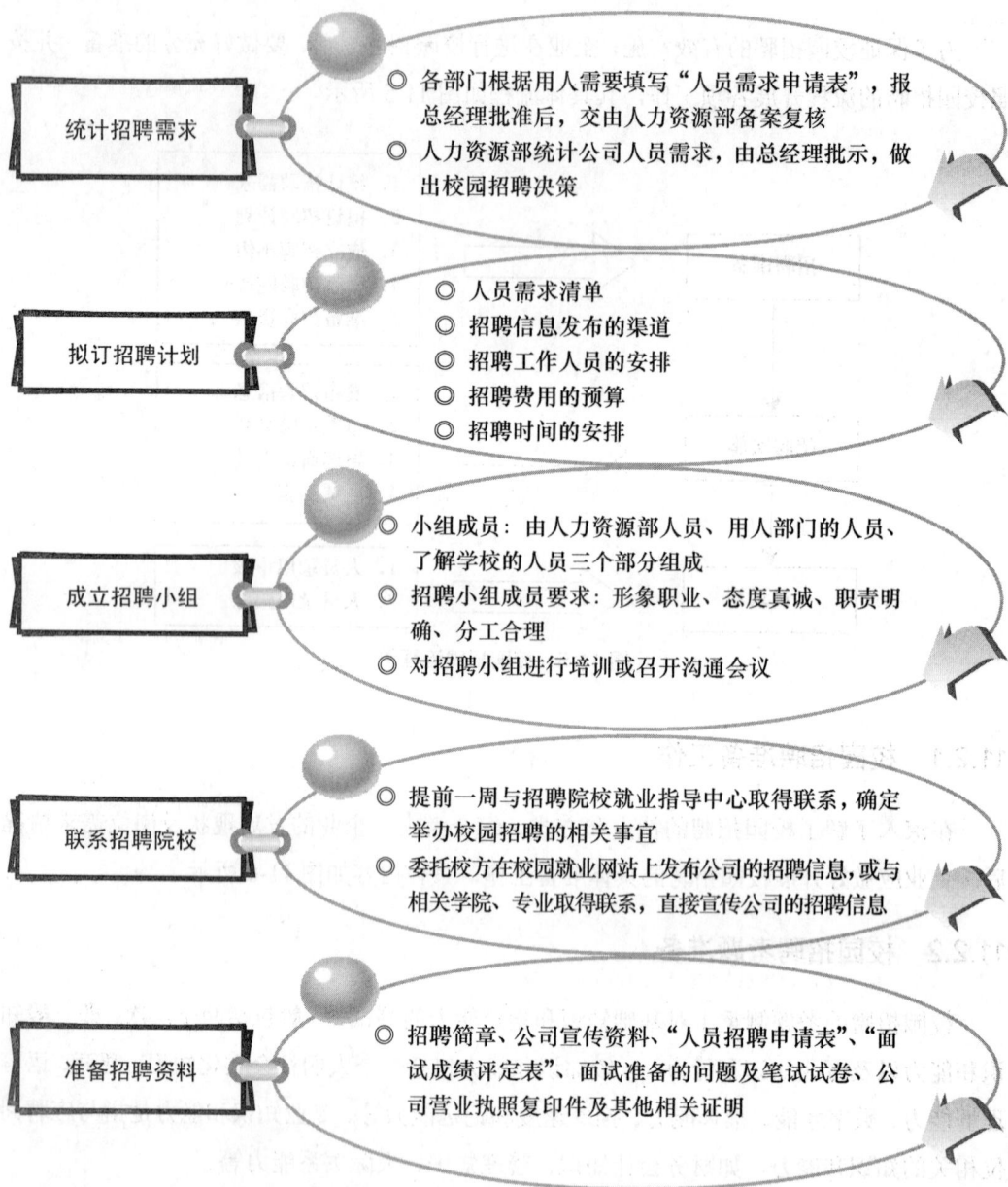

图 11-6 校园招聘的准备工作

题1	你最喜欢的格言是什么？它给了你什么样的人生启迪
题2	你的课余时间怎么安排
题3	你喜欢的休闲活动是什么？为什么喜欢
题4	你最崇敬的人是谁？为什么
题5	你参加过社会实践吗？如果参加过，你学到了什么；如果没参加过，原因是什么
题6	你在校所学过的课程里，最喜欢的是哪一门？为什么
题7	你觉得自己的学习能力强吗？你的实际学习能力和学习成绩一致吗
题8	你是班干部吗？如果不是，那你觉得你适合当班干部吗？为什么
题9	你最满意的事是什么
题10	你最受挫折的事是什么？是如何解决的

图 11-7　校园招聘面试考题

11.2.3　校园招聘考核评价

校园招聘小组应针对招聘岗位的信息提前制定统一的考核评价标准，根据明确的考核评分和录用标准从应聘者中选拔合适的人才，达到良好的招聘效果。

下面介绍校园招聘的一般考核评价标准，供读者参考，如表 11-2 所示。

表 11-2　校园招聘面试考核评价标准

考核项目	评价标准	计分
举止仪表	个人外貌形体较差，穿着修饰凌乱、不得体	1
	个人外貌形体一般，穿着修饰整齐但不得体	2
	个人外貌形体一般，穿着修饰整齐、得体，举止符合礼节	3
	个人外貌形体良好，穿着修饰整齐、得体，举止符合礼节，言语文雅、礼貌	4
	个人外貌形体优秀，穿着修饰整齐、得体，举止符合礼节，言语文雅、礼貌，对面试官讲话真诚、关注	5

（续表）

考核项目	评价标准	计分
言语理解表达能力	理解他人意思，口齿清晰、流畅	1
	言语表达前后连续一贯，主题语言简洁明了	2
	表达内容有条理，逻辑层次表达清楚	3
	用词准确、恰当、有分寸	4
	运用各种修辞手法生动、形象地说明情况，有说服力	5
工作动机匹配性	个人求职的意向模糊，对个人发展没有考虑	1
	个人求职的意向清楚，对个人发展有一定的考虑，个人期望同企业情况在一定程度上相符	2
	个人求职的意向清楚，对个人发展有全面的考虑，对企业基本了解，个人期望同企业的情况基本符合	3
	个人求职的意向清楚，对个人发展有全面、切合实际的考虑，对企业较为了解，个人期望同企业情况较为符合	4
	个人求职的意向强烈，对个人发展有全面、切合实际的考虑，对企业有深入的了解，个人期望同企业情况完全符合	5
人际关系适应能力	以自我为中心，在沟通协调过程中扮演被动角色	1
	理解组织成员之间的各种关系，积极、主动地表达个人意见	2
	耐心地倾听组织成员的意见，并从他人立场上去考虑问题，理解对方的意见，体会他人的感受	3
	了解沟通对象的个性特征，并有针对性地通过各种方式将组织中各种信息有效地进行传递	4
	充分把握人际关系原则性和灵活性结合的尺度，在双赢的情况下达成目标	5
分析判断能力	分解、罗列问题：把问题分解成一系列简单的任务和事件，未考虑其相对重要性。虽罗列所有项目，但没有指明特定顺序或轻重缓急	2
分析判断能力	理解基本关系：将问题分解为简单关联的若干部分，认识到简单直接的因果关系。进行是非分明的选择，识别事情正反两方面的因果关系	3
	理解多重关系：将问题或事物分解成相互关联的若干部分，建立多重因果关系。识别造成某种问题或现象的若干可能的原因，认识到某项行动或决定的多个可能的后果，并识别事件间的复杂因果链	4

（续表）

考核项目	评价标准	计分
分析判断能力	制订复杂计划或进行综合分析：运用若干演义思维的方法把复杂的问题分解成各个部分，进行分析判断，明确各部分之间的因果关系。能将问题从表象到核心进行逐层分解。进行复杂的计划或分析，运用多种分析技能对多种解决方案进行判断和选择，并权衡其相对价值	5
团队合作能力	合作：支持群体的决定并做好自己分内的事，同团队中的其他人保持良好的沟通，及时告知其他成员最新的信息并分享有价值的信息	1
	积极：对团队及其他成员的能力和贡献持积极和尊重的态度，不论是直接面对还是有第三者在场，均能用积极的口吻评价团队成员	2
	虚心求教：真心尊重别人的意见和专业知识，愿意向别人学习并能真诚地征求他人的意见和建议	3
	鼓励同伴：公开赞扬做出成绩的团队成员，让团队其他成员有自信并体会到自己在团队中的重要性	4
	增强团队凝聚力：不受个人好恶影响，采取多种行动保持良好的工作关系并增强团队凝聚力，通过鼓励或双赢的解决方法化解团队中的冲突	5
应变能力	反应迟钝，言语表达一般，回答问题较差	1
	反应速度一般，言语表达尚可，能够回答问题	2
	反应速度较快，能够对问题做出一般性的分析、回答	3
	反应速度迅速，能够对问题做出迅速、简洁、准确的回答	4
	反应速度迅速，能够对问题做出迅速、简洁、准确的回答，能够妥善解决突发事件并镇静处理	5
进取心及学习能力	个人进取心较差，对个人发展没有考虑，没有读过任何书籍	1
	个人进取心良好，对个人发展有一定的考虑，能够阅读一些书籍	2
	个人进取心良好，对个人发展有全面的考虑，能够阅读一些书籍	3
	个人进取心较强，对个人发展有全面、切合实际的考虑，广泛阅读各类书籍，所读书籍与职业生涯发展方向基本匹配	4
	个人进取心强烈，对个人发展有全面、切合实际的考虑，广泛阅读各类书籍，所读书籍与职业生涯发展方向完全匹配，能够参加一些课余辅导班	5

11.2.4 编写校园招聘记录表

在进行校园招聘面试时，招聘者将通过提问等形式得到应聘者的相关信息，对此要做专门记录，因此，在面试前需编制校园招聘记录表，以便于统一记录、进行比较。

编写校园招聘记录表中的各个项目时，应将所准备提问的要点和企业需要获取的应聘者的有关信息作为参考。校园招聘记录表的内容包括两个部分：一是应聘者的基本信息，如姓名、专业、成绩等；二是招聘者通过面试后，经考察分析得到的应聘者所具备的能力情况。以下是一张校园招聘记录表的实例，供读者参考，如表11-3所示。

表 11-3 校园招聘记录表

姓名		性别		时间				
学校		专业		学位				
申请岗位		工作地点						
考察因素				**评分**				
仪表言谈	外表、衣着、言谈举止、语调、音色			1	2	3	4	5
态度	向上、合作、活跃			1	2	3	4	5
沟通技巧	诚恳、机智、说服力、印象深刻			1	2	3	4	5
应变能力	迅速反应能力、洞察力、推理能力			1	2	3	4	5
执行能力	从容不迫、有条不紊、表现突出			1	2	3	4	5
领导能力	自信、负责任、讲求效果、能够把握分寸			1	2	3	4	5
独立性	独立思考能力、情感成熟、影响他人			1	2	3	4	5
团队合作	积极、合作、团队凝聚力			1	2	3	4	5
激励方向	兴趣与岗位符合、进取型、激励可能性			1	2	3	4	5
教育	所学的课程与工作的配合程度			1	2	3	4	5
总评得分								
考官签字			日期					

11.3　校园招聘实施方案实例

11.3.1　校园招聘海报设计

校园招聘海报的设计必须有相当的号召力与感染力，要调动形象、色彩、构图、文字等因素形成强烈的视觉效果；应力求文字简练、设计新颖，还必须与公司独特的企业文化相融合。

招聘海报在设计时需考虑以下问题：这张海报的目的是什么、目标受众是谁、目标受众的接受方式怎么样、其他同行业的招聘海报怎么样、此海报体现了公司人力资源的什么策略、海报的创意点在哪里、招聘海报怎样与企业文化相结合。

招聘海报的设计要素如图 11-8 所示。

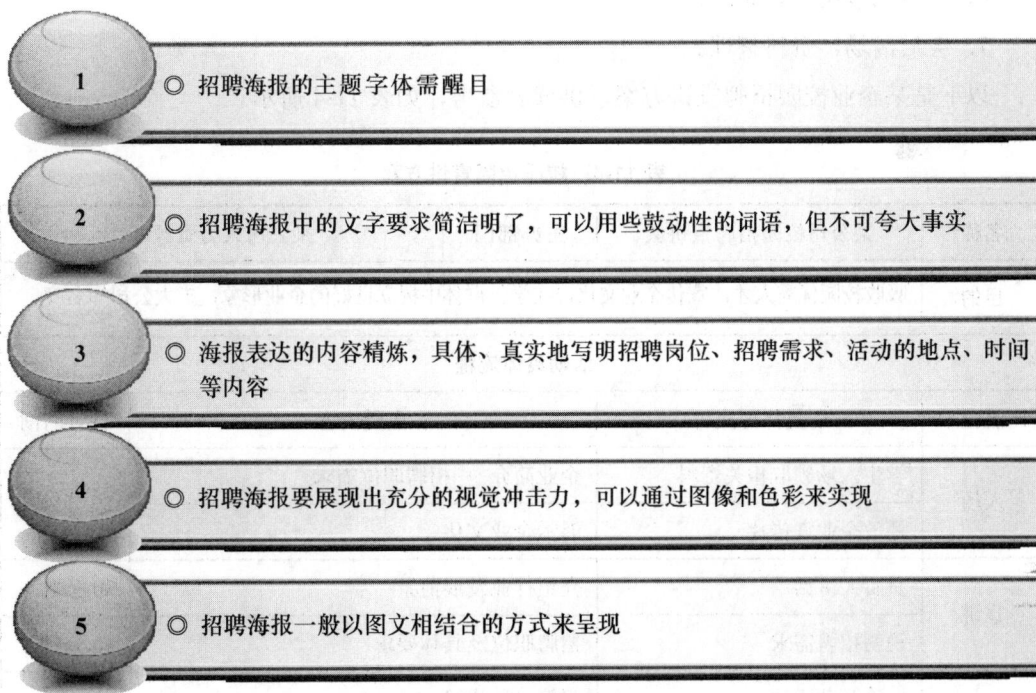

1	◎ 招聘海报的主题字体需醒目
2	◎ 招聘海报中的文字要求简洁明了，可以用些鼓动性的词语，但不可夸大事实
3	◎ 海报表达的内容精炼，具体、真实地写明招聘岗位、招聘需求、活动的地点、时间等内容
4	◎ 招聘海报要展现出充分的视觉冲击力，可以通过图像和色彩来实现
5	◎ 招聘海报一般以图文相结合的方式来呈现

图 11-8　招聘海报的设计要素

有效的宣传对招聘会的宣传有很大的帮助，招聘海报设计完毕后，在校园宣讲会开始前 3～5 天即可开始海报宣传工作。海报的张贴可以由学校来安排，企业按片区分责任人来协助、检查。海报的宣传要覆盖到学校宿舍楼、食堂、图书馆、教学楼、活动中心、自习室等学生集中的地方来吸引应聘者的注意。

11.3.2　校园招聘宣讲设计

宣讲会不仅是校园招聘取得良好效果的关键,更是一次企业形象展示和企业文化传播的机会。企业应提前安排好宣讲会的具体流程,以便校园招聘会高效、有序地进行。一场完整的宣讲会应包括以下流程。

1. 提前半小时做好一切准备,用多媒体设备播放公司的宣传片。学生入场时,发放公司的宣传资料。

2. 主持人准时致欢迎词,介绍到场的招聘组成员,告知宣讲会的流程和时长。

3. 招聘组人员发言(介绍公司概况、招聘岗位和应聘要求、员工文化生活等)。

4. 互动环节(学生现场提问、做游戏等)。

5. 现场收取简历,同时告知网络投递简历的方式,如有必要,可现场进行简单的面试。

6. 主持人致谢,宣布结束。

7. 会后清场,资料整理。

以下是某企业校园招聘宣讲方案,供读者参考,如表 11-4 所示。

表 11-4　校园招聘宣讲方案

名称	某公司校园招聘宣讲会	主办部门	某公司人力资源部		
目的	吸收校园优秀人才,宣传企业文化,在学生群体中树立良好的企业形象,扩大公司知名度				
活动具体流程					
流程	具体形式		主要内容		预计时间
入场	学生入场领取相关资料		企业简介 + 招聘职位需求		20 分钟
	播放企业宣传片		展示企业文化		
宣讲	负责人讲话		介绍行业发展前景		30 分钟
	说明招聘需求		招聘职位及具体要求		40 分钟
报名	中途互动活动		问答、游戏等		30 分钟
	发放礼品		赠送礼品		
	现场咨询、提交登记表和简历		回答应聘者问题,接受登记表和简历的提交		
总计	2 小时				

11.3.3　某企业校园招聘实施方案

校园招聘实施方案可以对校园招聘的工作内容、目标要求、实施的步骤以及领导保证、督促检查等各个环节做出具体、明确的安排，它是招聘工作的行动指南。

企业实施校园招聘前，应提前制定招聘实施方案，确定招聘岗位、人数、费用、学校等。以下是某企业的校园招聘实施方案，供读者参考。

方案名称	校园招聘实施方案	执行部门	
		监督部门	

一、总则

1. 目的

招聘一批具有专业知识技术的人才，充实公司专业人才队伍，提高公司整体人员的综合素质，为今后公司的发展储备一定的人力资源，以适应企业长远发展的需要。

2. 标准

创新的思维，务实的作风，优秀的团队合作精神，较强的环境适应能力。

3. 原则

（1）公平、公正、客观。

（2）统一招聘、内部协调。

二、招聘计划的制订

根据企业需要招聘的对象、企业自身的规模和企业发展阶段等实际情况，制订详细的招聘计划表。

某企业校园招聘计划表

学校	专业	学历	计划招聘人数	时间
____大学	____专业	硕士	10人	__月__日至__月__日
____大学	____专业	本科及以上	5人	__月__日至__月__日
____大学	____专业	本科及以上	10人	__月__日至__月__日
____大学	____专业	本科及以上	15人	__月__日至__月__日

三、招聘实施

1. 招聘的准备

（1）相关资料的准备

介绍公司概况的文件，岗位需求资料，营业执照，相关设备、仪器的准备，以及宣传工具、面试试题、人员测评工具的准备等。

（续）

（2）招聘小组人员的确定

参加此次校园招聘的工作人员由四个部分组成：公司高层领导、用人部门的主要负责人、人力资源部经理、具有校友身份的员工。

（3）校园招聘前期的宣传

主要包括与学校的沟通、企业招聘事宜的宣传两大项工作。企业招聘事宜的宣传途径可以是通过校园网站、企业网站发布公司的招聘信息，或直接派人发放相关的资料等。

2. 招聘的实施

（1）校园宣讲

根据事先安排好的时间、地点，由公司的总经理或者相关高级经理在校园招聘会的现场进行演讲。演讲的内容主要包括公司的发展情况、企业文化、薪资福利、用人政策、大学生在企业的发展机会、校园招聘工作的流程、时间安排等。

（2）双方的沟通与相关资料的收集

求职者根据企业前期的宣传或通过其他方式对企业有一个初步的了解后，结合企业招聘的要求及自身的情况，向企业的招聘工作负责人提交个人简历及其他相关资料。同时，求职者与招聘工作负责人在现场就招聘的相关事宜进行沟通。

（3）人员筛选

人员筛选主要分为以下三个环节。

① 简历筛选

公司对求职者应聘资料的收集主要有两种渠道：一是校园招聘会上收集的信息，二是求职者网上提交的求职资料。

招聘小组通过分析求职者的简历结构、简历中的客观内容、简历中的逻辑性、简历所体现的价值取向及部分行为特征等，对求职者的简历进行初步筛选。经过筛选后，保留计划招聘人数的____%进入第二轮测试。

② 笔试

人力资源部工作人员通知初步挑选合格的人员进行第二轮的测试——笔试。

笔试主要是对求职者进行专业能力测试和综合素质测试，其时间为____分钟。测试后，保留计划招聘人数的____%进入第三轮面试。

③ 面试

公司的面试分为三个环节：初试、复试、第三轮面试。

对于笔试合格的人员，初试采取集体面试的方式进行，时间为____～____分钟。其实施程序如下图所示。

（续）

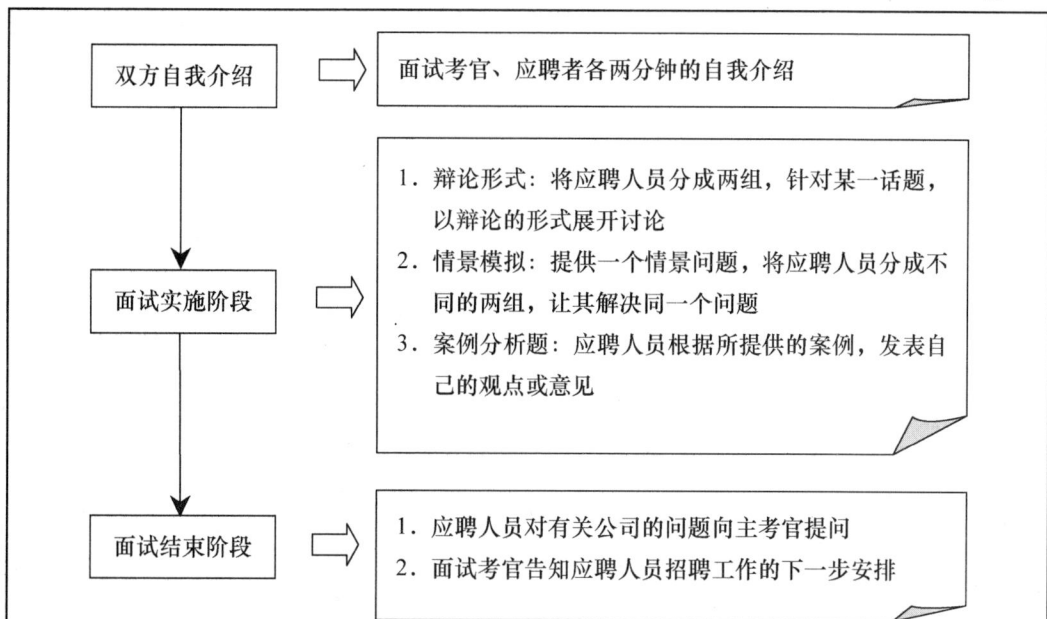

1. 辩论形式：将应聘人员分成两组，针对某一话题，以辩论的形式展开讨论
2. 情景模拟：提供一个情景问题，将应聘人员分成不同的两组，让其解决同一个问题
3. 案例分析题：应聘人员根据所提供的案例，发表自己的观点或意见

双方自我介绍 ⇒ 面试考官、应聘者各两分钟的自我介绍

面试结束阶段 ⇒
1. 应聘人员对有关公司的问题向主考官提问
2. 面试考官告知应聘人员招聘工作的下一步安排

初试进程图

根据应聘人员在初试中的表现，经过筛选后，保留计划招聘人数的____%进入复试。

复试主要采用结构化面试的方式进行，时间为____分钟左右。面试主要考察应聘者的求职动机、思维的逻辑性、言语表达能力、应变能力、团队合作能力五个方面。

进入第三轮面试的人员数量大致为计划招聘人数的____%，第三轮面试由人力资源部经理、用人部门经理、公司高层领导三人组成。

四、人员录用

根据应聘者以上五轮的考核表现，确认录用人选并报总经理审核，人力资源部根据审核后的结果及时通知相关应聘人员，并签订"全国普通高等学校毕业生就业协议书"；对于未被公司录用的人员，也应及时委婉地告知，并向他们表示感谢。

五、招聘的后续工作

招聘的后续工作主要包括以下五件事情。

1. 新员工报到：被公司录用的人员请携带____资料于__月__日到公司报到。
2. 新员工引领：熟悉工作环境、安排工位、发放相关物品等。
3. 招聘工作总结与评估。
4. 新员工入职培训和上岗培训。
5. 签订劳动合同并进行试用期考核。

编制人员		审核人员		批准人员	
编制日期		审核日期		批准日期	

第 12 章　如何办理新员工入职手续

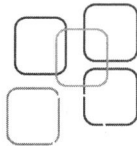

确定被公司录用的员工在接到录用通知后，应携带相关的资料（毕业证、身份证、简历、照片等）准时到公司报到，由人力资源部工作人员为其办理入职手续。

12.1　候选人背景调查

为保证应聘者所提交资料的真实性，人力资源部工作人员应对候选人所提交的身份证明、学历证书等进行多渠道、多角度的调查。

12.1.1　身份证明查验

在办理新员工入职时，企业人力资源部门须要求候选人提供其身份证、工作证明、学历证书、职业资格证书等复印件，以及 1 寸免冠照片、个人档案和社会保险等相关材料。

人力资源部接收到候选人的相关证件后应仔细查验，避免出现身份不符或虚假证件等情况。另外，应提醒员工，如果提交材料中的信息有所更改，应及时告知人力资源部，以保证员工和企业双方的利益。

12.1.2　假文凭的识别

企业在查验候选人材料时，最关心的就是候选人文凭的真假，那么 HR 如何能够辨别文凭的真假呢，具体方法可参照图 12-1 所示。

1. 观察法

通过肉眼观察，与真文凭进行对比来识别假文凭。有些假文凭做工比较低劣，比如纸质硬度不够、没有水印、学校公章模糊、钢印不清等，都可以用肉眼来识别。

2. 提问法

通过对应聘者的学识、常识和能力的提问来鉴别文凭的真假是最有效的方法。根据文凭中的专业，面试人员可以提一些专业性的问题，这些问题有的可能非常肤浅，有的甚至是错误的，通过应聘者对问题的反应就可以初步判断文凭的真伪。

3. 核实法

通过观察法和提问法都无法确定文凭的真伪时，可以采用核实法。面试人员可以与文凭所在学校的学籍管理部门取得联系，让他们协助调查该文凭的真伪。一般而言，学校都能积极地进行协助。核实法虽然比较复杂，但准确率可以达到100%。

4. 网络查询法

现在大多数高等院校的学历证书及社会上的职称考试证书等均可在网络上查询，通过输入相关证件、证书的号码即可确定证件的真伪。

图 12-1　识别假文凭的方法

12.1.3　背景调查时机把握

企业在做员工背景调查时要把握好时机，最好选择在确定录用人选和拟录用人员上岗前的间隙进行员工背景调查。调查时间过早，会浪费招聘人员的精力；时间过晚，则会引起不必要的用工麻烦。

另外，背景调查应注意以下三点。

1. 对应聘者所提交资料的真实性应多渠道、多角度地进行调查，切忌轻信一面之词。

2. 若应聘者还未离职，对应聘者所在企业进行调查时应注意技巧和方式。

3. 调查要有针对性，应明确调查与工作相关的信息，并以书面形式记录、保存下来，作为将来录用或辞退员工的依据。

12.1.4　背景调查表的设计示例

人力资源部门在实施背景调查前，应根据新录用员工的不同职位与具体情况设计适合的问题，做好充分的准备。以下是某公司的背景调查样表，供读者参考。

被调查人		应聘职位		调查时间	
工作经历调查					
调查公司		联系人		联系方式	

您好！我想证实一下贵公司前任员工____先生/女士提供的信息，他（她）正在申请到我公司工作，希望贵公司能配合我们的工作。

1. 他（她）在贵公司的工作时间是从什么时间至什么时间

2. 他（她）在贵公司担任何种职务，主要工作职责有哪些

3. 他（她）在工作期间表现如何

4. 他（她）在工作期间与同事和上司关系如何，有过相关奖惩吗

5. 他（她）工作期间的薪水

6. 他（她）离职的原因是什么

7. 如果从整体表现上给他（她）打分，10 分为满分，贵公司会给他（她）打几分

非常感谢您的配合，您还有其他情况要补充吗

学习经历调查					
调查学校		联系人		联系方式	

您好！我想证实一下贵校毕业生____先生/女士提供的信息，他（她）正在申请到我公司工作，希望您能配合我们的工作。

（续）

1. 他（她）是哪一年入学，学习什么专业	
2. 他（她）在学校期间表现如何，学习成绩如何	
3. 他（她）在学校期间与同学和老师的关系怎么样	
4. 他（她）担任过何种职责，奖惩如何	
5. 他（她）最突出的优点是什么	
非常感谢您的配合，您还有其他情况要补充吗	

毕业证及身份证核实					
毕业证	□属实	□ 不属实	身份证	□属实	□ 不属实
调查人员：			调查时间：__月__日		

12.2　新员工入职体检

为了保证员工的身体健康，以便更好地工作，新员工在正式投入工作之前，需要进行身体健康检查。企业可通知员工在入职时提交医院出具的体检报告，或安排员工自行到指定医疗机构进行入职体检。当然，如果企业有条件和规定，人力资源部应根据规定统一组织新员工体检。

12.2.1　员工体检机构的选择

如果企业统一组织新员工体检，或安排新员工到指定医院进行入职体检，那么体检机构的选择就尤为重要，选择合格的体检机构是对员工的身体健康负责。企业在选择时，需要综合考虑多方面的因素，具体考虑因素如图12-2所示。

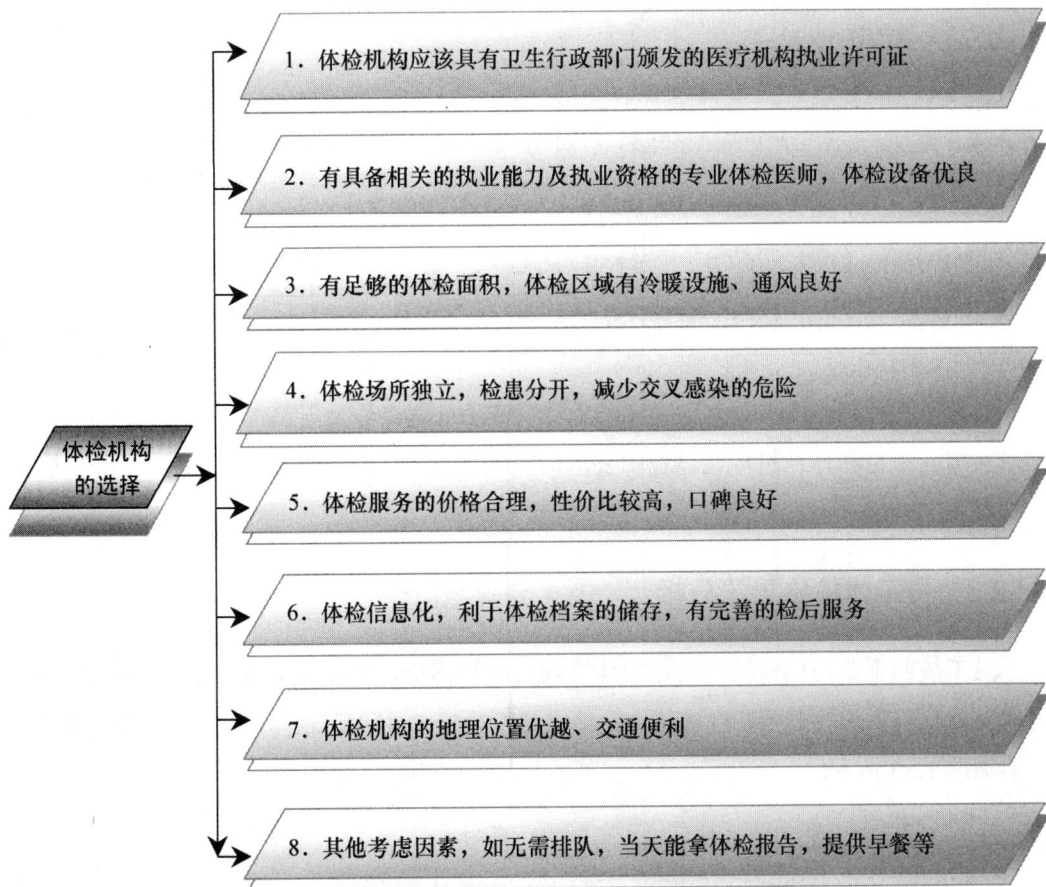

图 12-2　选择体检机构时的考虑因素

12.2.2　员工体检项目的选择

在确定好体检机构之后，具体的体检项目由企业根据体检目的自行确定，旨在通过体检保证入职员工的身体状况适合从事该专业工作，不会因其身体原因影响他人。一般来说，入职体检项目包括以下七个方面，如表 12-1 所示。

表 12-1　入职体检的一般项目

体检项目	检测内容
一般检查	身高、体重、血压、肺活量
血常规	对全身健康情况做出分析，可以发现贫血，炎症，止血异常，血液病，肝、脾的病变以及临时性感染
肝功能	主要检查谷丙转氨酶和谷草转氨酶两项

（续表）

体检项目	检测内容
心电图	对心脏功能进行检查，可以筛选心律不齐、心肌缺血等疾病
胸部透视	也就是常说的 X 光检查，主要是对肺部的健康状况进行检查
内科检查	医生进行按压、听诊检查，对心、肝、肺、脾、肾、胆囊进行系统检查
外科检查	医生通过看、触摸检查皮肤、脊椎等是否有病变

必须注意的是，目前国家已明确禁止将携带乙肝病毒作为限制入学、就业的条件，全面禁止用人单位和体检机构在体检中要求两对半项目（即乙肝五项）检查，只要肝功能正常即可。

12.2.3　员工体检结果的分析

员工按照企业与体检机构约定的体检项目参加体检，企业在拿到员工的体检报告后，可以对体检结果进行分析，查看其体检结果是否合格。通常情况下，体检项目的结果分析内容如图 12-3 所示。

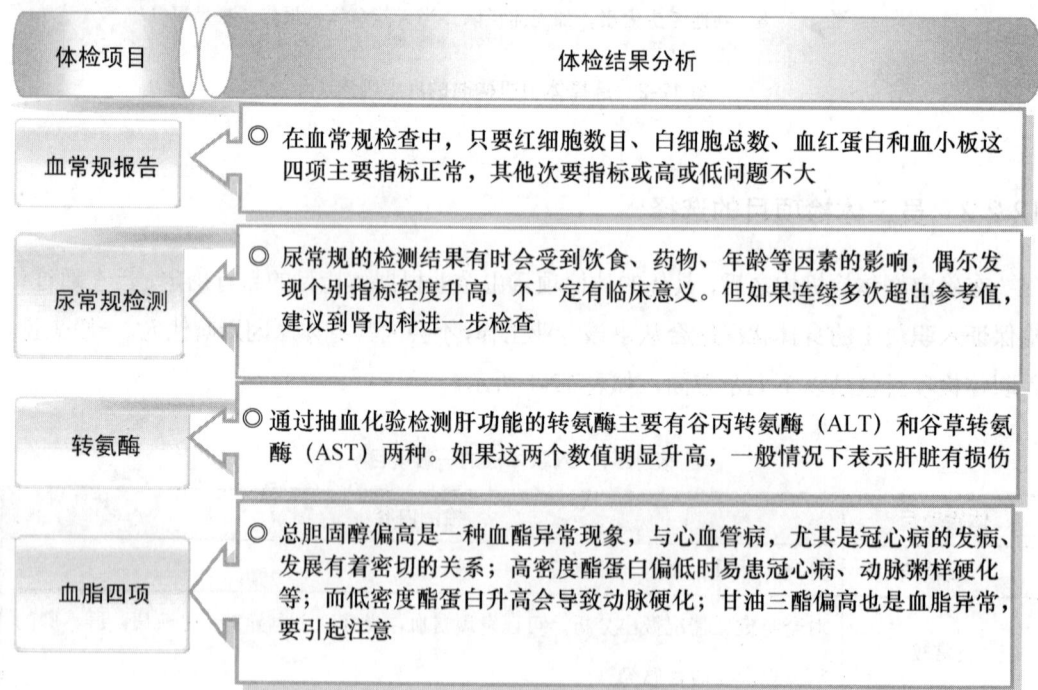

体检项目	体检结果分析
血常规报告	在血常规检查中，只要红细胞数目、白细胞总数、血红蛋白和血小板这四项主要指标正常，其他次要指标或高或低问题不大
尿常规检测	尿常规的检测结果有时会受到饮食、药物、年龄等因素的影响，偶尔发现个别指标轻度升高，不一定有临床意义。但如果连续多次超出参考值，建议到肾内科进一步检查
转氨酶	通过抽血化验检测肝功能的转氨酶主要有谷丙转氨酶（ALT）和谷草转氨酶（AST）两种。如果这两个数值明显升高，一般情况下表示肝脏有损伤
血脂四项	总胆固醇偏高是一种血脂异常现象，与心血管病，尤其是冠心病的发病、发展有着密切的关系；高密度酯蛋白偏低时易患冠心病、动脉粥样硬化等；而低密度酯蛋白升高会导致动脉硬化；甘油三酯偏高也是血脂异常，要引起注意

图 12-3　一般体检项目结果分析

T波	◎ 心电图T波改变的原因很多，睡眠不好、压力大等非心脏因素也会引起T波改变。多数T波轻微改变是无意义的，但如果T波显著增高，则可能是心肌梗塞早期或高钾血症；如果T波低平或倒置，多见于心肌劳损、心肌缺血、低钾血症
窦性心律	◎ 窦性心律不齐是指心律随呼吸出现周期变动，吸气时心率增快、呼气时心律减慢，屏气或活动后心律不齐现象消失。窦性心律不齐一般无重要临床意义，不必过虑

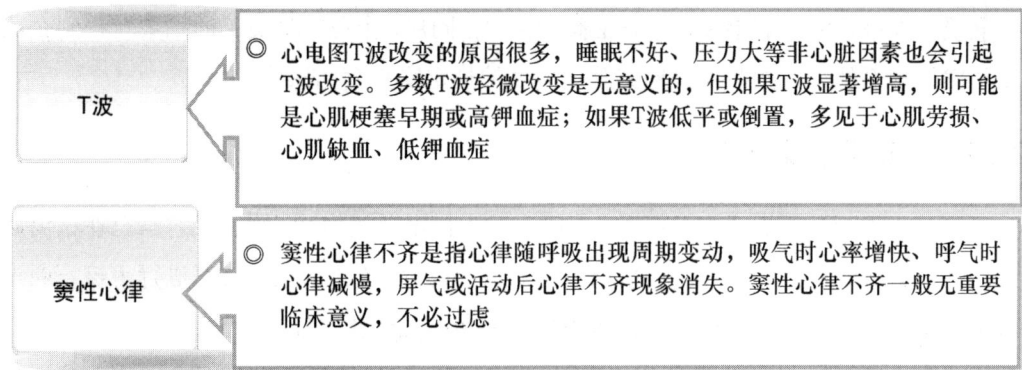

图 12-3　一般体检项目结果分析（续）

12.3　员工资料存档与信息管理

员工资料存档与信息管理能记录员工个人成长、思想发展的历史，能展现员工家庭情况、专业情况、个人在工作中的情况（岗位异动、薪酬调整、奖惩说明等）等各个方面的内容。总之，员工档案是员工个人信息的储存库，它概括地反映了员工个人全貌。

12.3.1　入职手续及存档

确定被公司录用的员工在接到录用通知后，应准时到公司报到，并携带身份证、工作证明、学历证书、职业资格证书等复印件，以及 1 寸免冠照片、个人档案和社会保险等相关材料办理员工入职手续。主要入职手续如图 12-4 所示。

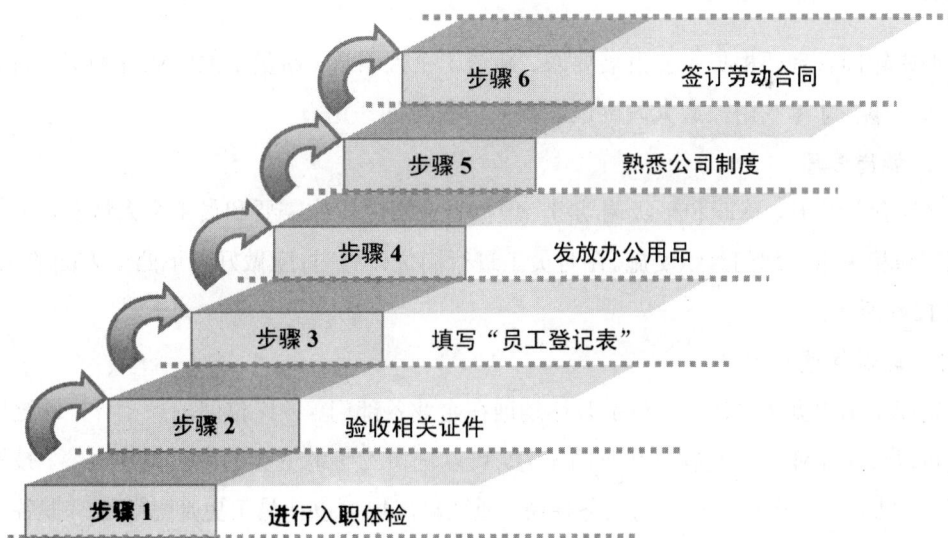

步骤 6	签订劳动合同
步骤 5	熟悉公司制度
步骤 4	发放办公用品
步骤 3	填写"员工登记表"
步骤 2	验收相关证件
步骤 1	进行入职体检

图 12-4　员工入职手续

新员工在办理完入职手续，与企业签订劳动合同后，企业应将员工的档案转移到企业人事档案管理系统中，按照人事档案管理制度的规定妥善存档保管。

12.3.2　转正手续及存档

新员工工作满试用期或实习期时，一般由员工提出转正申请（附员工对自己在试用期内的工作自评），其直接领导对其进行评估，部门和人力资源部主管对其进行审核。通过考核的员工可转为企业正式员工，由人力资源专员办理转正手续。

人事档案可以按文件的名称和内容进行归类，按拼音或姓氏笔画等进行编号，整理归档，便于查阅管理，人事档案包括的主要材料如图 12-5 所示。

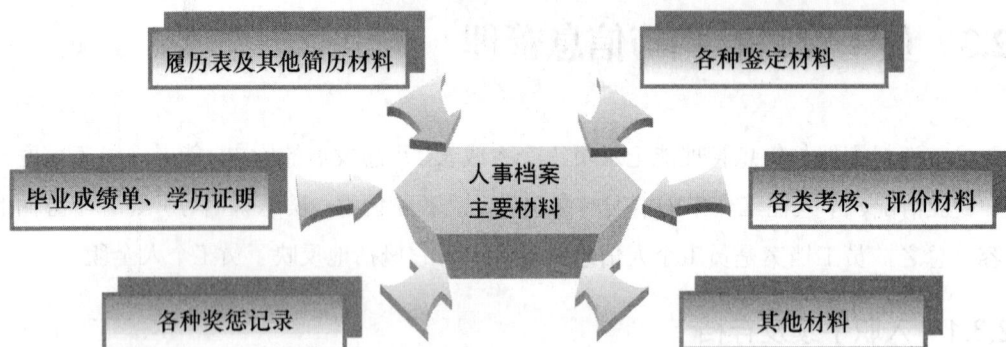

图 12-5　人事档案主要材料

12.3.3　调岗轮岗管理

调岗轮岗管理要根据企业发展要求、新员工个人素质、新员工的职业规划来进行，做到人尽其才、才尽其用，最大限度地发挥人力资源的作用。

1. 调岗管理

调岗包括晋升、降职和平级调动等。根据企业实际工作需要和员工个人情况，由人力资源部和相关用人部门组织实施。在对员工进行岗位调整时，应做好以下四个方面的工作，如图 12-6 所示。

2. 轮岗管理

轮岗是指根据工作需要，员工有计划地在企业各部门、各岗位间轮换工作。通过岗位轮换可以缓解企业人员配置不足时的压力，可以使员工了解更多的岗位工作内容、技能及流程，帮助其发现自己更擅长的业务模块。通过轮岗也可以使员工更加熟练地掌握各项工作技能和业务流程，培养全面、独立的工作能力。另外，通过观察法不能辨别出员工能胜任什么岗位时，也可以通过轮岗来解决。

轮岗计划一般由人力资源部对公司发展战略、业务方向和员工个人素质进行综合衡量后提出，也可以由各部门或个人提出，人力资源部综合平衡后，拟出员工轮岗的总体方案，经主管领导批准后实施。

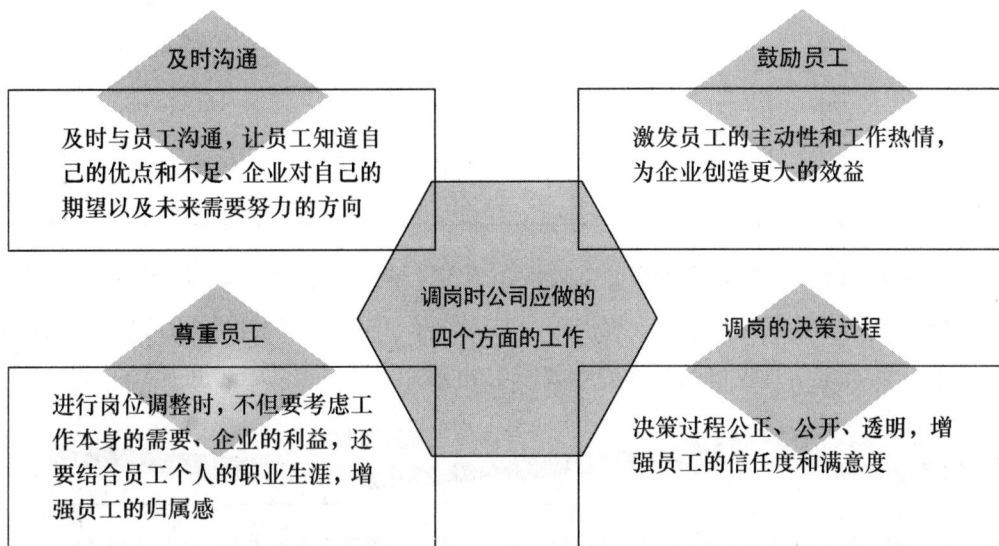

及时沟通

及时与员工沟通，让员工知道自己的优点和不足、企业对自己的期望以及未来需要努力的方向

鼓励员工

激发员工的主动性和工作热情，为企业创造更大的效益

调岗时公司应做的四个方面的工作

尊重员工

进行岗位调整时，不但要考虑工作本身的需要、企业的利益，还要结合员工个人的职业生涯，增强员工的归属感

调岗的决策过程

决策过程公正、公开、透明，增强员工的信任度和满意度

图 12-6　在对员工进行岗位调整时应做的四个方面的工作

12.3.4　员工信息管理

员工信息管理是公司全方位考查员工的必要手段，是人力资源管理活动中必不可少的工具之一。员工信息管理为公司解决员工的有关问题提供了依据和凭证，为公司制定人力资源管理政策提供了原始资料。

一般来说，员工信息的内容主要包括以下三个方面，具体如图 12-7 所示。

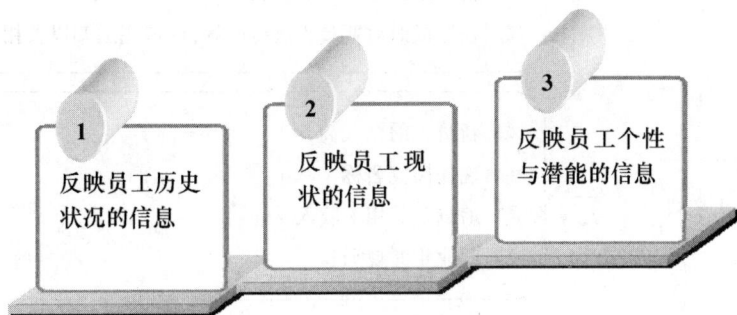

1
反映员工历史状况的信息

2
反映员工现状的信息

3
反映员工个性与潜能的信息

图 12-7　人事档案主要材料

人力资源部门负责员工信息库的建立及维护工作，员工信息管理库的内容一般包括以下项目，如表12-2所示。

表12-2　员工信息管理库

序号	姓名	所在部门	岗位	薪资	户籍性质	身份证号	户口所在地	现家庭住址	毕业院校	最高学历	专业	职称	联系电话
1													
2													
3													
4													
……													

自员工入职第一天起，人力资源部就应该为员工建立信息管理库。员工转正、岗位变动、薪酬调整等资料在调整后的一周内应及时放入员工档案，以确保员工信息的准确、及时、完整。新员工信息收集的具体内容如图12-8所示。

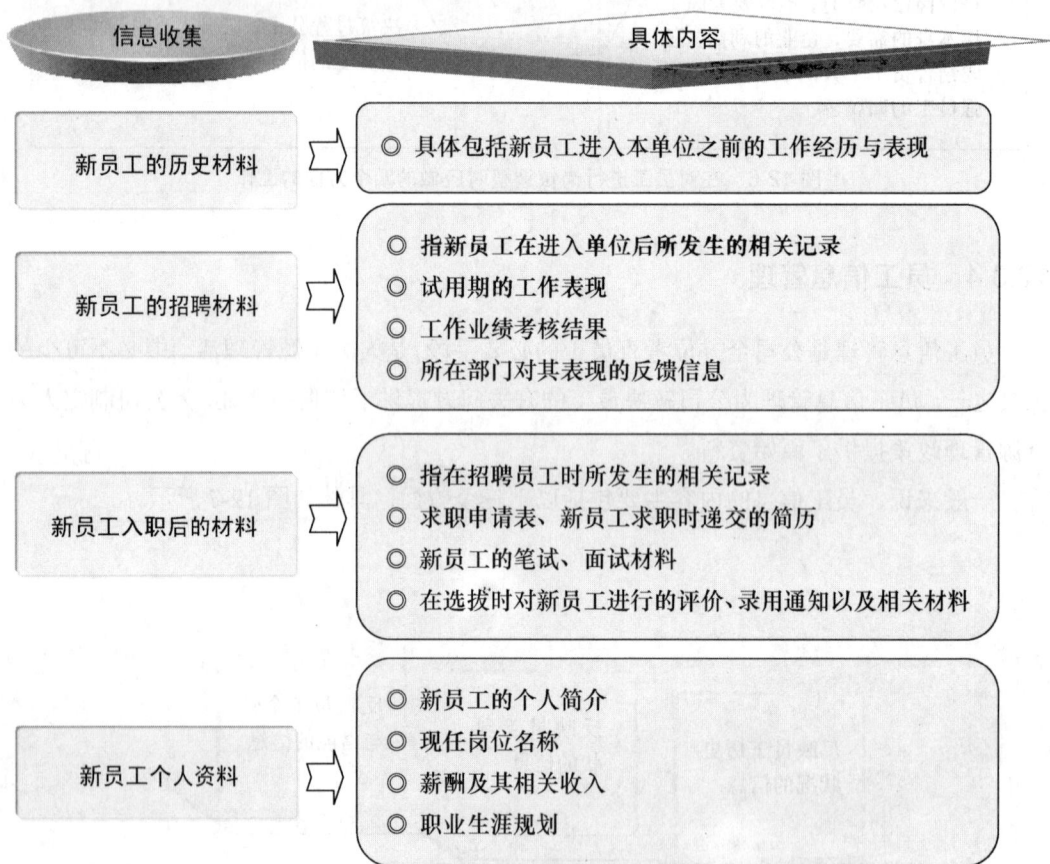

图12-8　新员工信息收集的内容

12.4　人力资源的有效配置

　　人力资源配置是联系人力资源开发和利用的"桥梁"，人力资源管理要做到人尽其才、才尽其用、人事相宜，使已开发出的人力资源得到充分利用。想要最大限度地发挥人力资源的作用，就要做到对人力资源合理、有效地配置。从配置方式上划分，人力资源配置可以分为人力资源的空间配置和时间配置。

12.4.1　人力资源的空间配置

　　1. 企业在进行人力资源的空间配置时，应遵循以下原理，如图 12-9 所示。

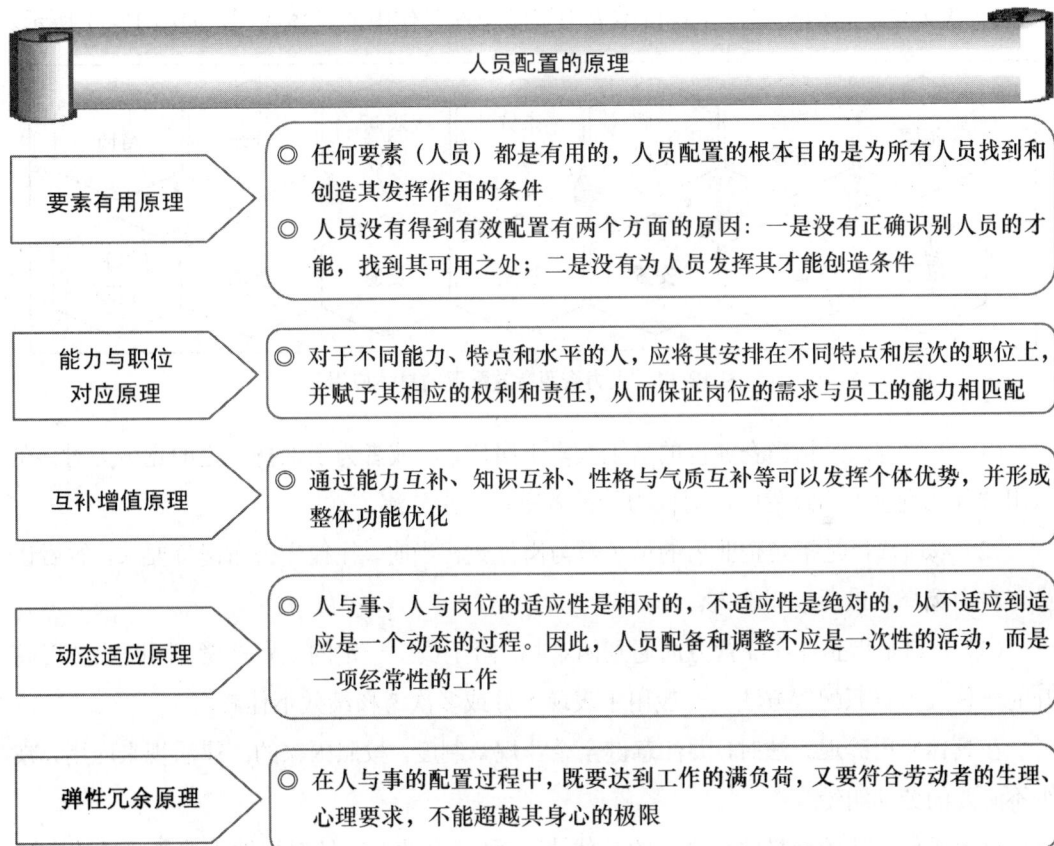

人员配置的原理

要素有用原理	◎ 任何要素（人员）都是有用的，人员配置的根本目的是为所有人员找到和创造其发挥作用的条件 ◎ 人员没有得到有效配置有两个方面的原因：一是没有正确识别人员的才能，找到其可用之处；二是没有为人员发挥其才能创造条件
能力与职位对应原理	◎ 对于不同能力、特点和水平的人，应将其安排在不同特点和层次的职位上，并赋予其相应的权利和责任，从而保证岗位的需求与员工的能力相匹配
互补增值原理	◎ 通过能力互补、知识互补、性格与气质互补等可以发挥个体优势，并形成整体功能优化
动态适应原理	◎ 人与事、人与岗位的适应性是相对的，不适应性是绝对的，从不适应到适应是一个动态的过程。因此，人员配备和调整不应是一次性的活动，而是一项经常性的工作
弹性冗余原理	◎ 在人与事的配置过程中，既要达到工作的满负荷，又要符合劳动者的生理、心理要求，不能超越其身心的极限

图 12-9　人员配置的原理

　　2. 员工配置的基本方法主要有三种：以人为标准进行配置、以岗位为标准进行配置和以双向选择为标准进行配置，具体内容如图 12-10 所示。

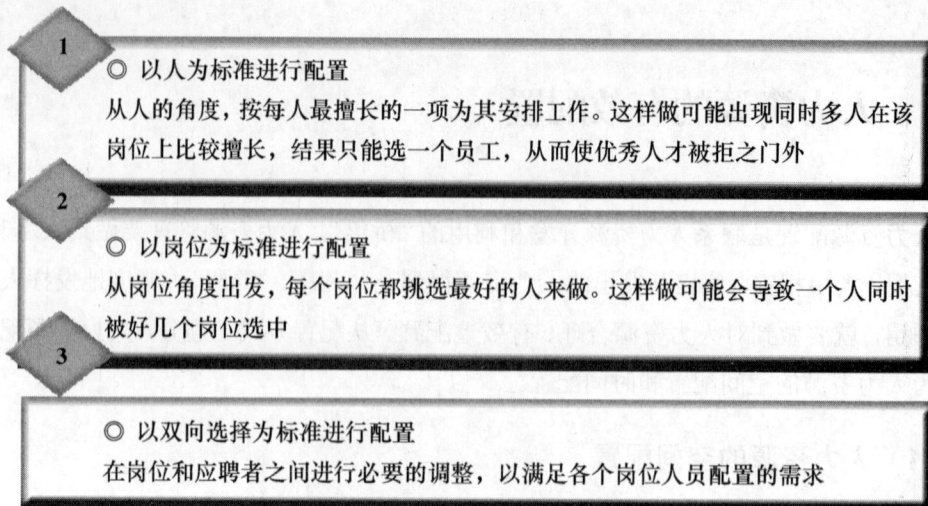

① ◎ 以人为标准进行配置
从人的角度，按每人最擅长的一项为其安排工作。这样做可能出现同时多人在该岗位上比较擅长，结果只能选一个员工，从而使优秀人才被拒之门外

② ◎ 以岗位为标准进行配置
从岗位角度出发，每个岗位都挑选最好的人来做。这样做可能会导致一个人同时被好几个岗位选中

③ ◎ 以双向选择为标准进行配置
在岗位和应聘者之间进行必要的调整，以满足各个岗位人员配置的需求

图 12-10　员工配置的基本方法

3．人力资源有效配置在企业日常人力资源管理工作中的具体应用，如图 12-11 所示。

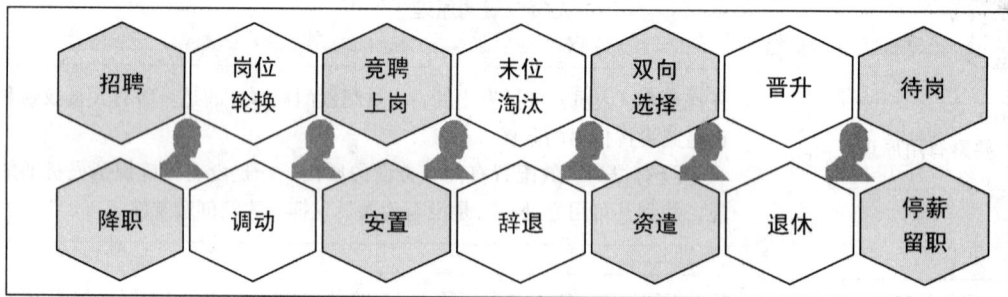

图 12-11　人力资源有效配置的具体应用

（1）末位淘汰是指当企业内的员工数多于岗位数，或者为了保持一定的竞争力时，在试用过程或竞争上岗过程中，对能力最差者实行下岗分流。

（2）双向选择是指当企业内的员工数与岗位数相当时，往往先公布岗位要求，然后让员工自由选择，最后以岗选人。

（3）资遣是指企业在经营方面遇到困难时，给予员工一定的工资补偿，同时让员工离开的一种人力资源配置方法。一般用于表现不好或多次考核绩效不佳者。

在具体应用辞退方法时，要注意健全企业规章制度，按照国家的法律法规来应用，减少不必要的劳动纠纷。

以上操作方法的选择要视企业的具体情况而定，企业要有针对性地去选择合适的方法来进行人力资源的有效配置。在具体应用中，一定要结合企业的相关规章制度，只有在制度合法健全的前提下开展以上各项具体工作，才能保证在提高企业人力资源有效配置的前提下，实现企业经济效益与社会效益的最大化。

12.4.2　人力资源的时间配置

1. 企业中的工作班制

对企业来说，工作时间组织的主要任务是监理工作班制，组织好工作轮班，以及合理安排工时制度。企业里的工作班制分为单班制和多班制两种：单班制是指每天组织一个班生产，多班制是指每天组织两班或两班以上的员工轮流生产。多班制通常有以下四种生产班制，如表 12-3 所示。

表 12-3　工作轮班的形式

轮班制		内容
两班制		每天组织早、中两班工作，无夜班
三班制 （每天分早、中、晚三班进行生产）	间断性三班制	指有固定公休日的三班制轮班形式
	连续性三班制	对于生产过程不能间断的企业，一年内除了设备检修或停电等时间外，每天必须连续组织生产，公休日也不间断
	四班三运制	四班三运转，工人每八天轮休两天，每月需安排公休日一天
四班制 （每天组织四个班进行生产）	四班交叉作业	每班工作八小时，前后两班工作时间相互交叉
	四六工作制	每个工作日三班改为四班，八小时工作制改为六小时工作制；能够解决富余人员较多的问题，增加一线岗位的吸引力
	五班轮休制	五班四运转制，每 10 天轮休两次，适用于大中型连续生产企业

实行多班制还是单班制，主要取决于企业生产工艺的特点。工艺过程不能间断的，必须实行多班制；工艺过程可间断进行的，如纺织行业，要根据生产任务、经济效益和其他有关的生产条件确定。

单班制和多班制的优缺点的比较如图 12-12 所示。

	优点	缺点
单班制	1. 员工的生活起居比较有规律，有利于员工的身体健康 2. 劳动组织工作比较简单	不利于厂房、设备的充分利用
多班制	1. 有利于充分利用机器设备，缩短生产周期 2. 有利于合理使用劳动力	需要组织工作轮班，组织工作比较复杂

图 12-12　单班制和多班制的优缺点

2. 工作轮班

工作轮班是指在实行多班制生产条件下,组织各班人员按规定的时间间隔和班次轮流进行生产活动的一种劳动组织形式,它体现了劳动者在时间上的分工协作关系。

为了组织好多班制生产,组织工作轮班时应注意以下事项,如图 12-13 所示。

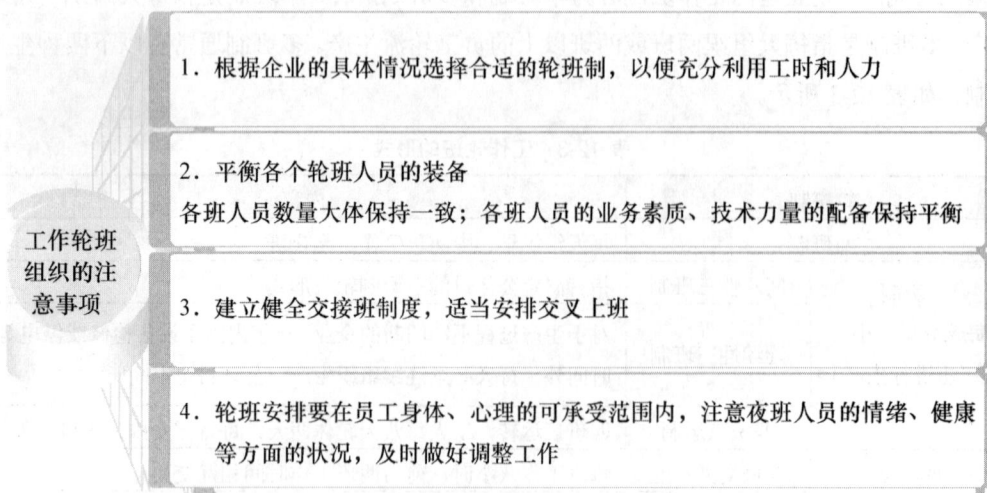

工作轮班组织的注意事项

1. 根据企业的具体情况选择合适的轮班制,以便充分利用工时和人力

2. 平衡各个轮班人员的装备
   各班人员数量大体保持一致;各班人员的业务素质、技术力量的配备保持平衡

3. 建立健全交接班制度,适当安排交叉上班

4. 轮班安排要在员工身体、心理的可承受范围内,注意夜班人员的情绪、健康等方面的状况,及时做好调整工作

图 12-13　工作轮班组织的注意事项

3. 人力资源时间配置的应用

人力资源有效配置在时间方面优化配置的具体应用有很多,每个企业根据本行业的生产特点参照国家规定的上班工时规定,选择适合本企业生产特点的作息安排制度,以保证本企业的作息安排合理合法。

以下为人力资源时间优化配置的具体应用案例,如图 12-14 所示。

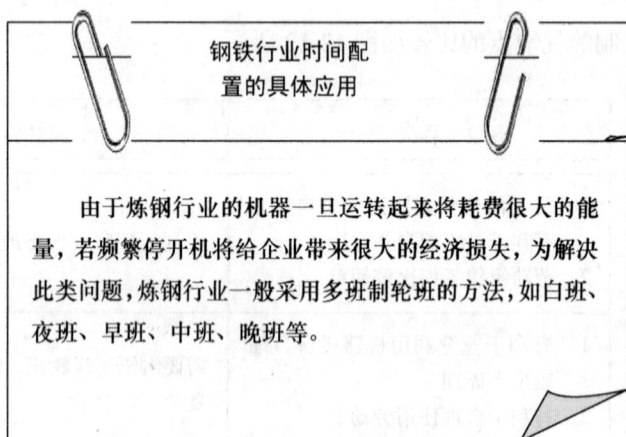

钢铁行业时间配置的具体应用

由于炼钢行业的机器一旦运转起来将耗费很大的能量,若频繁停开机将给企业带来很大的经济损失,为解决此类问题,炼钢行业一般采用多班制轮班的方法,如白班、夜班、早班、中班、晚班等。

图 12-14　钢铁行业时间配置的具体应用

第 13 章　如何进行新员工入职培训与关怀

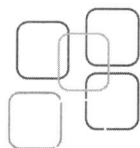

新员工的入职培训与关怀关系到员工对工作的理解，关系到员工进入工作的状态，关系到企业和员工的共同发展，所以，企业应适时地进行新员工入职培训与关怀，帮助新员工适应工作群体和规范，鼓励新员工形成积极的态度，协助新员工获得适当的角色行为，减少新员工的压力和焦虑，降低员工流动。

13.1　新员工入职培训职责分工

新员工入职培训是企业在新员工入职时向其讲解企业的概况、文化、组织架构等，使员工明确自己工作的职责、程序、标准，从而帮助他们顺利地适应企业环境和新的工作岗位，使他们尽快进入角色。新员工的入职培训工作与新员工所在的部门紧密相连，只有通过各部门分工协作，才能达到预期的培训效果。

13.1.1　人力资源部的职责

人力资源部作为新员工入职培训的主要负责部门，其具体职责如图 13-1 所示。

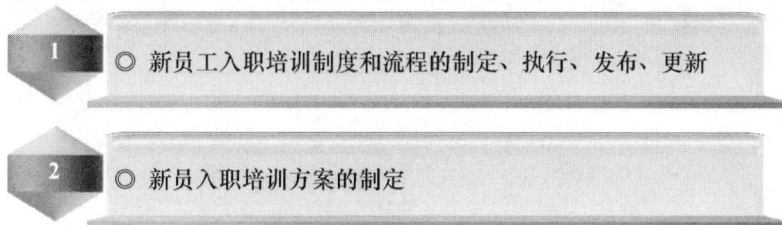

| 1 | ◎ 新员工入职培训制度和流程的制定、执行、发布、更新 |
| 2 | ◎ 新员工入职培训方案的制定 |

图 13-1　新员工入职培训人力资源部职责

3	◎ 主导、跟踪、监督、协调新员工入职培训的整个过程
4	◎ 执行、监督入职培训考核，并对培训及考核结果存档
5	◎ 进行新员工入职培训效果评估

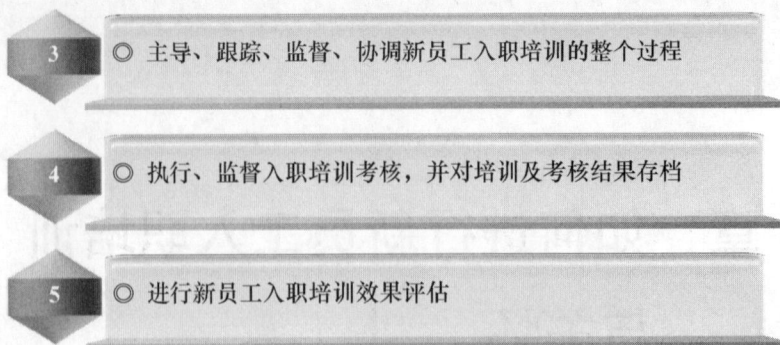

图 13-1 新员工入职培训人力资源部职责（续）

新员工入职培训工作依据培训制度、流程和新员工入职培训方案执行。以下是某公司的新员工入职培训方案，供读者参考。

方案名称	新员工入职培训方案	执行部门	
		监督部门	

一、新员工入职培训的目的

企业实施新员工入职培训的目的主要有以下七点。

1. 为新员工提供公司及工作岗位的相关信息，鼓舞新员工的士气。

2. 让新员工了解公司的薪酬福利及公司对新员工的期望。

3. 让新员工了解公司历史、政策、企业文化，提供讨论的平台。

4. 减少新员工初进公司时的紧张情绪，使其更快地适应环境。

5. 让新员工产生归属感。

6. 使新员工加强与同事之间的联系。

7. 提高新员工解决问题的能力，并告知新员工寻求帮助的方法。

二、新员工入职培训的程序

一般来说，新员工入职培训程序如下图所示。

入职前介绍培训 → 公司整体培训 → 部门岗位培训 → 反馈与考核

新员工入职培训程序图

（续）

三、新员工入职培训内容

新员工入职培训内容一览表

项目（负责人）	时间	培训内容
入职前培训 （部门经理）	入职前	1. 致新员工欢迎信（人力资源部负责） 2. 准备好新员工的办公场所、办公用品 3. 给新员工准备好部门的内训材料 4. 指定一名老员工作为新员工的带训人
公司整体培训 （人力资源部）	入职后第 1 天	1. 公司历史与愿景、公司组织结构、公司文化 2. 公司政策与福利、公司人事、财务相关的流程 3. 公司各部门职能介绍、公司培训计划与程序 4. 公司整体培训资料的发放 5. 回答新员工提出的问题
部门岗位培训 （部门经理）	入职后第 2 天	1. 到部门报到，部门经理代表全体员工欢迎新员工的到来 2. 介绍新员工认识本部门员工，带领新员工参观企业及周围环境 3. 介绍部门结构与功能、介绍部门制度 4. 新员工工作描述、职责要求 5. 为新员工安排第一项工作任务 6. 派老员工陪新员工到公司餐厅吃第一顿午餐
	入职后第 5 天	1. 一周内，部门经理与新员工进行非正式谈话，谈论一周工作中出现的问题，回答新员工的提问 2. 对新员工一周的工作表现进行评估，并为其确定一些短期的绩效目标 3. 为其设定下次绩效考核时间
	入职后第 30 天	部门经理与新员工面谈，讨论新员工试用期第一个月的工作表现，填写评估表 人力资源部经理与部门经理一起讨论新员工入职后的表现是否适合现在的岗位，填写试用期考核表，并与新员工就试用期考核表现进行谈话，告知新员工公司绩效考核要求和体系

（续）

四、新员工入职培训教材

1. 公司整体培训教材。

2. 各部门内训教材。

3. 新员工入职培训须知。

五、入职培训费用估计

培训计划中一项很重要的内容就是估算培训费用，以便控制培训成本和合理分配培训预算。本次入职培训费用估算表如下。

入职培训费用估算表

培训课程名称		培训时间		培训地点	
培训费用估算		培训费用项目		费用估算明细	
		教材开发费		___元/本×___本=___元	
		讲师劳务费（或奖金）		___元/时×___时=___元	
		讲师交通费		___元/日×___日=___元	
		讲师膳食费		___元/日×___日=___元	
		培训场地租金		___元	
		培训设备租金、教学工具租金		___元	
		合计		___元	
申请人所在部门		财务经理		总经理	

六、新员工入职培训反馈与考核

公司整体培训和入职前培训以书面考核为主，考核试题由人力资源部提供。部门培训、岗位培训应以考核为主，通过观察测试等手段考察受训员工对培训知识或技巧的应用能力、解决问题的能力、承担责任的能力等，由员工所在部门的领导、同事及培训部共同鉴定。

编制人员		审核人员		批准人员	
编制日期		审核日期		批准日期	

13.1.2　用人部门的职责

在新员工入职培训工作中，用人部门和人力资源部是相关支持、相互配合的关系。其中，用人部门的职责如图 13-2 所示。

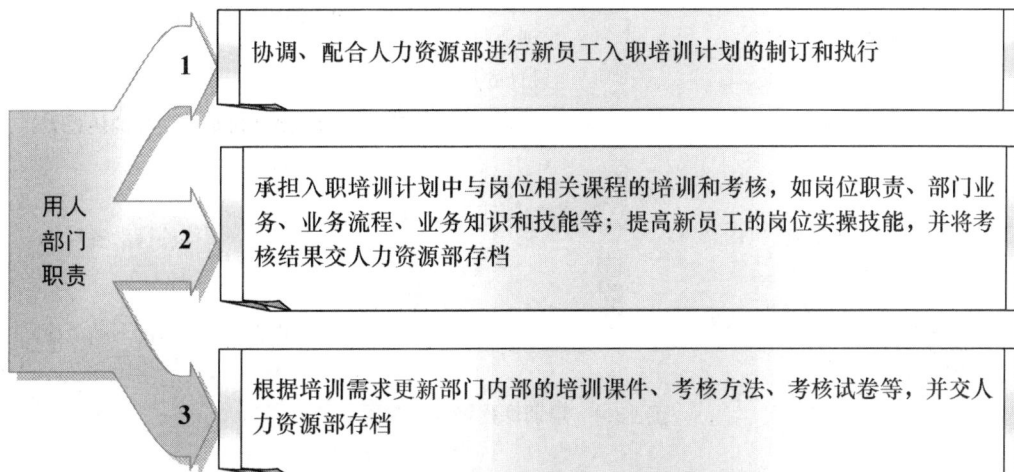

用人部门职责		
1	协调、配合人力资源部进行新员工入职培训计划的制订和执行	
2	承担入职培训计划中与岗位相关课程的培训和考核，如岗位职责、部门业务、业务流程、业务知识和技能等；提高新员工的岗位实操技能，并将考核结果交人力资源部存档	
3	根据培训需求更新部门内部的培训课件、考核方法、考核试卷等，并交人力资源部存档	

图 13-2　新员工入职培训中用人部门的职责

13.2　新员工入职培训课程设计

培训课程是直接用于企业培训的课程系统，它既是一种教育活动，又是企业的一种生产活动，具有经营性、针对性、服务性、实践性、实效性等特征，所以，在设计培训课程时应遵循一定的原则，同时，培训课程也要具备相关的要素才能做到完备。培训课程设计的原则如图 13-3 所示，培训课程设计的要素如图 13-4 所示。

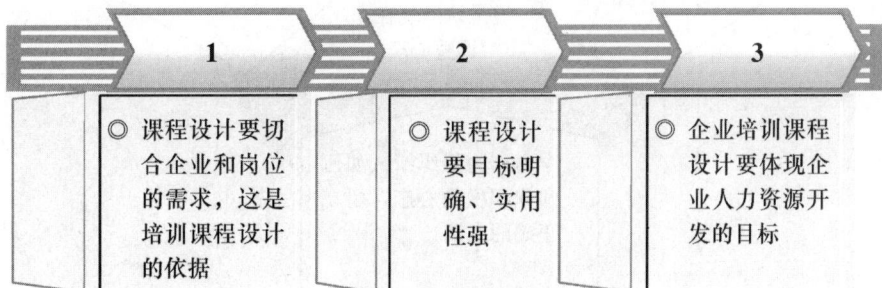

1	2	3
◎ 课程设计要切合企业和岗位的需求，这是培训课程设计的依据	◎ 课程设计要目标明确、实用性强	◎ 企业培训课程设计要体现企业人力资源开发的目标

图 13-3　培训课程设计的原则

1．课程目标（学习方向和标准）	7．教学组织（课堂式、分组式）
2．课程内容（要学习的具体内容）	8．课程时间（提高时间利用率）
3．课程教材（传授的载体）	9．课程空间（课程地点）
4．教学模式（与教材结合）	10．培训讲师（课程的传授者）
5．教学策略（程序选择、资源利用）	11．学员（课程的接受者）
6．课程评估（员工的接收效果、培训目标的达成）	12．其他（特殊情况下的考虑）

图 13-4　培训课程设计的要素

13.2.1　新入职员工心态调整课程

1．开设心态调整课程的目的

心态调整课程是新员工入职培训方案中重要的课程之一。企业安排新员工学习心态调整课程的目的如图 13-5 所示。

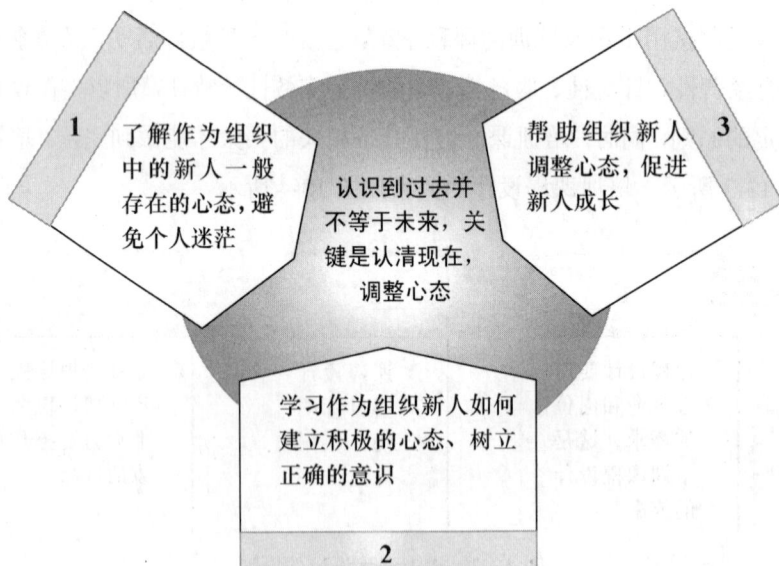

1 了解作为组织中的新人一般存在的心态，避免个人迷茫

认识到过去并不等于未来，关键是认清现在，调整心态

3 帮助组织新人调整心态，促进新人成长

2 学习作为组织新人如何建立积极的心态、树立正确的意识

图 13-5　心态调整课程的目的

2．心态调整课程框架

新员工心态调整课程内容具有通用性，但不同的企业也可根据企业自身的实际情况适当地增减课程内容。心态调整课程框架是比较通用的课程内容，如图 13-6所示。

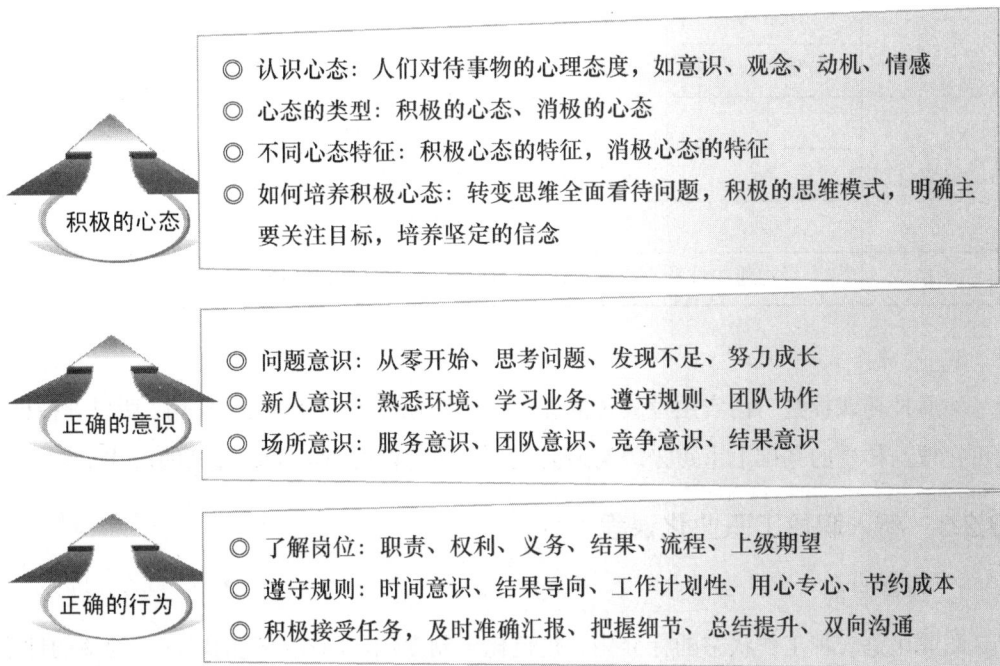

积极的心态
- ◎ 认识心态：人们对待事物的心理态度，如意识、观念、动机、情感
- ◎ 心态的类型：积极的心态、消极的心态
- ◎ 不同心态特征：积极心态的特征，消极心态的特征
- ◎ 如何培养积极心态：转变思维全面看待问题，积极的思维模式，明确主要关注目标，培养坚定的信念

正确的意识
- ◎ 问题意识：从零开始、思考问题、发现不足、努力成长
- ◎ 新人意识：熟悉环境、学习业务、遵守规则、团队协作
- ◎ 场所意识：服务意识、团队意识、竞争意识、结果意识

正确的行为
- ◎ 了解岗位：职责、权利、义务、结果、流程、上级期望
- ◎ 遵守规则：时间意识、结果导向、工作计划性、用心专心、节约成本
- ◎ 积极接受任务，及时准确汇报、把握细节、总结提升、双向沟通

图 13-6　心态调整课程框架

3．授课方式

心态调整课程的授课方式可采用课堂教学、小组讨论、案例分享、游戏互动等形式，使课程达到最佳的学习效果。

13.2.2　新入职员工沟通技巧课程

1．课程目的

沟通是人与人之间、人与群体之间思想与感情的传递和反馈的过程，以求达成思想一致和感情交流。新员工沟通技巧课程设置的主要目的：让新员工掌握沟通技能，迅速融入新组织，为新员工未来的职业发展奠定基础。

2．课程框架

为了更好地让大家掌握职场中的沟通技巧，下面主要从五个方面设计了沟通技巧课程的框架，具体内容如表 13-1 所示。

表 13-1　沟通技巧课程框架

五个方面		具体内容
定义		沟通是双方或多方通过语言、表情、体态和辅助工具，在个人或群体之间传递思想、意见和情感，并达到既定目的的过程
内涵		信息传递；信息接收，并被充分、准确地理解；双向互动
类型	语言沟通	口头语言、书面语言
	肢体语言沟通	表情、动作、眼神
技巧	听	记住对方的名字、专注、跟随、保持公正
	说	选择话题、注意场合和对象、美化声音、沉默是金
	问	让对方有话可谈、旁敲侧击
应用		与上级沟通的技巧、与同事沟通的技巧、与客户沟通的技巧

3．授课方式

沟通技巧课程是一门实用性较强的课程，重在沟通技巧的学习和应用，所以其授课方式可在理论传授的基础上重点采用沟通游戏和角色扮演等参与度比较高的形式。

13.2.3　新入职员工职业化课程

1．课程目的

职业化是一种工作状态的标准化、规范化、制度化，即在合适的时间、合适的地点，用合适的方式，说合适的话、做合适的事。为使员工在知识、技能、观念、思维、态度、心理上符合职业规范和标准，提高工作效率，提升公司的形象，特开设了职业化课程。

2．课程框架

职业化课程包括四个部分，即职业化技能、职业化形象、职业化心态、职业化道德，其内容如图 13-7 所示。

3．教学方式

职业化课程主要讲述在职场中应注意的相关细节，它需要首先知道作为职场中人在一些情景下该怎样做，然后才是在工作中实践，即它是一个理论指导实践，并在实践中总结理论的过程。所以，其教学方式可采用课堂讲述、情景模拟、案例分享等形式。

13.2.4　培训课程 PPT 课件制作

职场人士在日常工作中经常用到 PPT 来办公，比如做工作总结、工作提案、培训课件等。如图 13-8 所示的培训课程 PPT 课件制作程序就培训课程的 PPT 课件如何制作、包括哪些内容做出了明确的说明。

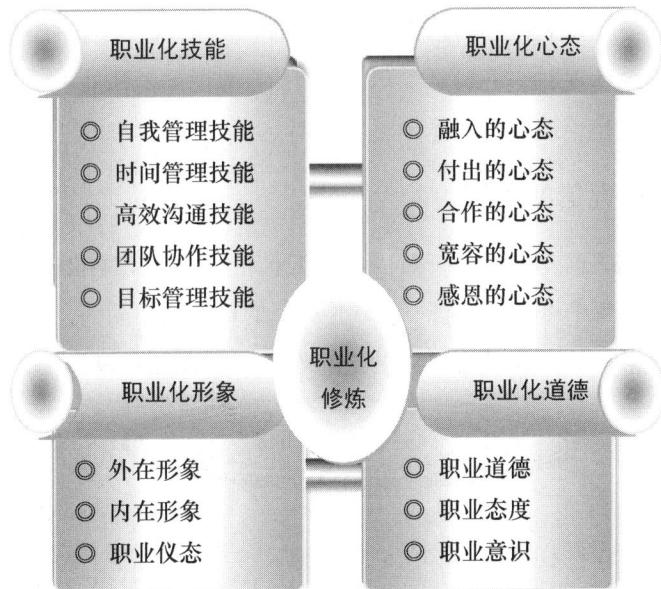

职业化技能
- ◎ 自我管理技能
- ◎ 时间管理技能
- ◎ 高效沟通技能
- ◎ 团队协作技能
- ◎ 目标管理技能

职业化心态
- ◎ 融入的心态
- ◎ 付出的心态
- ◎ 合作的心态
- ◎ 宽容的心态
- ◎ 感恩的心态

职业化修炼

职业化形象
- ◎ 外在形象
- ◎ 内在形象
- ◎ 职业仪态

职业化道德
- ◎ 职业道德
- ◎ 职业态度
- ◎ 职业意识

图 13-7　职业化课程框架

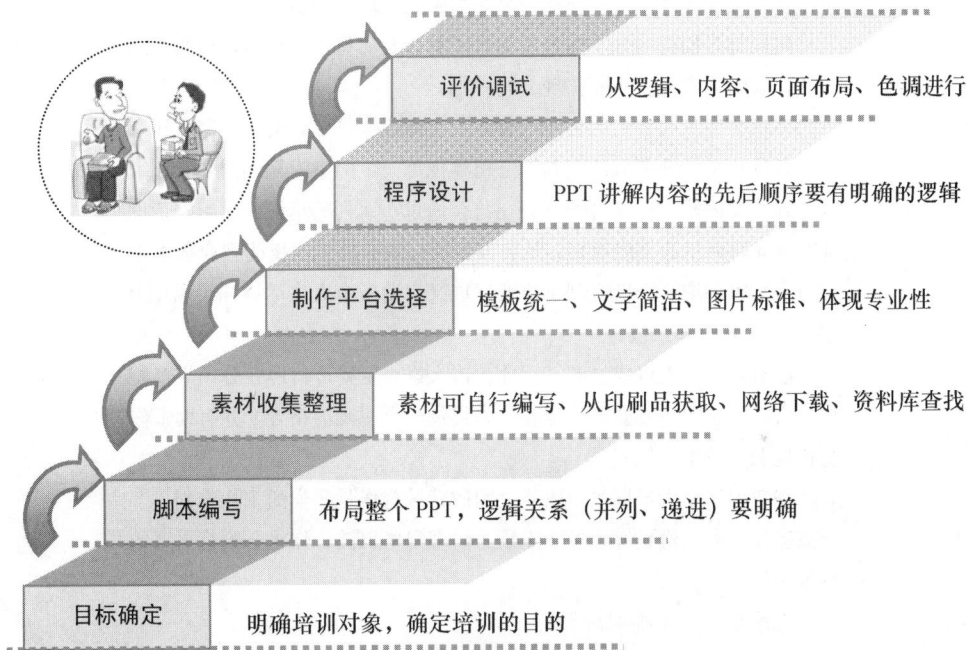

评价调试	从逻辑、内容、页面布局、色调进行
程序设计	PPT 讲解内容的先后顺序要有明确的逻辑
制作平台选择	模板统一、文字简洁、图片标准、体现专业性
素材收集整理	素材可自行编写、从印刷品获取、网络下载、资料库查找
脚本编写	布局整个 PPT，逻辑关系（并列、递进）要明确
目标确定	明确培训对象，确定培训的目的

图 13-8　培训课程 PPT 课件制作程序

13.3　新员工入职引导与关怀

企业是一个鲜活的有机体，既有各种硬件构成的躯体，又有一套精神理念软件组成的灵魂。所以，企业要想发展，必须以人为本，不能只是把以人为本的理念停留在口号上，应把以人为本的理念体现在企业日常管理、运营的方方面面。下面从新员工入职引导与关怀的几个细节对人性化管理进行阐述。

13.3.1　新员工欢迎信的编写

每位新员工入职之前都会收到一封"新员工欢迎信"，其内容根据企业的性质、新员工的职位类别而定，每个企业中"新员工欢迎信"的目的是相同的，即欢迎新员工，帮助新员工快速了解企业，以下是某公司对员工的欢迎信，如图13-9所示。

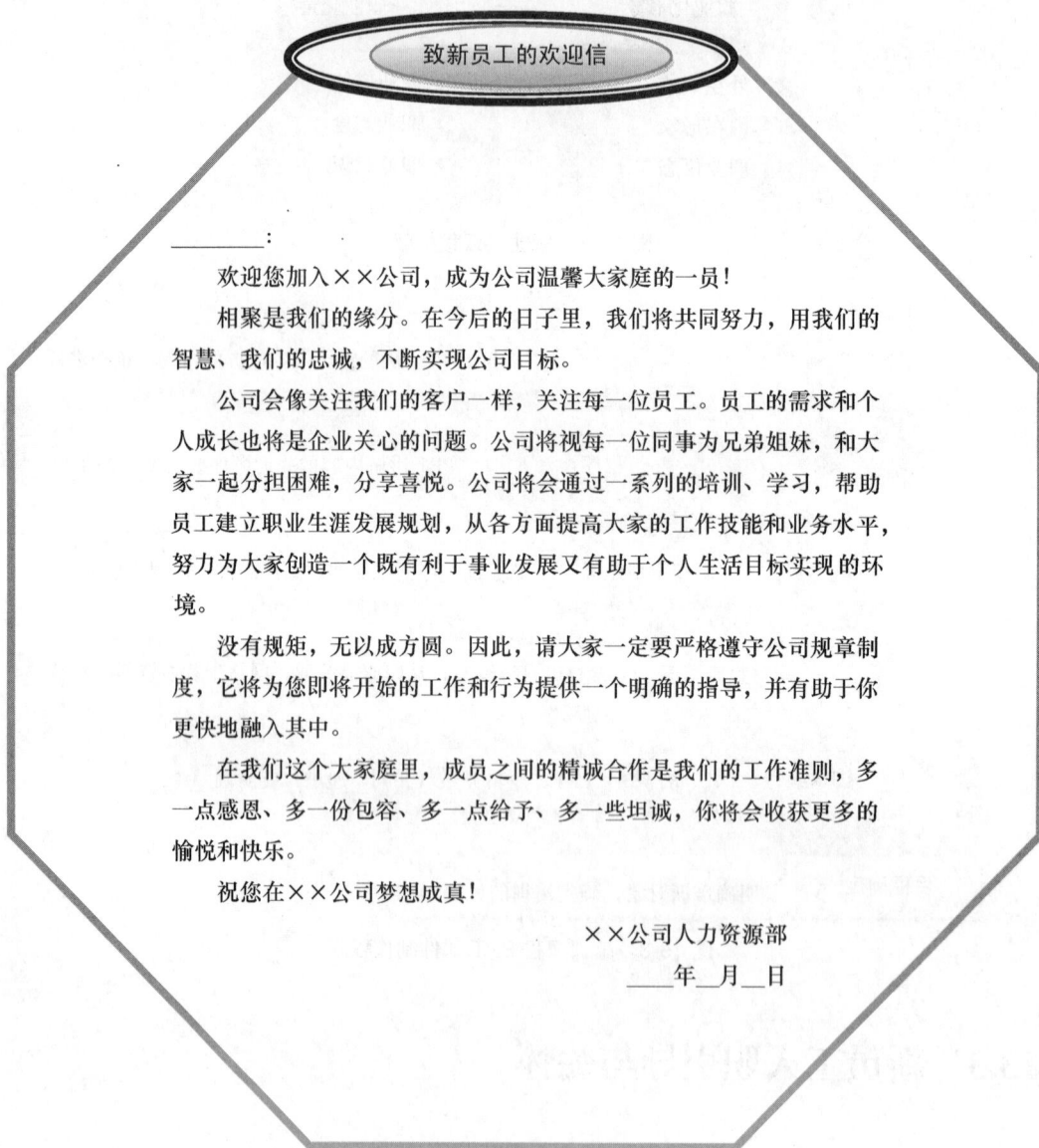

致新员工的欢迎信

_____：

　　欢迎您加入××公司，成为公司温馨大家庭的一员！

　　相聚是我们的缘分。在今后的日子里，我们将共同努力，用我们的智慧、我们的忠诚，不断实现公司目标。

　　公司会像关注我们的客户一样，关注每一位员工。员工的需求和个人成长也将是企业关心的问题。公司将视每一位同事为兄弟姐妹，和大家一起分担困难，分享喜悦。公司将会通过一系列的培训、学习，帮助员工建立职业生涯发展规划，从各方面提高大家的工作技能和业务水平，努力为大家创造一个既有利于事业发展又有助于个人生活目标实现的环境。

　　没有规矩，无以成方圆。因此，请大家一定要严格遵守公司规章制度，它将为您即将开始的工作和行为提供一个明确的指导，并有助于你更快地融入其中。

　　在我们这个大家庭里，成员之间的精诚合作是我们的工作准则，多一点感恩、多一份包容、多一点给予、多一些坦诚，你将会收获更多的愉悦和快乐。

　　祝您在××公司梦想成真！

××公司人力资源部

____年__月__日

图13-9　新员工欢迎信

13.3.2 工位安排与办公用品发放

在新员工确定入职后报到前，公司就要安排、申领新员工的工位、办公设备和必要的办公用品，这一细节的工作需要人力资源部和用人部门配合好，才能提高效率。一般人力资源部掌握新员工的报到时间，用人部门负责工位安排、办公设备及办公用品的申领，具体内容如图 13-10 所示。

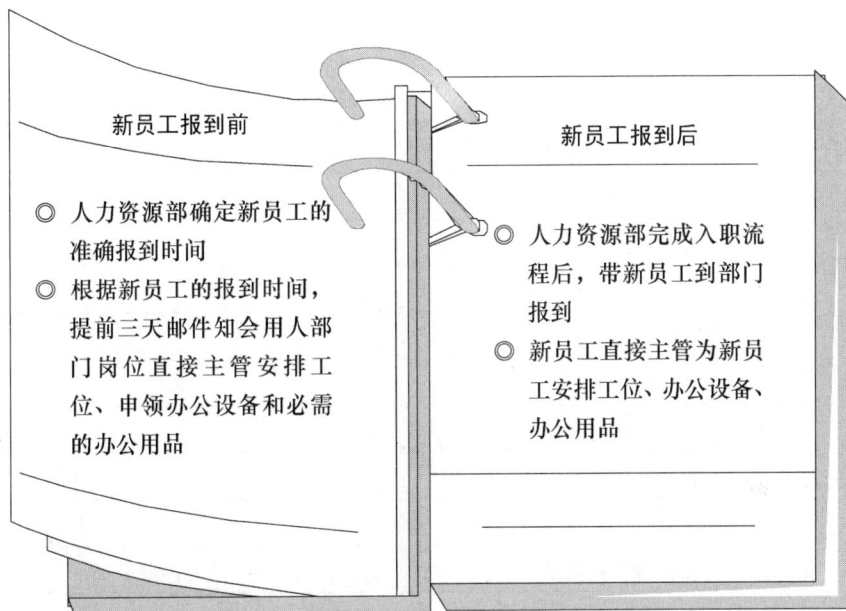

新员工报到前

◎ 人力资源部确定新员工的准确报到时间
◎ 根据新员工的报到时间，提前三天邮件知会用人部门岗位直接主管安排工位、申领办公设备和必需的办公用品

新员工报到后

◎ 人力资源部完成入职流程后，带新员工到部门报到
◎ 新员工直接主管为新员工安排工位、办公设备、办公用品

图 13-10 新员工工位安排与办公用品发放

13.3.3 新员工欢迎会的组织

新员工欢迎会适用于各种类型的组织，新员工欢迎会的成功举办，需要人力资源部、用人部门相互配合、相互帮助。以下是某公司的新员工欢迎会方案，供读者参考。

方案名称	新员工欢迎会方案	执行部门	
		监督部门	
一、目的 彰显公司"以人为本"的管理理念，体现公司对员工的关怀与关爱，体现公司大家庭的温暖，同时也促进公司与新员工的沟通与交流。			
二、主题 关怀、关爱、发展。			

（续）

三、活动参加人员

×总、×总、×经理、×经理、×经理、×主管、×主管、____年新员工、部分老员工等。

四、活动时间

____年__月__日____时～____时。

五、活动地点

员工活动室。

六、活动形式

茶话会。

七、活动项目安排

模块	序号	流程	完成日期	负责人
活动前期	1	拟制方案、发通知	__月__日前完成	
	2	确定参加人员	__月__日前完成	
	3	采购物品（果、茶 等）	__月__日前完成	
	4	布置场地	__月__日	
活动期间	5	领导致词	__月__日	
	6	员工代表致欢迎词	__月__日	
	7	新员工代表发言	__月__日	
	8	新老员工自我介绍、交流	__月__日	
	9	领导做会议总结	__月__日	
活动后期	10	整理场地	__月__日	
	11	做活动总结	__月__日	

八、费用预算

项目	明细	数量	单价	金额	备注
舞台设置	音响租赁				
	横幅（画）				
	礼炮、假花、气球				
	其他				
食物	饮料				
	零食				
……	……				
合计					

编制人员		审核人员		批准人员	
编制日期		审核日期		批准日期	

13.3.4　新员工生日聚会组织

为增加员工凝聚力，增强员工归属感，体现公司对员工的关怀，给新员工一个沟通交流的平台，很多企业都定期组织新员工生日聚会。以下是某公司的新员工生日聚会方案，供读者参考。

方案名称	新员工生日聚会方案	执行部门	
		监督部门	

一、活动目的

1．庆祝＿＿年公司新员工的生日，增强公司、部门、员工之间的凝聚力与亲和力，加强公司内部"家"文化的建设。

2．通过一些活动，一方面给员工一个面对面交流的机会，另一方面也为更好地推进公司企业文化建设打下基础。

二、活动地点

第一会议室。

三、活动时间

每月最后一个周五晚上＿＿～＿＿（时间）；频率：每月＿＿次，全年共＿＿次。

四、活动形式

通过公司短信、PPT 视频图片展播、直接间接主管祝福、小游戏、生日蛋糕、发放奖品等形式开展。

五、具体内容安排

1．＿＿（时间）进厂，＿＿（时间）正式开始（活动历时约＿＿个小时）。

2．生日祝福活动。

（1）进场后先宣布本月过生日的员工名单（配以 PPT 照片播放）。

（2）把生日卡片装在袋子里，让生日员工自己抽出祝福卡片，并邀请其直接主管作为嘉宾，为生日员工送祝福。

（3）让他们用一句话表达自己的想法和愿望，接受大家的祝福。

（4）大家齐唱生日歌。

（5）邀请特殊嘉宾（公司领导）对其工作进行表扬和肯定，为生日员工发放纪念品。

3．游戏环节（安排大家一起做游戏）。

4．分尝蛋糕（请领导与生日员工代表共同切生日蛋糕）。

5．合影、拍照留念，以便放到宣传栏或橱窗展览。

（续）

6．收拾，清理会场。

六、其他注意事项

1．会场布置及清扫由人力资源部负责。

2．设备及音响调试由设备科负责。

七、经费预算

经费预算表如下所示。

经费预算表

项目	明细	数量	单价	金额	备注
舞台设置	音响租赁				
	横幅（喷画）				
	礼炮、假花、气球				
	其他				
食物	饮料				
	蛋糕				
	零食				
……	……				
合计					

编制人员		审核人员		批准人员	
编制日期		审核日期		批准日期	

第 14 章　如何进行员工素质测评
与职业规划

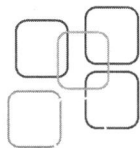

随着人事理论的发展和现代管理理念系统的形成,人作为生产力第一大要素而排名在各大资源之首。现代管理理念中,人力资源的管理是企业文化的核心,人力资源管理技术的应用使得管理日趋规范、完善,不断地提升了管理绩效和管理水平。

14.1　员工素质测评概述

员工素质测评又被称作人员测评、人才测评、人事测评、人才素质测评等,员工素质测评对组织与员工个人都有着重要作用。

14.1.1　员工素质测评的基本概念

素质测评是指测评主体采用科学的方法,收集被测评者在主要活动领域中的表征信息,针对某一素质测评指标体系做出量值或价值的判断过程,或者直接从所收集的表征信息中引发与推断某些素质特征的过程。

员工素质测评是指综合利用心理学、管理学、行为科学、测量统计学等学科的理论、方法和技术,并在此基础上形成一套专门的方法体系,对人的能力水平及倾向、个性特点、行为特征和行为动力等素质进行系统、客观的测量和评价。

14.1.2　员工素质测评的主要类型

根据不同的测评目的和测评需要，员工素质测评可按不同的标准进行划分。下面介绍员工素质测评划分标准及对应的测评类型，如图14-1所示。

划分标准	主要类型
按测评标准	◎ 无目标测评、常模参照性测评、校标参照性测评
按范围	◎ 单项测评、综合测评
按技术与手段	◎ 定性测评、定量测评以及包括模糊综合测评在内的中性测评
按主体	◎ 自我测评、他人测评、个人测评、群体测评、上级测评、同级测评与下级测评
按时间	◎ 日常测评、期中测评与期末测评、定期测评与不定期测评
按结果	◎ 分数测评、评语测评、等级测评以及符号测评
按目的与用途	◎ 选拔性测评、诊断性测评、配置性测评、鉴定性测评与开发性测评
按活动	◎ 动态测评和静态测评
按客体	◎ 领导干部测评、中层管理人员测评、一般人员测评等

图14-1　员工素质测评划分标准及主要类型

14.1.3　员工素质测评的主要功用

功用是指素质测评的功能与作用。功能是素质测评活动本身固有的一种稳定机制，是相对独立的；而作用是素质测评活动外在影响的一种具体表现，它会受到各种偶然因素的影响。

功能是作用的内在根据，而环境因素则是作用产生的外在条件。作用是素质测评活动中，功能与环境因素相结合而产生的实际效用。作用、功能与素质测评活动是联为一体的。相对素质测评活动来说，功能是潜在的机制，而作用是外在的效应。素质测评的主要功用如图14-2所示。

分述 功用	1	2	3
评定	素质测评评定功能的正向发挥在人力资源管理中，首先表现为促进与形成的作用	素质测评的评定功能还表现出激励和强化作用	评定功能的正向发挥还表现出导向作用
诊断反馈	诊断反馈功能的正向发挥首先表现出咨询的作用	素质测评的诊断功能表现为对人力资源开发方案的制定和选择，对开发工作的计划和改进起着重要的参考作用	诊断反馈功能的正向发挥表现出调节与控制的作用
预测	素质测评，尤其是心理素质测评，是在对素质现在及过去大量表现行为全面了解与概括（或总和）的基础上，判断素质表征行为运动群的特征和倾向的过程，预测功能的正向发挥表现为选拔作用		

图 14-2　员工素质测评的功用

14.1.4　员工素质测评的运用原则

在人力资源管理中，要正确认识员工素质测评在人力资源管理实践中的作用，运用员工素质测评合理地开发、利用、整合人力资源。员工素质测评运用的原则如图 14-3 所示。

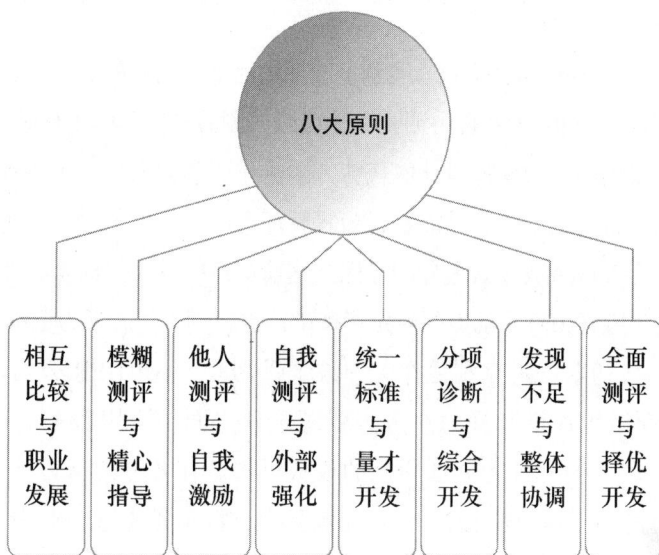

八大原则

相互比较与职业发展 ｜ 模糊测评与精心指导 ｜ 他人测评与自我激励 ｜ 自我测评与外部强化 ｜ 统一标准与量才开发 ｜ 分项诊断与综合开发 ｜ 发现不足与整体协调 ｜ 全面测评与择优开发

图 14-3　员工素质测评的运用原则

14.2 胜任力理论对员工素质测评的作用

员工素质测评得到普遍应用离不开胜任力理论的发展，也可以说两者结合相得益彰。本节将简单介绍胜任力的起源与发展，了解不同的胜任力理论及各自的应用领域，认识胜任力理论在实际应用中的作用。

14.2.1 胜任力研究的起源与发展

胜任力的研究在国外起步较早，其概念的产生可追溯到"管理科学之父"泰勒（Taylor）对科学管理的研究，当时称之为"管理胜任特征运动"。20世纪70年代，泰勒理论基本被否定，传统的智力测验、性向测验、学校的学术测验及等级分数等手段受到质疑。

在这种背景下，以哈佛大学心理学教授麦克利兰（McClelland）为首的研究小组受美国国务院事物局之托，寻找新的研究方法甄选情报信息官。他们在关键事件技术基础上开发并采取了行为事件访谈法（BEI），试图研究影响情报信息官工作绩效的因素。通过一系列分析和总结，发现杰出的情报信息官和一般胜任者在行为和思维方式的差异，从而找出了情报信息官的胜任力。

在项目过程中，以麦克利兰为首的研究小组应用了奠定胜任素质、胜任特征方法基础的一些关键性的理论和技术，经过大量的深入研究发现，传统的理论测试根本无法预测工作绩效与个人成功。同时，他们发现了从根本影响个人绩效的特征，如"成就动机"、"人际理解"、"团队影响力"等。

1973年，麦克利兰教授发表了题为《测量胜任力而非智力》的文章，首次提出了"胜任力"理论。由于实践经验表明传统智力测验和能力倾向测验与实际的工作绩效没有多大关系，于是麦克利兰倡导采用胜任力模型设计取代智力测验作为预测未来工作绩效的方法，并认为高绩效者运用了某些特定的知识、技能和行为等胜任力以取代出色业绩，如果我们花时间去研究高绩效者，就会发现造成绩效差异的原因。这篇文章的发表，标志着胜任力理论研究和应用的开端，从而为胜任力理论的诞生奠定了基础，也开创了"胜任力运动"的新世纪。

20世纪70年代初期，麦克利兰在美国波士顿创立了MCBER公司，为企业、政府机构和其他的专业组织提供胜任力在人力资源管理方面的应用服务。在他的指导下，MCBER成为国际公认的胜任力方法应用的权威机构。在各方的努力下，胜任力方法在人力资源管理中的优势逐渐被大家认可，在国际上，特别是先进企业中得到了普遍接受和广泛运用。

14.2.2　胜任力理论比较

关于胜任力理论的研究主要有三个学派：行为主义学派、通用性学派、认知学派。其理论内容如表 14-1 所示。

表 14-1　胜任力理论三学派的比较

派别	研究领域	含义	缺点
行为主义学派	从事培训领域的胜任力研究	以预测工作绩效为目的，从完成岗位单一任务的方式与过程入手，在方法上主要依赖于任务分析，即通过结构化的观察得出具体胜任力，把胜任力的构造完全看成是一个纯粹的技术过程	只注重对胜任力的技术性描述，而忽略政治以及社会维度的规范性成分；它分离了员工与工作，从而没能有效地观察与测量员工在工作过程中所表现的胜任力特征，故其分析仅局限于事物的表层，不够全面与深入
通用性学派	与行为主义学派的研究内容正好相反，通用性学派对胜任力的研究主要集中在管理教育领域	1. 通用性学派的胜任力研究关注的是什么使职业人员能够成为胜任的工作人员，侧重于目标 2. 通用性学派的代表人物是美国心理学家 McClelland，他开创了关于管理领域胜任力的研究，从心理学的角度并结合管理情景对胜任力给出了定义	通用性学派研究人员能够顺利完成各项工作任务的特征，但它过于以工作绩效为目标，缺乏对胜任力内在结构的考虑
认知学派	认知学派的研究主要集中在高等教育领域	1. 前两个学派都运用工作绩效来验证胜任力的有效性，而认知学派则以对语言学的研究为代表，它不同于与工作绩效相关的胜任力，而是研究相关人员的语言胜任特征，认为语言是人员各项特征的综合体现 2. 其代表人物乔姆斯基认为，"语言的胜任特征是一种深层次的结构模型，而不是行为性的语言和动作的总和。言语的表现不仅仅需要言语的胜任力，还包含一系列的文化规范及基本的语言规则；发音清楚、说话流利并不等于口才很好，言语表现不好也并不是说不具备语言的胜任力"

14.2.3　胜任力理论的作用和价值

胜任力理论应用于不同的领域并且发挥着重要的作用，具体可参见表 14-2。

表 14-2　胜任力理论的作用和价值

应用领域	作用和价值	细节描述
在企业中的应用	1. 建立以胜任力为基础的招聘系统	（1）提供完整的岗位需求信息
		（2）提升招聘到最佳人选的几率
		（3）减少招聘不合适人选的成本
		（4）使面试过程更加科学、系统
		（5）有助于描述招聘候选人可培训的能力
	2. 建立以胜任力为基础的培训系统	（1）培训结合绩效需要
		（2）培训和长远发展一致
		（3）明确员工阶段需求并有助于提升员工素质
		（4）为主管和培训人员提供培训框架
	3. 建立以胜任力为基础的绩效考核系统	（1）为绩效考核的内容和标准建立一个共同理解的框架
		（2）集中和促进绩效考核讨论
		（3）为绩效考核指明关键行为信息所在
	4. 建立以胜任力为基础的薪酬系统	有利于激励员工提升自己的知识、技能和能力，提升企业整体人力资源素质
在政府机关中的应用	1. 有助于丰富工作说明书中任职资格、能力要素等内容，做到人与岗的最佳匹配	
	2. 为选聘最佳人员提供依据	
	3. 为培训的制定、执行提供重要的参考依据	
	4. 为领导班子、干部选拔提供衡量标准	
	5. 是绩效管理的得力助手	
在企业知识管理体系中的应用	在建立胜任力模型的过程中，从企业战略角度对部门、团队及个人素质提出要求，最终体现在个人素质及行为上，也就完成了个人知识、技能的获取和描述过程。要发挥知识对企业的更大价值，还要对其进行整合和共享	

14.3　人力资源岗位胜任素质模型实例

　　建立岗位胜任力素质模型，首先要建立素质模板库资料。本节以人力资源管理岗位胜任力素质模型实例为例进行分析，人力资源岗位素质模板如表 14-3 所示。应用人力资源岗位素质模板库可建立后续人力资源管理岗位胜任力素质模型。

表 14-3　人力资源岗位素质模板库

岗位素质	级别	内容
公司知识	一级	◎ 洞悉行业状况的重大变化与趋势，能基于公司整体战略规划以及战略步骤对公司运作流程与制度提出系统、科学的建设方案，以支持、保证战略目标的实现
	二级	◎ 了解行业状况，熟悉公司的历史、现状、未来发展方向以及相关管理制度、整体运作流程，了解公司整体战略规划以及战略步骤
	三级	◎ 了解员工手册与职位相关内容，了解公司发展历史，熟悉与本岗位有关的管理制度、流程
管理知识	一级	◎ 在生产经营管理、战略管理、管理心理学等方面具备一定的修养，精通管理学、企业管理等相关学科知识，并能够运用于实践，为企业的财务管理、经营管理服务
	二级	◎ 掌握管理学、人力资源管理、组织行为等相关管理知识，能够进行下属员工工作分配、落实工作计划、对工作结果进行考核评价等管理工作
	三级	◎ 初步了解管理学原理及企业经营管理知识，工作中能够理解企业的一些人事政策、管理措施
法律知识	一级	◎ 精通与公司运营、财务工作相关的全部法律知识，并能够灵活运用，在不违反法律、法规的情况下进行税务筹划、投融资等，控制经营成本，提高资金运营效率，保证企业经营战略的实现
	二级	◎ 掌握工作相关法律知识，了解其他法律知识，并能够运用于工作之中，确保企业的经营在合法的条件下运行
	三级	◎ 了解与工作相关的各项法律、法规，使自己的工作合法，避免出现原则性错误
人力资源知识	一级	◎ 熟练掌握人力资源知识，能够为企业人力资源的建设与规划服务，并能够起到为人力资源增值的作用
	二级	◎ 掌握人力资源管理知识的操作运用原理，对人力资源工作有所了解，并具有一定的工作经验 ◎ 可综合利用各种人力资源知识处理员工之间的纠纷与抱怨等问题
	三级	◎ 了解人力资源知识的一般概念及内容框架、一般原理和方法，有一定的人力资源管理意识，并能够独立处理人力资源工作
原则性	通用	◎ 指以相关的规章制度、法律条文作为自己做事、做人的准则
自信心	通用	◎ 一种对自己的观念、决定、完成任务的能力、有效解决问题的能力的自我信仰

岗位素质	级别	内容
主动性	通用	◎ 指在日常工作中不需他人指派，主动承担相应工作
亲和力	通用	◎ 指个人形体上所具备的能让周围的人感觉其和蔼可亲，不受到职位、权威的约束所流露出的一种情感力量
服务意识	通用	◎ 在工作中善于站在对方立场思考问题，满足对方需求的意识
诚信意识	通用	◎ 以诚实、善良的心态行使工作权利、履行义务
团队建设	一级	◎ 确保团队成员有清晰的努力方向，并理解各自的工作职责 ◎ 肯定其他团队的工作成果，虚心学习其他团队的建设心得 ◎ 在团队中鼓励和引导充满合作、信任、自豪和归属感的氛围
	二级	◎ 尊重和认可团队成员的工作，并及时给予肯定 ◎ 向团队成员及时提供帮助和支持 ◎ 向团队提供经常的反馈意见，管理和改进团队的工作方式 ◎ 重视团队的工作士气和工作成果，不断增强团队的凝聚力
	三级	◎ 乐于听取不同的意见和建议，集中精力解决问题 ◎ 与团队成员分享学习的心得和工作所需的信息 ◎ 鼓励团队成员为团队目标做出贡献
尊重、培养人才	一级	◎ 提供有效的机制来开发公司成员的潜能，营造尊重人才、培养人才的企业环境 ◎ 以身作则，确保各级管理人员对下属进行有效的指导和帮助 ◎ 快速肯定优秀员工，乐于提拔能力和绩效突出的员工
	二级	◎ 确保下属及时得到有帮助的绩效反馈，有效地利用和开发团队的潜能 ◎ 指导员工处理有挑战性的工作，并鼓励员工接受挑战 ◎ 秉着公平、公正、公开的原则选拔、评价、激励员工，积极为员工创造学习成长的机会，乐于分享自身的经验，并鼓励员工之间的经验分享
	三级	◎ 鼓励公开讨论各种论点和想法，帮助提高员工的主动积极性 ◎ 敏感地发现下属所需的帮助，并激发他们的发展潜力 ◎ 追踪员工的能力开发进度，并及时提供反馈和辅导
激励能力	一级	◎ 能够感知、分析和判断大范围人群的显性和隐性需求及需求变化趋势 ◎ 能够正确评价他人所做出的激励举措的优缺点，并提出意见和建议 ◎ 能够通过系统化的激励措施对大范围的人群产生预期的影响
	二级	◎ 能够感知、分析、判断他人的需求，并能够评价需求的层次 ◎ 能够正确地判断激励措施和绩效表现之间的对应关系 ◎ 能够通过合适的激励措施对他人的行为产生积极的影响

（续表）

岗位素质	级别	内容
	三级	◎ 了解需求的概念，能够理解不同需求之间的差异 ◎ 能够理解不同激励措施对于人群的行为所产生的不同影响 ◎ 能够理解不同激励措施的相互关系及其在运用过程中的差异
沟通影响能力	一级	◎ 清晰地阐述他人的观点并能利用这些观点进行反面论证或树立新观点 ◎ 打破部门及阶层界限，营造开放自由、互相信任的沟通环境 ◎ 运用有力的事例论证、说服他人接受新的想法 ◎ 关心并重视团队的工作士气和工作成功，不断增强团队的凝聚力
	二级	◎ 有说服力地表达自己的观点，熟练地应用各种论证方式对他人产生影响 ◎ 通过沟通建议方案的潜在利益帮助各方达成共识 ◎ 以身作则，实践终身学习和知识分享
	三级	◎ 熟练运用口头和书面的沟通技巧，在不同场合能树立自己适当的形象 ◎ 以开放的心态接纳各种不同的声音，公私分明，不计前嫌，以德服人
专业学习能力	一级	◎ 利用本专业范围外知识提升业务 ◎ 寻找能利用专业知识促进别人项目发展的机会，利用本专业内能促进其他领域工作或项目的专业知识，提高其他部门的效率
	二级	◎ 与他人分享经验，使自己的提议与众不同，能被执行 ◎ 了解专业领域的最新发展情况并思考怎样运用 ◎ 用技术/专业经验验证项目是否可行，促进项目与局面的拓宽
	三级	◎ 在专业方面展示基本的知识，使这些知识有效地用于实践 ◎ 与专业知识保持同步发展，运用专业知识与经验解决问题，帮助他人
计划与控制	一级	◎ 准备和实施长期和短期公司战略计划，收集实施数据，设定管理机制，有条理地实施决策方案 ◎ 建立新的管理技术，帮助改进各项重要工作的效果和效率 ◎ 高效管理内外部影响因素，勇于承担，对自身决策和团队绩效负责
	二级	◎ 制订部门可行的工作计划，持续考核工作的进展，及时修改工作计划 ◎ 分析问题并建议合适的解决方案，有效地平衡工作的质量、成本和时间 ◎ 创造性地运用资源和方法，能够承受内外部压力，保持团队士气
	三级	◎ 制订团队工作计划和工作目标，定义工作任务并分配和控制工作任务 ◎ 在规定时间内交付高质量的工作成果并建立行动记录，控制计划和实际的差距

14.3.1 人力资源经理胜任素质模型

人力资源经理胜任素质模型如图 14-4 所示。

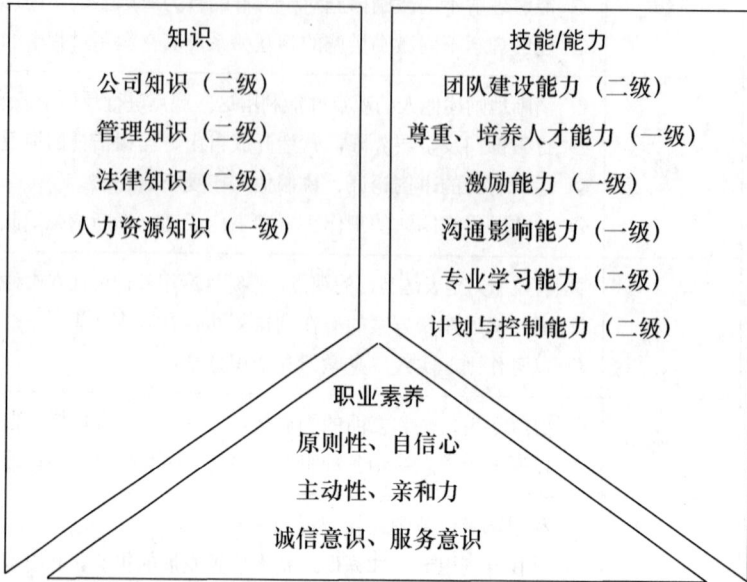

知识	技能/能力
公司知识（二级）	团队建设能力（二级）
管理知识（二级）	尊重、培养人才能力（一级）
法律知识（二级）	激励能力（一级）
人力资源知识（一级）	沟通影响能力（一级）
	专业学习能力（二级）
	计划与控制能力（二级）

职业素养

原则性、自信心

主动性、亲和力

诚信意识、服务意识

图 14-4　人力资源经理胜任素质模型

14.3.2 规划主管胜任素质模型

规划主管胜任素质模型如图 14-5 所示。

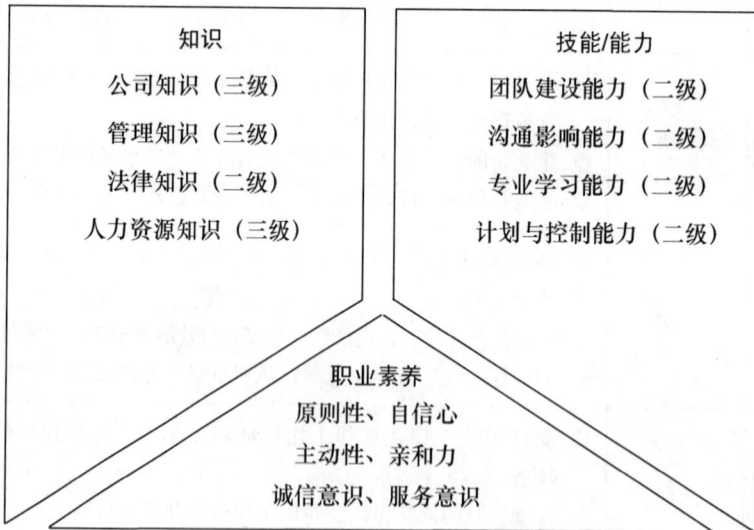

知识	技能/能力
公司知识（三级）	团队建设能力（二级）
管理知识（三级）	沟通影响能力（二级）
法律知识（二级）	专业学习能力（二级）
人力资源知识（三级）	计划与控制能力（二级）

职业素养

原则性、自信心

主动性、亲和力

诚信意识、服务意识

图 14-5　规划主管胜任素质模型

14.3.3　招聘专员胜任素质模型

招聘专员胜任素质模型如图 14-6 所示。

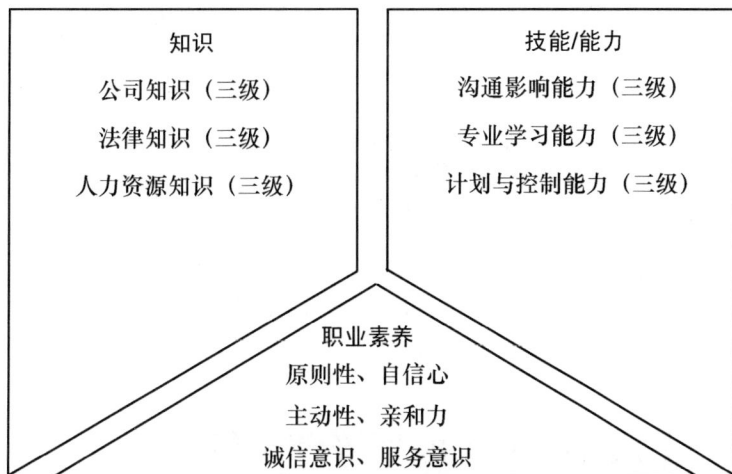

知识

公司知识（三级）

法律知识（三级）

人力资源知识（三级）

技能/能力

沟通影响能力（三级）

专业学习能力（三级）

计划与控制能力（三级）

职业素养

原则性、自信心

主动性、亲和力

诚信意识、服务意识

图 14-6　招聘专员胜任素质模型

14.3.4　社保专员胜任素质模型

社保专员胜任素质模型如图 14-7 所示。

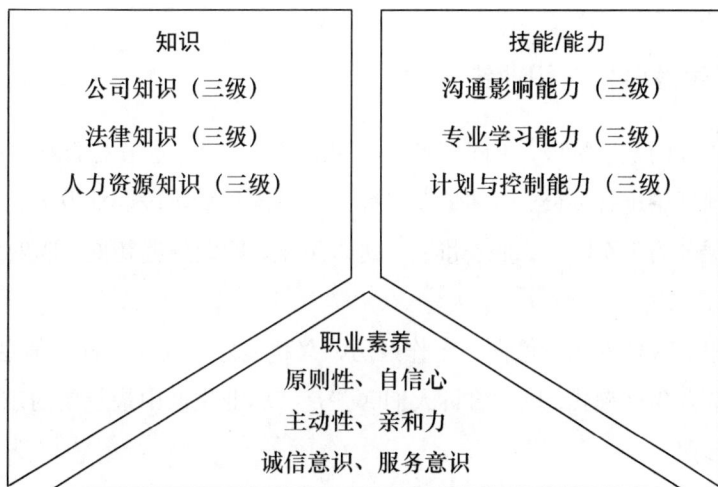

知识

公司知识（三级）

法律知识（三级）

人力资源知识（三级）

技能/能力

沟通影响能力（三级）

专业学习能力（三级）

计划与控制能力（三级）

职业素养

原则性、自信心

主动性、亲和力

诚信意识、服务意识

图 14-7　社保专员胜任素质模型

14.3.5　人事助理胜任素质模型

人事助理胜任素质模型如图 14-8 所示。

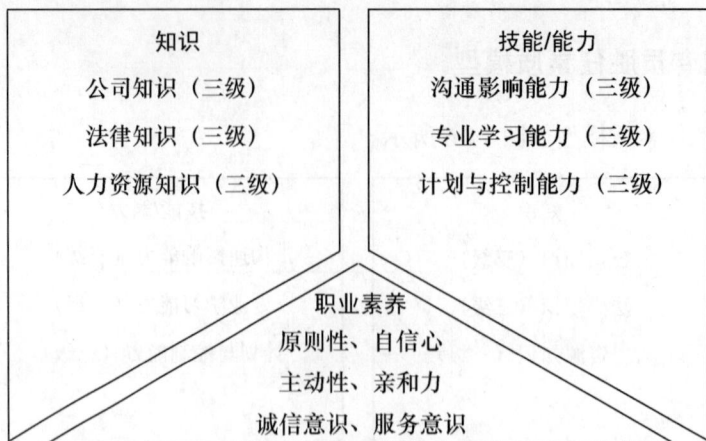

图 14-8　人事助理胜任素质模型

14.4　企业员工职业生涯规划管理示例

职业生涯规划管理是指企业及其员工把个人发展目标与企业发展目标紧密结合，对影响员工职业生涯的个人因素和环境因素进行分析，制定员工个人职业发展战略规划，并创造各种条件促成这种规划得以实现，从而促进企业和员工共同发展的人力资源管理模式。

14.4.1　职业生涯阶段与职业锚

关于职业生涯的发展阶段，不同学者有不同的划分方法。本节对职业生涯发展阶段将按照格林豪斯的理论进行划分。格林豪斯研究人生不同年龄阶段职业发展的主要任务，并将职业生涯发展分为五个阶段：职业准备、进入组织、职业生涯初期、职业生涯中期、职业生涯后期。

职业锚是根据人们的职业性向、工作经历、兴趣爱好、关键事件等信息汇集合成的、带有规律性的职业生涯模式，以此告诉人们哪些是其职业生涯中最重要的东西，并作为今后职业发展的参照。

14.4.2　员工能力开发需求表

企业根据员工的能力开发需求，结合公司人才培养方向来帮助员工制定良好的职业生涯规划。员工能力开发需求表如下所示。

编号：　　　　　　　　填表人：　　　　　　　　日期：＿＿年＿月＿日

姓名			性别			年龄	
岗位名称			所在部门			直接上级	
所承担工作	自我评价			上级评价			上级评价事实依据
	完全胜任	胜任	不能胜任	完全胜任	胜任	不能胜任	
工作内容1							
工作内容2							
对工作的希望和想法				目前实施结果情况			
达到目标所需知识和技能							
需要掌握但目前尚欠缺的知识和技能				所需培训的课程名称			
通过培训已掌握的知识和技能				已培训的课程名称			
对培训实施效果的意见							
需要公司提供的非培训方面的支持				上级意见			

14.4.3　职业生涯规划调查表

要了解某人员是否有明确的职业生涯规划及相关知识，可以通过职业生涯规划调查来完成。职业生涯规划调查表内容如下所示。

职业生涯规划调查表

　　　　姓名：＿＿＿＿＿　　　　　　填表日期：＿＿＿年＿月＿日

1. 您的个人职业规划是什么

2. 您觉得要达到自己的职业规划欠缺的是什么？需要什么帮助（如轮岗、培训学习等）

3. 为达到个人的职业规划，您接下来会怎么做？您的年度行动计划是什么

4. 您的两年（中期）计划是什么？您的五年（长期）计划是什么

（续）

5．您是如何看待职业规划的

（1）可以相信　　（2）不太了解　　（3）不相信　　（4）其他

6．您对目前的职业生涯满意吗

（1）满意　　（2）一般　　（3）不满意　　（4）其他

7．您的职业困惑是什么

（1）不知道自己适合做什么　　（2）发展遇到瓶颈　　（3）工作压力大　　（4）职业倦怠　　（5）其他

8．您若是在职业发展上遇到困惑，一般通过哪种途径解决

（1）找同事或前辈　　（2）找朋友　　（3）找专业咨询师　　（4）其他

9．您若是想要提升自己，一般倾向于通过哪种途径

（1）自学　　（2）参加培训　　（3）视情况而定

10．您是否了解专业咨询领域，您怎么看待他们的服务

11．您对专业咨询服务有什么建议

14.4.4　员工职业生涯规划表

进行员工职业生涯规划要借助科学的工具表单，员工职业生涯规划表如下所示。

编号：　　　　　　　填表人：　　　　　　　日期：＿＿年＿月＿日

姓名			性别		年龄	
岗位名称			所在部门		直接上级	
教育状况	最高学历			毕业时间		
	所学专业			毕业学校		
	涉足领域					
参加过的培训						
具备技能/能力						
工作经历		时间	公司名称	所任岗位	职责描述	

（续）

工作经历				
请选择对自己最重要的三种需要	□弹性工作时间　□成为管理者　□薪酬　□独立□稳定　□休闲 □和家人在一起的时间　□挑战　□成为专家　□创造			
请详细介绍自己的专长				
您对目前工作是否感兴趣，请说明				
请说明您希望选择哪条晋升通道				
请详细介绍自己的短期、中期和长期职业规划设想				

第 15 章 如何进行员工培训与开发管理

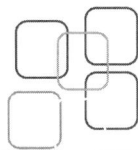

在企业的生产经营过程中，由于企业内外环境的变化以及主客观多种因素的影响，使企业面临一系列的新困难和新问题，当它们只有通过培训才能更好地解决时，企业对员工的培训和开发就应运而生了。

15.1 培训需求分析与信息汇总

企业在生产经营过程中，由于内外部环境的变化以及主观、客观多种因素的影响，面临着一系列的新问题，此时，培训需求就应运而生了。培训需求分析与信息汇总就是采用科学的方法弄清楚谁最需要培训、培训什么内容、为什么培训、培训数据如何汇总等。

15.1.1 培训需求分析的作用

培训需求分析有很强的指导性，是确定培训目标、设订培训计划、有效地实施培训的前提，是进行培训评估的基础，是培训工作准确、及时和有效的重要保障。其具体作用如图 15-1 所示。

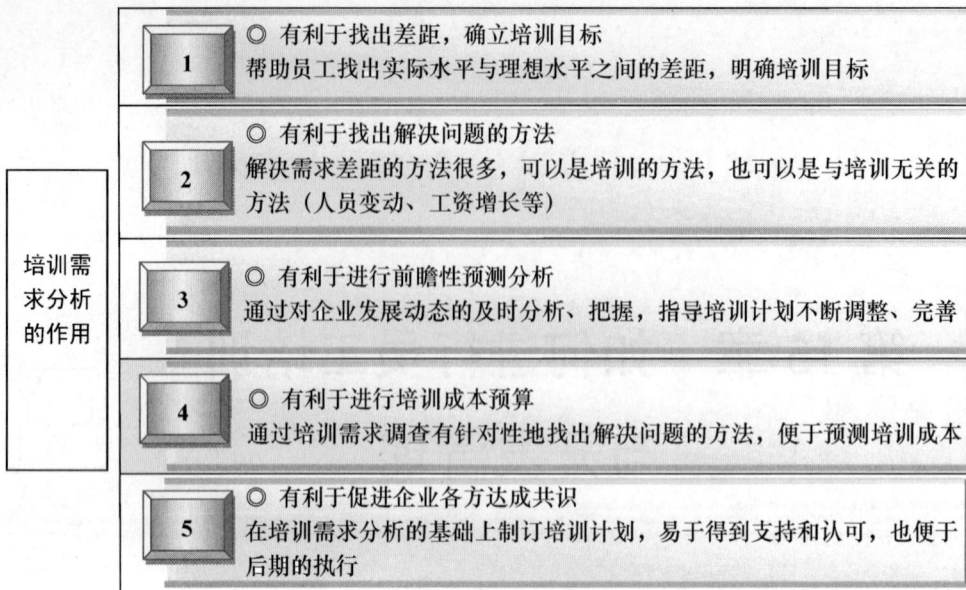

图 15-1 培训需求分析的作用

15.1.2 培训需求分析的内容

通过培训需求分析得到的信息是培训计划制订的重要依据。在做培训需求分析时，培训管理人员要结合企业的战略目标、短期发展计划、企业重点培养团队及人员、关键事件及企业内人员普遍需求等方面进行分析，培训需求分析的内容如表 15-1 所示。

表 15-1 培训需求分析的内容

三个角度	具体层次	分析内容
层次分析	1. 战略层次分析	战略层次的培训需求分析是培训计划制订的重要依据之一。由人力资源部主导，结合公司领导层的密切支持和配合，分析影响企业战略的优先因素，作为培训计划制订的依据
	2. 组织层次分析	组织层次的分析主要是在组织目标明确的前提下，分析影响组织目标实现的因素，并确定通过培训是否可以解决
	3. 员工个人层次分析	员工个人层次分析是要明确个人实际绩效和组织期望绩效之间的差距，并依此制订培训计划，有助于后期培训效果的评估
对象分析	1. 新员工培训需求分析	分析影响新员工很好胜任工作的因素，有针对性地制订培训计划和方案
	2. 在职员工需求分析	分析影响员工绩效的知识、技能等因素，形成对应的培训项目
阶段分析	1. 目前培训需求分析	分析目前影响组织计划达成、目标实现及正常运行等的问题，并确认是否可以通过培训解决，若可以，则采取相应的培训措施

（续表）

三个角度	具体层次	分析内容
阶段分析	2．未来培训需求分析	未来培训需求分析是前瞻性的知识、技能等的储备，是根据组织战略及未来发展可能出现的组织岗位及人员变动需要所做的前期的准备工作

15.1.3　培训需求分析的流程

培训需求分析是培训工作顺利进行的前提，其流程可分为四个阶段，即培训前期准备、制订培训需求调查计划、实施培训需求调查计划、分析培训需求调查信息并形成培训需求调查报告。各阶段所包含的具体内容如图 15-2 所示。

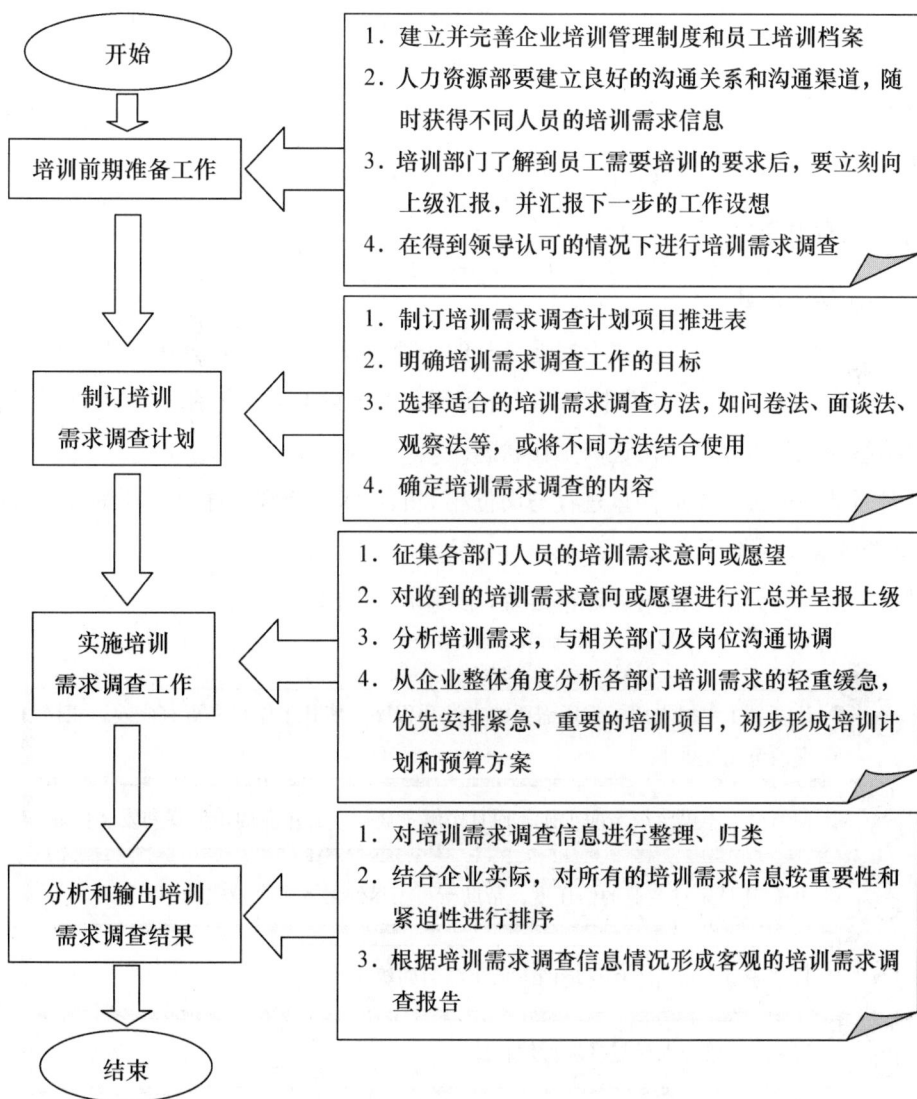

图 15-2　培训需求分析流程图

开始

培训前期准备工作
1．建立并完善企业培训管理制度和员工培训档案
2．人力资源部要建立良好的沟通关系和沟通渠道，随时获得不同人员的培训需求信息
3．培训部门了解到员工需要培训的要求后，要立刻向上级汇报，并汇报下一步的工作设想
4．在得到领导认可的情况下进行培训需求调查

制订培训需求调查计划
1．制订培训需求调查计划项目推进表
2．明确培训需求调查工作的目标
3．选择适合的培训需求调查方法，如问卷法、面谈法、观察法等，或将不同方法结合使用
4．确定培训需求调查的内容

实施培训需求调查工作
1．征集各部门人员的培训需求意向或愿望
2．对收到的培训需求意向或愿望进行汇总并呈报上级
3．分析培训需求，与相关部门及岗位沟通协调
4．从企业整体角度分析各部门培训需求的轻重缓急，优先安排紧急、重要的培训项目，初步形成培训计划和预算方案

分析和输出培训需求调查结果
1．对培训需求调查信息进行整理、归类
2．结合企业实际，对所有的培训需求信息按重要性和紧迫性进行排序
3．根据培训需求调查信息情况形成客观的培训需求调查报告

结束

15.1.4 培训需求信息汇总

对于所收集到的培训需求信息，需要进行归档，同时要制作表格对信息进行统计。在利用直方图、分布曲线图等工具对所表现出的趋势和分布状况予以形象处理后，就要根据处理结果撰写培训需求调查报告。报告结论要以调查信息为依据，不能按照个人主观看法得出结论，做到客观、真实。

15.2 员工培训的分类与设计

员工培训是指组织为开展业务及培育人才的需要，采用各种方式对员工进行有目的、有计划的培养和训练，其目标是使员工不断地更新知识、开拓技能，改进员工的动机、态度和行为，从而促进组织效率的提高和组织目标的实现。从形式上看，员工培训可分为岗前培训、在岗培训和脱产培训。

15.2.1 岗前培训

1. 岗前培训概述

岗前培训是指在新员工正式上岗前进行的培训，培训内容涉及企业规章制度、企业文化、企业环境、岗位职责、岗位技术、工作流程、考核标准等。岗前培训的目的是使新员工尽快熟悉环境和工作，尽快进入工作状态。

针对新调岗的员工，应侧重进行与岗位相关的技术、流程、注意事项等方面的培训。

2. 岗前培训的作用

进行全面、充分的岗前培训非常必要，其作用如图 15-3 所示。

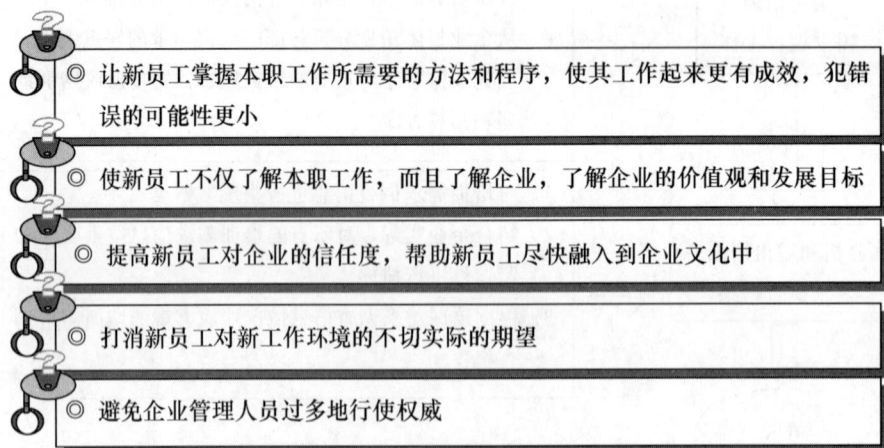

◎ 让新员工掌握本职工作所需要的方法和程序，使其工作起来更有成效，犯错误的可能性更小

◎ 使新员工不仅了解本职工作，而且了解企业，了解企业的价值观和发展目标

◎ 提高新员工对企业的信任度，帮助新员工尽快融入到企业文化中

◎ 打消新员工对新工作环境的不切实际的期望

◎ 避免企业管理人员过多地行使权威

图 15-3 岗前培训的作用

3. 岗前培训的内容

岗前培训的内容需根据企业的实际需求来设计,岗前培训分别涉及公司层面和部门层面的培训。公司层面的培训由人力资源部进行一般性的指导,包括介绍组织的概况、各种人事管理及各项规定、就职规定、薪酬制度、工作时数、员工福利、劳资关系、就职合同等。部门层面的培训由新员工的直属上司执行特定性的指导,包括部门职能、新员工的工作职责、工作地点、安全规范、绩效检查标准等。

15.2.2   在岗培训

1. 在岗培训概述

在岗培训是指为了使员工具备有效完成工作任务所必需的知识、技能和态度,在不离开工作岗位的情况下对员工进行培训,又称在职培训、不脱产培训等。

2. 在岗培训的优点

为提高工作效率,各企业普遍采用在岗培训的方法提升员工的技能,其优点如图 15-4 所示。

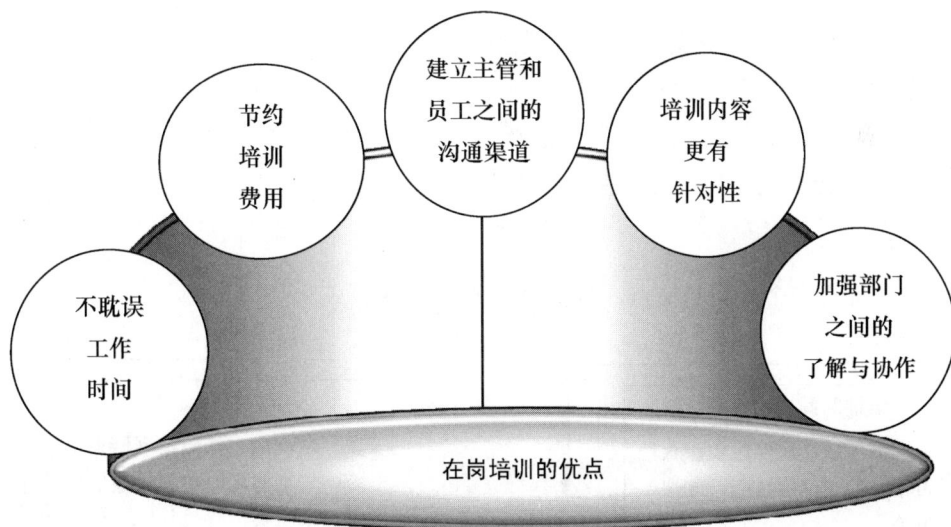

图 15-4   在岗培训的优点

3. 在岗培训的内容和形式

在岗培训的内容大多与岗位密切相关,比如关于工作知识、技能、态度、操作流程、工作标准、注意事项等方面。在岗培训应用较多的形式是"师傅带徒弟"(或者称为"指定指导人")和工作轮换。

"师傅带徒弟"是指老员工指导新到岗人员的工作,使经验、技术有效传承,培养岗位后备人才。

工作轮换是指有计划地安排人员在不同岗位上进行阶段性的工作和学习,全面了解和掌握各岗位的技能。工作轮换要求轮岗人员具有积极、主动学习的能力和意愿,同时要求岗位所属部门负责人给予及时的沟通、指导和督促。

15.2.3 脱产培训

1. 脱产培训概述

脱产培训(Off the Job Training,OFFJT)又称为脱产教育培训,是指离开工作和工作现场,由企业内外的专家和教师对企业内的各类人员进行集中教育培训。

2. 脱产培训的划分

按照不同的角度,脱产培训可以分为不同的种类,具体如表 15-2 所示。

表 15-2　脱产培训划分标准及种类

划分标准	划分种类		
按是否和工作有联系划分	1. 全脱产培训	2. 半脱产培训	
按培训地点划分	1. 公司内部培训	2. 外派培训	
按培训讲师来源划分	1. 内部讲师培训	2. 外部讲师培训	
按培训所用时长划分	1. 临时脱产培训	2. 短期脱产培训	3. 长期脱产培训
按培训人员数量划分	1. 团队脱产培训	2. 个别人员脱产培训	

3. 脱产培训的特点

脱产培训有四个方面的特点,具体内容如图 15-5 所示。

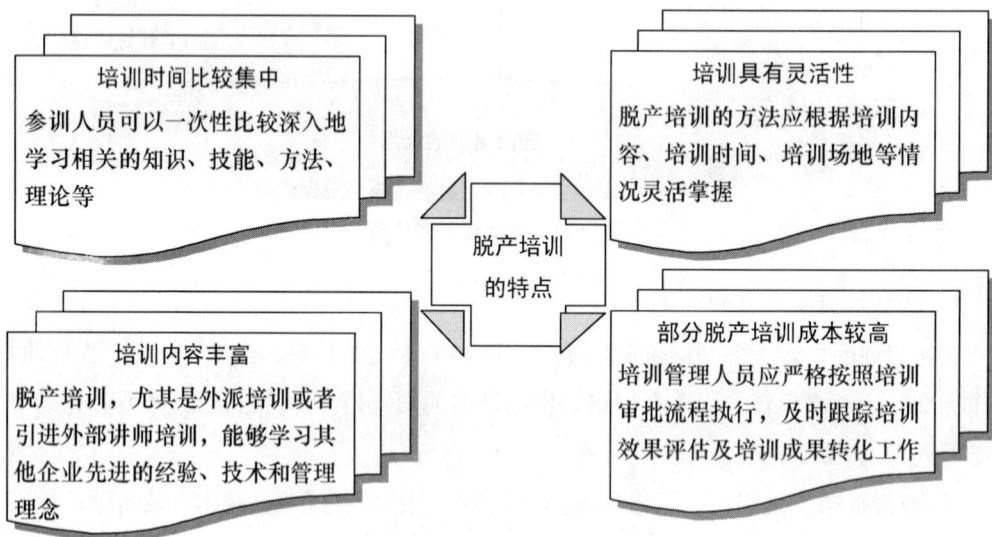

培训时间比较集中
参训人员可以一次性比较深入地学习相关的知识、技能、方法、理论等

培训具有灵活性
脱产培训的方法应根据培训内容、培训时间、培训场地等情况灵活掌握

脱产培训的特点

培训内容丰富
脱产培训,尤其是外派培训或者引进外部讲师培训,能够学习其他企业先进的经验、技术和管理理念

部分脱产培训成本较高
培训管理人员应严格按照培训审批流程执行,及时跟踪培训效果评估及培训成果转化工作

图 15-5　脱产培训的特点

15.3　员工培训方法的选择

员工培训方法的选择要和培训内容紧密相关，不同的培训内容适用于不同的培训方法。不同培训方法有不同的特点，在实际工作中，企业应根据公司的培训目的、培训内容及培训对象选择适当的培训方法。

15.3.1　课堂培训

课堂培训是指讲师和学员在特定的时间、特定的地点，针对某一或某几个方面进行的培训活动。按照不同的培训内容和培训目的，课堂培训可以分为不同的形式，具体如图 15-6 所示。

内容　形式	定义	优点	缺点
讲授法	◎ 讲授法是指教师按照准备好的讲稿系统地向受训者传授知识的方法；适合学员对学科知识和理论的了解	◎ 传授内容多，知识系统全面，有利于大面积培养人才，学员也可向教师请教问题，费用比较低	◎ 传授内容过多，难以消化 ◎ 单向传授，缺乏互动 ◎ 理论与实际脱节 ◎ 不能满足个性需求
专题讲座	◎ 专题讲座是针对某一专题知识进行的，一般只安排一次培训；适合管理人员或技术人员了解专业发展动向或热点	◎ 占用时间少，形式灵活 ◎ 可随时满足学员某一方面的需求 ◎ 讲授内容专一，有利于学员加深印象	◎ 讲授知识集中于一点，不够系统、全面
研讨	◎ 研讨法是指在教师的指导下，学员围绕一个或几个主题进行交流、相互启发的培训形式	◎ 多向交流信息 ◎ 学员全面参与，有利于综合能力的提升 ◎ 加深对所学知识的理解，提升运用能力	◎ 对研讨题目、内容的准备要求比较高 ◎ 对指导老师的要求比较高

图 15-6　课堂培训分类对比

15.3.2 现场培训

现场培训是指在不影响工作的情况下，由老员工指导新人熟悉岗位知识和技能。现场培训可以使员工学到"手把手"传授的工作经验，有利于学习的转化过程，也有利于组织工作流程的连续进行。相对于课堂培训，现场培训更为灵活、及时。现场培训分类及对比如表15-3所示。

表15-3 现场培训分类及对比

类别	定义	优点	缺点
工作指导法	又称教练法、实习法，是指由有经验的工人或直接主管人员在工作岗位上对受训者进行培训的方法。指导教练的任务是教受训者如何做，提出如何做好的建议，并对受训者进行激励	1. 应用广泛，可用于基层岗位，也可用于管理人员。让受训者和现任管理人员一起工作，后者对前者给予指导 2. 在需要时，受训者可顶替岗位	1. 指导者某些不当的工作方法会影响受训人 2. 全盘接受别人的工作方法有时会影响工作的创新
工作轮换法	是指让受训者在预定时期内变换工作岗位，使其获得不同岗位的工作经验	1. 丰富受训者的工作经验，增加其对企业的了解 2. 明确自身的优势和不足，找到合适定位 3. 促进部门间的了解与合作	通才化，适合直线管理人员的培养，不适合职能管理人员
个别指导法	类似于"师傅带徒弟"，由资历深的员工指导新员工，使其迅速掌握岗位技能	1. 新员工在师傅的指导下开始工作，可以避免盲目摸索 2. 有利于新员工尽快融入团队 3. 可以消除刚毕业的受训者开始工作时的紧张感 4. 有利于企业传统优良工作作风的传递 5. 新员工可以从指导人处获取丰富的经验	1. 为防止新员工对自己构成威胁，指导者可能会有意保留自己的经验、技术，从而使指导流于形式 2. 指导者本身水平对新员工的学习效果有极大影响 3. 指导者的不良习惯会影响新员工 4. 不利于新员工的工作创新

15.3.3 自学提升

新员工和老员工都可以通过自学的方法来掌握必备的知识和技能，自学的内容比较广泛，涉及知识、技能、观念、思维、心态等多个方面。自学提升的优点和不足如图15-7所示。

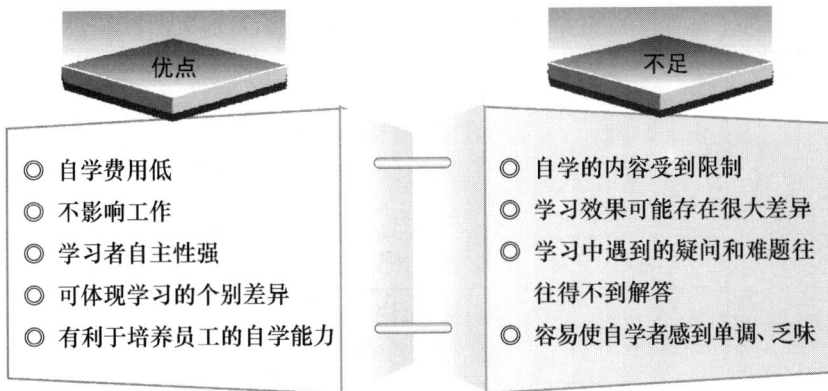

图 15-7　自学提升的优点与不足

15.4　培训经费的核算与控制

培训经费是开展培训工作的物质基础,是培训工作所必须具备的教学场所、教学设施、教师和教材等的资金保证。能否确保经费的来源,能否合理地分配、使用和控制经费,是企业培训工作的重要部分。

15.4.1　培训成本的构成

企业员工的培训成本主要包括培训直接成本和培训间接成本,其具体内容如表 15-4 所示。

表 15-4　培训成本的构成

项目	系列	内容
培训成本	直接成本	指企业为员工培训直接付出的各项费用 主要包括培训资料费,培训管理费,培训设备折旧费,培训机构收取的培训费、差旅费、讲师的课酬费等
	间接成本	主要由培训者和受训者的离岗损失费以及受训者因不熟悉工作而造成的损失费组成

15.4.2　培训成本信息的采集

为了更详细、全面地采集培训成本的信息,可以按照培训工作的管理阶段及流程对培训成本进行分析,具体如表 15-5 所示。

表 15-5　培训成本采集流程

基本流程	子流程	可能产生费用的项目
培训前期工作	培训需求调查	◎ 调查问卷设计、印刷 ◎ 访谈提纲（包括面谈、电话调查等）设计 ◎ 调查实施产生的费用
	培训课程开发	◎ 课程开发费用
	培训提案	◎ 提案制作费 ◎ 提案印刷费
培训准备	培训人员调查	◎ 学习风格测试费 ◎ 管理风格测试费 ◎ 性格倾向测试费
	场地与器材	◎ 场地租赁费 ◎ 设备租赁费 ◎ 必要器材购买 ◎ 易耗品购买
	教案与教材准备	◎ 讲义制作费 ◎ 视频教材制作费
	其他	◎ 笔记本、记录笔、马克笔
培训实施	讲师与助手费用	◎ 差旅住宿费 ◎ 讲课费
	学员费用	◎ 往返交通费 ◎ 学员住宿费
	其他必要开支	◎ 茶点费 ◎ 餐饮费 ◎ 奖品或小礼品
培训后期	培训评估	◎ 后期培训效果追踪与工作指导

15.4.3　培训成本收益的分析

　　培训是企业的投资行为，培训促使员工进行知识充实、技能提高、工作态度转变、行为模式优化等，从而带动员工业绩的提升或企业效能的提高，这就是培训的收益或产出。以客服部门的培训为例，可以从培训后员工业绩的提升和客户投诉率的降低等方面计算投入产出比，如投诉率下降、间接提升业绩等。

　　企业可以从业绩指标评估、员工知识技能提升程度、员工工作态度或满意度提升三个方面来对培训收益进行整体评估，在实施的过程中应注意的内容如图 15-8 所示。

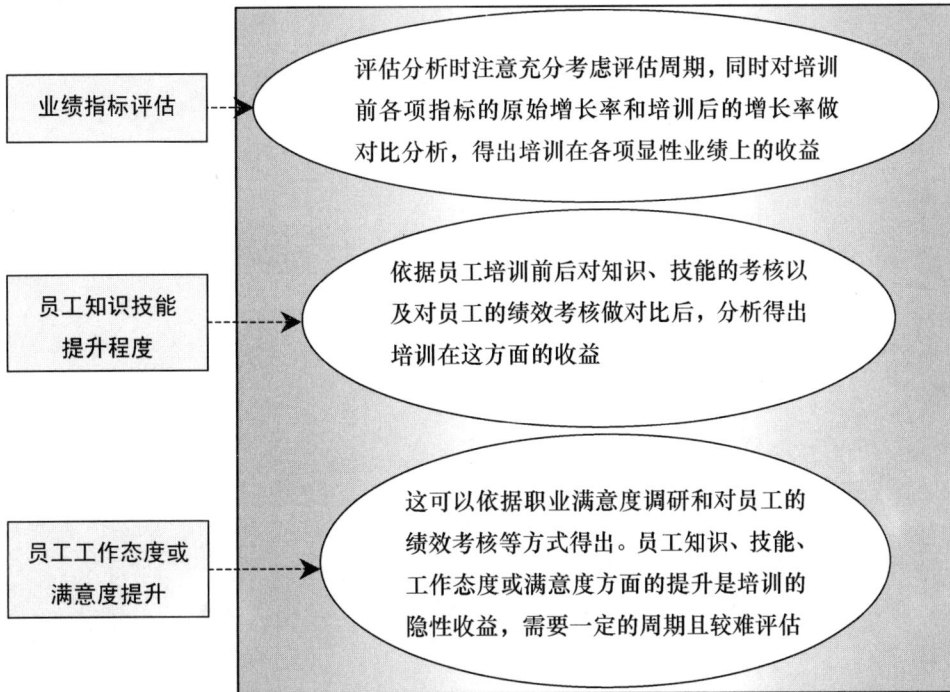

业绩指标评估 ---→ 评估分析时注意充分考虑评估周期，同时对培训前各项指标的原始增长率和培训后的增长率做对比分析，得出培训在各项显性业绩上的收益

员工知识技能提升程度 ---→ 依据员工培训前后对知识、技能的考核以及对员工的绩效考核做对比后，分析得出培训在这方面的收益

员工工作态度或满意度提升 ---→ 这可以依据职业满意度调研和对员工的绩效考核等方式得出。员工知识、技能、工作态度或满意度方面的提升是培训的隐性收益，需要一定的周期且较难评估

图 15-8　培训收益评估时应注意的问题

第16章 如何选择绩效考评的内容与方法

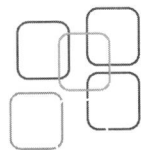

绩效考评是绩效考核和评价的总称，是指考评者对照工作目标或绩效标准，采用一定的考评方法评定员工的工作任务完成情况、员工的工作职责履行程度和员工的发展情况，并将上述评定结果反馈给员工的过程。

16.1 绩效考评的内容选择

企业对于员工的考核应该从多方面、多角度展开。员工的品德、能力、态度、业绩、个性、适应能力等均可作为绩效考评的内容。通常情况下，绩效考评的内容大体可以归纳为能力考评、态度考评和业绩考评三个方面。

16.1.1 绩效考评的类型

根据不同的划分标准，绩效考评可以划分为不同的类型。具体内容如表16-1所示。

表16-1 绩效考核的划分标准及类型

划分标准	类型
考核性质	定性考核、定量考核
考核时间	日常考核、定期考核、不定期考核、长期考核

（续表）

划分标准	类型
考核内容	工作态度考核、工作能力考核、工作业绩考核等
考核目的	例行考核、晋升考核、转正考核等
考核主体	上级考核、自我考核、同事考核、下级考核、客户考核等
考核形式	口头考核与书面考核、直接考核与间接考核、个人考核与集体考核等

16.1.2　能力考评

能力考评是根据职位说明书对岗位的要求，对员工在其工作岗位上显示和发挥出来的能力做出的测评。

能力考评主要对考评对象的经验阅历、知识掌握程度、技能熟练程度、判断能力、理解能力、创新能力、改善能力和企划能力等进行考评。

16.1.3　态度考评

态度考评的要点在于对工作的责任感、主动性、纪律性等方面，具体内容如图 16-1 所示。

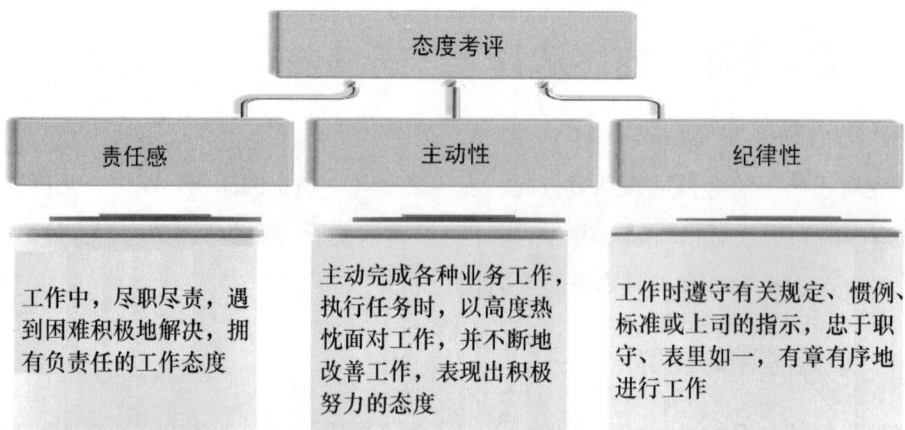

图 16-1　态度考评的要点

16.1.4　业绩考评

业绩考核是对员工所承担岗位的工作成果进行评估，其构成要素包括工作质量、工作结果、任务完成度等。

其中，工作质量主要表现为考评对象对业务处理的过程或成果是否正确，是否都达到了标准要求。工作结果表现为考评对象在规定时期内的业务处理量或数额是否达到标准或计划内要求的水平，工作的速度或时效把握是否合理。任务完成度表现为考评对象是否以公司的战略方针为准则，依照计划目标将业务完成，使其成果的质与量均达到要求的标准。

16.2 绩效考评的方法

一般来讲，由于员工绩效具有多因性、多维性和动态性三个方面的基本特征，在设计和选择绩效考评方法时，可以根据考评对象的性质和特点，分别采用品质导向型、行为导向型和结果导向型三种绩效考评方法。

16.2.1 品质导向型考评方法

品质导向型考评方法采用特征性效标，以考核员工的潜质为主，着眼于"他这个人怎么样"，重点考量该员工是一个具有何种潜质（如心理品质、能力素质）的人。

品质导向型的考评涉及员工信念、价值观、动机、忠诚度、诚信度以及一系列能力素质，如领导力、人际沟通能力、组织协调能力、理解力、判断力、创新能力、改善力、企划力、研究能力、计划能力等。

由于品质主导型的考评需要使用如忠诚、可靠、主动、创造性、自信心、合作精神等定性的形容词，所以很难具体掌握，并且考核操作性以及信度和效度较差。

16.2.2 行为导向型考评方法

行为导向型考评方法采用行为性效标，以考评员工的工作行为为主，着眼于"干什么"、"如何去干"，重点考量员工的工作方式和工作行为。以下是行为导向型考评方法的主要内容，如表 16-2 所示。

表 16-2 行为导向型考评方法的主要内容

分类	方法	定义及程序
主观考评方法	排列法	也称为排序法、简单排列法，是绩效考评中比较简单易行的一种综合比较方法。它由上级主管根据员工工作的整体表现，按照优劣顺序进行排序

分类	方法	定义及程序
主观考评方法	选择排列法	（1）首先在所有员工中挑出最好的员工 （2）然后再挑出最差的员工，分别将他们作为第一名和最后一名 （3）接着，在剩下的员工中再选择出最好和最差的，分别将其排列在第二名和倒数第二名，以此类推 （4）最终将所有员工按照优劣顺序全部排列完毕
	成对比较法	也称为配对比较法、两两比较法等 （1）根据某种考评要素（如工作质量）将所有参加考评的人员逐一比较，按照从做最好到最差的顺序对被考评者进行排序 （2）再根据下一个考评要素进行两两比较，得出本要素被考评者的排列次序 （3）依此类推，经汇总后求出被考评者所有考评要素的平均排序数值，得出最终考评排序结果
	强制分布法	也称为强迫分配法、硬性分布 假设员工的工作行为和工作绩效整体呈正态分布，那么按照正态分布的规律，员工的工作行为和工作绩效好、中、差的分布存在一定的比例关系，在中间的员工应该最多，好的、差的是少数 强制分布法就是按照一定的百分比，将被考评的员工强制分配到各个类别中
客观考评方法	关键事件法	也称重要事件法 在某些工作领域内，在完成工作任务的过程中，员工有效的工作行为导致了成功，无效的工作行为导致了失败。关键事件法的设计者将这些有效或无效的工作行为称为"关键事件"，考评者要记录和观察这些关键事件，因为它们通常描述了员工的行为以及工作行为发生的具体背景条件
	行为锚定等级评定法	也称为行为定位法、行为决定性等级量表法 它将关键事件和等级评价有效地结合在一起，通过一张行为等级表可以发现，在同一个绩效维度中存在一系列的行为，每种行为分别表示这一维度中的一种特定绩效水平，将绩效按等级量化，可以使考核的结果更有效、更公平
客观考评方法	行为观察法	也称为行为观察评价法、行为观察量表法、行为观察量表评价法 它首先确定员工某种行为出现的概率，要求评定者根据某一工作发生的概率或次数来对被评定者打分
	加权选择量表法	其具体形式是用一系列的形容词或描述性的语句说明员工各种具体的工作行为和表现，并将这些语句分别列入量表中，作为考评者评价的依据。在打分时，如果考评者认为被考评者的行为符合量表中所列的项目，就做相应的标记

16.2.3　结果导向型考评方法

结果导向型的考评方法是以实际产出为基础,考评的重点是员工工作的成效和劳动成果。一般来说,结果导向型考评方法主要有四种不同的表现形式:目标管理法、绩效管理法、直接指标法和成绩记录法。具体内容如图 16-2 所示。

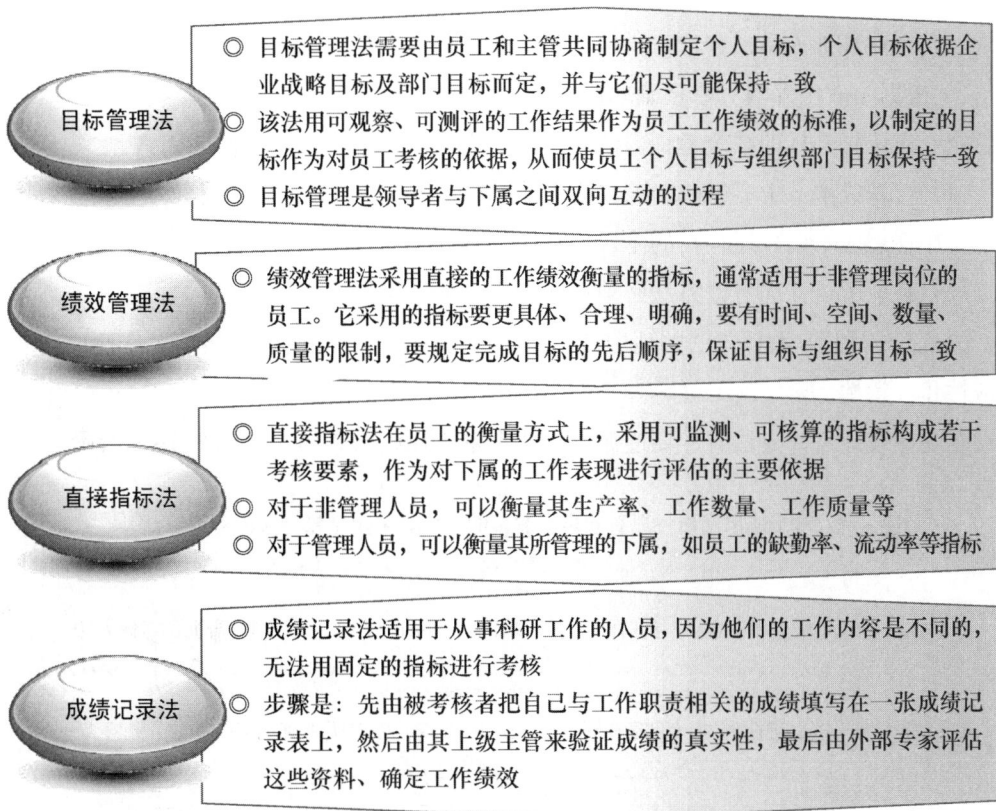

目标管理法
- ◎ 目标管理法需要由员工和主管共同协商制定个人目标,个人目标依据企业战略目标及部门目标而定,并与它们尽可能保持一致
- ◎ 该法用可观察、可测评的工作结果作为员工工作绩效的标准,以制定的目标作为对员工考核的依据,从而使员工个人目标与组织部门目标保持一致
- ◎ 目标管理是领导者与下属之间双向互动的过程

绩效管理法
- ◎ 绩效管理法采用直接的工作绩效衡量的指标,通常适用于非管理岗位的员工。它采用的指标要更具体、合理、明确,要有时间、空间、数量、质量的限制,要规定完成目标的先后顺序,保证目标与组织目标一致

直接指标法
- ◎ 直接指标法在员工的衡量方式上,采用可监测、可核算的指标构成若干考核要素,作为对下属的工作表现进行评估的主要依据
- ◎ 对于非管理人员,可以衡量其生产率、工作数量、工作质量等
- ◎ 对于管理人员,可以衡量其所管理的下属,如员工的缺勤率、流动率等指标

成绩记录法
- ◎ 成绩记录法适用于从事科研工作的人员,因为他们的工作内容是不同的,无法用固定的指标进行考核
- ◎ 步骤是:先由被考核者把自己与工作职责相关的成绩填写在一张成绩记录表上,然后由其上级主管来验证成绩的真实性,最后由外部专家评估这些资料、确定工作绩效

图 16-2　结果导向型考评方法的表现形式

16.3　员工绩效考评的流程设计

员工绩效考评的流程设计一般包括四个阶段:准备阶段、考评阶段、总结阶段和应用开发阶段。

16.3.1　准备阶段

1. 明确绩效管理的对象以及各个管理层次的关系,正确回答"谁来考评、考评谁"

的问题，并对考评人员进行培训。

从企业的情况来看，绩效管理会涉及以下五类人员。

（1）考评者：涉及各层级管理人员（主管）、人力资源部专职人员。

（2）被考评者：涉及全体员工。

（3）被考评者的同事：涉及全体员工。

（4）被考评者的下级：涉及全体员工。

（5）企业外部人员：客户、供应商等与企业有关联的外部人员。

2．根据绩效考评的对象正确地选择考评方法。

企业在选择具体的绩效考评方法时，应该充分考虑以下三个方面的因素。

（1）管理成本：主要包括考评方法研制开发的成本、执行前的预付成本、实施应用成本以及在管理成本以外还存在的隐性成本。

（2）企业所设计的考评方法必须切实可用，便于贯彻实施。

（3）工作适用。考评方法的适用性是指考评方法、工具和岗位人员的工作性质之间的对应性和一致性。

企业在设计考评方法时，要遵循以下四个基本原则，具体内容如图16-3所示。

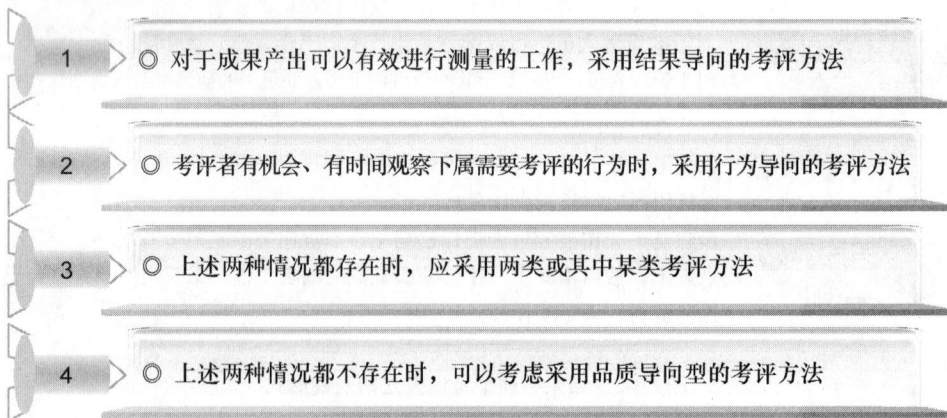

1	◎ 对于成果产出可以有效进行测量的工作，采用结果导向的考评方法
2	◎ 考评者有机会、有时间观察下属需要考评的行为时，采用行为导向的考评方法
3	◎ 上述两种情况都存在时，应采用两类或其中某类考评方法
4	◎ 上述两种情况都不存在时，可以考虑采用品质导向型的考评方法

图 16-3 设计考评方法应遵循的原则

3．根据绩效考评的方法提出绩效考核的指标和标准体系，明确地回答"考评什么"，"如何进行衡量和评价"的问题。

4．明确绩效考评的运作程序和实施步骤

（1）确定考评时间。包括考评时间和考评期限的设计。

（2）确定考评程序。从企业全局来看，绩效管理需要按照一定的时间顺序按部就班地推行，其基本的运作程序如图16-4所示。对于各个绩效管理的单元来说，其基本的实施步骤如图16-5所示。

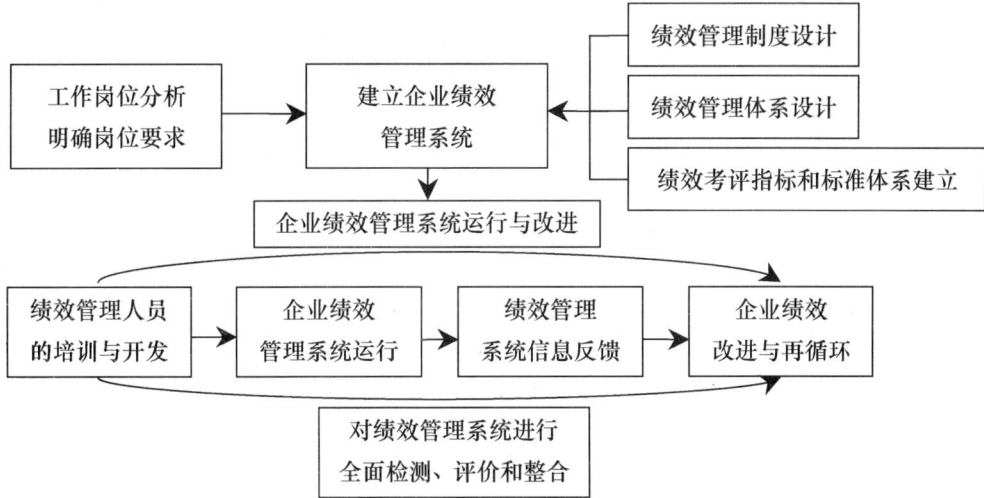

图 16-4　企业全局下的绩效管理基本运作程序

图 16-5　绩效管理单元下的工作步骤

16.3.2　考评阶段

考评阶段是绩效管理的重心，它不仅关系到整体绩效管理系统运作的质量和效果，也将涉及到员工当前和长远的利益，需要人力资源部门和所有参与考评的主管高度重视，并注意从以下五个方面做好考评工作，如表 16-3 所示。

表 16-3　考评阶段应注意的五个方面

五个方面	具体内容
考评的准确性	1. 正确的绩效考评结果有利于人事决策的科学性，能够有效地激励员工、鼓舞士气

（续表）

五个方面	具体内容
考评的准确性	2. 不准确的绩效评分不但会造成决策上的偏失、严重挫伤员工的积极性，还会引起员工较大幅度的流失，给企业正常的生产活动带来极为不利的影响
考评的公正性	1. 为保证绩效考评的公正性，人力资源部应建立两个保障系统（公司员工绩效评审系统、公司员工申诉系统） 2. 缺乏公正公平性的考评会使员工产生不良情绪，会对绩效管理活动产生严重的干扰和破坏
考评结果的反馈方式	人力资源部应采用灵活多变、因人而异的信息回馈方式，选择有理、有利、有节的面谈策略，准确地向考评者传达其在工作中的优点和不足，使被考评者及时地调整方向，改进并完善自己的工作方法
对考评使用表格进行再检验	对考评使用表格进行再检验主要包括考核指标相关性检验、考评标准准确性检验、考评表格的复杂程度检验
对考评方法进行审核	采用成本、适用、实用相结合的方法对考评方法进行审核

16.3.3　总结阶段

总结阶段是绩效管理的一个重要阶段。在这个阶段，各个管理的单元，即主管和下级之间需要完成绩效考评的总结工作：各个部门乃至全公司应当根据各自的职责范围和要求，对绩效管理的各项活动进行深入全面的总结，完成绩效考评的总结工作，同时做好下一个循环的绩效管理准备工作。总结阶段要完成工作的具体内容如图16-6所示。

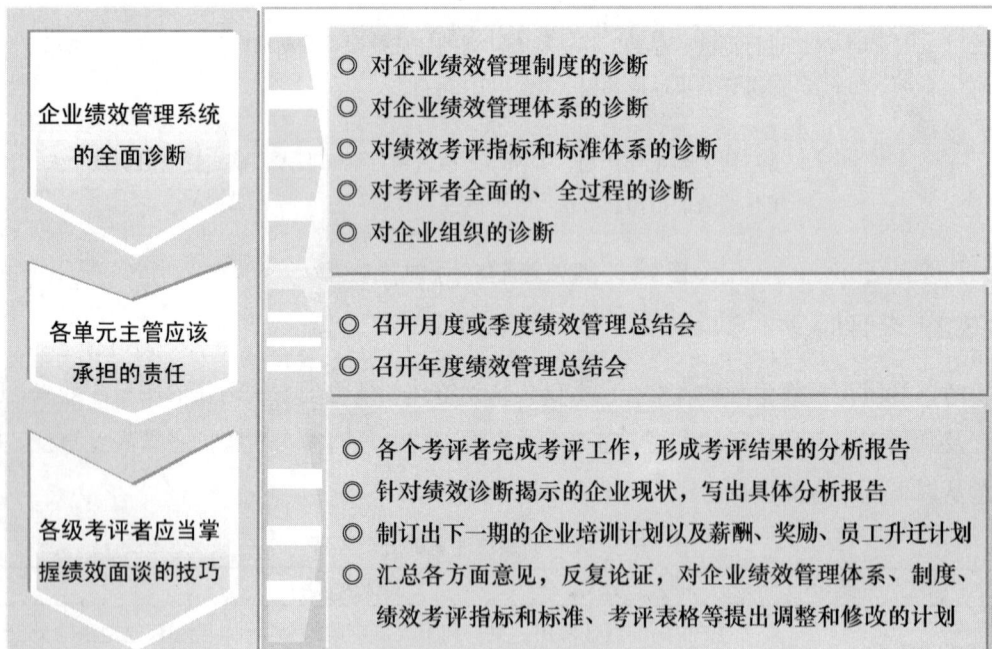

企业绩效管理系统的全面诊断
- ◎ 对企业绩效管理制度的诊断
- ◎ 对企业绩效管理体系的诊断
- ◎ 对绩效考评指标和标准体系的诊断
- ◎ 对考评者全面的、全过程的诊断
- ◎ 对企业组织的诊断

各单元主管应该承担的责任
- ◎ 召开月度或季度绩效管理总结会
- ◎ 召开年度绩效管理总结会

各级考评者应当掌握绩效面谈的技巧
- ◎ 各个考评者完成考评工作，形成考评结果的分析报告
- ◎ 针对绩效诊断揭示的企业现状，写出具体分析报告
- ◎ 制订出下一期的企业培训计划以及薪酬、奖励、员工升迁计划
- ◎ 汇总各方面意见，反复论证，对企业绩效管理体系、制度、绩效考评指标和标准、考评表格等提出调整和修改的计划

图16-6　绩效考评总结阶段要完成的工作

16.3.4 应用开发阶段

应用开发阶段是绩效管理的终点，也是一个新的绩效管理循环的开始。在这个阶段应重视以下四个方面的开发，推动绩效管理工作顺利开展，如图 16-7 所示。

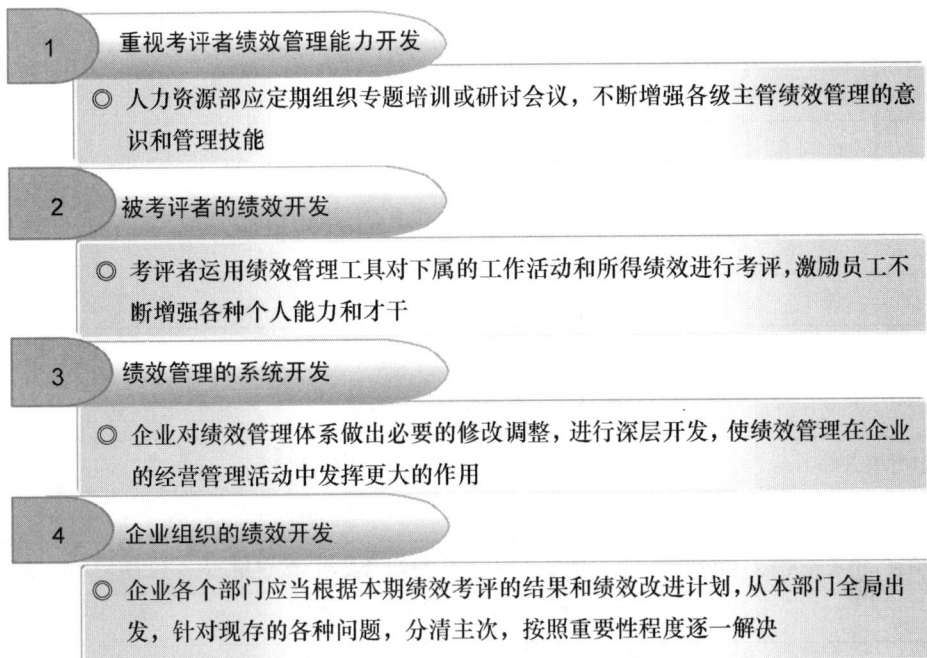

1 重视考评者绩效管理能力开发

◎ 人力资源部应定期组织专题培训或研讨会议，不断增强各级主管绩效管理的意识和管理技能

2 被考评者的绩效开发

◎ 考评者运用绩效管理工具对下属的工作活动和所得绩效进行考评，激励员工不断增强各种个人能力和才干

3 绩效管理的系统开发

◎ 企业对绩效管理体系做出必要的修改调整，进行深层开发，使绩效管理在企业的经营管理活动中发挥更大的作用

4 企业组织的绩效开发

◎ 企业各个部门应当根据本期绩效考评的结果和绩效改进计划，从本部门全局出发，针对现存的各种问题，分清主次，按照重要性程度逐一解决

图 16-7 应用开发阶段四个方面的开发工作

16.4 绩效考评数据分析与处理

对企业来讲，做好绩效管理工作的一个重要事项就是，企业需要运用绩效考评相关的工具，对绩效考评的数据进行科学的分析与合理的处理。

16.4.1 考评表格设计与发放

对绩效考评表格进行设计时，首先要以选择的考核方法为导向，确定考评表格的样式，并根据考评的对象明确考核内容与考核要项，制定出考核评分标准，设计出与考核表格相关的文本。企业绩效管理相关人员在实际开展绩效考核工作时，需将考评表格发放至考核者手中，考核者根据既定考核对象进行绩效考核工作的实施。

以下是企业某部门考评表格和某岗位考评表格，具体内容如表 16-4 和表 16-5 所示。

表 16-4　企业某部门考评表格

××部关键绩效考核指标						
考核项	指标类型	考核指标细化	权重（%）	分值	考核者	参考资料出处
部门经理（签字）			考核者（签字）			

表 16-5　企业某岗位考评表格

被考核人姓名			所属部门				
考核人			考核时间				
考核项目	考核指标	权重	完成时间	完成情况	改进措施	检查人	备注
被考核人（签字）		考核人（签字）			检查人（签字）		

16.4.2　考评数据的分析方法

对员工绩效进行考评时，不但要对员工绩效计划的实施情况进行评价，分析其工作行为、工作结果以及计划目标实现的程度，还要找出其工作绩效的差距和不足，具体的方法如下。

1．目标比较法

目标比较法是将评价期内员工的实际工作表现与绩效计划的目标进行对比,寻找工作绩效的差距和不足。例如，某下属绩效计划的目标是在本期内市场销售额达到 100 万元，实际只完成了 80 万元，实际与计划相比，有 20 万元的差距。

2．水平比较法

水平比较法是将考评期内员工的实际业绩与上一期（或去年同期）的工作业绩进行比较。例如，某个员工在上个季度考评时，一次产品抽查的不合格率为 3%，而本季度该员工的一次产品抽查的不合格率为 5%，超出上个季度两个百分点。

3．横向比较法

为了查找工作绩效上的差距和不足,除了可以采用上述的目标比较法和水平比较法之外，还可以在各个部门或单位之间、各个下属成员之间进行横向比较，以发现组织与下属员工工作绩效中实际存在的差距和不足。

16.4.3　考评档案的保管

在绩效管理的实施阶段，无论是从宏观上看，还是从微观上看，在绩效管理系统运行的过程中都会产生大量的考评数据和相关资料。这些考评数据和资料可能涉及考评指标和标准体系，也可能涉及某些部门或个人，因此，需要各级主管定期或不定期地对这些信息进行存档和保管，以便为下一阶段的考评工作提供准确、可靠的数据资料。

考评档案的保管有以下五点要求，具体内容如图 16-8 所示。

1	◎ 对于需保管的考评档案，应尽可能以文字的形式证明所有的行为，应分别包括有利和不利的记录
2	◎ 对于需保管的考评档案，应当说明是考评者直接观察的第一手资料，还是间接地由他人观察的结果
3	◎ 对于需保管的考评档案，应详细记录事件发生的时间、地点以及参与者
4	◎ 对于需保管的考评档案，在描述员工的行为时，应尽可能对行为过程、行为的环境和行为的结果做出说明
5	◎ 对于绩效考核数据，应在考核结束后以部门为单位送达人力资源部。人力资源部对所报考核数据进行审核汇总分析；考核数据和报告作为存档资料由人力资源部及时存档，并妥善保管

图 16-8　考评档案保管的要求

16.4.4　绩效管理的总结

为了有效地避免、防止和解决在绩效考评中出现可能的偏差和错误，企业管理人员应对绩效管理做出客观的总结，具体的措施和方法如图 16-9 所示。

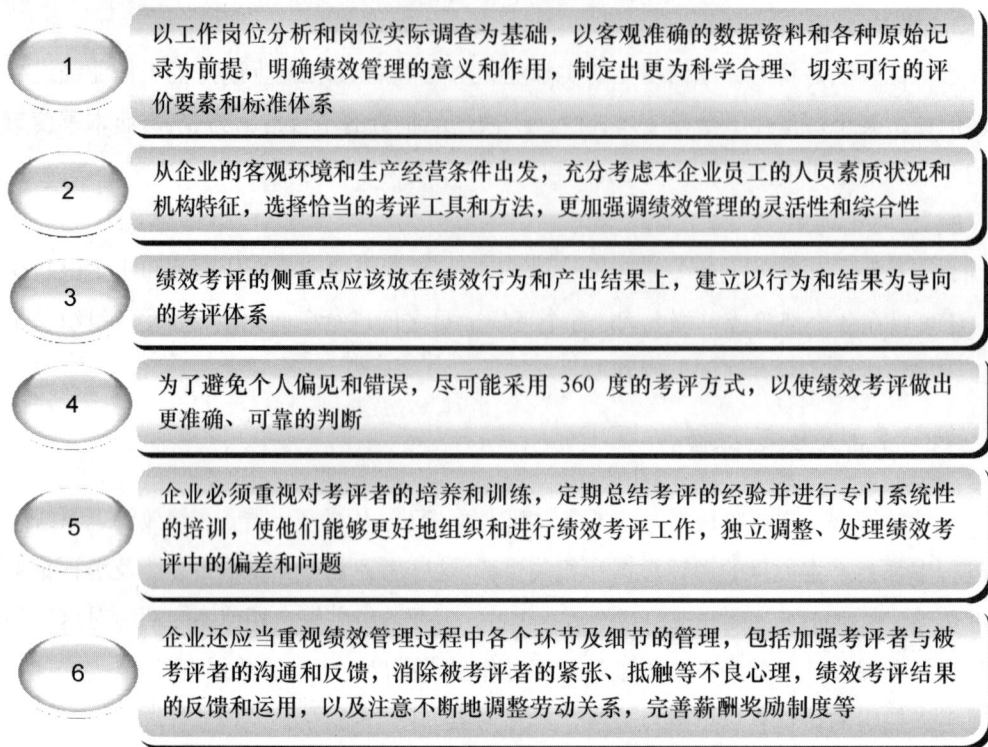

1　以工作岗位分析和岗位实际调查为基础，以客观准确的数据资料和各种原始记录为前提，明确绩效管理的意义和作用，制定出更为科学合理、切实可行的评价要素和标准体系

2　从企业的客观环境和生产经营条件出发，充分考虑本企业员工的人员素质状况和机构特征，选择恰当的考评工具和方法，更加强调绩效管理的灵活性和综合性

3　绩效考评的侧重点应该放在绩效行为和产出结果上，建立以行为和结果为导向的考评体系

4　为了避免个人偏见和错误，尽可能采用 360 度的考评方式，以使绩效考评做出更准确、可靠的判断

5　企业必须重视对考评者的培养和训练，定期总结考评的经验并进行专门系统性的培训，使他们能够更好地组织和进行绩效考评工作，独立调整、处理绩效考评中的偏差和问题

6　企业还应当重视绩效管理过程中各个环节及细节的管理，包括加强考评者与被考评者的沟通和反馈，消除被考评者的紧张、抵触等不良心理，绩效考评结果的反馈和运用，以及注意不断地调整劳动关系，完善薪酬奖励制度等

图 16-9　绩效管理总结的措施和方法

第 17 章　如何设计量化的
考核指标体系

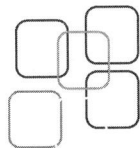

绩效考核是针对每位员工所承担的工作，通过应用各种科学的方法，对员工的工作行为、工作效果及其对企业的贡献进行的考核和评价。考核指标的量化使考核管理更全面、更公平。

17.1　绩效考核指标设计

由于绩效考评的对象、目的和性质不同，绩效考评指标体系的结构和内容也不同。所以，在设计绩效考核指标时，需掌握一定的原则和方法。

17.1.1　绩效指标是什么

绩效指标就是考核因素或评估项目，是指具体从哪些方面对考核内容进行衡量或评价，它要解决的是我们需要"评价什么"的问题。例如，我们常说的利润率、销售额、费用节约率等就是绩效指标。

绩效指标有多种分类方式，具体如下。

1. 根据绩效考核的内容分类，绩效指标可分为业绩指标、能力指标、态度指标，具体内容如图 17-1 所示。

类别	主要含义	具体内容
1 业绩指标	◎ 工作业绩就是工作行为产生的结果	◎ 业绩指标通常具体表现为完成工作的数量指标、质量指标、工作效率指标以及成本费用指标
2 能力指标	◎ 工作能力指标是因为不同职务对人的工作能力要求不同而产生的	◎ 能力具体包括健康状况、专业知识水平、反应判断能力、组织表达能力、创新能力、操作技能等
3 态度指标	◎ 工作态度指标依据企业文化、影响员工业绩的主观因素确定	◎ 一般指纪律性、协作性、积极性、团队精神、进取精神、敬业精神、责任感、荣誉感、忠诚度等内容

图 17-1　绩效指标根据内容分类

2. 根据指标的可量化性，绩效指标可分为硬指标和软指标，具体内容如表 17-1 所示。

表 17-1　硬指标和软指标的内容及特点

项目	内容	特点
硬指标	硬指标是以统计数据为基础，把统计数据作为主要评估信息，建立评估数学模型，以数学手段求得评估结果，并以数量表示评估结果的绩效指标	1. 能够摆脱个人经验和主观意识的影响，客观准确 2. 缺乏灵活性，数据本身并不能完全说明所要评估的事实情况
软指标	软指标是指那些主要通过人的主观评估得出结果的评估指标	1. 不受统计数据的限制，可以充分发挥人的智慧和经验，综合更多的因素，考虑问题更加全面 2. 容易受主观因素的影响 3. 软指标的评估通常由多个评估主体共同进行，从而产生一个比较公正、完善的结论

在实际工作中，我们往往将硬指标和软指标结合起来使用，以达到扬长避短的效果：对硬指标的评估进行一个定性的分析，而对软指标的评估则加上一个定量化的换算过程。

3. 特质指标、行为指标、结果指标

这是一种比较常见的分类指标，三类绩效指标的比较如图 17-2 所示。

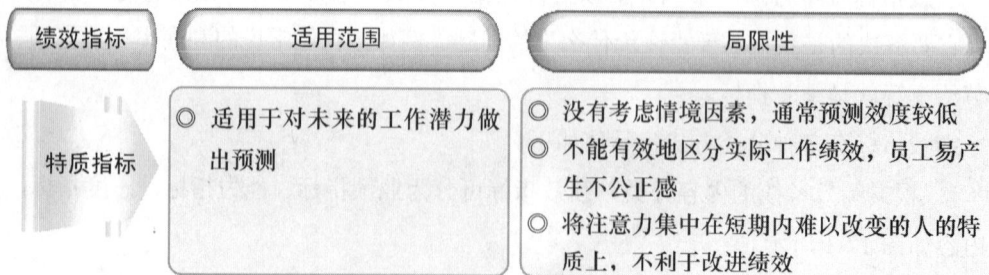

绩效指标	适用范围	局限性
特质指标	◎ 适用于对未来的工作潜力做出预测	◎ 没有考虑情境因素，通常预测效度较低 ◎ 不能有效地区分实际工作绩效，员工易产生不公正感 ◎ 将注意力集中在短期内难以改变的人的特质上，不利于改进绩效

图 17-2　三类绩效指标的比较

行为指标	◎ 适用于考核可以通过单一的方法或程序化的方式，实现绩效标准或绩效目标的岗位	◎ 需要对那些同样能够达到目标的不同行为进行区分，以选择真正适合组织需要的方式，这一点十分困难 ◎ 当员工认为其工作重要性较小时，意义不大
结果指标	◎ 适用于考核那些可以多种方法达到绩效标准或绩效目标的岗位	◎ 结果有时不完全受考核对象的控制 ◎ 容易诱使考核对象为了达到一定的结果而不择手段，使组织在获得短期利益的同时丧失长期利益

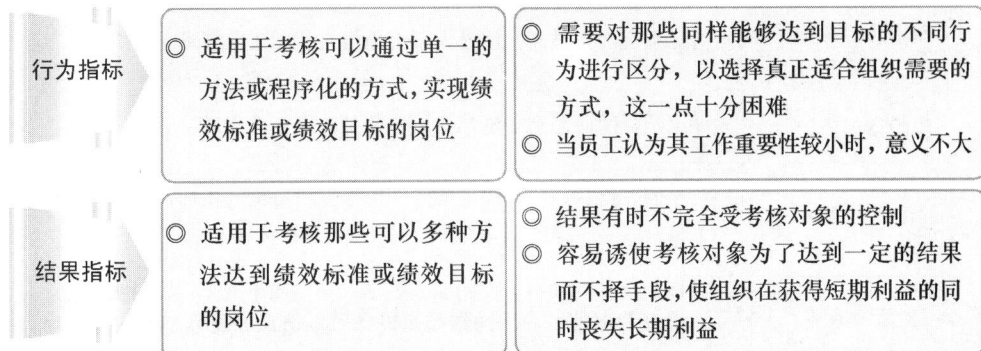

图 17-2　三类绩效指标的比较（续）

17.1.2　绩效指标设计的原则

绩效指标必须支持企业目标的实现，全面、合理的绩效指标设计应该是以企业发展战略为导向，以工作分析为基础，结合业务流程来进行的。绩效指标设计的依据如图 17-3 所示。

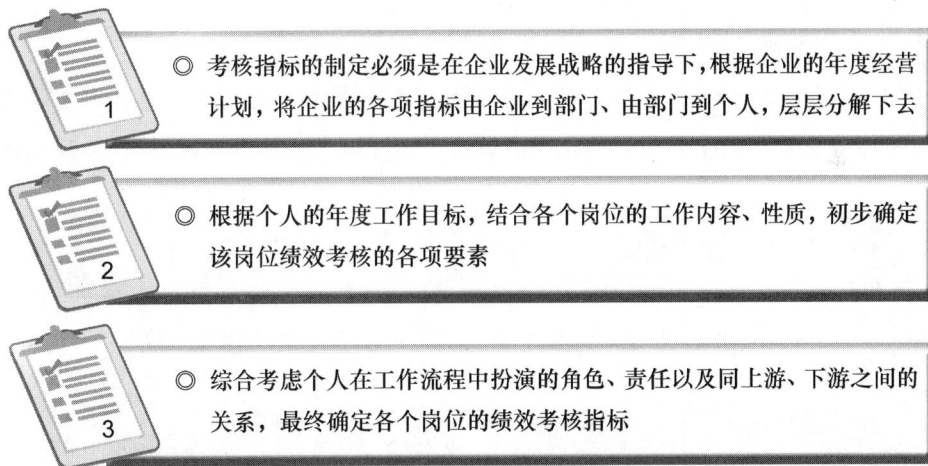

1　◎ 考核指标的制定必须是在企业发展战略的指导下，根据企业的年度经营计划，将企业的各项指标由企业到部门、由部门到个人，层层分解下去

2　◎ 根据个人的年度工作目标，结合各个岗位的工作内容、性质，初步确定该岗位绩效考核的各项要素

3　◎ 综合考虑个人在工作流程中扮演的角色、责任以及同上游、下游之间的关系，最终确定各个岗位的绩效考核指标

图 17-3　绩效指标设计依据

绩效指标的设计需要遵循以下八项原则，具体如图 17-4 所示。

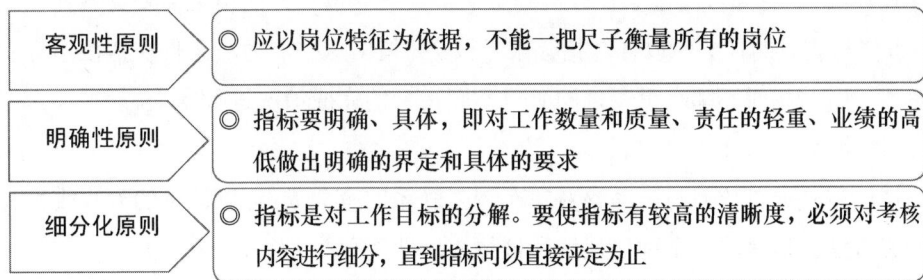

客观性原则	◎ 应以岗位特征为依据，不能一把尺子衡量所有的岗位
明确性原则	◎ 指标要明确、具体，即对工作数量和质量、责任的轻重、业绩的高低做出明确的界定和具体的要求
细分化原则	◎ 指标是对工作目标的分解。要使指标有较高的清晰度，必须对考核内容进行细分，直到指标可以直接评定为止

图 17-4　绩效指标设计原则

可操作性原则	◎ 指标不宜定得过高，应最大限度地符合实际工作要求
界限清楚原则	◎ 每项指标的内涵和外延都应界定清楚，避免产生歧义
可比性原则	◎ 对于同一层次、同一职务或同一工作性质岗位的指标，必须在横向上保持一致
少而精原则	◎ 指标应能够反映出工作的主要要求，应当简单明了，容易被执行、被接受和理解。简单的结构可以使考核信息的处理和评估过程缩短，提高考核工作效率
相对稳定性原则	◎ 指标选择后，要保持相对的稳定，不能随意更改

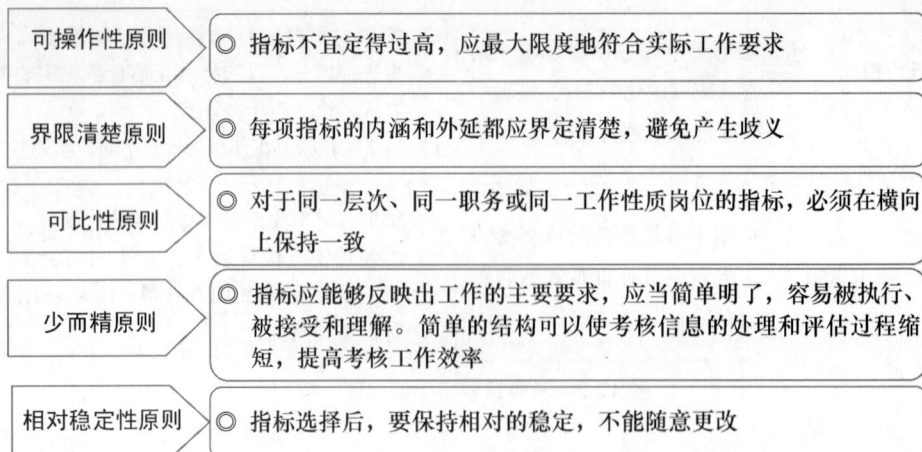

图 17-4　绩效指标设计原则（续）

17.1.3　绩效指标设计的方法

设计绩效指标的方法主要有以下四种。

1. 工作分析法

工作分析法采用科学的方法收集工作信息，通过分析与综合工作信息找出主要的工作因素。工作分析主要由职务说明和人员要求两个部分组成，具体内容如图 17-5 所示。

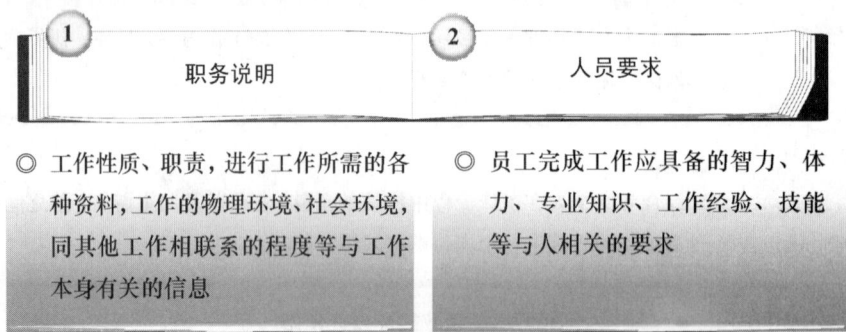

| ① 职务说明 | ② 人员要求 |
| ◎ 工作性质、职责，进行工作所需的各种资料，工作的物理环境、社会环境，同其他工作相联系的程度等与工作本身有关的信息 | ◎ 员工完成工作应具备的智力、体力、专业知识、工作经验、技能等与人相关的要求 |

图 17-5　工作分析的主要内容

在设计绩效指标时，通过工作分析确定从事某一职位工作的员工需要具备什么能力和条件，责任与完成的任务应以什么指标来考核，并指出这些能力与条件在考核指标中哪些更为重要、哪些相对不那么重要，同时对不同指标的完成情况进行定义。

2. 访谈法

访谈法就是通过访问与被考核对象有较多联系的有关人员，以谈话的方式收集有关信息的研究方法。访谈法有个别访谈法和群体访谈法两种。

（1）个别访谈法

个别访谈法就是通过走访有关人员进行面对面谈话，来了解被考核对象的各种情况，快速获取信息，并将所得信息分析汇总、找出共性的东西，以此作为绩效指标。

（2）群体访谈法

群体访谈法即座谈讨论法。这种方法需要召集有关部门中具有一定知识和经验的人员，来讨论被考核对象的工作性质、绩效的表现形式等，通过讨论集思广益，为绩效指标的确定提供依据。

3. 问卷调查法

问卷调查法是设计者以书面形式将项目和问题表示出来，分发给有关人员填写，收集、征求不同人员意见的一种方法。问卷调查分为结构问卷调查和非结构问卷调查。下面介绍的方法是结构式问卷调查，这种问卷的设计和实施主要包括以下六个步骤，如图 17-6 所示。

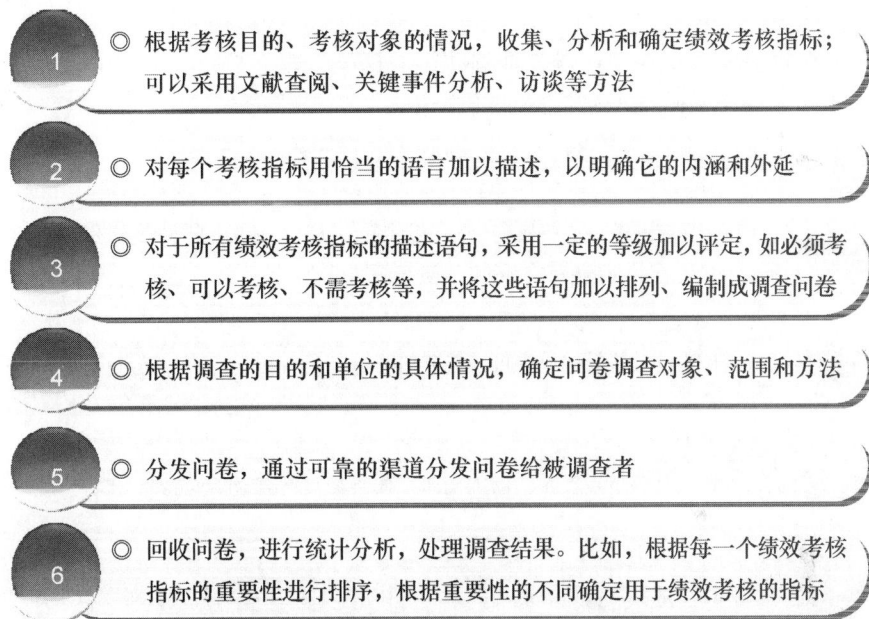

1　◎ 根据考核目的、考核对象的情况，收集、分析和确定绩效考核指标；可以采用文献查阅、关键事件分析、访谈等方法

2　◎ 对每个考核指标用恰当的语言加以描述，以明确它的内涵和外延

3　◎ 对于所有绩效考核指标的描述语句，采用一定的等级加以评定，如必须考核、可以考核、不需考核等，并将这些语句加以排列、编制成调查问卷

4　◎ 根据调查的目的和单位的具体情况，确定问卷调查对象、范围和方法

5　◎ 分发问卷，通过可靠的渠道分发问卷给被调查者

6　◎ 回收问卷，进行统计分析，处理调查结果。比如，根据每一个绩效考核指标的重要性进行排序，根据重要性的不同确定用于绩效考核的指标

图 17-6　结构问卷调查设计和实施步骤

4. 经验总结法

经验总结法就是众多专家通过总结经验，提炼出规律性的研究方法。常用的经验总结法有个人总结法和集体总结法两种。

（1）个人总结法

个人总结法就是请人力资源专家或人力资源管理干部回顾过去的工作，分析最成功和最不成功的人力资源管理决策来总结经验，并在此基础上提出考核员工的绩效指标。

（2）集体总结法

集体总结法就是请若干人力资源管理专家或人力资源主管（以 6~10 人为宜），回顾过去的工作，分析优秀员工和平庸员工之间的差异，列出长期以来考核人员绩效的常用要素，并在此基础上提出绩效指标。

17.2 关键业绩指标设计

17.2.1 关键业绩指标 KPI 的内涵

关键业绩指标（Key Performance Indication，KPI）是指企业宏观战略目标决策经过层层分解产生的可操作性战术目标，是宏观战略决策执行效果的监测指针。

KPI 的理论基础是 20/80 原理，是由意大利经济学家帕累托提出的一个经济学原理，即一个企业在价值创造过程中，每个部门和每一位员工的 80% 的工作任务是由 20% 的关键行为完成的，抓住 20% 的关键，就抓住了主体。

对关键绩效指标可以从以下四个方面理解，如图 17-7 所示。

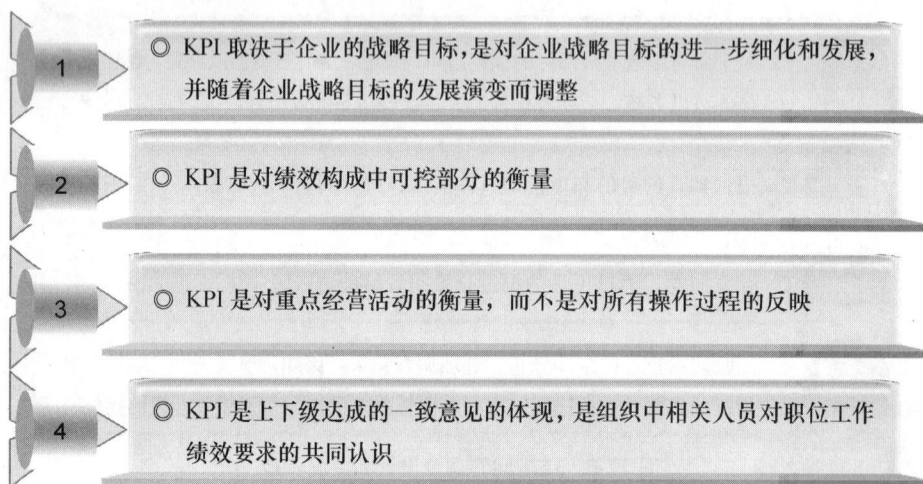

1. ◎ KPI 取决于企业的战略目标,是对企业战略目标的进一步细化和发展,并随着企业战略目标的发展演变而调整

2. ◎ KPI 是对绩效构成中可控部分的衡量

3. ◎ KPI 是对重点经营活动的衡量，而不是对所有操作过程的反映

4. ◎ KPI 是上下级达成的一致意见的体现，是组织中相关人员对职位工作绩效要求的共同认识

图 17-7 对关键绩效指标的正确理解

最常见的关键业绩指标有三种：一是效益类指标，如资产盈利效率、盈利水平等；二是营运类指标，如部门管理费用控制、市场份额等；三是组织类指标，如满意度水平、服务效率等。

实际上，关键绩效指标不仅特指绩效考核体系中那些居于核心地位、能够制约影响其他变量的考评指标,同时也代表了绩效管理实践中所派生出来的一种新的管理模式和管理方法。

17.2.2　设定关键业绩指标的目的

关键绩效指标法的核心是从众多的绩效考核指标体系中提取重要性和关键性指标,它不但是衡量企业战略实施效果的关键指标,也是一种新型的激励约束机制,将企业战略目标转化为组织内部全员、全面和全过程的动态活动,不断增强企业的核心竞争力。KPI不仅是一种检测的手段,更是实施企业战略规划的重要工具。

考核工作的主要精力要放在关键的结果和关键的过程上。绩效考核工作一定要围绕关键绩效指标展开,设定关键绩效指标重点是将工作指标有效量化。设定关键业绩指标是为了达到以下目的,如图 17-8 所示。

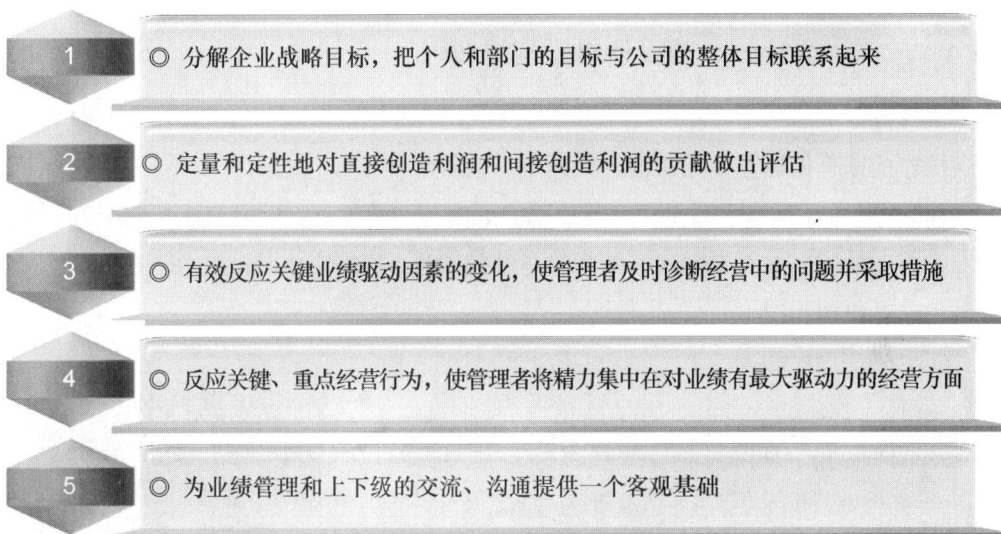

1	◎ 分解企业战略目标,把个人和部门的目标与公司的整体目标联系起来
2	◎ 定量和定性地对直接创造利润和间接创造利润的贡献做出评估
3	◎ 有效反应关键业绩驱动因素的变化,使管理者及时诊断经营中的问题并采取措施
4	◎ 反应关键、重点经营行为,使管理者将精力集中在对业绩有最大驱动力的经营方面
5	◎ 为业绩管理和上下级的交流、沟通提供一个客观基础

图 17-8　设定关键业绩指标的目的

17.2.3　关键业绩指标量化的原则

关键业绩指标指明了各项工作内容所应产生的结果或所应达到的标准。关键业绩指标的量化有一个很重要的原则,即 SMART 原则,具体内容如图 17-9 所示。

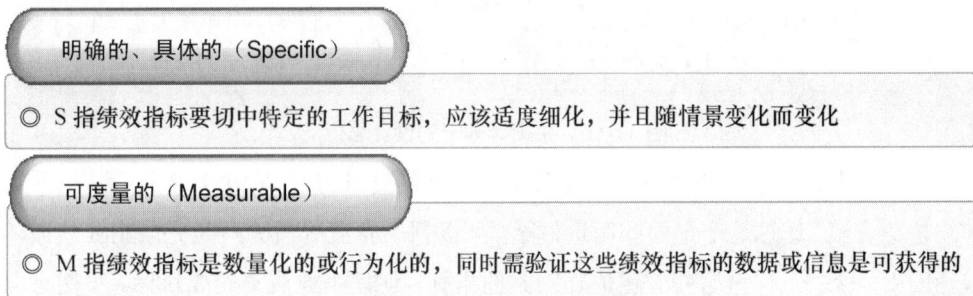

明确的、具体的(Specific)

◎ S 指绩效指标要切中特定的工作目标,应该适度细化,并且随情景变化而变化

可度量的(Measurable)

◎ M 指绩效指标是数量化的或行为化的,同时需验证这些绩效指标的数据或信息是可获得的

图 17-9　关键业绩指标确定原则

可实现的（Attainable）

◎ A 指绩效指标在付出努力的情况下是可以实现的，这主要是为了避免设立过高或过低的目标，从而失去了设立该考核指标的意义

现实的（Realistic）

◎ R 指绩效指标是实实在在的，是可以证明和观察到的，并非假设

有时限的（Time-bound）

◎ T 指在绩效指标中要使用一定的时间单位，即应设定完成这些绩效指标的具体时限

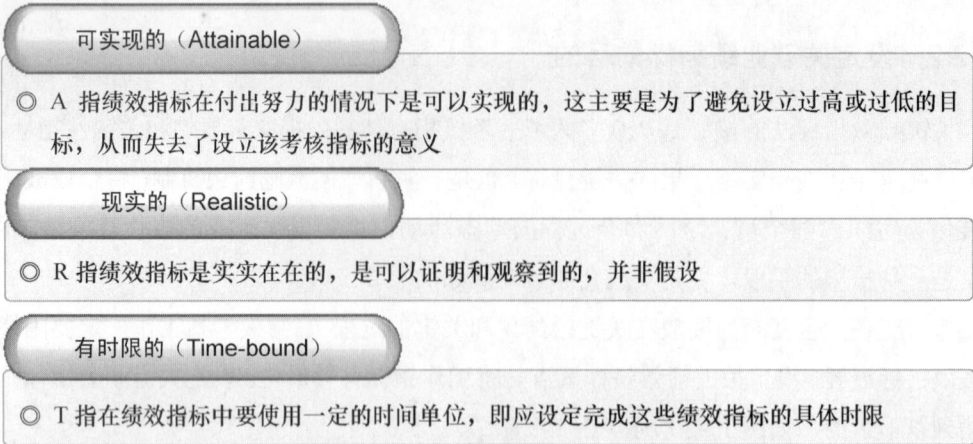

图 17-9　关键业绩指标确定原则（续）

17.2.4　依据平衡计分卡的设计思想构建 KPI

平衡计分卡是从财务、客户、内部运营过程、学习与成长四个角度，将企业的战略落实为可操作的衡量指标和目标值的一种新型绩效管理体系。

平衡计分卡的核心思想是通过财务、客户、内部运营过程、学习与成长四个方面指标之间相互驱动的因果关系来实现绩效考核与绩效改进、战略实施与战略修正的目标。平衡计分卡的设计思想如图 17-10 所示。

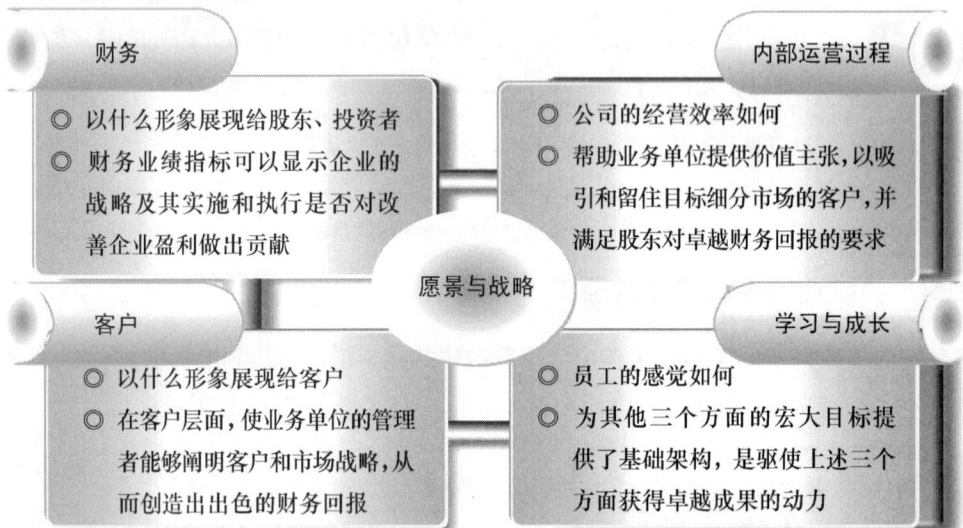

财务

◎ 以什么形象展现给股东、投资者
◎ 财务业绩指标可以显示企业的战略及其实施和执行是否对改善企业盈利做出贡献

内部运营过程

◎ 公司的经营效率如何
◎ 帮助业务单位提供价值主张，以吸引和留住目标细分市场的客户，并满足股东对卓越财务回报的要求

愿景与战略

客户

◎ 以什么形象展现给客户
◎ 在客户层面，使业务单位的管理者能够阐明客户和市场战略，从而创造出出色的财务回报

学习与成长

◎ 员工的感觉如何
◎ 为其他三个方面的宏大目标提供了基础架构，是驱使上述三个方面获得卓越成果的动力

图 17-10　平衡计分卡的设计思想

平衡计分卡打破了传统的只注重财务指标的业绩管理方法，它认为企业应从这四个角度审视自身业绩。通过这个全面的衡量框架，可以帮助企业分析哪些是完成企业使命的关键成功因素，哪些是评价这些关键成功因素的指标，促使企业员工完成目标。平衡计分卡实现了以下四个方面的平衡，如图 17-11 所示。

1. 外部和内部之间的平衡
外部——客户和股东
内部——流程和员工

2. 成果和动因之间的平衡
成果——利润、市场占有率
动因——新产品开发投资、
员工培训等

3. 定量和定性之间的平衡
定量——利润、员工流失率
定性——客户满意度、实效性

4. 短期和长期之间的平衡
短期——利润
长期——客户满意度，员工
培训成本、次数

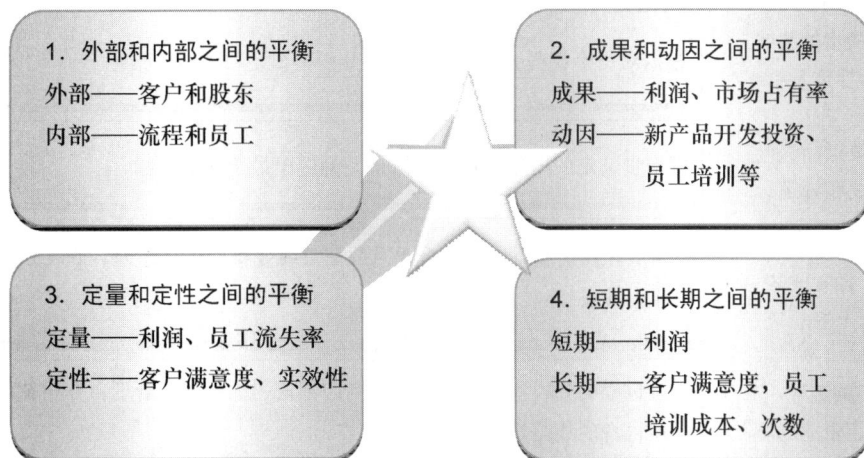

图 17-11　平衡计分卡实现的平衡

运用平衡计分卡的设计思想和方法设计并构建企业 KPI 体系，既兼顾了人力、物力和财力三大资源的相互结合与平衡，又体现了企业的投入与产出，以及生产经营的过程与工作成果的统一性与协调性。同时，平衡计分卡要与本年度计划指标的精细筛选相结合，才能提高它的现实性和可行性。

根据平衡计分卡构建 KPI，需要按照以下步骤操作，如图 17-12 所示。

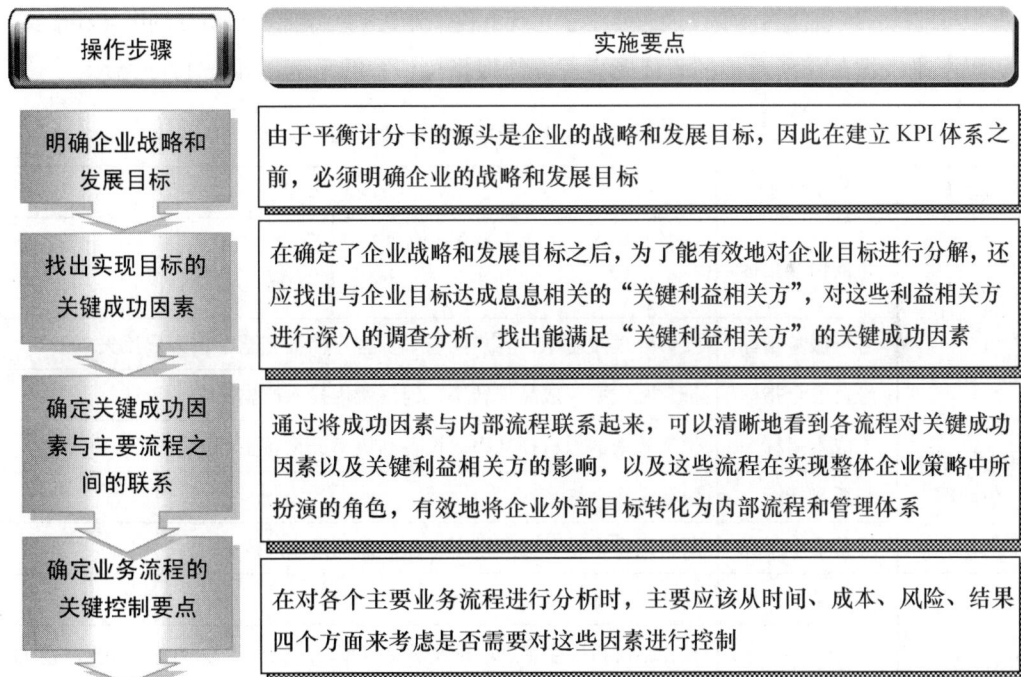

操作步骤	实施要点
明确企业战略和发展目标	由于平衡计分卡的源头是企业的战略和发展目标，因此在建立 KPI 体系之前，必须明确企业的战略和发展目标
找出实现目标的关键成功因素	在确定了企业战略和发展目标之后，为了能有效地对企业目标进行分解，还应找出与企业目标达成息息相关的"关键利益相关方"，对这些利益相关方进行深入的调查分析，找出能满足"关键利益相关方"的关键成功因素
确定关键成功因素与主要流程之间的联系	通过将成功因素与内部流程联系起来，可以清晰地看到各流程对关键成功因素以及关键利益相关方的影响，以及这些流程在实现整体企业策略中所扮演的角色，有效地将企业外部目标转化为内部流程和管理体系
确定业务流程的关键控制要点	在对各个主要业务流程进行分析时，主要应该从时间、成本、风险、结果四个方面来考虑是否需要对这些因素进行控制

图 17-12　依据平衡计分卡构建 KPI

形成初步的绩效指标体系	根据对每个流程关键控制要点的分析，设定初步绩效指标
对绩效指标进行测试和修正	对初步选定的绩效指标进行测试，筛选出最合适的指标
确定 KPI 体系	将测试和修正后得出的符合要求的关键绩效指标进行整理，形成关键绩效指标矩阵表
改进相关流程，重新审定企业战略	通过过程的分析和认识，对相关的内部流程进行规范管理，并重新设定和认识自身的战略定位

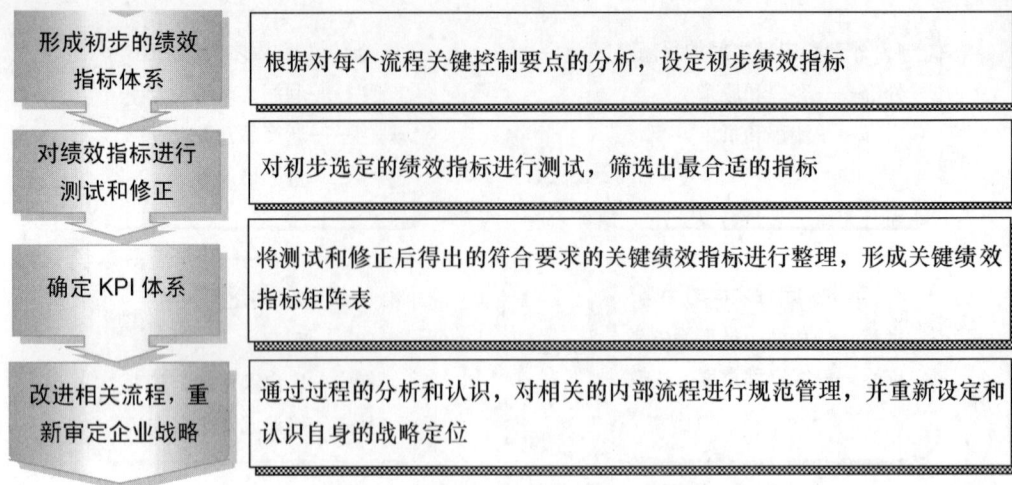

图 17-12　依据平衡计分卡构建 KPI（续）

17.2.5　根据不同部门所承担的责任确立 KPI

根据企业不同部门所承担的责任确立 KPI 体系的方法，主要强调应从部门本身所承担责任的角度出发，对企业目标进行层层分解，进而形成具体可操作的评价指标。这种方式的优势在于突出了部门的参与，但是有可能导致战略稀缺现象的发生，即关键绩效考评指标可能更多地偏重于对部门管理责任的体现，而忽略了子系统下各个分支系统作业流程责任的细化和落实。

以下是根据部门所承担的责任确立关键绩效指标体系的示例，如表 17-2 所示。

表 17-2　根据不同部门所承担的责任确立 KPI 示例

部门	指标侧重	指标名称
市场部	市场份额指标	销售增长率、市场占有率、品牌认识度、销售目标完成率、市场竞争比率
	客户服务指标	投诉处理及时率、客户回访率、客户档案完整率、客户流失率
	经营安全指标	贷款回收率、成品周转率、销售费用投入产出比
生产部	成本指标	生产效率、原料损耗率、设备利用率、设备生产率
	质量指标	成品一次合格率
	经营安全指标	原料周转率、备品周转率、在制品周转率
技术部	成品指标	设计损失率
	质量指标	设计错误再发生率、项目及时完成率、从第一次设计完成到投产前的修改次数
	竞争指标	先于竞争对手推出新产品的数量、先于竞争对手推出新产品的销量

（续表）

部门	指标侧重	指标名称
采购部	成本指标	采购价格指数、原材料库存周转率
	质量指标	采购达成率、供应商交货一次合格率
人力资源部	经营安全指标	员工自然流动率、人员需求达成率、培训计划完成率、培训覆盖率

第 18 章 如何进行企业绩效管理实务设计

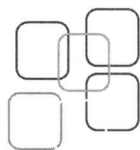

为有效地避免、防止和解决在绩效考评中可能出现的各种偏误，在进行绩效管理实务设计时，应从企业单位的客观环境和生产经营出发，以工作岗位分析为基础，以客观准确的数据资料和各种原始记录为前提，制定出科学合理、切实可行的评价要素和评价体系。

18.1 企业绩效考核实施工作计划设计

绩效管理除了作为薪酬奖金分配的依据之外，还可以实现企业的目标、改善整体运营管理、提高员工工作效率等，同时也可以为下一期绩效指标的完成做准备。

企业在设计绩效考核实施工作计划时，必须清晰地了解怎样制订绩效考核计划、如何开展绩效考核工作，明确在绩效考核实施过程中应需要注意哪些事项。

18.1.1 目标概述

企业设计绩效考核实施工作计划时，首先要对绩效工作计划的目标进行概述，引出该计划的主要目的。以下是某企业绩效考核工作计划中的目标概述，如图 18-1 所示。

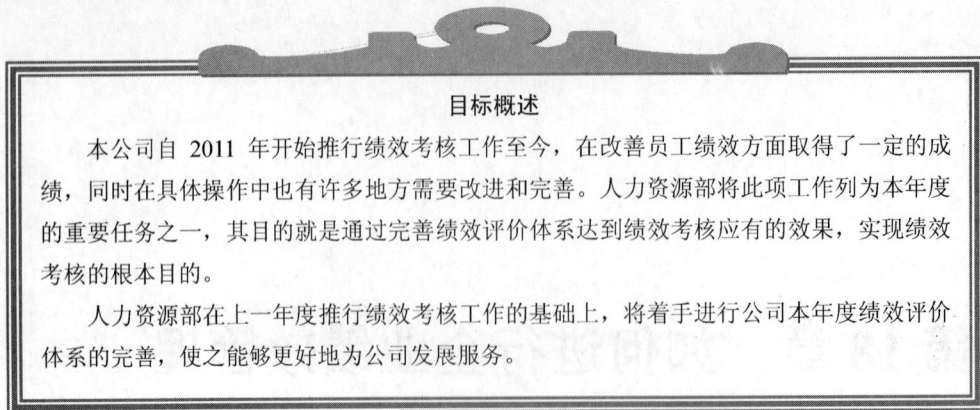

目标概述

    本公司自 2011 年开始推行绩效考核工作至今，在改善员工绩效方面取得了一定的成绩，同时在具体操作中也有许多地方需要改进和完善。人力资源部将此项工作列为本年度的重要任务之一，其目的就是通过完善绩效评价体系达到绩效考核应有的效果，实现绩效考核的根本目的。

    人力资源部在上一年度推行绩效考核工作的基础上，将着手进行公司本年度绩效评价体系的完善，使之能够更好地为公司发展服务。

图 18-1　企业绩效考核工作计划目标概述

18.1.2　具体实施计划

以下是某企业绩效考核实施计划的案例，供读者参考。

1．＿＿年＿月＿日前，完成对绩效考核制度和配套考核方案的修订与撰写，提交公司总经理审议通过。

2．自＿＿年＿月＿日开始，按修订完善后的绩效考核制度在公司全面推行绩效考核工作。

3．具体计划如图 18-2 所示。

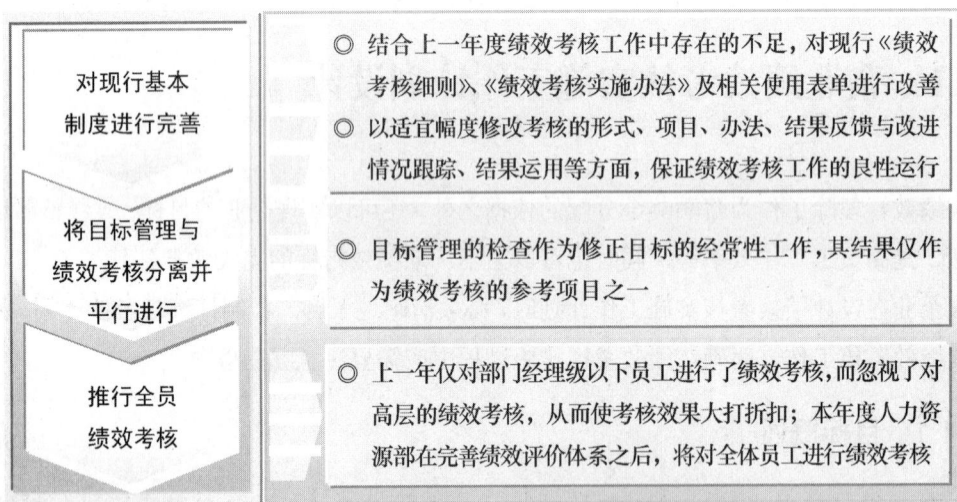

图 18-2　企业绩效考核工作计划具体实施计划

4．本年度绩效考核工作的起止时间为＿＿年＿月＿日至＿＿年＿月＿日。人力资源部完成此项工作的标准就是保证绩效评价体系平稳、有效地运行。

18.1.3　注意事项

（1）绩效考核工作牵涉到企业各部门和员工的切身利益，因此，人力资源部在保证绩效考核结果能够科学、合理利用的基础上，要做好各部门绩效考核的宣传与培训工作。正面引导员工用积极的心态对待绩效考核工作，通过绩效考核达到改善工作流程、提高工作绩效的目的。

（2）绩效评价体系对于公司来说还是一个新生事物，由于经验不足，难免会出现一些意想不到的困难和问题。人力资源部在绩效考核的操作过程中，需要听取各部门员工的意见和建议，及时调整和改进工作方法。

（3）绩效考核工作需要不断地改进和完善，人力资源部在操作过程中需注意纵向与横向的沟通，确保绩效考核工作的顺利进行。

18.1.4　需要支持与配合的事项和部门

企业绩效考核工作实施工作计划设计需要有相关部门和事项等来支持与配合，具体内容如图 18-3 所示。

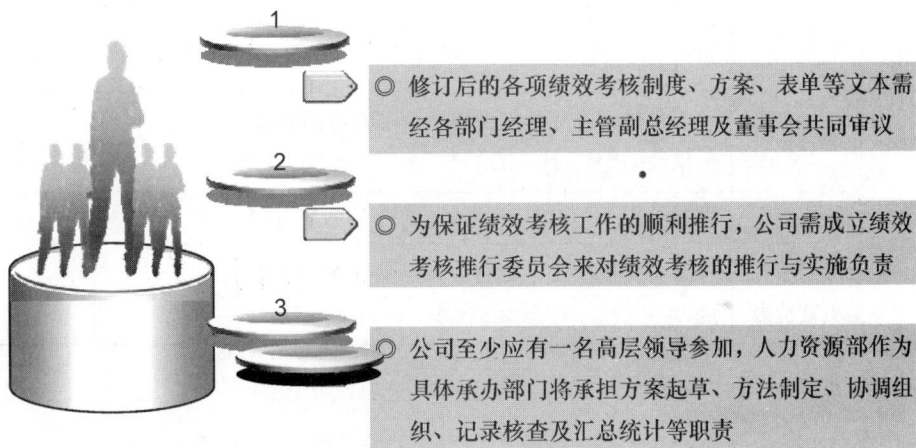

图 18-3　企业绩效考核工作计划设计需要支持与配合的事项和部门

1. 修订后的各项绩效考核制度、方案、表单等文本需经各部门经理、主管副总经理及董事会共同审议

2. 为保证绩效考核工作的顺利推行，公司需成立绩效考核推行委员会来对绩效考核的推行与实施负责

3. 公司至少应有一名高层领导参加，人力资源部作为具体承办部门将承担方案起草、方法制定、协调组织、记录核查及汇总统计等职责

18.2　部门量化考核指标设计示例

部门量化考核指标设计是企业根据各部门工作的特点和相关业务要求进行的，科学合理的部门量化考核指标设计将对企业开展绩效考核工作起到关键性的作用。下面我们分别

对人力资源部、行政部和销售部的关键绩效考核指标设计示例进行介绍。

以下是各部门关键绩效考核指标所涉及的"部门满意度评分表"和"公共指标说明"，具体内容如表18-1和图18-4所示。

表18-1 部门满意度评分表

因素		考核要点	权重（%）	分值	得分
工作成果	分管工作	分管工作的工作量大小	5	5	
		分管工作的工作难度大小	5	5	
		分管工作完成的质量如何	10	10	
	助手作用	协助上级领导工作的工作量大小	5	5	
		协助上级领导工作的工作难度大小	5	5	
		协助上级领导工作的工作完成质量如何	10	10	
工作态度	爱岗敬业	热爱岗位，工作任劳任怨，不怕吃苦	10	10	
	责任意识	勇于承担工作责任，从不推卸责任，不居功诿过	10	10	
	团队合作	善于与人合作，效果显著	10	10	
	严谨认真	工作一丝不苟、踏实认真	10	10	
其他	创新	能否在工作中引进一些创新的方法加以改进或提高工作质量	5	5	
其他	分级授权	能否通过卓有成效的授权达到非常好的管理效果	5	5	
	管理力度	控制任务、把握进度和指挥控制下属的能力	5	5	
	突发事件处理能力	预见突发事件发生的能力和突发事件的处理能力	5	5	

公共指标说明

1. 管理费用控制的评分标准：实际管理费用与费用预算的比值为100%时，评分为满分；比值每增（减）1%，评分减（增）5%。

2. 下属工作重大成绩或错误的评分标准：以100分为基准，分为5个等级。

（1）A级为150分：下属工作获公司通报表扬1次以上。

（2）B级为100分：下属获公司通报表扬1次。

（3）C级为50分：既没受批评，也没受表扬。

图18-4 公共指标说明

公共指标说明

（4）D 级为 0 分：下属工作错误受公司通报批评 1 次。

（5）E 级为-50 分：下属工作受公司通报批评 1 次以上。

此项考核的考核者为人力资源部，依据来源为员工工作档案。

3．下属的培训和能力发展的评分标准：以 100 分为基准，分为 4 个等级。

（1）A 级为 100 分：季度培训计划完成 90%以上，善于发掘有潜能的下属，了解其发展方向并常能加以适当培养，而且已经培养了后备人员。

（2）B 级为 70 分：季度培训计划完成 60%以上，能发掘有潜能的下属，并能帮助其发展，但效果有所欠缺。

（3）C 级 50 分：季度培训计划完成 40%以上，能发掘有潜能的下属，但培养与指导不足。

（4）D 级为 0 分：季度培训计划完成不到 40%，不能发掘有潜能的下属或培养与指导不足。

此项考核的考核者为上级主管，依据来源为本部门或上级主管，但季度部门培训计划必须送交人力资源部备案，否则以 0 分处理。

图 18-4　公共指标说明（续）

18.2.1　人力资源部关键绩效考核指标

人力资源部关键绩效考核指标设计如表 18-2 所示。

表 18-2　人力资源部关键绩效考核指标设计

人力资源部关键绩效考核指标						
考核项	指标类型	考核指标细化	权重（%）	分值	考核者	参考资料出处
满意度	上级满意度	详见"部门满意度评分表"	20	20	办公室	"满意度评分表"
实际业绩	人力资源工作计划按时完成率	考核期内人力资源工作计划按时完成率达 100%	10	10	人力资源部	"月度工作完成情况表"
	人力资源规划方案提交及时率	考核期内人力资源规划方案提交及时率达 90%以上	10	10	办公室	办公室
	招聘计划完成率	考核期内招聘计划完成率达 100%	10	10	人力资源部	人力资源部
	培训计划完成率	考核期内培训计划完成率达 100%	10	10	人力资源部	人力资源部

（续表）

人力资源部关键绩效考核指标					
考核项	指标类型	考核指标细化	权重（%）	分值	考核者	参考资料出处
实际业绩	绩效考核计划完成率	考核期内绩效考核计划按时完成率达100%	10	10	人力资源部	人力资源部
	薪酬管理工作完成率	考核期内薪酬管理工作完成率达100%	10	10	人力资源部	人力资源部
内部管理	管理费用控制	实际可控费用/计划预算费用，详见"公共指标说明"	5	5	人力资源部	财务部
	下属管理情况	下属工作重大成绩或错误，详见"公共指标说明"	3	3	人力资源部	办公室
		下属培训、能力发展，详见"公共指标说明"	3	3	人力资源部	人力资源部
		核心员工流失率	4	4	人力资源部	人力资源部
	协作管理	被其他部门投诉次数	5	5	人力资源部	办公室

18.2.2　行政部关键绩效考核指标

行政部关键绩效考核指标设计如表18-3所示。

表18-3　行政部关键绩效考核指标设计

行政部关键绩效考核指标					
考核项	指标类型	考核指标细化	权重（%）	分值	考核者	参考资料出处
满意度	上级满意度	详见"部门满意度评分表"	20	20	办公室	"满意度评分表"
实际业绩	行政工作计划完成率	行政工作实际完成量/行政工作计划完成量×100%	15	15	行政部	"月度工作完成情况表"

（续表）

考核项	指标类型	考核指标细化	权重（%）	分值	考核者	参考资料出处
行政部关键绩效考核指标						
实际业绩	后勤工作计划完成率	后勤工作实际完成量/后勤工作计划完成量×100%	10	10	行政部	"月度工作完成情况表"
	办公用品采购按时完成率	办公用品采购按时完成量/办公用品应采购量×100%	10	10	行政部	"月度工作完成情况表"
	车辆调度合理性	相关部门因车辆调度不合理而对行政部投诉的次数	10	10	行政部	行政部
	消防安全事故发生次数	考核期内消防安全事故发生的次数	10	10	行政部	行政部
内部管理	行政费用预算控制率	行政费用开支数额/行政费用预算数额×100%，详见"公共指标说明"	5	5	行政部	财务部
	后勤服务满意度	企业员工对后勤服务满意度评价的算术平均值	5	5	人力资源部	人力资源部
	下属管理情况	下属工作重大成绩或错误，详见"公共指标说明"	3	3	人力资源部	办公室
		下属培训、能力发展，详见"公共指标说明"	3	3	人力资源部	人力资源部
		核心员工流失率	4	4	人力资源部	人力资源部
	部门协作满意度	相关合作部门对行政部工作满意度评分的算术平均值	5	5	人力资源部	人力资源部

18.2.3　销售部关键绩效考核指标

销售部关键绩效考核指标设计如表 18-4 所示。

表 18-4 销售部关键绩效考核指标设计

销售部关键绩效考核指标						
考核项	指标类型	考核指标细化	权重（%）	分值	考核者	参考资料出处
满意度	上级满意度	详见部门满意度评分表	10	10	办公室	满意度评分表
销售目标管理	销售额	——	10	10	销售部	销售部
	销售计划达成率	实际销售额/计划销售额×100%	10	10	销售部	销售部
	销售增长率	（当期销售额－上期销售额）/上期销售额×100%	5	5	销售部	销售部
	销售毛利率	（销售收入－销售成本）/销售收入×100%	5	5	销售部	销售部
	市场占有率	产品销售额/当期产品销售额×100%	10	10	销售部	销售部
销售费用控制	销售费用率	（销售费用预算－实际发生的销售费用）/销售费用预算×100%	5	5	销售部	财务部
客户管理	新增客户数量	考核期内新增客户数量	10	10	销售部	销售部
	客户保有率	——	5	5	销售部	销售部
销售账款管理	销售回款率	实际回收款/计划回收款×100%	10	10	销售部	销售部
	坏账率		5	5	销售部	销售部
内部管理	下属管理情况	下属工作重大成绩或错误，详见"公共指标说明"	3	3	人力资源部	办公室
		下属培训、能力发展，详见公共指标说明	3	3	人力资源部	人力资源部
	核心员工流失率	——	4	4	人力资源部	人力资源部
	部门协作满意度	相关合作部门对销售部工作满意度评分的算术平均值	5	5	人力资源部	人力资源部

18.3　岗位量化考核指标设计示例

岗位量化考核指标是根据企业内部各岗位的本职工作和职务要求设计的。我们将以人力资源部经理绩效考核指标量表、招聘主管绩效考核指标量表和招聘专员绩效考核指标量表为例，进行介绍。

18.3.1　人力资源部经理绩效考核指标量表

人力资源部经理绩效考核指标量表如表 18-5 所示。

表 18-5　人力资源部经理绩效考核指标量表

序号	量化项目	考核指标	指标说明	权重（%）	考核人	参考资料出处
1	招聘管理	招聘计划完成率	实际招聘到岗的人数/计划招聘人数×100%	15	人力资源总监	人力资源部
		员工结构比例	各层次员工的比例分配状况	5		
		招聘费用预算达成率	实际招聘费用/招聘预算费用×100%	5		
2	培训管理	培训计划完成率	实际完成的培训项目/计划培训的项目×100%	10	人力资源总监	人力资源部
		培训费用预算达成率	实际培训费用/培训费用预算×100%	10		
3	绩效管理	员工绩效计划的按时完成率	及时完成的业绩计划数量/应完成的业绩计划总数×100%	15	人力资源总监	人力资源部
4	薪酬管理	人力成本	——	10	人力资源总监	人力资源部
		员工保险、福利计算差错次数	员工保险、福利计算出现差错的次数	10		
5	员工流动管理	员工自然流动率	考察公司人员稳定性和代谢情况	10	人力资源总监	人力资源部
		关键人才流失率	检测公司关键人才的流失情况	10		

18.3.2 招聘主管绩效考核指标量表

招聘主管绩效考核指标量表如表18-6所示。

表18-6 招聘主管绩效考核指标量表

序号	量化项目	考核指标	指标说明	权重（%）	考核人	参考资料出处
1	招聘信息发布效果	应聘比	应聘人数/计划招聘人数×100%	10	人力资源部经理	人力资源部
2	招聘计划完成情况	招聘计划完成率	实际招聘到岗人数/计划招聘人数×100%	25	人力资源部经理	人力资源部
		招聘空缺职位平均时间	年度所有空缺职位招聘的平均时间	20	人力资源部经理	人力资源部
3	录用人员评估	录用成功比	录用成功人数/录用人数×100%	25	人力资源部经理	人力资源部
4	招聘费用与成本控制	招聘费用预算达成率	实际招聘费用/招聘预算费用×100%	10	人力资源部经理	人力资源部
		招聘成本控制	——	10	人力资源部经理	财务部

18.3.3 招聘专员绩效考核指标量表

招聘专员绩效考核指标量表如表18-7所示。

表18-7 招聘专员绩效考核指标量表

序号	量化指标	指标说明	权重（%）	考核人	参考资料出处
1	招聘信息发布及时率	人力资源部的招聘及人员配置规划/计划，以及各部门经审批后的招聘信息在第二个工作日前（休息日除外）发布到相应的招聘渠道，并及时更新	20	招聘主管	人力资源部
		及时率≥95%，15分			
		90%≤及时率＜95%，13分			
		85%≤及时率＜90%，10分			
		及时率＜85%，0分			

（续表）

序号	量化指标	指标说明	权重（%）	考核人	参考资料出处
2	应聘信息收集及时率	收到应聘信息后一个工作日内查阅，并整理发给相关部门，未及时收集的信息由各部门反馈或人力部经理抽查而得，并作出汇总	15	招聘主管	人力资源部
		及时率≥95%，10 分			
		90%≤及时率＜95%，8 分			
		85%≤及时率＜90%，6 分			
		及时率＜85%，0 分			
3	招聘计划达成率	每月制订当期的招聘计划，包括计划参加哪些招聘会、在哪些网站上发布招聘信息、多长时间更新一次等工作的完成率等	20	招聘主管	人力资源部
		达成率≥98%，20 分			
		95%≤达成率＜98%，16 分			
		92%≤达成率＜95%，12 分			
		达成率＜92%，0 分			
4	用工申请受理时效	上级批准用工申请后，应及时安排落实	20	招聘主管	人力资源部
		没有超过，15 分			
		超过一天，13 分			
		超过两天，10 分			
		超过三天，0 分			
5	工作流程控制时效	不超过每个模块审批的时间要求	10	招聘主管	人力资源部
		没有超过，10 分			
		超过一天，8 分			
		超过两天，6 分			
		超过三天，0 分			
6	招聘周/月报提交及时率	周/月招聘报表应在第二个工作日完成	15	招聘主管	人力资源部
		及时率≥95%，10 分			
		90%≤及时率＜95%，8 分			
		85%≤及时率＜90%，6 分			
		及时率＜85%，0 分			

第19章 如何采集与更新薪酬
管理的基本信息

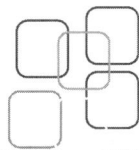

薪酬管理的基本依据是工作岗位的分析与评价。工作岗位评价使企事业单位各个层级岗位的量值转换为货币值，为建立公平、合理的薪酬制度提供科学的依据。目前，世界上许多知名企业，为了建立起企业、员工、工会三方满意的公平、合理的薪资报酬制度，广泛地推行工作岗位评价的科学方法。

19.1 工作岗位评价信息的采集

19.1.1 确定工作岗位评价所需信息

1. 工作岗位评价的定位

岗位评价又称工作评价或职位评价，是在工作分析的基础上，采用一定的方法对企业中各种工作岗位的性质、责任大小、劳动强度、所需资格条件等特征进行评价，以确定岗位相对价值的过程。

在进行岗位评价前，需要获取一些与岗位评价相关的资料，包括岗位名称，岗位编码，岗位所属单位、上下级单位，岗位上下级领导关系，岗位工作内容、职责、权利，任职条件，劳动条件与环境，岗位对员工的综合素质要求（如体能、技能）等。

2. 工作岗位评价的信息来源

工作岗位评价所需要的信息可以通过两个渠道获得，具体如图19-1所示。

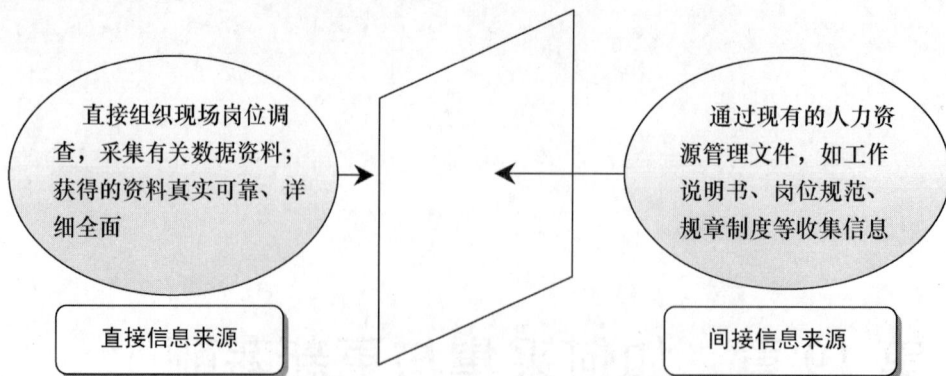

图 19-1　岗位评价信息来源

　　工作岗位评价所依据的各种相关信息绝大部分可以通过岗位调查、岗位分析和岗位设计等环节获得，特别是岗位分析的各种结果，如工作说明书、岗位规范等，是工作岗位评价所需要信息的主要来源。

　　3. 岗位评价的常用方法

　　岗位评价的常用方法如图 19-2 所示。

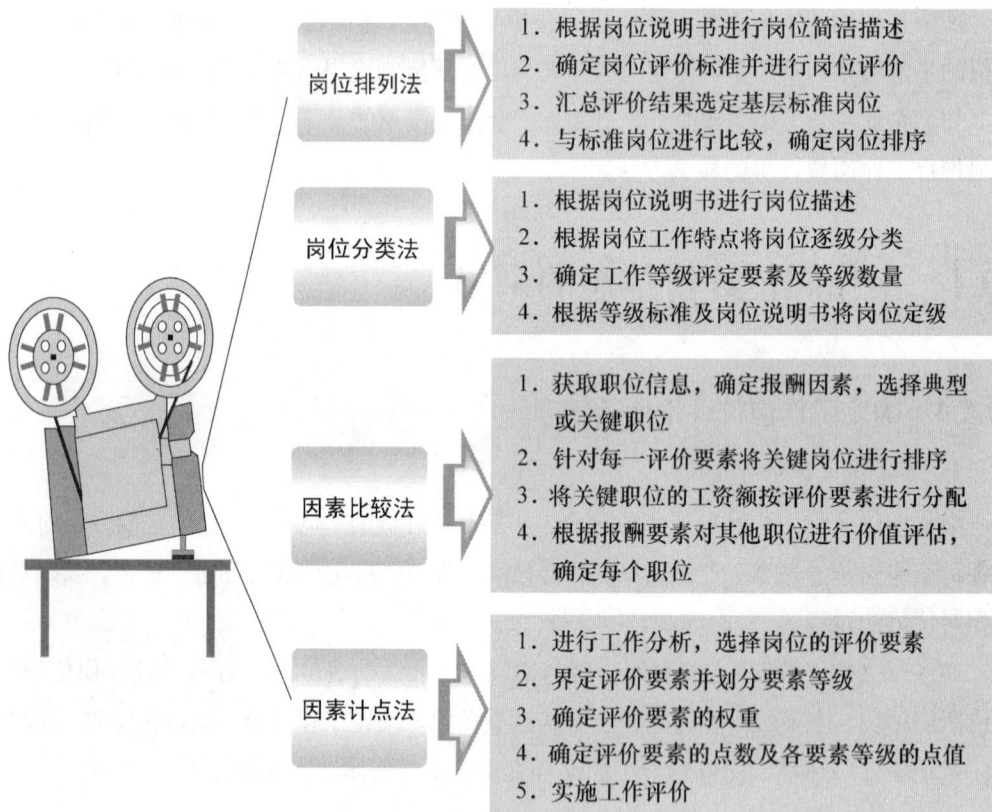

岗位排列法
1. 根据岗位说明书进行岗位简洁描述
2. 确定岗位评价标准并进行岗位评价
3. 汇总评价结果选定基层标准岗位
4. 与标准岗位进行比较，确定岗位排序

岗位分类法
1. 根据岗位说明书进行岗位描述
2. 根据岗位工作特点将岗位逐级分类
3. 确定工作等级评定要素及等级数量
4. 根据等级标准及岗位说明书将岗位定级

因素比较法
1. 获取职位信息，确定报酬因素，选择典型或关键职位
2. 针对每一评价要素将关键岗位进行排序
3. 将关键职位的工资额按评价要素进行分配
4. 根据报酬要素对其他职位进行价值评估，确定每个职位

因素计点法
1. 进行工作分析，选择岗位的评价要素
2. 界定评价要素并划分要素等级
3. 确定评价要素的权重
4. 确定评价要素的点数及各要素等级的点值
5. 实施工作评价

图 19-2　岗位评价的常用方法

19.1.2　设计各种专用表格

1. 工作岗位评价指标统计表

工作岗位评价指标统计表如表 19-1 和表 19-2 所示。

表 19-1　工作岗位评价评定指标统计表

评定指标	基本内容
劳动责任要素	1. 质量责任：评价岗位生产活动对质量指标的责任大小
	2. 产量责任：评价岗位生产活动对产量责任大小
	3. 看管责任：评价岗位所看管的设备仪器对整个生产过程的影响程度
	4. 安全责任：评价岗位对整个生产过程安全的影响程度
	5. 消耗责任：评价岗位物资消耗对成本的影响程度
	6. 管理责任：评价岗位在指导、协调、分配、考核等管理工作上的责任大小
劳动技能要素	1. 技术知识要求：评价岗位知识文化水平和技术等级的要求
	2. 操作复杂程度：评价岗位作业复杂程度和掌握操作所需的时间长短
	3. 看管设备复杂程度：评价岗位操作使用设备的难易程度及看管设备所需经验和水平
	4. 品种质量难易程度：评价岗位生产的产品品种规格的多少和质量要求水平
	5. 处理预防事故复杂程度：评价岗位能迅速处理或预防事故所应具备的能力水平
社会心理要素	社会心理因素主要采用人员流向指标

表 19-2　工作岗位评价测评指标统计表

测评指标	基本内容
劳动强度要素	1. 体力劳动强度：评价岗位劳动者体力消耗的程度
	2. 工时利用率：评价岗位净劳动时间的长短，它等于净劳动时间与工作日总时间之比
	3. 劳动姿势：评价岗位劳动者主要劳动姿势对身体疲劳的影响程度
	4. 劳动紧张程度：评价岗位劳动者生理器官的紧张程度
	5. 工作班制：评价岗位劳动组织安排对劳动者身体的影响

（续表）

测评指标	基本内容
劳动环境要素	1. 粉尘危害程度：评价岗位劳动者健康受生产场所粉尘的影响
	2. 高温危害程度：评价岗位劳动者接触生产场所高温对其健康的影响程度
	3. 辐射热危害程度：评价岗位劳动者接触生产场所辐射热对其健康的影响程度
	4. 噪声危害程度：评价岗位劳动者接触生产场所噪声对其健康的影响程度
	5. 其他有害因素危害程度：评价岗位劳动者接触化学性、物理性等有害因素对其健康的影响程度

2. 工作岗位评价方法配套表格举例

（1）岗位排列法配套表格示例如表 19-3 和表 19-4 所示。

表 19-3　岗位排列法调查表

部门		岗位		姓名	
工作项目	工作内容	工作时间		工作量	注意事项
		时间	占工作日比重		
工作人员所需具备的资格和条件					
文化、知识					
性别、年龄、工龄					
应接受何种训练					
工作技能及经验					
环境及工作条件					

表 19-4　岗位排列法数据统计表

岗位	A	B	C	D	E	F
甲评定结果						
乙评定结果						
丙评定结果						
丁评定结果						
评定序数和						
参加人数						
平均序数						
岗位相对价值次序						

（2）岗位分类法配套表格示例如表 19-5 所示。

表 19-5　岗位分类法评价标准表

评价因素	因素界定	等级	评价规则
工作条件	工作条件好坏的评定因素详细描述	1	较好
		2	尚可
		3	一般不良状态
		4	比较不良状态
		5	极不良状态
工作危险性	对工作场所危险性结果的详细描述	1	正常情况下无可能性
		2	偶尔需要到危险场所，稍加注意就不会出状况
		3	经常处于可能性的危险环境之中，需加以注意
		4	存在较大可能频次的经常性、一般性损伤
		5	必须时刻关注安全，否则后果严重

（3）因素比较法配套表格示例如下表 19-6 和表 19-7 所示。

表 19-6　因素比较法岗位评价因素评分表

岗位	评定因素					评分
	智力（35%）	责任（25%）	技能（20%）	体力（15%）	劳动条件（5%）	
总经理	35	25	20	15	5	100

（续表）

岗位	评定因素					
	智力（35%）	责任（25%）	技能（20%）	体力（15%）	劳动条件（5%）	评分
财务总监	30	20	20	15	5	90
岗位3						
岗位4						
……						

表19-7　因素比较法工资分配表

岗位	评定因素					
	智力（35%）	责任（25%）	技能（20%）	体力（15%）	劳动条件（5%）	评分
总经理	2 800	2 000	1 600	1 200	400	8 000
财务总监	2 400	1 600	1 600	1 200	400	7 200
岗位3						
岗位4						
……						

（4）因素计点法配套表格示例如表19-8、表19-9、表19-10、表19-11和表19-12所示。

表19-8　管理岗位报酬因素表

评估因素		等级数量	分数	合计数
大因素	细分因素			
责任	风险控制的责任	5	80	425
	成本控制的责任	6	65	
	指导监督的责任	6	50	
	内部协调的责任	3	30	
	外部协调的责任	4	40	
	完成目标的责任	6	60	

（续表）

评估因素		等级数量	分数	合计数
大因素	细分因素			
责任	法律责任	5	50	425
	决策责任	5	50	
知识、技能	学历要求	6	35	285
	知识多样性	4	50	
	工作复杂性	5	45	
	工作灵活性	5	40	
	工作经验	7	55	
	综合能力	4	60	
努力程度	工作压力	4	70	190
	体力要求	4	30	
	创新与开拓	4	50	
	工作紧张程度	4	40	
工作环境	工作时间特征	4	30	100
	工作危险性	4	30	
	职业病	4	15	
	环境舒适性	3	25	
合计		1 000		1 000

表 19-9　风险控制的责任因素及等级划分

定义：指在不确定的条件下，为保证贸易、投资及其他项目顺利进行，并维持我方合法权益所承担的责任，该责任的大小由失败后损失的大小作为判断基准	
等级 0：0 分	无任何风险
等级 1：20 分	仅有一些小风险，一旦发生问题，不会给企业造成多大影响
等级 2：40 分	有一定风险，一旦发生问题，给企业带来的影响能明显感觉到
等级 3：60 分	有较大风险，一旦发生问题，会给企业带来较严重的影响
等级 4：80 分	有极大风险，一旦发生问题，对企业造成的影响不仅不可挽回，而且会使企业发生经济危机，甚至倒闭

表 19-10　学历要求因素及等级划分

定义：指能够顺利履行工作职责的最低学历要求，判断基准按相当于正规教育的水平	
等级 1：5 分	高中以下
等级 2：10 分	高中毕业
等级 3：15 分	职业高中或中专
等级 4：20 分	大学专科
等级 5：30 分	大学本科
等级 6：35 分	大学本科以上

表 19-11　工作压力因素及等级划分

定义：指工作本身给任职者带来的压力，根据决策的迅速性、工作规范性、任务多样性、工作流动性以及工作是否被时常打断来判断	
等级 1：10 分	极少迅速地做决定，工作常规化很少被打断或干扰
等级 2：30 分	很少迅速地做决定，工作速度没有特定要求，手头工作有时被打断
等级 3：50 分	需要经常迅速地做决定，工作速度没有特定要求，手头工作有时被打断，工作流动性很强
等级 4：70 分	经常迅速地做决定，任务多样化，工作时间很紧张，工作流动性很强，很难安静地坐下来处理工作

表 19-12　工作时间特征因素及等级划分

定义：指工作要求的特定起止时间	
等级 1：7 分	按正常时间上下班，极少加班
等级 2：14 分	有时需要加班才能完成任务
等级 3：21 分	根据需要经常加班，但有一定的时间规律性
等级 4：30 分	工作时间完全视需要而定，不存在休息日和正常工作时间的差别

19.1.3　岗位评价结果的汇总

1. 岗位排列法评价结果汇总

将经过所有评定人员评定的每个岗位的结果加以汇总，得到序数和。然后将序数和除以参加评定人数，得到每一岗位的平均排序数。最后，根据平均排序数的大小，按照评定出的岗位相对价值，由大到小或者由小到大地做出排列，如表 19-13 所示。

表 19-13　岗位排列法评价结果汇总表

岗位编码	001	002	003	004	005
评价人员 A	1	2	3	4	5
评价人员 B	3	2	1	5	4
评价人员 C	2	1	4	3	5
评价人员 D	4	1	2	3	5
评价人员 E	1	3	2	5	4
合计	11	9	12	20	23
平均值	2.2	1.8	2.4	4	4.6
岗位排序	2	1	3	4	5

2. 岗位分类法评价结果汇总

岗位分类法是排列法的改进，是将各种岗位与事先设定的一个代表性岗位进行比较来确定岗位的相对价值。适用于各岗位的差别很明显的企业或公共部门，以及大企业的管理岗位。

例如，某房地产项目管理有限公司根据岗位职责、任职资格和能力要求等多个维度，将本公司的中层经理岗位划分为资深经理、专业经理、项目经理、主管经理、经理助理五个档次。

可见，岗位分类法是各种级别及其结构在岗位被排列之前就建立起来的，所以，对所有岗位的评价只需参照级别的定义套进合适的级别里面即可。

3. 因素比较法评价结果汇总

因素比较法是选定岗位的主要影响因素，然后将工资额合理分解，使之与各个影响因素相匹配，最后再根据工资数额的多少决定岗位的高低。结合表 19-6 和表 19-7，总经理和财务总监是已经评定完毕的重要岗位，将其他未评定的岗位与已经评定完毕的岗位进行对比，按相近条件岗位的岗位工资分配计算工资，累计后就是本岗位的工资，具体如表 19-14 所示。

表 19-14　岗位 3 评价结果汇总表

评价指标	与标准对比	工作岗位评价结果
智力	岗位 3 与财务总监相似	按财务总监智力条件，工资额应为 2 400 元
责任	岗位 3 与岗位 4 相似	按岗位 4 责任条件，工资额应为 1 400 元
技能	岗位 3 与总经理相似	按总经理技能条件，工资额应为 1 600 元
体力	岗位 3 与岗位 4 相似	按岗位 4 体力条件，工资额应为 1 200 元
劳动条件	岗位 3 与财务总监相似	按财务总监劳动条件，工资额应为 400 元

最后将各项结果相加，得：2 400+1 400+1 600+1 200+400=7 000（元）

4. 因素计点法评价结果汇总

因素计点法是对岗位的主要影响因素采用点数表示，然后对现有岗位的各个因素逐一评比、估价，求得点数，经过加权求和，最后得到各个岗位的总点数。

假设，某企业某岗位有 10 个评价因素，该岗位评价结果具体如表 19-15 所示。

表 19-15　某公司某岗位评价结果汇总

评价因素序号	1	2	3	4	5	6	7	8	9	10	合计
评价点数	10	8	20	10	38	10	14	20	10	10	
权数	7	7	7	7	7	12	7	12	17	17	100
评价点数与权数乘积	70	56	140	70	266	120	98	240	170	170	1 400

19.1.4　表格设计的注意事项

岗位评价的表格在设计中需要注意以下四个方面的内容，具体如图 19-3 所示。

图 19-3　表格设计的注意事项

语言简洁明了

可操作性强

涵盖岗位考察的关键因素

指标项目内容

19.2　外部劳动力市场薪酬信息的采集

19.2.1　薪酬市场调查概述

1. 薪酬市场调查渠道

薪酬市场调查是指对本地区同行业企业的薪酬水平进行调查,通过调查可以获得本地区同行业企业中最高和最低工资发放数目、奖金发放办法、员工激励方法等信息。企业常用的薪酬市场调查渠道主要有三种,具体如表 19-16 所示。

表 19-16　常用的薪酬市场调查渠道

薪酬市场调查渠道	渠道的适用性
企业之间的相互调查	企业间的调查是最可靠、最经济的薪酬市场调查渠道。这是一种正式的调查,也是双方受益的调查。调查可以采取座谈会、问卷调查等多种形式
委托专业机构调查	委托能够提供薪酬调查的管理顾问公司或人才服务公司进行薪酬调查,减少了人力资源部的工作量,省去了企业间的协调费用,但需要向委托的专业机构支付一定的费用
从公开信息中了解	主要通过人才交流部门定期发布的薪酬参考信息来了解。同一岗位的薪酬信息,一般分为高、中、低三档,但由于它覆盖面广、薪酬范围大,因此对有些企业没有意义

2. 薪酬市场调查的主要内容

薪酬市场调查的内容主要包括以下五个方面,如图 19-4 所示。

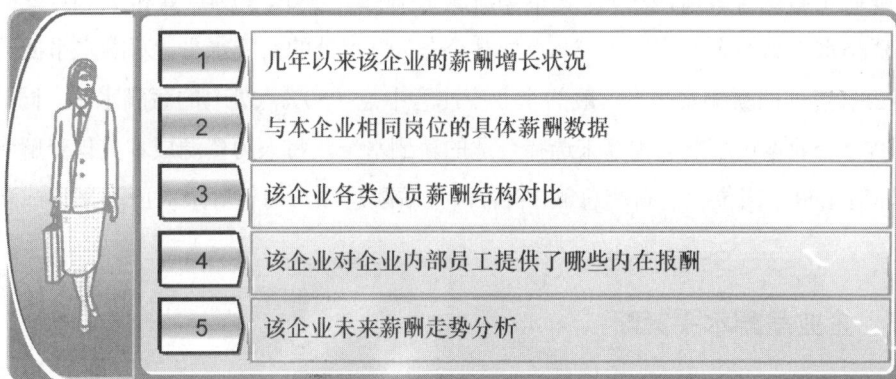

图 19-4　薪酬市场调查的主要内容

1　几年以来该企业的薪酬增长状况

2　与本企业相同岗位的具体薪酬数据

3　该企业各类人员薪酬结构对比

4　该企业对企业内部员工提供了哪些内在报酬

5　该企业未来薪酬走势分析

19.2.2　工资曲线与薪酬等级

工资曲线与薪酬等级是根据薪酬市场调查确定的重要内容，二者是企业确定薪酬的主要依据。工资曲线确定企业整体的薪酬水平，薪酬等级是企业薪酬结构策略的内容之一。

1. 确定工资曲线

根据薪酬市场调查结果，确定最高和最低薪酬额度。一般来说，在企业经济条件允许的情况下，企业所确定的薪酬水平要在本地区同行业中处于中上等水平，才具有竞争力。根据企业组织结构中各项职位的相对价值及其对应的实付薪酬之间保持的对应关系所描绘出的曲线就是工资曲线，具体如图 19-5 所示。

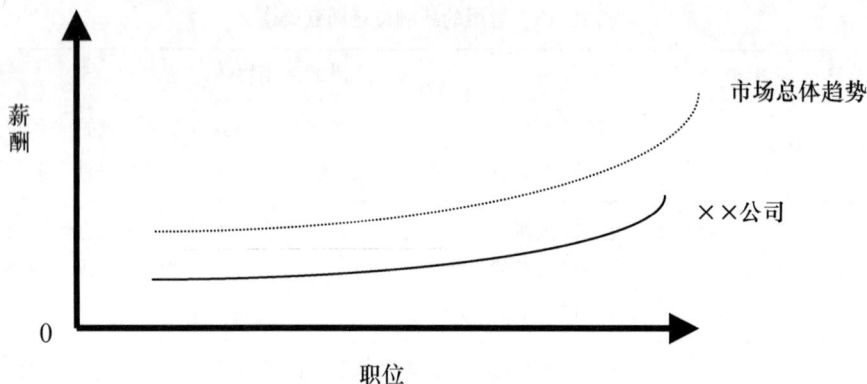

图 19-5　工资曲线

2. 确定薪酬等级

薪酬等级是根据岗位价值评估结果或技术评定、能力测评结果将众多类型的薪酬归并组合成若干个职级，其等级的书目叫做级数。

企业确定薪酬等级前，必须了解市场薪酬水平 25%点处、50%点处和 75%点处的薪酬水平。薪酬水平高的企业应注意75%点处甚至是90%点处的薪酬水平，薪酬水平低的企业应注意 25%点处的薪酬水平，一般的企业应注意中点（50%点处）的薪酬水平。同时，企业还要结合企业本年度财务预算来选择合适的薪酬水平，将人力资源成本具体分解到每个岗位，即得出每个岗位上的薪酬总额，将各岗位薪酬总额与岗位等级对应起来形成薪酬等级表。

19.2.3　企业薪酬水平策略

薪酬水平包括企业总体薪酬水平及企业内部各岗位的薪酬水平。企业在制定薪酬水平时，除了依据工资曲线外，还要讲究一定的策略性，具体如图 19-6 所示。

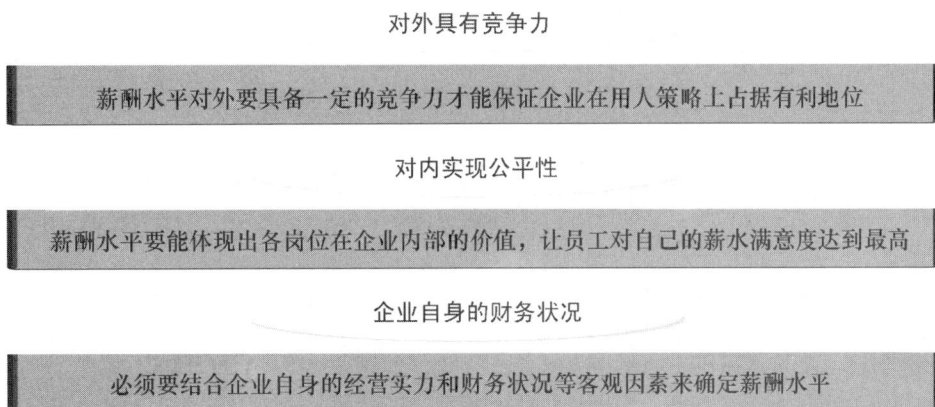

对外具有竞争力

薪酬水平对外要具备一定的竞争力才能保证企业在用人策略上占据有利地位

对内实现公平性

薪酬水平要能体现出各岗位在企业内部的价值，让员工对自己的薪水满意度达到最高

企业自身的财务状况

必须要结合企业自身的经营实力和财务状况等客观因素来确定薪酬水平

图 19-6　企业薪酬水平策略

19.2.4　企业薪酬结构策略

薪酬结构即各岗位的薪酬组成结构，也就是每个岗位的薪酬是由哪几部分组成的。企业在确定薪酬结构时，除了参照本企业的薪酬等级外，应根据本企业所在行业的性质、特点以及各岗位的工作特点来确定合理的薪酬结构。薪酬组成结构包括高稳定性、高弹性和折中性三大类，常用方法一般有岗位工资制、绩效工资制、技能工资制、组合工资制，其使用方法及适用范围如表 19-17 和表 19-18 所示。

表 19-17　薪酬组成结构的类型

结构类型	说明举例	优缺点分析
高弹性薪酬结构	绩效薪酬所占比例很高，基本薪资所占比例很低，如绩效工资制	激励性很强，薪酬与员工业绩密切相关，避免"大锅饭"现象 员工收入波动性很大，员工心理上缺乏安全感和收入保障
高稳定性薪酬结构	基本薪资所占比例很高，绩效薪酬所占比例很低，如岗位工资制、技能工资制	员工收入与业绩关联不大、波动小，员工安全感很强 缺乏激励功能，容易造成员工懒散
折中性薪酬结构	基本薪资、绩效薪酬各占一定的合理比例	对员工有一定的激励作用，也使员工有一定的安全感 需要设计科学合理的薪酬体系

表 19-18　薪酬组成结构的确定方法

薪酬方案	方法说明	操作要点	适用范围
岗位工资制	薪酬水平和结构针对岗位而不是针对员工个人	建立在工作分析的基础上，通过岗位评价，综合考虑薪酬策略，确定不同岗位薪酬水平等级、级差的标准	适用于责权利明确的企业
绩效工资制	将员工个人绩效与企业绩效相关联，并根据其绩效来支付薪酬	员工薪酬根据企业业绩的变动而变动，如业绩提成、奖金等	适用于任务饱满、有必要超额工作的企业
技能工资制	薪酬水平和结构针对任职者的技能和能力为基础	通过对任职者的技能和能力进行评价和鉴定来确定其薪酬水平及等级、级差以及级差标准	适用于技术性强、技术复杂以及技术差别影响较大的企业
组合工资制	将薪酬分解成几部分，分别确定各部分所占比例、额度，如岗位工资制、技能工资制、薪点工资制等	薪酬结构反映诸要素的差别；各单元各有其职能，分别计酬，从不同侧面和角度反映员工贡献大小	适用于各类型的企业

19.3　薪酬调整信息的采集与更新

19.3.1　薪酬调整遵循的五项原则

　　企业在薪酬方案执行过程中，难免会出现不符合现实情况或执行不理想的环节，所以要对已有薪酬方案进行不断调试。薪酬调整是一个很大的难题，企业薪酬调整不到位不仅不能对员工激发出更好的积极性，反而会由此引发员工不满。因此，企业在进行薪酬调整前应全方位收集资料、调查了解，有针对性地去调整薪酬水平或薪酬结构。企业薪酬调整一般应遵循以下五项原则，如表 19-19 所示。

表 19-19　薪酬调整五项原则

调整原则	使用说明
薪酬水平调整	薪酬水平调整包括整体薪酬水平和个别岗位薪酬水平。企业在调整薪酬水平时，除应考虑到企业整体薪酬水平与市场上的薪酬水平之间的差距外，还要考虑某些紧缺性岗位薪酬水平的竞争力

（续表）

调整原则	使用说明
薪酬结构调整	指调整薪酬项目的各个组成部分。随着企业业务的不断发展，原有组成结构不能很好地支撑日常运营，因此，要根据企业的不同发展阶段进行相应的薪酬结构调整
薪酬比例调整	薪酬组成一般都会有固定部分和浮动部分，调整薪酬比例也就是在这两部分所占比例上进行重新定位
薪酬差距调整	企业各个阶层人员的薪酬上存在一定的差距，以区别各岗位人员之间的等级、技能和业绩水平。其实，薪酬体系的公平性是相对的，而薪酬差异化则是绝对的
薪酬综合调整	指企业全面涉及到以上各个方面的因素时需要采取的薪酬调整措施。这既涉及社会性薪酬水平调整，同时又要考虑到企业所处的特殊发展阶段所采取的不同薪酬策略，从而综合实施企业的薪酬调整策略

19.3.2　薪酬测算的主要内容

企业在进行薪酬设计或薪酬调整时均需要结合企业的人工成本对企业各岗位的人员工资进行相应的测算。薪酬测算内容主要包括以下六个方面，如图 19-7 所示。

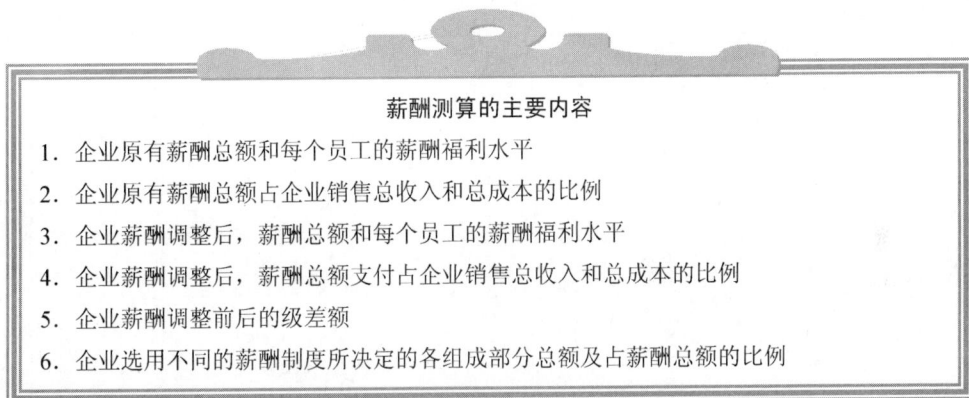

薪酬测算的主要内容

1. 企业原有薪酬总额和每个员工的薪酬福利水平
2. 企业原有薪酬总额占企业销售总收入和总成本的比例
3. 企业薪酬调整后，薪酬总额和每个员工的薪酬福利水平
4. 企业薪酬调整后，薪酬总额支付占企业销售总收入和总成本的比例
5. 企业薪酬调整前后的级差额
6. 企业选用不同的薪酬制度所决定的各组成部分总额及占薪酬总额的比例

图 19-7　薪酬测算的主要内容

19.3.3　收集薪酬调整信息的具体步骤

企业薪酬调整是指企业为促进薪酬管理的有效性所进行的薪酬体系调整或改变，前期需要收集与企业薪酬相关的信息，具体步骤如图 19-8 所示。

步骤 6   薪酬调整方案信息

步骤 5   薪酬调查结果数据分析信息

步骤 4   薪酬支付、绩效考核、绩效反馈和改进信息

步骤 3   销售收入、销售成本费用、管理费用等相关数据

步骤 2   企业岗位分析、岗位评价、人事测评数据和信息

步骤 1   企业总体战略规划和人力资源战略规划的相关信息

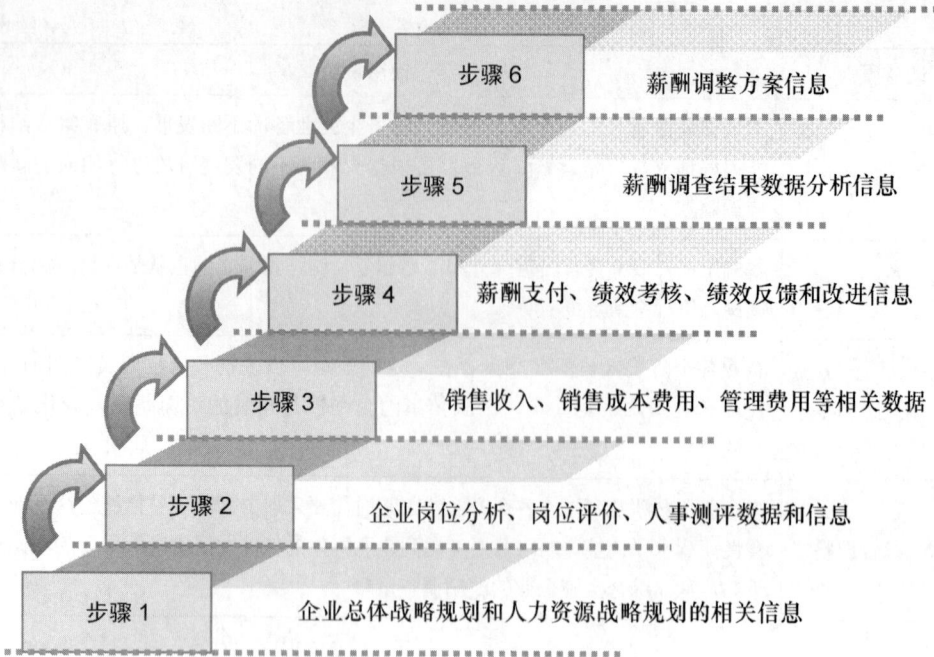

图 19-8   收集薪酬调整信息的具体步骤

第 20 章　如何统计分析员工工资数据

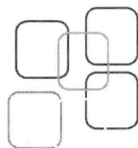

通过采集与更新薪酬管理基本信息形成了每一位员工的工资，对于员工工资具体形式的选择也是有据可依的。

20.1　工资形式的选择

20.1.1　工资形式的内容

工资形式是指计量劳动和支付报酬的方式，具体如图 20-1 所示。

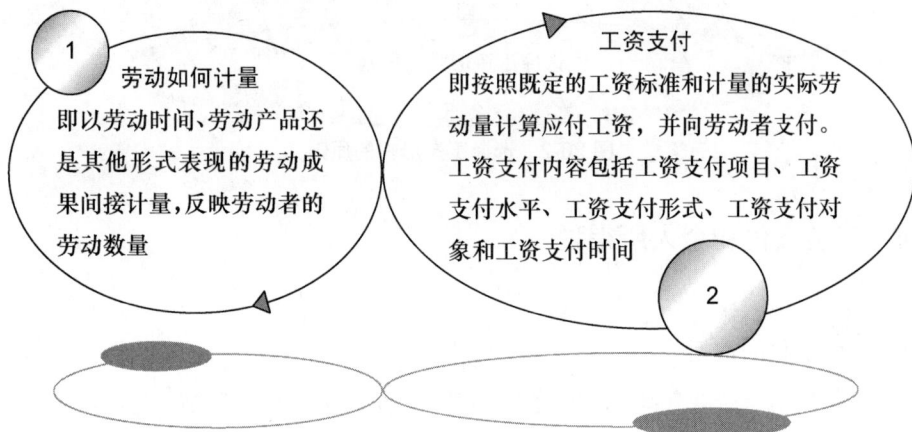

1

劳动如何计量

即以劳动时间、劳动产品还是其他形式表现的劳动成果间接计量，反映劳动者的劳动数量

工资支付

即按照既定的工资标准和计量的实际劳动量计算应付工资，并向劳动者支付。工资支付内容包括工资支付项目、工资支付水平、工资支付形式、工资支付对象和工资支付时间

2

图 20-1　工资形式的内容

20.1.2 工资形式的种类

工资形式一般包括以下六种，具体如表 20-1 所示。

表 20-1 工资形式的种类

种类	具体内容
计时工资	按照员工的工作时间来计算工资的一种方式
计件工资	按照劳动者生产合格产品的数量和预先规定的计件单价计量和支付劳动报酬的一种形式
定额工资	按照劳动定额完成的情况支付劳动报酬的一种工资形式
浮动工资	劳动者劳动报酬随着企业经营好坏及劳动者劳动贡献大小而上下浮动
奖金	对超额劳动的补贴，以现金方式给予的物质鼓励
津贴	对劳动者在特殊条件下的额外劳动消耗或额外费用支出给予补偿的一种工资形式

20.1.3 选择工资形式的原则

要实现工资形式的有效性，在选择工资形式时必须遵循以下五个原则，如图 20-2 所示。

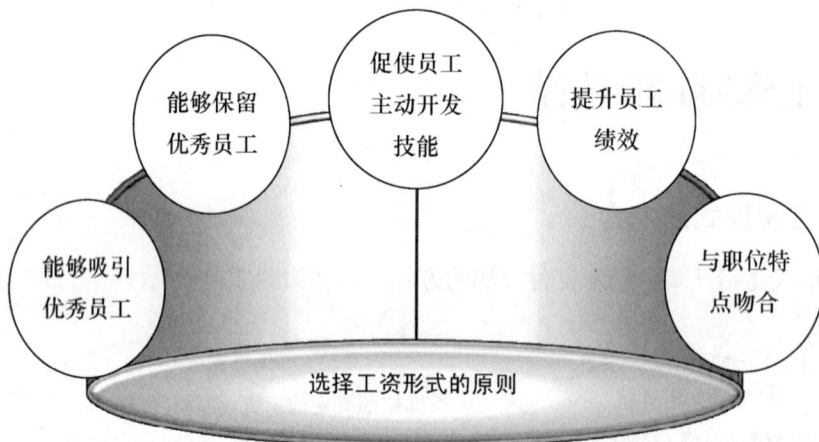

图 20-2 选择工资形式的原则

20.1.4 工资支付和个人所得税

1. 工资支付

（1）工资支付的依据

工资支付环节是企业薪酬制度的落地环节，也是至关重要的环节。企业在进行工资支付前，需要事先收集所有要在工资表中体现出来的加减费用项目的相关资料，结合员工工资标准，对当月应该支付员工的工资进行统计核算。通常情况下，工资支付的依据有以下四种类型，如图 20-3 所示。

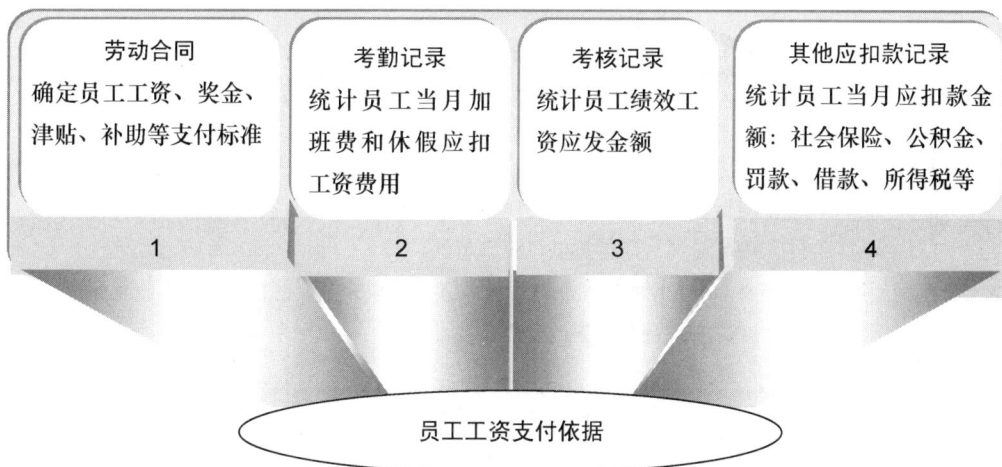

图 20-3　员工工资支付依据

（2）工资支付流程

依据各种资料对员工当月应发工资进行统计核算，经各级领导逐级审批后，最后进入工资支付环节。工资支付的方式有现金发放和银行汇款两种形式，具体支付流程如图 20-4 所示。

图 20-4　员工工资支付流程

2．个人所得税

无论采取什么样的工资支付方式，当个人所得收入超出国家规定的纳税下限时，均需要从员工工资中扣除个人所得税。另外，涉及到社会保险和住房公积金的应在扣除社会保险和公积金费用之后，再核算个人所得税，并从工资中扣除。关于个人所得税的具体说明如图 20-5 所示。

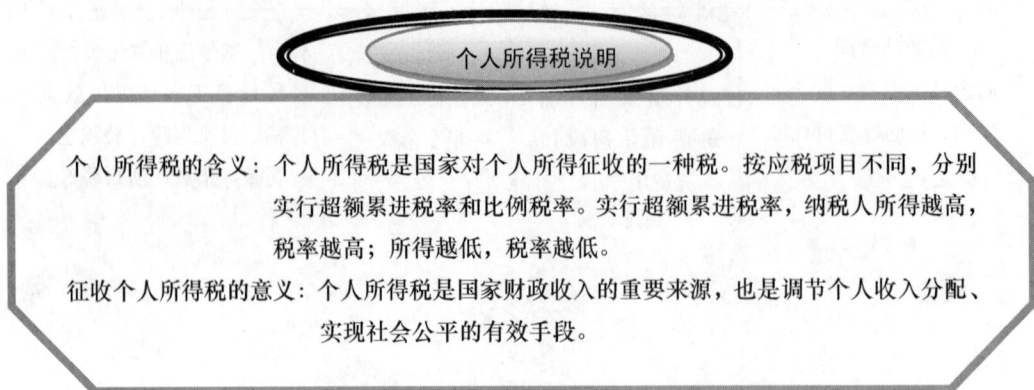

个人所得税说明

个人所得税的含义：个人所得税是国家对个人所得征收的一种税。按应税项目不同，分别实行超额累进税率和比例税率。实行超额累进税率，纳税人所得越高，税率越高；所得越低，税率越低。

征收个人所得税的意义：个人所得税是国家财政收入的重要来源，也是调节个人收入分配、实现社会公平的有效手段。

图 20-5 个人所得税说明

20.2 工资的计算方法

20.2.1 计时工资的计算

按照计算的时间单位不同，可以分为小时工资制、日工资制、月工资制、年薪制等具体形式。企业最常涉及到的、较为复杂的工资制是月工资制和年薪制。

首先，对月工资制工资计算方法进行详细介绍。月工资制工资计算一般涉及四个关键要素，企业在明确该四项关键因素的基础上进行具体工资核算，如图 20-6 所示。

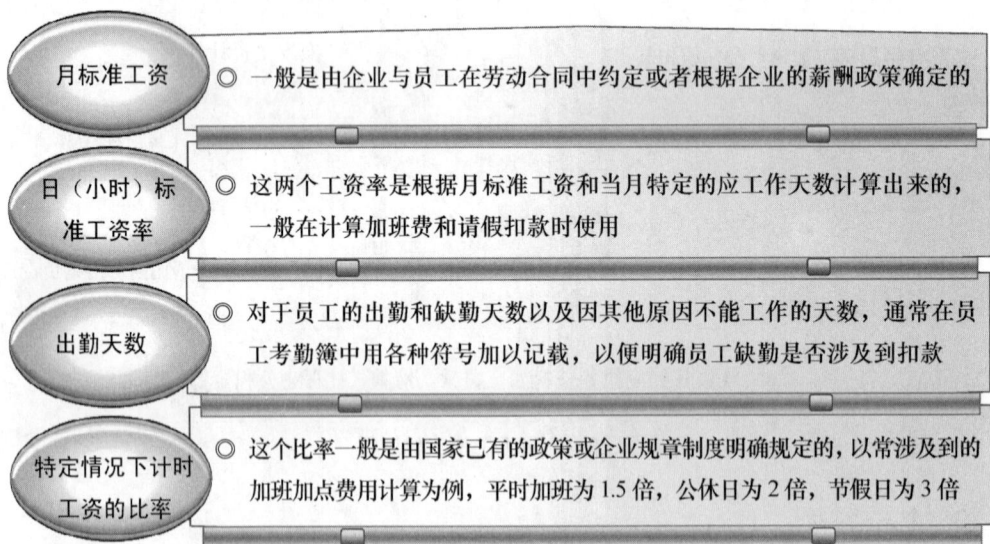

月标准工资	一般是由企业与员工在劳动合同中约定或者根据企业的薪酬政策确定的
日（小时）标准工资率	这两个工资率是根据月标准工资和当月特定的应工作天数计算出来的，一般在计算加班费和请假扣款时使用
出勤天数	对于员工的出勤和缺勤天数以及因其他原因不能工作的天数，通常在员工考勤簿中用各种符号加以记载，以便明确员工缺勤是否涉及到扣款
特定情况下计时工资的比率	这个比率一般是由国家已有的政策或企业规章制度明确规定的，以常涉及到的加班加点费用计算为例，平时加班为 1.5 倍，公休日为 2 倍，节假日为 3 倍

图 20-6 月工资制工资计算涉及到的四个因素

在明确了以上四个要素之后，月工资的计算还涉及以下六个关键概念，如图 20-7 所示。

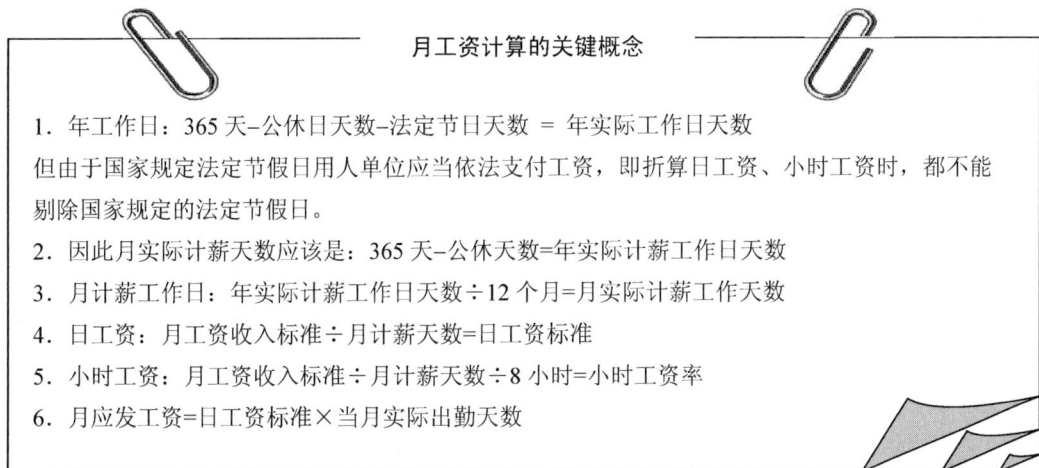

月工资计算的关键概念

1．年工作日：365 天−公休日天数−法定节日天数 ＝ 年实际工作日天数
但由于国家规定法定节假日用人单位应当依法支付工资，即折算日工资、小时工资时，都不能剔除国家规定的法定节假日。

2．因此月实际计薪天数应该是：365 天−公休天数=年实际计薪工作日天数

3．月计薪工作日：年实际计薪工作日天数÷12 个月=月实际计薪工作天数

4．日工资：月工资收入标准÷月计薪天数=日工资标准

5．小时工资：月工资收入标准÷月计薪天数÷8 小时=小时工资率

6．月应发工资=日工资标准×当月实际出勤天数

图 20-7　月工资计算的关键概念

其次，对年薪制的计算方法进行说明。年薪制也是一种计时工资制，是以自然年度为周期来结算工资。年薪涉及到两个关键组成部分：基薪和风险收入。基薪是由企业的经营状况和岗位价值来确定的，一般是普通员工平均工资的 2～4 倍。风险收入是由企业经营利润状况、责任大小、风险程度等因素来确定的。

基薪和风险收入的发放形式也不同，基薪按月支付，有的企业也将此称为津贴或生活补助；对于风险收入，在自然年度末结合企业的经营情况、各项考核指标评定结果来计算。

20.2.2　计件工资的计算

通常，计件工资计算公式如下：

工资金额=计件单价×合格产品数量

计件工资是指按照合格产品的数量和预先规定的计件单位来计算的工资。它不直接用劳动时间来计量劳动报酬，而是用一定时间内的劳动成果来计算劳动报酬。因实际经营需要，企业为了按期完成生产任务，有时候也会安排员工加班。具体的计算方法如图 20-8 所示。

计件工资制下的加班费计算方法

实行计件工资的员工，在完成计件定额任务的前提下，由企业安排延长工作时间的，应根据"工作日延长工作时间加班"、"公休日加班"和"法定节假日加班"三种类型，分别按照不低于其本人法定工作时间计件单价的 150%、200%、300%的计件单价标准支付其加班工资。

图 20-8　计件工资制下的加班费计算方法

除了合格产品涉及到计件工资外,在企业实际生产经营过程中也难免会出现不合格产品,对于不合格产品的工资计算要视具体情况而定。通常情况下,不合格产品分两种情况,一种是因为原材料不合格导致产品不合格,一种是因为员工个人技能或态度问题导致的产品不合格。这就要通过具体分析不合格的原因来确定不合格产品是否参与计件工资的计算,具体如图20-9所示。

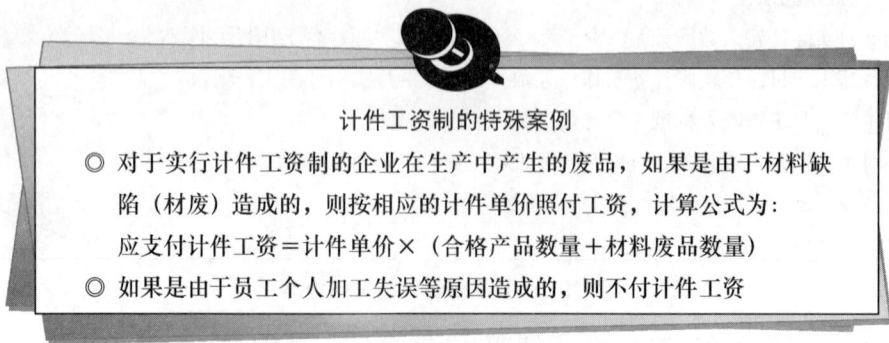

计件工资制的特殊案例

◎ 对于实行计件工资制的企业在生产中产生的废品,如果是由于材料缺陷(材废)造成的,则按相应的计件单价照付工资,计算公式为:

应支付计件工资＝计件单价×(合格产品数量＋材料废品数量)

◎ 如果是由于员工个人加工失误等原因造成的,则不付计件工资

图20-9 计件工资制的特殊案例

另外,如果员工个人在一个月内加工多种不同产品,而且各种产品的计件单价不同时,则分别按上式计算每种产品的计件工资后汇总,即为应付该员工(或集体)的计件工资总额。

20.2.3 计件单价的计算

计件单价是指实行计件工资制时,企业为员工完成的每件合格产品(或某项作业)规定的工资支付标准,是支付计件工资的主要依据之一。计件单价是根据与工作物等级相对应的等级工资标准和定额计算出来的,工作物等级是根据某项工作的技术复杂程度和劳动繁重程度而划分的等级。计件单价的具体计算方法如图20-10所示。

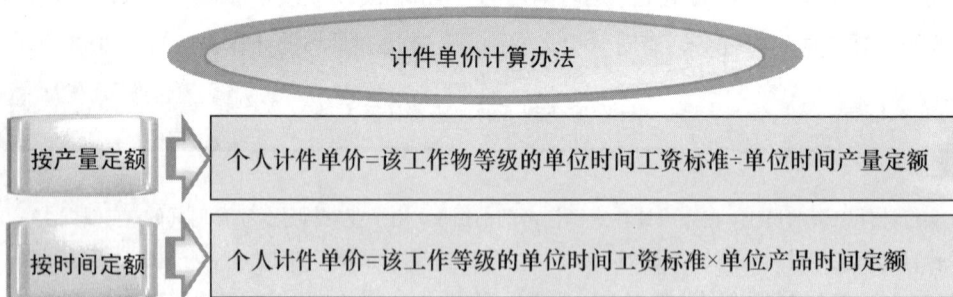

计件单价计算办法

| 按产量定额 | 个人计件单价＝该工作物等级的单位时间工资标准÷单位时间产量定额 |
| 按时间定额 | 个人计件单价＝该工作等级的单位时间工资标准×单位产品时间定额 |

图20-10 计件单价计算方法

20.2.4　奖金的计算

奖金也称奖励工资，是为员工超额完成任务或取得优秀工作成绩而支付的额外薪酬，其目的在于对员工进行激励，促使其继续保持良好的工作势头。奖金的发放可以根据员工个人的业绩，也可以根据企业或部门的效益来评定。奖金比其他薪酬形式更为灵活和有针对性，奖金形成的薪酬也具有更加明显的差异性。奖金的计算与奖金的设计有一定联系，一般可按以下方法来计算，如图 20-11、图 20-12、图 20-13 所示。

奖金的计算方法一

根据某岗位既定的奖金额度，按照业绩完成的相应比例来计算奖金发放额度的方法

例如：某企业销售部销售人员的业绩目标为 50 万元，完成任务时奖励 500 元。那么实际业绩达到 40 万元时，则按完成比例可获取奖金的计算公式为：

500×（40÷50）×100%=400（元）

（1）此方法的优点：更能激励销售人员个人的工作积极性，避免不劳而获"吃大锅饭"的现象。

（2）此方法的缺点：往往会使员工仅顾及个人利益而忽视团队利益；对不参与直接销售的后勤人员的奖金发放没有客观依据。

图 20-11　奖金的计算方法一

奖金的计算方法二

根据部门业绩完成情况来确定奖金发放额度的办法

企业事先与各部门制定销售激励政策，确定当部门业绩达到一定程度时，根据部门销售业绩的一定比例核算出部门内部奖金额度。部门内部再根据各岗位的价值评估系数确定各岗位的奖金分配比例，进一步确定各岗位的奖金发放额度。

（1）这种奖金发放方法也不能忽视销售人员的个人业绩情况。

（2）例如：某企业销售部门 2011 年度业绩目标达到 500 万元或以上时，部门可获得 1%的奖金，该部门岗位设置有销售经理、销售主管、销售员 A、销售员 B、销售员 C、销售员 D、销售内勤、销售助理等岗位，根据部门内部岗位价值评估结果，结合各岗位员工具体表现，确定各岗位奖金分配比例。如表 20-2 所示。

图 20-12　奖金的计算方法二

表 20-2　根据部门业绩确定奖金发放的计算表

部门获得奖金额度：5 000 000×1%＝50 000（元）			
各岗位人员获得奖金额度：元			
岗位名称	奖金比例	奖金额度计算	备注
销售经理	30%	50 000×30%=15 000	
销售主管	20%	50 000×20%=10 000	
销售员 D	15%	50 000×15%=7 500	业绩突出
销售员 A	10%	50 000×10%=5 000	业绩较好
销售员 C	10%	50 000×10%=5 000	
销售员 B	10%	50 000×10%=5 000	
销售助理	3%	50 000×3%=1 500	
销售内勤	2%	50 000×2%=1 000	

奖金的计算方法

根据企业年度经营状况确定分配给员工的奖金总额所占比例，结合各岗位价值评估以及本年度员工具体表现进行奖金分配

图 20-13　奖金的计算方法三

20.2.5　所得税的计算

企业在计算员工每月工资时，经常会涉及到某些员工工资超出国家规定的纳税下限，这时就要缴纳个人所得税。现将个人所得税的计算方法进行说明，如表 20-3 所示。

表 20-3　工资、薪金所得税适用的税率表（2011—2013 年度纳税下限为 3 500 元）

级数	含税级距（元）	不含税级距（元）	税率	速算扣除数
1	0～1 500	0～1 455	3%	0
2	1 500～4 500	1 455～4 155	10%	105
3	4 500～9 000	4 155～7 755	20%	555
4	9 000～35 000	7 755～27 255	25%	1 005
5	35 000～55 000	27 255～41 255	30%	2 755
6	55 000～80 000	41 255～57 505	35%	5 505
7	80 000 以上	57 505 以上	45%	13 505

注：1. 本表所列含税级距与不含税级距，均为按照税法规定减去有关费用后的所得额。

　　2. 含税级距适用于由纳税人负担税款的工资、薪金所得。

　　个人所得税的计算方法如下。

　　应纳税所得额＝月薪金收入总额（包括加班费等）–3 500 –社保和公积金费用

　　应纳税额＝应纳税所得额×适用税率–速算扣除数

　　因此，工资个人所得税的计算公式为：

　　应纳税额＝（月薪金收入总额–"五险一金"费用–3 500）×适用税率–速算扣除数

　　实发工资＝应发工资–"五险一金"费用–个人所得税

　　具体示例如图 20-14 所示。

示例

例如：某人每月应发工资收入为 5 500 元，社保公积金缴费 500 元，
其应纳个人所得税为：(5 500 –500 –3 500)×3%–0=45（元）

图 20-14　奖金的计算方法举例

　　除了每月工资要计算个人所得税以外，员工年底一次性所得年终奖金也应该缴纳个人
所得税，其相应的计算办法如表 20-4 所示。

表 20-4　员工一次性年终奖个人所得税计算方法

情形	税率确定	计算公式
个人取得全年一次性奖金且获取奖金当月个人的薪资所得高于（或等于）税法规定的费用扣除额的（即：当月应发工资–个人统筹–3 500≥0）	以全年一次性奖金总额除以 12 个月，按其商数对照《个人所得税税率》"七级税率表"，确定适用税率和对应的速算扣除数	应纳个人所得税税额（仅指年终奖）＝个人当月取得的全年一次性奖金×适用税率－速算扣除数（只减一个速算扣除数，而不是减 12 个）
个人取得全年一次性奖金且获取奖金当月个人的薪资所得低于税法规定的费用扣除额的（即：当月应发工资–个人统筹－3 500＜0）	用全年一次性奖金减去"3 500、减去应纳税额（即：当月应发工资－统筹）"后的余额除以 12 个月，按其商数对照对照《个人所得税税率》"七级税率表"，确定适用税率和对应的速算扣除数（差额＜0 的不扣税）	应纳个人所得税税额（仅指年终奖）＝[个人当月取得全年一次性奖金－（3 500－当月工资应纳税额）]×适用税率－速算扣除数

20.3 工资总额与平均工资的统计分析

20.3.1 工资总额动态指标分析

在进行企业工资总额动态指标分析前，需首先明确构成企业工资总额的指标项目。根据国家相关规定，企业的工资总额由以下六个指标组成，如图 20-15 所示。

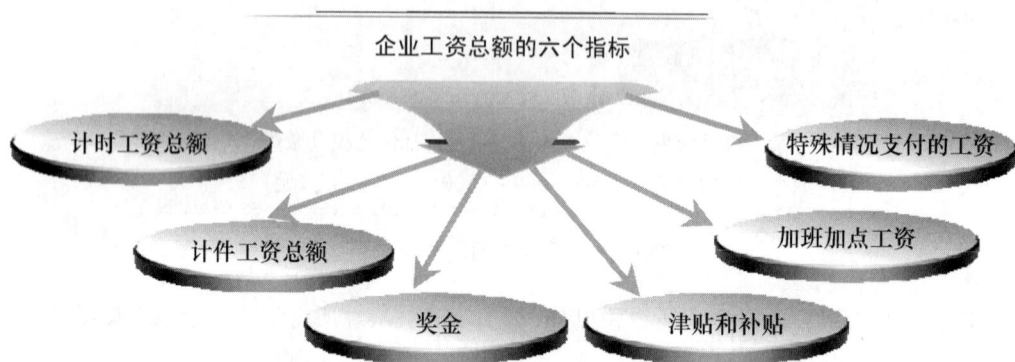

图 20-15 企业工资总额的六个指标

工资总额中的动态指标就是工资总额各项指标中每月体现出不同结果的指标。工资总额的指标因素可以分为两大类——与人员相关的指标因素和与工作业绩相关的指标因素，而这些因素均有可能发生变动。因此，与工资总额的动态指标相关的因素主要包括三类，具体如图 20-16 所示。

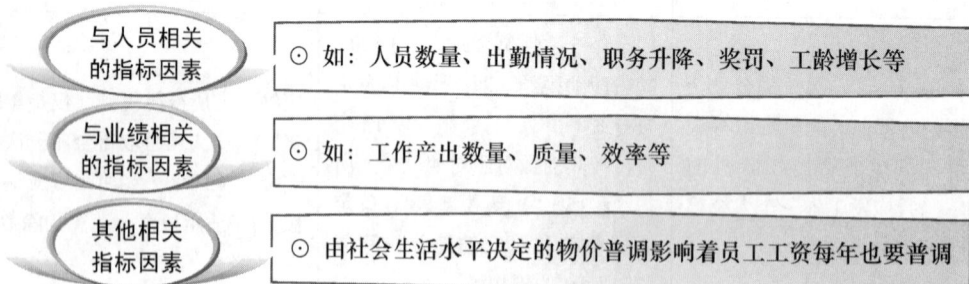

图 20-16 与工资总额动态指标相关的因素

20.3.2　平均工资指数分析

1．平均工资指数的内涵及类别

根据统计学的一般原理,平均工资指数是由两个不同时期的平均工资指标值对比所形成的,用以表示报告期平均工资较基期平均工资升降变动的方向和程度的一种平均指标指数。平均工资指数是报告期员工平均工资与基期员工平均工资的比率,是反映不同时期员工工资水平变动情况的相对数。其计算公式如下。

员工平均工资指数＝报告期员工平均工资/基期员工平均工资

按照类别划分,平均工资指标主要有两类,具体如表 20-5 所示。

表 20-5　平均工资指标的类别说明

平均工资指数	具体说明	计算公式
平均货币工资指数	员工平均货币工资指数是指报告期员工平均货币工资与基期员工平均货币工资的比率,是反映不同时期员工货币工资水平变动情况的相对数	员工平均货币工资指数＝报告期员工平均货币工资/基期员工平均货币工资
平均实际工资指数	员工平均实际工资是指扣除物价变动因素后的员工平均工资。员工平均实际工资指数是反映实际工资变动情况的相对数,表明员工实际工资水平提高或降低的程度	平均实际工资指数＝报告期平均实际工资指数/报告期城镇居民消费价格指数×100%

2．平均工资指数分析的意义

（1）平均工资指数可以更为准确地反映企业员工收入水平的发展状况,符合科学管理的理念。

（2）通过对平均工资指数结构变动的分析,可以确保平均工资分析的完整性和准确性。

（3）通过平均工资指数的分析可以改进和提高企业的人工成本管理水平,更好地发挥薪酬管理的作用。

（4）通过对平均工资指数的深入分析,能够发现本企业员工工资的发展态势,及时对劳动力市场人工成本发展态势做出反应,及时调整本企业内部薪酬指数。

20.3.3　企业工资表的编制

1．企业工资表的编制原则

工资表是企业工资制度的具体表现形式之一。工资表设计的科学与否,直接反映出工资制度制定的合理与否,因此,在编制工资表时,应尽量做到科学、合理。

通常情况下,企业在编制工资表时应注意遵循以下六项原则,具体如图20-17所示。

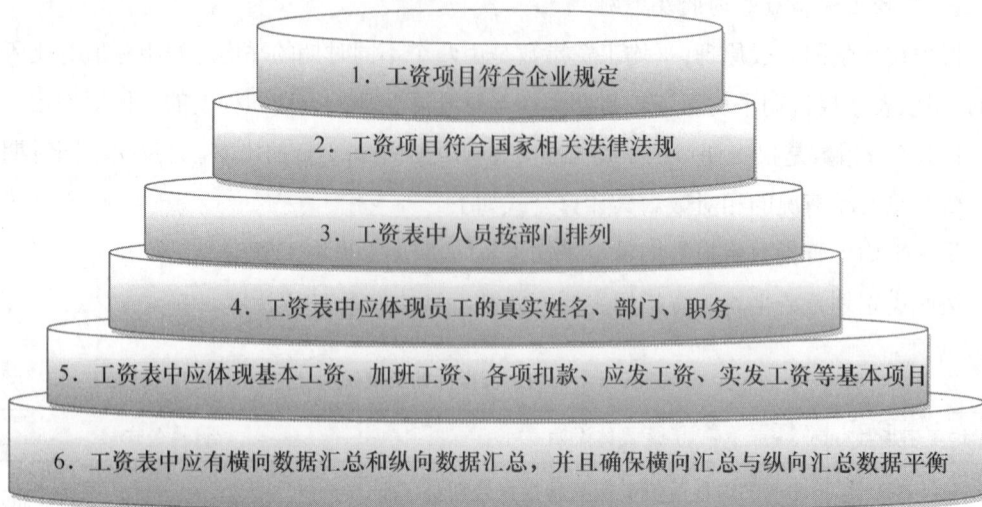

1. 工资项目符合企业规定
2. 工资项目符合国家相关法律法规
3. 工资表中人员按部门排列
4. 工资表中应体现员工的真实姓名、部门、职务
5. 工资表中应体现基本工资、加班工资、各项扣款、应发工资、实发工资等基本项目
6. 工资表中应有横向数据汇总和纵向数据汇总,并且确保横向汇总与纵向汇总数据平衡

图20-17　工资表的编制原则

2. 工资表编制的具体案例

某企业为销售型企业,为员工缴纳五险,经企业领导班子研讨及职工大会通过,在企业内部实施绩效工资制。员工工资组成结构中包括以下项目:基本工资、工龄工资、绩效工资、交通补助、话费等;为了完成部门任务,个别部门经常涉及到加班。根据企业实际情况为该企业设计的工资表如表20-6所示。

有时,企业在执行过程中难免会对原有工资项目进行调整,企业在进行工资项目调整后,也应对工资表进行相应的调整,以适应企业业务发展的需要。

表20-6　某企业职工工资表

序号	姓名	部门	职务	基本工资	工龄工资	加班费	绩效工资	应发工资	五险扣款	应扣款	所得税	实发工资	领款人签字
1													
2													
3													
……													
合计													

第 21 章　如何管理员工福利费用

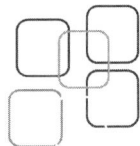

员工福利的管理是企业薪酬管理的一项重要内容。关于员工福利的管理一般包括三部分内容：福利总额预算计划、社会保险缴费办法以及工资福利与保险台账的建立。

21.1　福利总额预算计划

21.1.1　福利的本质

福利往往不以货币的形式直接支付给员工，而是以服务或实物的形式支付，如带薪休假、成本价的住房、子女教育津贴等。

福利作为企业为保留和激励员工而采取的一种形式，本质上讲是一种补充性的报酬。福利有多种形式，根据福利内容的差异，具体可以划分为全员性福利、特殊福利、困难补助等。其中，全员性福利是针对所有员工的，特殊福利只对某一群体发放，困难补助是针对有特殊困难的员工发放的，如给身患癌症的员工发放慰问金。

21.1.2　福利管理的主要内容

企业为员工提供的福利项目可以分为两大类：法定福利和企业自定福利，具体如图 21-1 所示。

社会保险、住房公积金、带薪年休假、带薪婚丧产假、法定节假日、探亲假等	根据企业自身的财务状况来制定。通常包括的项目有：各种补贴、津贴、补充保险、商业保险、工作餐、免费住宿、各种奖金、旅游、体检、各种过节费或实物、免费班车等
法定福利	企业自定福利

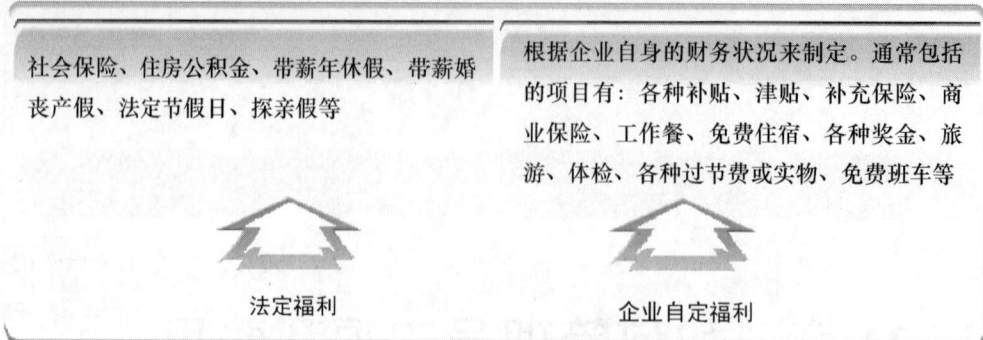

图 21-1 福利项目

企业在进行福利管理时除了需要明确福利项目以外，还需要制定相应的管理制度。比如，每项福利的具体开展时间、实施对象、实施方式涉及到的费用额度，企业通过实施该项福利希望达到的目的及相关后续工作，通过福利的具体实施发现某项福利存在的不足或要注意的事项，以便下年度或下次执行时引起注意等，均可列为企业福利管理的工作内容。

21.1.3　各项福利总额预算计划的制订

1．企业制订福利总额预算计划需注意的事项

企业在制订各项福利总额预算计划时要考虑方方面面的细节问题。通常情况下，企业在制订各项福利总额预算计划时要注意以下 11 个问题，如图 21-2 所示。

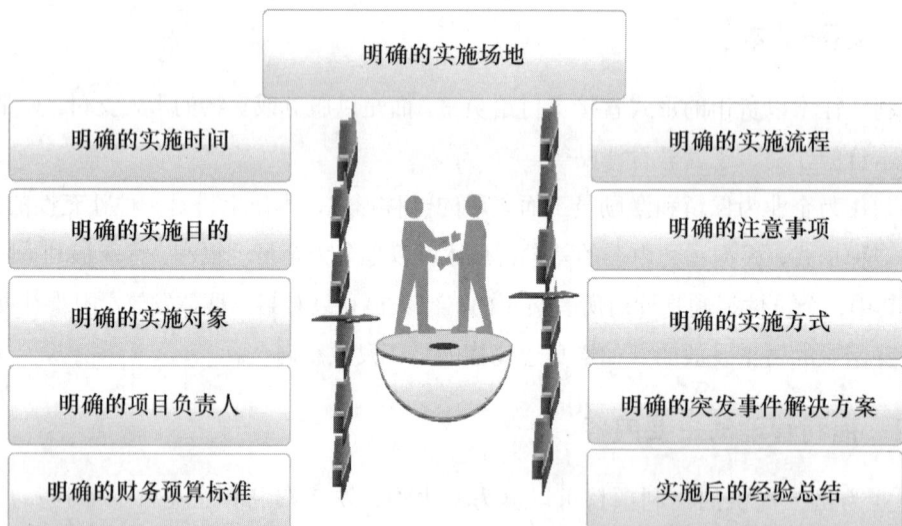

明确的实施场地

明确的实施时间	明确的实施流程
明确的实施目的	明确的注意事项
明确的实施对象	明确的实施方式
明确的项目负责人	明确的突发事件解决方案
明确的财务预算标准	实施后的经验总结

图 21-2 制订各项福利总额预算计划的注意事项

2. 企业制订福利总额预算计划需遵循的原则

有效的福利总额预算计划应遵循以下六个原则，如图 21-3 所示。

福利总额预算计划制订的六个原则

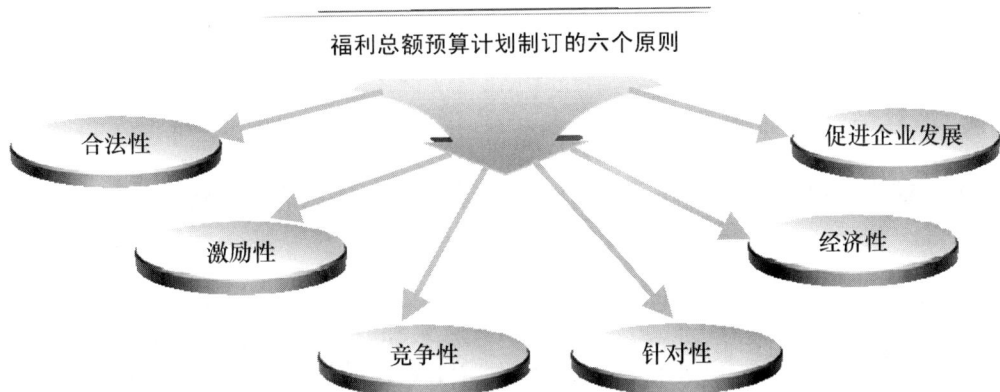

合法性　促进企业发展　激励性　经济性　竞争性　针对性

图 21-3　福利总额预算计划制订的六个原则

3. 各项福利总额预算计划的制订

企业福利总额是若干项福利项目的费用之和，企业可以根据实际情况采用总分式和分总式两种方式来进行福利总额预算，如图 21-4 所示。

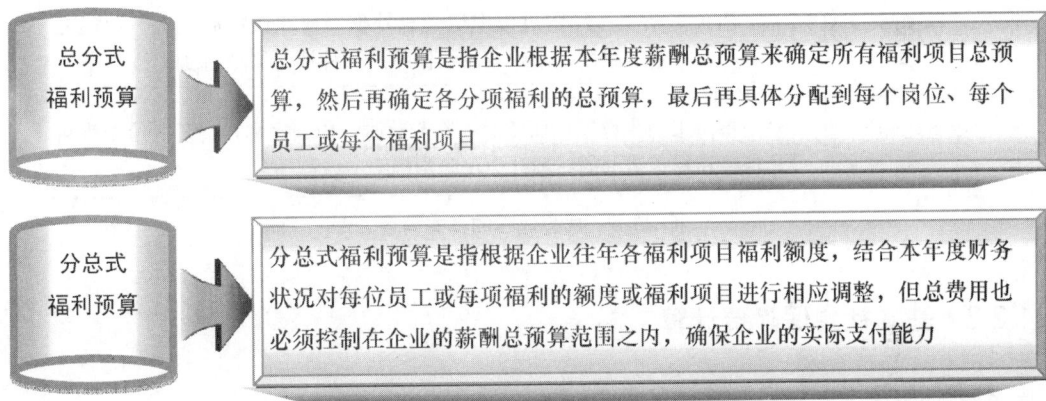

| 总分式福利预算 | 总分式福利预算是指企业根据本年度薪酬总预算来确定所有福利项目总预算，然后再确定各分项福利的总预算，最后再具体分配到每个岗位、每个员工或每个福利项目 |
| 分总式福利预算 | 分总式福利预算是指根据企业往年各福利项目福利额度，结合本年度财务状况对每位员工或每项福利的额度或福利项目进行相应调整，但总费用也必须控制在企业的薪酬总预算范围之内，确保企业的实际支付能力 |

图 21-4　福利总额预算制定的两种方式

特殊说明：企业在进行福利预算时，法定福利总额的预算一般采用分总式方式，即根据国家规定标准首先对每位员工的福利费用额度进行预算，汇总后得出该项福利费用总额，如社会保险福利、住房公积金福利。

另外，企业在进行福利费用预算时还应该结合企业的人力资源规划，分析企业的人力资源信息库，预计预算年度的人力资源变动情况，以便对企业的员工福利项目、福利额度做出相应调整，确保福利预算计划的有效性，适应企业战略发展的需要。

21.2 社会保险缴费办法

21.2.1 社会保险的基本内容

社会保险福利是由政府统一管理强制执行的社会性福利措施，具体内容如图 21-5 所示。

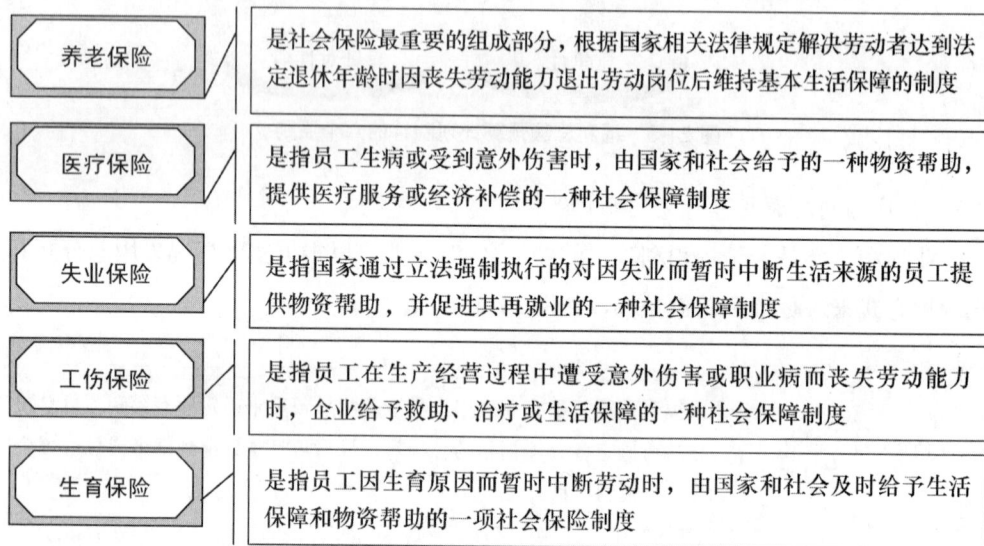

养老保险	是社会保险最重要的组成部分，根据国家相关法律规定解决劳动者达到法定退休年龄时因丧失劳动能力退出劳动岗位后维持基本生活保障的制度
医疗保险	是指员工生病或受到意外伤害时，由国家和社会给予的一种物资帮助，提供医疗服务或经济补偿的一种社会保障制度
失业保险	是指国家通过立法强制执行的对因失业而暂时中断生活来源的员工提供物资帮助，并促进其再就业的一种社会保障制度
工伤保险	是指员工在生产经营过程中遭受意外伤害或职业病而丧失劳动能力时，企业给予救助、治疗或生活保障的一种社会保障制度
生育保险	是指员工因生育原因而暂时中断劳动时，由国家和社会及时给予生活保障和物资帮助的一项社会保险制度

图 21-5　社会保险的基本内容

21.2.2 基本社会保险费计算

社会保险费用的计算包括两大部分，如图 21-6 所示。

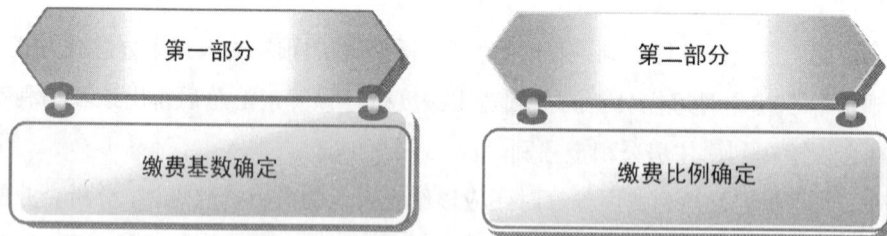

第一部分	第二部分
缴费基数确定	缴费比例确定

图 21-6　社会保险费用的两大组成部分

1. 缴费基数 W 确定

社会保险缴费基数随工资收入的不同而异。新入职员工以入职时第一个月的工资标准作为在本企业的缴费基数，老员工以上年度在本企业的平均月收入为基数进行缴费。但企业为员工缴费时，缴费基数不得低于国家规定的当期当地最低缴费基数，即当员工工资低于国家规定的标准时，只能按照国家规定的下限来为员工缴纳各项社会保险。

2. 缴费比例ξ确定

国家每年四月份都会对社会保险缴费基数的上下限作出政策性的调整,但每年的缴费比例不变,具体如表 21-1 所示。

表 21-1　各项社会保险缴费比例

保险名称	养老保险		失业保险		医疗保险		生育保险	工伤保险
	单位	个人	单位	个人	单位	个人	单位	单位
缴费比例	20%	8%	1.5%	0.5%	10%	2%+3	0.8%	0.5%~2%

3. 缴费金额∑计算

企业为每位员工缴纳的社会保险金额∑的计算公式为：

$$\Sigma = W \times \xi$$

五险的缴费金额计算公式为：

$$\Sigma = W_1\xi_1 + W_2\xi_2 + W_3\xi_3 + W_4\xi_4 + W_5\xi_5$$

W 分别表示五项社会保险的缴费基数：W_1 为养老保险，W_2 为失业保险，W_3 为工伤保险，W_4 为医疗保险，W_5 为生育保险。

ξ分别代表五项社会保险缴费比例：ξ_1 为养老保险，ξ_2 为失业保险，ξ_3 为工伤保险，ξ_4 为医疗保险，ξ_5 为生育保险。

21.2.3　员工福利费用的提取

员工福利费用的提取是企业按工资总额的一定比例,从成本、费用中提取的准备用于职工福利方面的资金。根据新《企业会计准则》(2006)和修订后的《企业财务通则》(2006)的有关规定,对职工福利费的提取取消了原制度"按工资总额 14%计提"的规定;对于"应付福利费",明确指出属于职工薪酬的范围;除医疗保险以外的其他福利性费用,由企业自主决定提取福利费或据实列支。

21.2.4 社会保险缴费工作程序

社会保险由各企业人力资源部统一负责办理，由单位代扣代缴，员工应配合企业准备办理社会保险所需要提供的各种资料。社会保险的缴费流程如图21-7所示。

步骤1 ○ 企业持证照在社会保障中心或社保所开户

步骤2 ○ 确定缴纳社会保险人员

步骤3 ○ 确定社会保险缴纳项目

步骤4 ○ 确定社会保险缴纳基数

步骤5 ○ 填报社会保险人员增减的各项报表并报盘

步骤6 ○ 银行划账

步骤7 ○ 缴费成功

图 21-7 社会保险的缴费流程

21.3 建立工资福利与保险台账

21.3.1 工资台账的建立

工资台账是指企业每月为员工发放工资的明细记录，目前，在企业中的体现形式有书面和电子版两种形式。其中，企业可以用每月发放工资的工资表直接作为每月工资发放的台账，也可以摘取工资表的要点另建台账。

企业中工资台账的建立具体可以通过以下四种形式来体现，分别用于人工成本分析、人员配置等不同的工作需求分析，具体如表21-2、表21-3、表21-4、表21-5所示。

表 21-2　工资台账建立形式一（直接用工资表做台账）

序号	姓名	部门	职务	基本工资	工龄工资	加班费	绩效工资	应发工资	五险扣款	应扣款	所得税	实发工资	领款人签字
1													
2													
……													
平均													
合计													

表 21-3　工资台账建立形式二（以员工姓名为主题建立台账）

员工姓名		部门				岗位		
月份	工资项目明细					实发小计	领取日期	备注
	基本工资	工龄工资	绩效工资	奖金	扣款			
1								
2								
……								
平均								
合计								

表 21-4　工资台账建立形式三（以部门为主题建立台账）

序号	部门	月份				
		1月	2月	……	12月	合计
1	销售部					
2	财务部					
3	人力资源部					
……	市场部					
	合计					

表 21-5　工资台账建立形式四（以岗位为主题建立台账）

序号	部门	月份				
		1 月	2 月	……	12 月	合计
1	销售人员					
2	技术人员					
3	管理人员					
……	普通职工					
合计						

　　建立工资台账时，应根据企业具体业务需求进行格式设置，设置的原则在于方便企业进行人工成本统计分析。

21.3.2　福利台账的建立

　　福利台账是指企业为员工提供各项福利待遇而建立的台账，包括现金支付、实物提供、服务或活动提供等不同形式。这些福利均会涉及到一定的费用，企业在做福利台账时应注意该类台账的建立要体现出以下关键项目：福利项目的名称、福利实施的时间、福利针对的对象、福利兑现的方式、涉及到的费用金额、福利实施过程中的注意事项等内容。

　　福利台账建立的具体形式如表 21-6、表 21-7 所示。

表 21-6　福利台账建立形式一（以福利项目名称为主题）

福利项目名称				福利项目负责部门	
序号	实施时间	针对对象	涉及到的费用（元）	涉及到的物品	注意事项
1					
2					
3					
……					
合计					

表 21-7　福利台账建立形式二（以每月费用为主题）

序号	福利项目	月份				
		1 月	2 月	……	12 月	合计（元）
1	体检					
2	旅游					
3	过节					

（续表）

序号	福利项目	月份				
		1月	2月	……	12月	合计（元）
4	工作餐					
……	……					
合计						

21.3.3　保险基金台账的建立

1. 保险基金台账建立的意义

（1）社会保险作为企业的一项重要福利项目，在企业人工成本费用中占据较大的比重，为做好保险基金的控制与管理工作，必须建立保险基金台账。

（2）方便企业检查每月的保险缴费变动情况，进而分析导致变动的原因。

（3）通过对不同年度的社保基金费用额度进行比较，企业能够发现社保缴费存在的规律，方便企业提前做好下一年度的保险基金费用预算。

2. 保险基金台账的建立形式

企业在进行每月保险基金台账的建立时应注意以下几项要点：保险基金涉及到的人数、保险基金的缴费基数、每月保险基金缴费总金额、每项保险基金的缴费金额、保险基金在实施过程中的变动情况等，具体形式如表 21-8 所示。

表 21-8　保险基金台账的建立形式

险种名称	缴费基数	1月	2月	3月	……	12月	合计	备注
养老								
失业								
工伤								
医疗								
生育								
合计								

第22章　如何调整与确立劳动关系

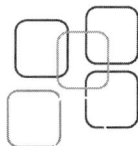

劳动关系是随资本主义生产方式的出现，商品经济成为生产的主导形式而产生的。因社会制度、历史与文化差异，劳动关系的表述各不相同，分别表述为劳资关系、劳工关系、雇佣关系、产业关系等。虽然各类称谓的侧重有所不同，但其内涵基本相似，均指劳动者与劳动力的使用者之间因劳动给付与工资支付而产生的关系。

22.1　劳动关系的调整方式

劳动关系的调整方式依据调节手段不同，主要分为七种调整方式：劳动法律法规调整，劳动合同规范调整，集体合同规范调整，民主管理制度（职工代表大会、职工大会）调整，企业内部劳动规则（规章制度）调整，劳动争议处理制度调整和劳动监督检查制度调整。

22.1.1　劳动关系与劳动法律关系

一般而言，所谓劳动关系是指用人单位（雇主）与劳动者（雇员）之间在运用劳动者的劳动能力，实现劳动的过程中所发生的关系。

劳动法律关系是指劳动法律规范在调整劳动关系的过程中所形成的雇员与雇主之间的权利义务关系，即雇员与雇主在实现现实的劳动过程中所发生的权利义务关系。

劳动关系经劳动法律规范、调整和保护后，即转变为劳动法律关系，雇主与雇员双方就有了明确的权利义务，如图 22-1 所示。

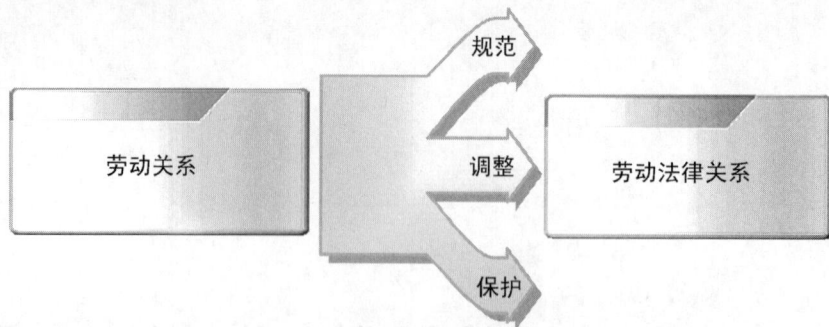

图 22-1　劳动关系与劳动法律关系

22.1.2　劳动法律法规

劳动法律法规由国家制定，体现国家意志，覆盖所有劳动关系，通常为调整劳动关系应当遵循的原则性规范和最低标准。

劳动法律法规的基本特点是体现国家意志

22.1.3　劳动合同

劳动合同是指劳动者与用人单位确立劳动关系、明确双方权利义务的协议。建立劳动关系应当订立劳动合同。

劳动合同的基本特点是体现劳动关系当事人双方的意志

22.1.4　集体合同

集体合同是指用人单位与本单位职工根据法律、法规、规章的规定，就劳动报酬、工作时间、休息休假、劳动安全卫生、保险福利等事项，通过集体协商签订的书面协议。根据劳动法的规定，集体合同由工会代表职工与企业签订，没有成立工会组织的，由上级工会指导劳动者推举的代表与企业签订。

《中华人民共和国劳动合同法》第五十三条规定："在县级以下区域内，建筑业、采矿业、餐饮服务业等行业可以由工会与企业方面的代表订立行业性集体合同，或者订立区域性集体合同。"

集体合同的基本特点是体现劳动关系当事人双方义务性质不同

22.1.5　民主管理制度

《中华人民共和国劳动法》第八条规定："劳动者依照法律规定，通过职工大会、职工代表大会或者其他形式，参与民主管理或者就保护劳动者合法权益与用人单位进行平等协商。"

目前我国职工参与管理的形式主要是职工代表大会和平等协商制度

22.1.6　企业内部劳动规则

企业内部劳动规则是企业规章制度的组成部分。企业内部劳动规则的制定和实施是企业以规范化、制度化的方法协调劳动关系，对劳动过程进行组织和管理的行为，是企业以经营权为基础行使用工权的形势和手段。

《中华人民共和国劳动法》第四条规定："用人单位应当依法建立和完善规章制度，保障劳动者享有劳动权利和履行劳动义务。"

企业内部劳动规则的基本特点是企业或者雇主意志的体现

22.1.7　劳动争议处理制度

劳动争议处理制度是一种劳动关系处于非正常状态，经劳动关系当事人的请求，由依法建立的处理机构、调解机构、仲裁机构对劳动争议的事实和当事人的责任依法进行调查、协调和处理的程序性规范，是为保证劳动实体法的实现而制定的有关处理劳动争议的调解程序、仲裁程序和诉讼程序的规范。

劳动争议处理制度的基本特点是对劳动关系的社会性调整

22.1.8 劳动监督检查制度

《中华人民共和国劳动法》第八十五条规定："县级以上各级人民政府劳动行政部门依法对用人单位遵守劳动法律、法规的情况进行监督检查，对违反劳动法律、法规的行为有权制止，并责令改正。"第八十七条规定："县级以上各级人民政府有关部门在各自职责范围内，对用人单位遵守劳动法律、法规的情况进行监督。"第八十八条规定："各级工会依法维护劳动者的合法权益，对用人单位遵守劳动法律、法规的情况进行监督。"

综上所述有关规定，我们可以得出以下几点结论，具体内容如图 22-2 所示。

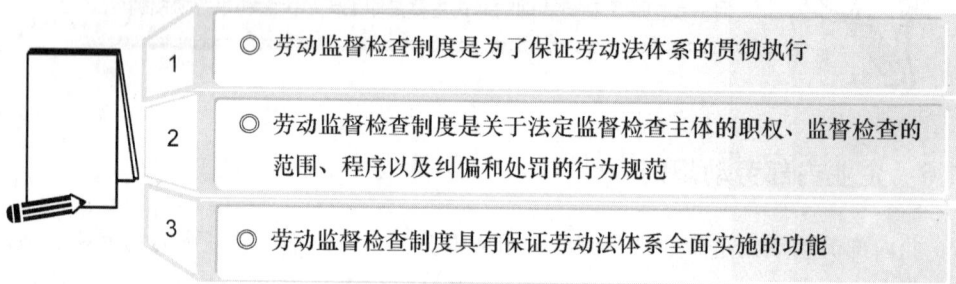

1	◎ 劳动监督检查制度是为了保证劳动法体系的贯彻执行
2	◎ 劳动监督检查制度是关于法定监督检查主体的职权、监督检查的范围、程序以及纠偏和处罚的行为规范
3	◎ 劳动监督检查制度具有保证劳动法体系全面实施的功能

图 22-2　劳动监督检查制度

22.2　劳动合同的订立

《中华人民共和国劳动法》第十七条规定："订立和变更劳动合同，应当遵循平等自愿、协商一致的原则，不得违反法律、行政法规的规定。"

22.2.1 事实劳动关系

事实劳动关系是指无书面合同或无有效书面合同形成的劳动雇佣关系以及口头协议达成的劳动雇佣关系。事实劳动关系的确认需明确雇佣劳动关系的存在。

事实劳动关系的合法地位确认了劳动关系不依赖书面合同的存在而存在，扩大了劳动保护范围，对不签订劳动合同的雇主有了更大的约束，更多地维护了劳动者的合法权益。

22.2.2　劳动合同的内容

劳动合同的内容包括法定条款与约定条款，二者的具体内容如图 22-3 所示。

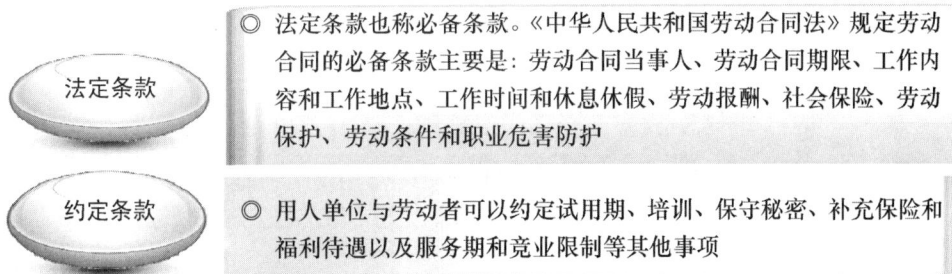

法定条款

◎ 法定条款也称必备条款。《中华人民共和国劳动合同法》规定劳动合同的必备条款主要是：劳动合同当事人、劳动合同期限、工作内容和工作地点、工作时间和休息休假、劳动报酬、社会保险、劳动保护、劳动条件和职业危害防护

约定条款

◎ 用人单位与劳动者可以约定试用期、培训、保守秘密、补充保险和福利待遇以及服务期和竞业限制等其他事项

图 22-3　劳动合同的法定条款和约定条款

22.2.3　劳动合同订立的原则

《中华人民共和国劳动合同法》第三条规定："订立劳动合同，应当遵循合法、公平、平等自愿、协商一致、诚实信用的原则。"

劳动合同由用人单位与劳动者遵循上述原则订立，并经用人单位与劳动者在劳动合同文本上签字及盖章生效。用人单位与劳动者协商一致，可以变更、解除劳动合同。劳动合同对劳动报酬和劳动条件等标准约定不明确，引发争议的，用人单位与劳动者可以重新协商。

22.2.4　订立劳动合同的程序

《中华人民共和国劳动合同法》第十条规定："建立劳动关系，应当订立书面劳动合同。"

1．劳动合同订立时的知情权

用人单位招用劳动者时，应当如实告知劳动者工作内容、工作条件、工作地点、职业危害、安全生产状况、劳动报酬，以及劳动者要求了解的其他情况；用人单位有权了解劳动者与劳动合同直接相关的基本情况，劳动者应当如实说明。

（1）告知是签订劳动合同前劳动关系双方都应履行的先合同义务。用人单位应告知劳动者劳动合同的全部内容，劳动者应告知用人单位与劳动合同直接相关的基本情况。

（2）告知义务很重要，隐瞒真实情况将影响劳动合同的效力。

2．根据劳动法及有关法规的规定，订立劳动合同的主要程序如图 22-4 所示。

1	○ 自愿报名，提交证明文件
2	○ 全面考核，择优录用
3	○ 填写新职工审批表
4	○ 被录用者提交报到文件和其他证明文件
5	○ 用人单位向被录用者介绍拟订劳动合同的内容和要求
6	○ 双方协商一致，签订劳动合同
7	○ 工会对录用职工实行必要的监督
8	○ 办理法定手续

图 22-4　订立劳动合同主要程序

3．用人单位在与劳动者订立劳动合同时，应注意以下问题，具体如图 22-5 所示。

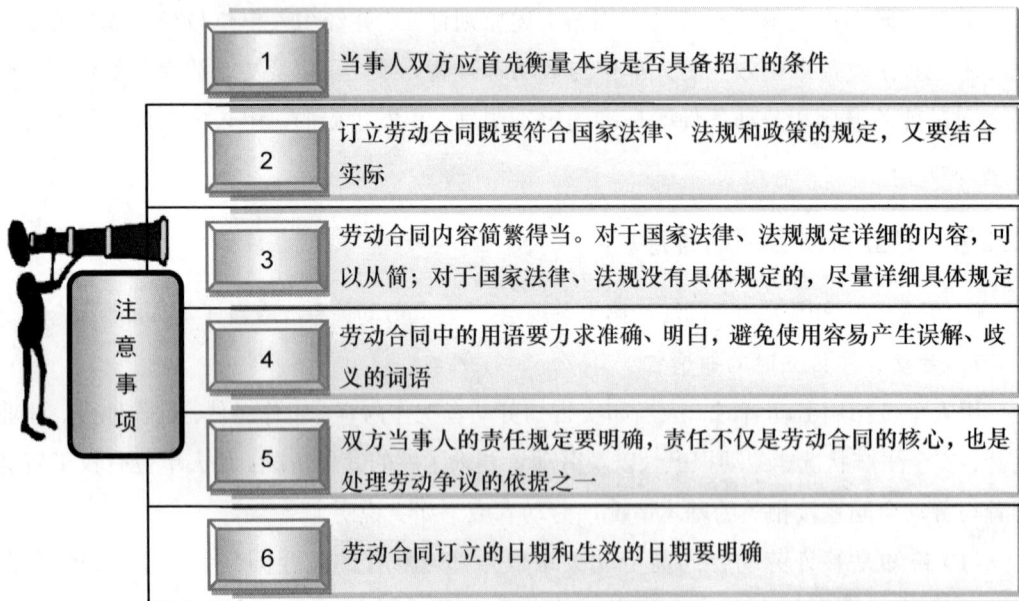

1	当事人双方应首先衡量本身是否具备招工的条件
2	订立劳动合同既要符合国家法律、法规和政策的规定，又要结合实际
3	劳动合同内容简繁得当。对于国家法律、法规规定详细的内容，可以从简；对于国家法律、法规没有具体规定的，尽量详细具体规定
4	劳动合同中的用语要力求准确、明白，避免使用容易产生误解、歧义的词语
5	双方当事人的责任规定要明确，责任不仅是劳动合同的核心，也是处理劳动争议的依据之一
6	劳动合同订立的日期和生效的日期要明确

图 22-5　订立合同时的六个注意事项

22.3　劳动合同的履行

劳动合同一旦订立即有法律效力，对双方当事人具有约束力。当事人双方必须履行劳动合同中约定的义务。履行合同是劳动合同效力的核心，也是合同目的实现、合同关系消灭的基本途径。

22.3.1　劳动合同履行的含义

劳动合同的履行是指劳动合同双方当事人依照合同约定履行其义务，共同实现劳动过程和各自合法权益的法律行为。

劳动合同订立的目的就是履行，即劳动者付出劳动，用人单位支付劳动报酬，使得双方的权益得以实现。

履行劳动合同是劳动合同效力的核心，也是合同目的实现、合同关系消灭的基本途径

22.3.2　劳动合同履行的原则

劳动合同履行原则，即劳动合同的一般原则，是指劳动合同履行本身具有的，贯穿劳动合同履行始终，指导整个劳动合同履行全过程的基本准则。劳动合同履行需要遵循四个原则：实际履行原则、亲自履行原则、全面履行原则、协作履行原则，具体内容如图 22-6 所示。

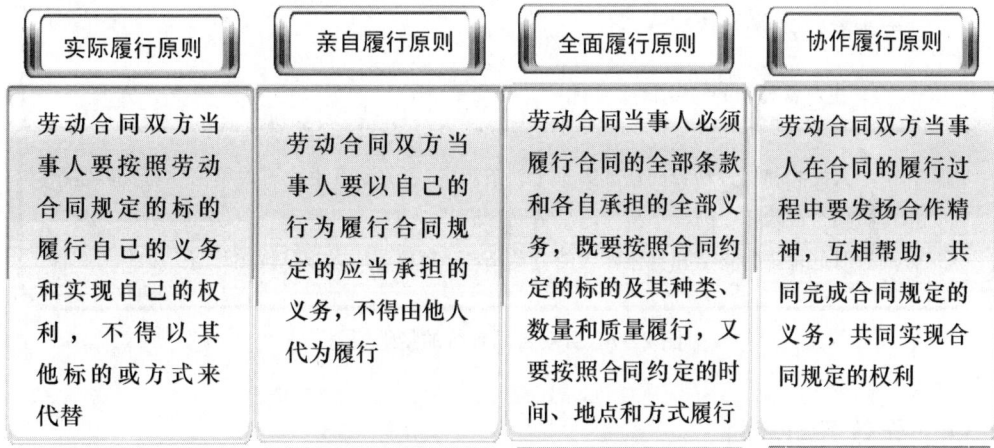

实际履行原则	亲自履行原则	全面履行原则	协作履行原则
劳动合同双方当事人要按照劳动合同规定的标的履行自己的义务和实现自己的权利，不得以其他标的或方式来代替	劳动合同双方当事人要以自己的行为履行合同规定的应当承担的义务，不得由他人代为履行	劳动合同当事人必须履行合同的全部条款和各自承担的全部义务，既要按照合同约定的标的及其种类、数量和质量履行，又要按照合同约定的时间、地点和方式履行	劳动合同双方当事人在合同的履行过程中要发扬合作精神，互相帮助，共同完成合同规定的义务，共同实现合同规定的权利

图 22-6　劳动合同履行的原则

22.3.3　劳动合同履行的特殊规则

劳动合同履行除遵循一般原则外，还要遵循以下四种特殊原则，具体内容如图 22-7 所示。

> **劳动合同约定不明时的履行规则**
>
> ◎ 《中华人民共和国劳动合同法》第十一条规定："用人单位未在用工的同时订立书面劳动合同，与劳动者约定的劳动报酬不明确的，新招用的劳动者的劳动报酬按照集体合同规定的标准执行；没有集体合同或者集体合同未规定的，实行同工同酬。"
>
> ◎ 《中华人民共和国劳动合同法》第十八条规定："劳动合同对劳动报酬和劳动条件等标准约定不明确，引发争议的，用人单位与劳动者可以重新协商；协商不成的，适用集体合同规定；没有集体合同或者集体合同未规定劳动报酬的，实行同工同酬；没有集体合同或者集体合同未规定劳动条件等标准的，适用国家有关规定。"

> **用人单位发生变化时的履行规则**
>
> ◎ 《中华人民共和国劳动合同法》第三十三条规定："用人单位变更名称、法定代表人、主要负责人或者投资人等事项，不影响劳动合同的履行。"
>
> ◎ 《中华人民共和国劳动合同法》第三十四条规定："用人单位发生合并或者分立等情况，原劳动合同继续有效，劳动合同由承继其权利和义务的用人单位继续履行。"

> **履行约定之外劳动给付的规则**
>
> ◎ 《中华人民共和国劳动合同法》第三十一条规定："用人单位应当严格执行劳动定额标准，不得强迫或者变相强迫劳动者加班。用人单位安排加班的，应当按照国家有关规定向劳动者支付加班费。"

> **劳动生产管理中的特殊履行规则**
>
> ◎ 《中华人民共和国劳动合同法》第三十二条规定："劳动者拒绝用人单位管理人员违章指挥、强令冒险作业的，不视为违反劳动合同。"
>
> ◎ 劳动者对危害生命安全和身体健康的劳动条件，有权对用人单位提出批评、检举和控告

图 22-7　劳动合同履行的特殊规则

22.3.4　无效劳动合同

无效劳动合同是指当事人违反法律规定订立的不具有法律效力的劳动合同。

《中华人民共和国劳动合同法》规定存在下列情形之一，劳动合同无效或者部分无效，具体内容如图 22-8 所示。

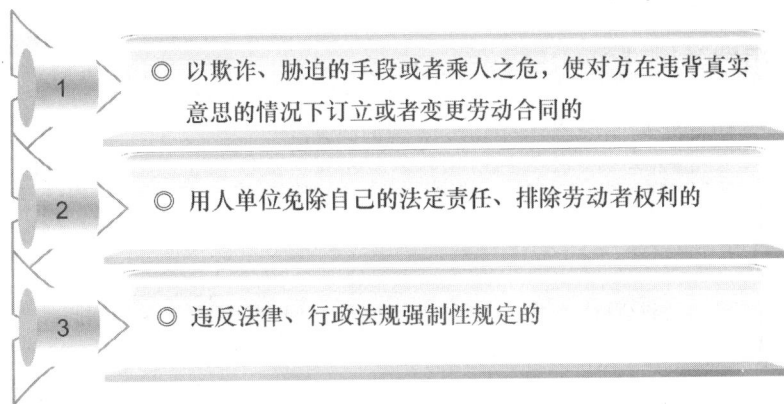

1　◎ 以欺诈、胁迫的手段或者乘人之危，使对方在违背真实意思的情况下订立或者变更劳动合同的

2　◎ 用人单位免除自己的法定责任、排除劳动者权利的

3　◎ 违反法律、行政法规强制性规定的

图 22-8　劳动合同无效的情形

《中华人民共和国劳动合同法》第二十八条规定："劳动合同被确认无效，劳动者已付出劳动的，用人单位应当向劳动者支付劳动报酬。劳动报酬的数额，参照本单位相同或者相近岗位劳动者的劳动报酬确定。"

22.3.5　劳动合同的续订

1．劳动合同续订的时候主要涉及无固定期限劳动合同。根据《中华人民共和国劳动合同法》第十四条规定："有下列情形之一，劳动者提出或者同意续订、订立劳动合同的，除劳动者提出订立固定期限劳动合同外，应当订立无固定期限劳动合同。"具体内容如图 22-9 所示。

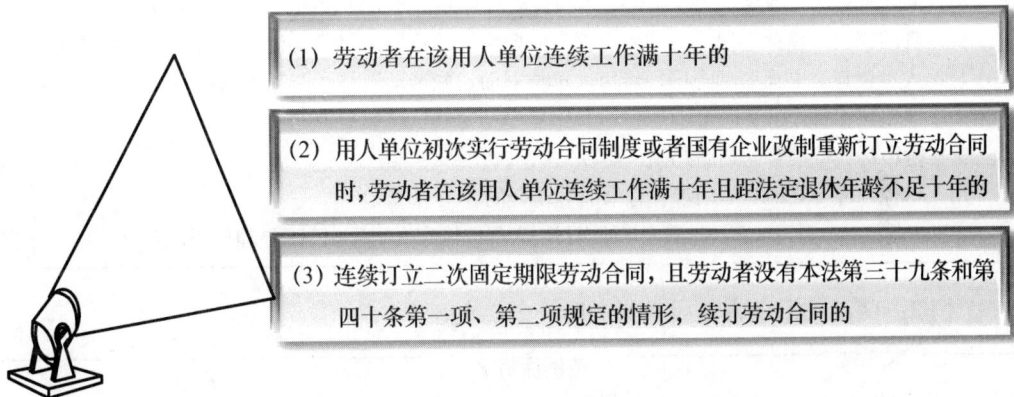

(1) 劳动者在该用人单位连续工作满十年的

(2) 用人单位初次实行劳动合同制度或者国有企业改制重新订立劳动合同时，劳动者在该用人单位连续工作满十年且距法定退休年龄不足十年的

(3) 连续订立二次固定期限劳动合同，且劳动者没有本法第三十九条和第四十条第一项、第二项规定的情形，续订劳动合同的

图 22-9　续订无固定期限劳动合同的情形

2．劳动合同期满，不存在应当订立无固定期限合同情形的，用人单位不同意续订合同的，用人单位应当向劳动者支付经济补偿，经济补偿按劳动者在本单位工作的年限，每满一年以一个月工资的标准向劳动者支付。六个月以上不满一年的，按一年计算；不满六个月的，向劳动者支付相当于半个月工资的经济补偿。

22.3.6　应用两案例评析

范例1：劳动合同到期后"未续约"应如何处理？

—————————————— 范例评析1 ——————————————

☞　**范例回放**

　　小李是某外企员工，进公司时与公司签订了一年期劳动合同。转眼间，一年合同期满，小李仍在该公司工作，但公司人事并未与小李重新订立劳动合同。对此，小李只是认为是公司一时疏忽所致，并未在意。未曾想，过了四个月，当小李完成了手中的项目，公司即提出与小李终止劳动合同，除了按月支付其工资，未给付其他任何补偿，小李叫苦不迭，后悔自己当初为何没有提出订立书面劳动合同。

☞　**范例分析**

　　第一阶段：自劳动合同期满起一个月内未续订

　　用人单位：首先，用人单位应书面通知劳动者订立劳动合同。如经用人单位书面通知后，劳动者不与用人单位订立书面劳动合同的，用人单位应当书面通知劳动者终止劳动关系，并无须向劳动者支付经济补偿。在此期间，用人单位应当依法向劳动者支付其实际工作时间的劳动报酬。

　　劳动者的权利：如经用人单位书面通知后，劳动者不与用人单位订立书面劳动合同，在用人单位经书面通知劳动者终止劳动关系后，劳动者有权要求用人单位依法支付实际工作时间的劳动报酬。

　　第二阶段：自劳动合同期满起超过一个月不满一年

　　用人单位：首先，用人单位有义务与劳动者补订书面劳动合同，并依法向劳动者每月支付两倍的工资。如劳动者不与用人单位订立书面劳动合同的，用人单位应当书面通知劳动者终止劳动关系，并需依法向劳动者支付经济补偿金。此外，根据有关劳动合同法若干问题的意见规定，如用人单位已尽到诚信义务，因不可抗力、意外情况或劳动者拒绝签订等用人单位以外的原因，造成劳动合同未签订的，不属于用人单位"未与劳动者订立书面劳动合同"的情况。

　　劳动者的权利：在此期间，劳动者有权依法向用人单位要求每月支付两倍的工资。如果劳动者不与用人单位订立书面劳动合同，经用人单位书面通知劳动者终止劳动关系后，劳动者有权要求用人单位依法支付经济补偿金。

　　第三阶段：自劳动合同期满起满一年以后

　　用人单位：应当立即与劳动者补订书面劳动合同。

　　劳动者的权利：自用工之日起满一年的当日用人单位与劳动者视为已订立无固定期劳动合同。

范例2：劳动关系一方不履行义务时，怎么处理？

—————————————— 范例评析2 ——————————————

☞　**范例回放**

　　某公司招聘了一名设计人员，要求该员工设计的几份图纸质量都不错。但是后来获悉，这些图纸都是由其妹妹设计的，并非本人的作品。在这种情况下，该公司认为，该员工没有亲自履行劳动的义务，公司据此解除了与该员工的劳动合同关系。

☞　**范例分析**

　　一方出现不亲自履行义务的情形，作为相对方，是可以据此提出解除合同的要求的。案例中，合法的一方可以提出解除劳动合同，而不需要承担任何否定性的后果。

第 23 章　如何管理劳动合同与外包协议

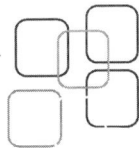

用人单位与劳动者签订劳动合同，确立劳动关系后，可能会出现劳动合同变更、解除或者终止的情形。在企业日常的经营管理中，相关部门和人员需要对劳动合同做出科学的管理。

在企业人力资源管理活动中，企业可能会出现将人力资源管理某些环节上的工作外包出去的情形，以实现资源的有效配置和效率提升。

23.1　劳动合同的变更、解除与终止

一般情况下，劳动合同订立后，劳动关系双方当事人必须认真履行，任何一方不得擅自变更、解除或终止劳动合同。但是，在履行劳动合同的过程中，由于企业生产经营状况的变化，或者职工劳动、生活情况的变化等，劳动合同也可以进行变更、解除或终止。

23.1.1　劳动合同的变更

劳动合同变更是指依法成立的劳动合同在尚未履行或者未全部履行之前，合同当事人双方或单方依据法律规定或者约定，对劳动合同内容进行修改或补充的法律行为。

1. 劳动合同变更的主要原则

《中华人民共和国劳动合同法》第三十五条规定："用人单位与劳动者协商一致，可以变更劳动合同约定的内容。变更劳动合同，应当采取书面形式。"劳动合同变更的主要原则如图 23-1 所示。

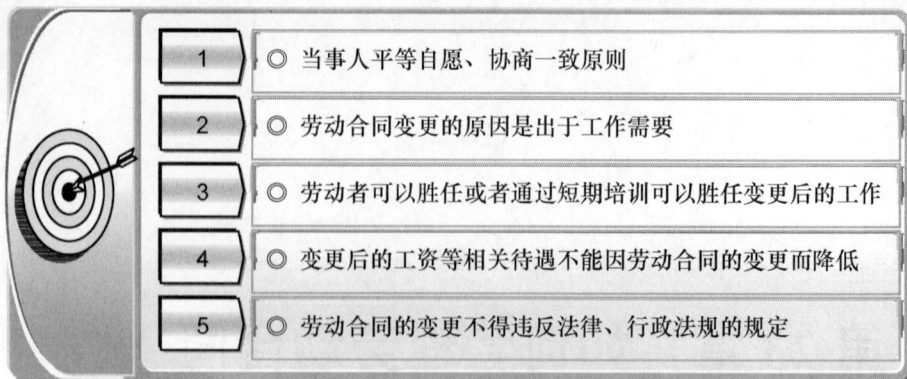

图 23-1　劳动合同变更的主要原则

2. 劳动合同变更的主要程序

在劳动关系双方当事人确认变更劳动合同的前提下，应该达成变更劳动合同的书面协议，并且要严格按照一定的程序进行劳动合同的变更，劳动合同变更程序如图 23-2 所示。

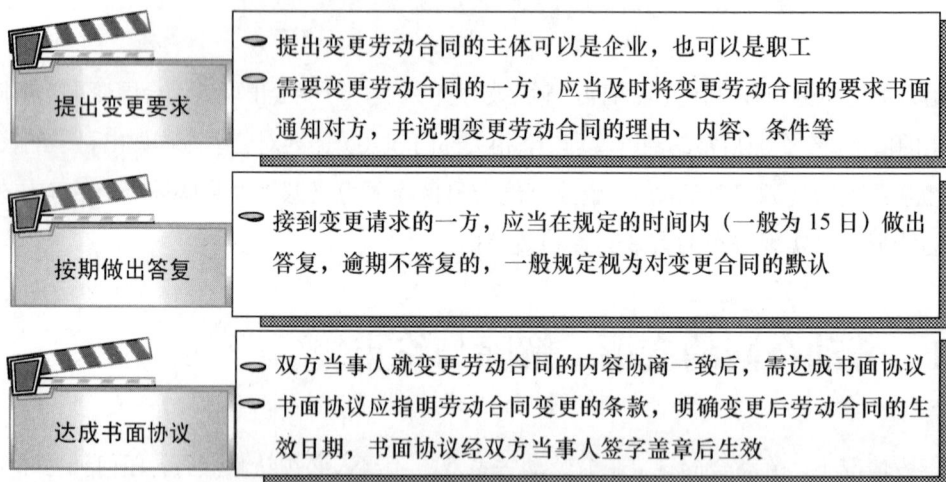

图 23-2　劳动合同变更的主要程序

23.1.2　劳动合同的解除

劳动合同的解除是指当事人双方提前终止劳动合同的法律效力，解除双方的权利义务关系。劳动合同的解除包括双方协商一致依法解除、劳动者单方面解除和用人单位单方面解除三种形式。

1. 双方协商一致依法解除

《中华人民共和国劳动法》第二十四条规定：“经劳动合同当事人协商一致，劳动合同可以解除。”

2．劳动者单方面解除

《中华人民共和国劳动合同法》第三十七条规定："劳动者提前三十日以书面形式通知用人单位，可以解除劳动合同。劳动者在试用期内提前三日通知用人单位，可以解除劳动合同。"

《中华人民共和国劳动合同法》第三十八条规定：用人单位有下列情形的，劳动者可以解除劳动合同：

（1）未按照劳动合同约定提供劳动保护或者劳动条件的；

（2）未及时足额支付劳动报酬的；

（3）未依法为劳动者缴纳社会保险费的；

（4）用人单位的规章制度违反法律、法规的规定，损害劳动者权益的；

（5）因本法第二十六条第一款规定的情形致使劳动合同无效的；

（6）法律、行政法规规定劳动者可以解除劳动合同的其他情形。

用人单位以暴力、威胁或者非法限制人身自由的手段强迫劳动者劳动的，或者用人单位违章指挥、强令冒险作业危及劳动者人身安全的，劳动者可以立即解除劳动合同，无需事先告知用人单位。

3．用人单位单方面解除

用人单位单方面解除劳动合同主要包括劳动者过失性解除、劳动者无过失性解除和用人单位经济性裁员三种情形，具体内容如表23-1所示。

表23-1 用人单位单方面解除劳动合同的情形

情形	内容	
劳动者过失性解除	《中华人民共和国劳动法》第二十五条规定：劳动者有下列情形之一的，用人单位可以解除劳动合同	① 在试用期被证明不符合录用条件的 ② 严重违反劳动纪律或者用人单位规章制度的 ③ 严重失职、徇私舞弊，对用人单位利益造成重大伤害的 ④ 被依法追究刑事责任的
劳动者无过失性解除	《中华人民共和国劳动合同法》第四十条规定：有下列情形之一的，用人单位提前三十日以书面形式通知劳动者本人或者额外支付劳动者一个月工资后，可以解除劳动合同	① 劳动者患病或者非因工负伤，在规定的医疗期满后不能从事原工作，也不能从事由用人单位另行安排的工作的 ② 劳动者不能胜任工作，经过培训或者调整工作岗位，仍不能胜任工作的 ③ 劳动合同订立时所依据的客观情况发生重大变化，致使劳动合同无法履行，经用人单位与劳动者协商，未能就变更劳动合同内容达成协议的

（续表）

情形		内容
劳动者无过失性解除	《中华人民共和国劳动合同法》第四十二条规定:劳动者有下列情形之一的,用人单位不得依照本法第四十条、第四十一条的规定解除劳动合同	① 从事接触职业病危害作业的劳动者未进行离岗前职业健康检查,或者疑似职业病病人在诊断或者医学观察期间的 ② 在本单位患职业病或者因工负伤并被确认丧失或者部分丧失劳动能力的 ③ 患病或者非因工负伤,在规定的医疗期内的 ④ 女职工在孕期、产期、哺乳期的 ⑤ 在本单位连续工作满十五年的,且距法定退休年龄不足五年的 ⑥ 法律、行政法规规定的其他情形
用人单位经济性裁员	《中华人民共和国劳动合同法》第四十一条规定:有下列情形之一,需要裁减人员二十人以上或者裁减不足二十人但占企业职工总数百分之十以上的,用人单位应提前三十日向工会或者全体职工说明情况,听取工会或者职工的意见后,裁减人员方案经向劳动行政部门报告,可以裁减人员	① 依照企业破产法规进行重整的 ② 生产经营发生严重困难的 ③ 企业转产、重大技术革新或者经营方式调整,经变更劳动合同仍需裁减人员的 ④ 其他因劳动合同订立时所依据的客观经济情况发生重大变化,致使劳动合同无法履行的

23.1.3 劳动合同的终止

劳动合同的终止是指劳动合同关系自然失效,劳动关系双方不再履行。

《中华人民共和国劳动法》第二十三条规定:"劳动合同期满或者当事人约定的劳动合同终止条件出现,劳动合同即行终止。"

《中华人民共和国劳动合同法》第四十四条规定:有下列情形之一的,劳动合同终止:

1. 劳动合同期满的;

2. 劳动者开始依法享受基本养老保险待遇的;

3. 劳动者死亡,或者被人民法院宣告死亡或者宣告失踪的;

4. 用人单位被依法宣告破产的;

5. 用人单位被吊销营业执照、责令关闭、撤销或者用人单位决定提前解散的;

6. 法律、行政法规规定的其他情形。

23.1.4　应用两案例评析

─── 范例评析 1 ───

☞　**范例回放**

　　某电子科技公司经过产品研发阶段，取得了喜人的成果。但由于市场竞争的压力，公司调整战略，裁减研发技术人员，成立售后服务部，部分研发人员转为售后服务人员。李某原是研发人员，不愿到售后服务部上班，并和人力资源部理论。人力资源部经理告诉李某："你与公司签订劳动合同，公司就可以根据经营战略调整你的岗位，你应当服从，这是企业的用人自主权"。李某不服从调动，公司以李某严重违纪为由解除了与李某的劳动合同，不支付任何经济补偿。

☞　**范例分析**

　　公司经营战略调整，与劳动者劳动合同订立时的客观情况发生了变化，研发人员岗位富余，具体到李某，其劳动合同无法再履行下去，存在着变更劳动合同的法定理由。

　　公司依照法律有关规定解除与李某的劳动合同也不违法。李某不服从公司的岗位调整，公司与李某就劳动合同变更问题没有达成一致，公司以此为由解除劳动合同的行为是符合法律规定的。但是根据相关法律规定，公司应当向李某支付经济补偿金。

─── 范例评析 2 ───

☞　**范例回放**

　　某 IT 公司招聘周先生为市场营销经理，双方约定试用期为三个月，两个月后，公司单方面提出解除合同，原因是周先生没有完成公司的营销目标。为此，周先生向劳动仲裁委员会提出了申诉，仲裁的结果是公司败诉。原因是公司在招聘广告中并没有列明录用条件，而且劳动合同签订后，公司也没有明确具体的职务说明书，也没有书面告知周先生该职务的工作内容以及岗位要求。因此当被质询时，公司无法出具当初双方认可的职务要求，既然没有约定要求，公司又怎么能证明其不符合录用条件呢？当然败诉也是在预料之中。

☞　**范例分析**

　　《中华人民共和国劳动合同法》第三十九条规定："用人单位可以解除劳动合同的情形之一是，劳动者在试用期间被证明不符合录用条件的，用人单位可以解除劳动合同。"

　　本案例中，劳动者在试用期内，企业享有一项权利：如果发现劳动者不符合录用条件，可以随时解除劳动合同。但这项权利的行使是有条件的，即用人单位要证明劳动者不符合录用条件。具体到不符合哪一条录用条件，举证责任在于单位。最有力的证据之一就是企业的录用通知单。就是案例中提到的含职务说明、任职资格等录用条件的通知单，在新员工正式办理入职手续时签名确认。但是案例中，公司没有明确具体的职务说明书，也没有书面告知周先生该职务的工作内容以及岗位要求需要完成业绩目标而解聘的情形。也就是说，该 IT 公司无法证明周先生不符合录用条件，因此不能随意解除劳动合同。

23.2 劳动合同管理

企业为了实现正常的运营和发展，规范劳动合同管理是一项重要的工作内容。劳动合同管理主要包括劳动合同鉴证审查、岗位资格证书制度、劳动合同文档管理和劳动合同台账管理四个方面的内容。

23.2.1 劳动合同鉴证审查

劳动合同鉴证审查是指劳动行政机关对劳动合同的签订、变更程序及其内容的合法性、真实性、完整性、可行性进行全面审查、核实、确认的法律行为。

1．劳动合同鉴证所指的劳动合同包括以下内容。

（1）全民所有制单位、集体所有制单位从城镇和农村招用劳动合同制工人签订的劳动合同。

（2）实行全员劳动合同制企业单位与企业职工签订的劳动合同。

（3）私营企业雇工、个体工商户招用帮工签订的劳动合同。

（4）外商投资企业与职工签订的劳动合同。

（5）经双方当事人协商同意变更或续订的劳动合同。

（6）其他劳动合同。

2．劳动合同鉴证应审查以下内容。

（1）双方当事人是否具备签订劳动合同的资格。

（2）合同内容是否符合国家法律、法规和政策。

（3）双方当事人是否在平等自愿和协商一致的基础上签订劳动合同。

（4）合同条款是否完备，双方的责任、权利、义务是否明确。

3．劳动合同鉴证需提交以下材料，具体内容如图23-3所示。

对于审查合格的劳动合同，签证机关应予鉴证。鉴证人员应当在合同文本上签名并加盖劳动合同鉴证专用章，注明鉴证日期。鉴证机关发现当事人提供的合同文本及证明材料不完备，应通知当事人予以补齐。

对于不真实、不合法的劳动合同，不予鉴证，并应向当事人说明理由，在合同文本上注明。对于审查不合格的合同，应指导当事人按照要求修改或重新签订，然后办理鉴证手续。

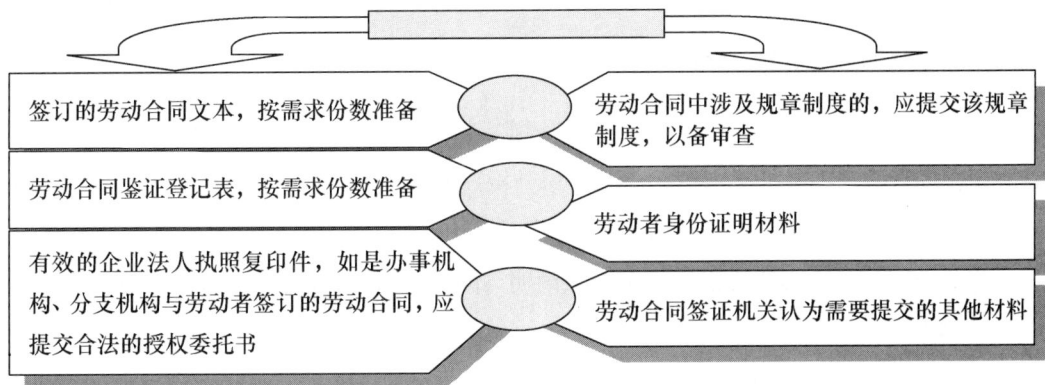

图 23-3　劳动合同鉴证需提交的材料

23.2.2　岗位资格证书制度

岗位资格证书制度是劳动就业制度的一项重要内容,也是一种特殊形式的国家考试制度。它是按照国家指定的职业技能标准或任职资格条件,通过政府认定的考核鉴定机构,对劳动者的技能水平或职业资格进行客观公正、科学规范的评价和鉴定,对合格者授予相应的国家职业资格证书。

岗位资格证书制度是我国职业资格证书制度的一种,在特殊岗位或准备在该种岗位工作的劳动者,必须进行专门的、达到一定时间标准的理论与实际操作培训,通过地区的劳动行政部门或者会同行业主管部门组织的资格考试,考试合格、获得特种作业资格,方能上岗工作。

23.2.3　劳动合同文档管理

劳动合同文档管理是指单位为完整、系统地保存档案,而确立的有关劳动关系的人力资源合同档案管理制度。

劳动合同文档管理一般可以分为劳动合同和劳务合同两类,具体内容如图 23-4 所示。

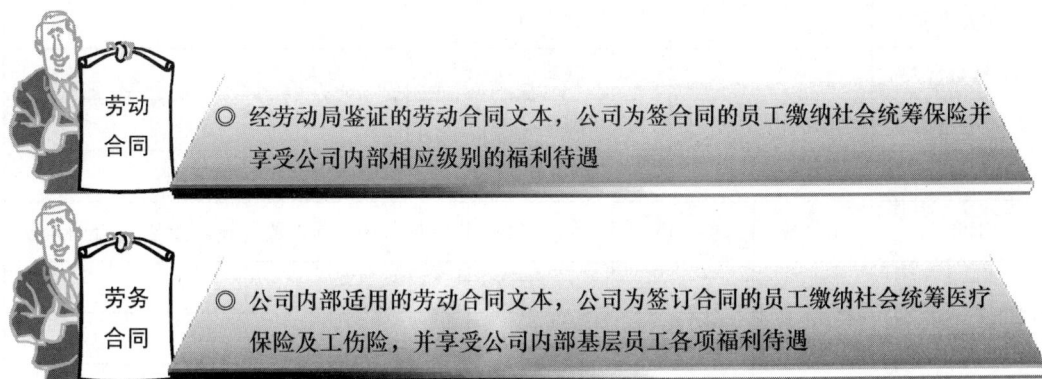

图 23-4　劳动合同文档管理的分类

23.2.4 劳动合同台账管理

劳动合同台账管理是劳动合同管理的一项基础工作。进行劳动合同台账管理，需要建立劳动合同台账、妥善分类保管、全面详尽分析。企业组织结构不同、规模不同，台账的种类要求、类目粗细等都存在比较大的差异。

劳动合同台账内容的确定与记录必须简明、准确、及时和稳定，它一般包括以下内容，如图23-5所示。

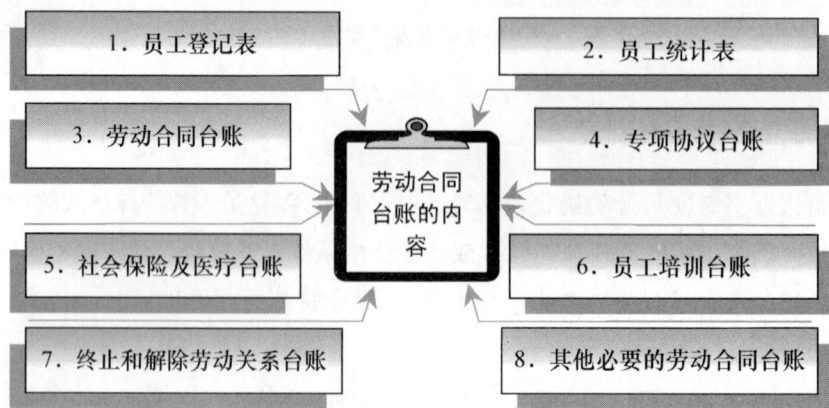

图23-5 劳动合同台账的内容

以下是公司的劳动合同管理台账样表，具体内容如表23-2所示。

表23-2 劳动合同管理台账（样表）

单位名称					
单位地址					
单位性质		营业执照号			
法人代表		联系电话			
劳资负责人		联系电话			
单位电话		邮政编码			
劳动用工情况					
年度	职工总数	男职工数	女职工数	签订劳动合同人数	未签订劳动合同人数
2010					
2011					
2012					

（续表）

2013				
劳动合同管理状况			改制情况	
是否已建立 劳动合同管理台账	是否制定 规章制度	是否签订 集体合同	已改制	未改制
订立劳动合同期限				
不足一年	1～3 年	3～5 年	5～10 年	无固定期限

23.3　人力资源外包

人力资源外包是指企业为降低成本、提高效率、充分发挥自身核心竞争力及增强企业对环境的迅速应变能力的一种管理模式。除去人力资源直接管理的核心事务外，企业将其他链条上的业务整合外包给企业外部具有专业化技能和资源的机构。

23.3.1　人力资源外包的作用

人力资源外包对企业有重要作用，具体内容如图 23-6 所示。

1. ◎ 帮助人力资源部门从繁杂的重复性事务中解脱出来，专注核心战略性工作
2. ◎ 提供接触新管理技术的机会，提高响应的速度与效率
3. ◎ 提高操作的规范性
4. ◎ 规避风险，减少纠纷
5. ◎ 简化流程、节省时间、提高员工满意度

图 23-6　人力资源外包的作用

在企业实际进行的人力资源外包工作中，如果分析工作不充分，外包合作关系基础不

好或维护不利，可能会导致外包达不到预期效果，给企业造成一定的损失。同时，如果将部分人力资源职能外包出去后，企业可能会失去对日常人力资源管理活动的控制以及与员工沟通、互动的一些渠道。

23.3.2 人力资源外包内容的选择

人力资源外包虽然能在一定程度上为企业人力资源管理工作提供助力，但并不是所有的人力资源管理业务都适合外包。在很多情况下，外包的结果并不如预期那样省时、省钱和省力。选择适合外包的人力资源活动，可以降低风险和不足。

一般情况下，企业可以选择性地把招聘、考核、培训、薪酬等事务性、社会性的人力资源管理业务外包出去。值得一提的是，选择外包的内容不得包含企业安全问题、企业核心能力工作，如企业的人力资源长短期规划、员工职业生涯管理、企业文化建设等项目。

1. 招聘外包

招聘外包是指企业将全部或部分招聘、甄选工作委托给第三方的专业人力资源公司。该类公司会利用自己在人才资源、评价工具和流程管理等方面的优势来完成招聘工作。

招聘外包在多数企业中已经逐渐推广普及，发挥了重要的作用，具体内容如图 23-7 所示。

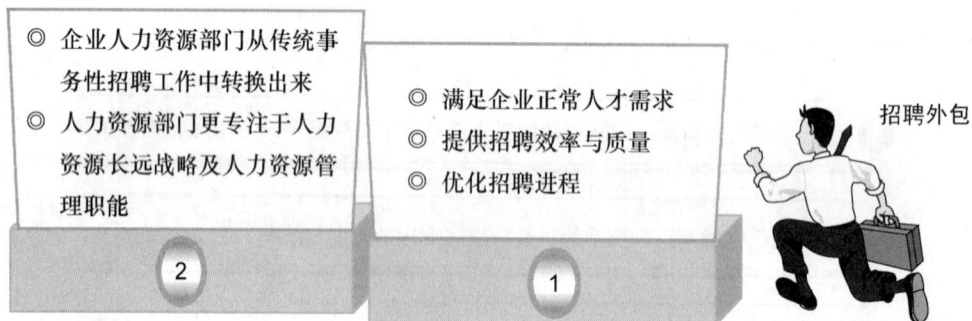

图 23-7 人力资源外包的作用

2. 培训外包

培训是人力资源管理重要的职能之一，将人力资源部门的培训职能外包给有经验的培训服务供应商，能够满足企业提高工作效率、优化资源配置、发展核心能力的战略目标需求，提高人力资源管理服务的附加值。在进行企业培训外包时，要注意按照以下步骤开展，具体内容如图 23-8 所示。

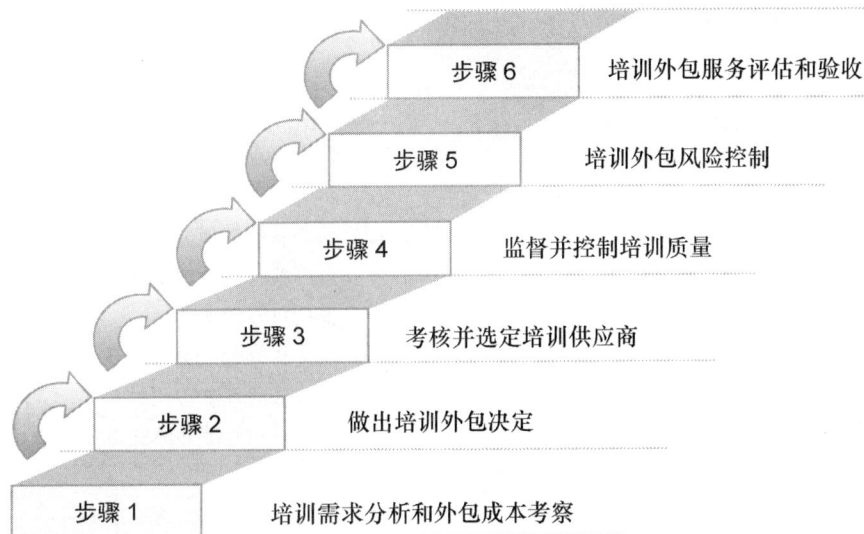

图 23-8　培训外包开展的步骤

企业将培训业务外包出去在给企业带来帮助的同时，也存在着一定的风险，企业要适时对培训外包进行风险的规避。

首先，企业要取得培训活动的控制权，明确培训内容、方式、方法以符合企业需求，把具体构想告知培训供应商，并将培训业绩目标列入之前与培训供应商签订的合同。

其次，企业要规避同培训供应商的目标冲突，明确培训服务商的选择原则和标准，在不断地监控和评价培训供应商的工作进度和业绩后，协商签订完善的外包合同，并与培训供应商建立良好的合作伙伴关系。

最后，企业要对培训供应商提供的培训外包服务进行整体评估和验收，比较内部培训和外包培训的效果，判断培训外包是否有利于自身核心能力的培养、整体竞争力的增强以及企业持续稳定发展，并以此来决定是否继续实施培训外包。

3. 薪酬管理外包

企业选择薪酬管理外包有诸多原因，其中最常见的原因是为了确保企业内部人员重视并进行那些与公司经营紧密相关的战略性活动。另外，为了更好地管理和控制薪酬管理成本，企业也会选择为其可能提供成本节省的外包商。

薪酬管理外包是一种有效的人力资源管理服务工具，但并非所有的企业都适合，其具体特征如图 23-9 所示。

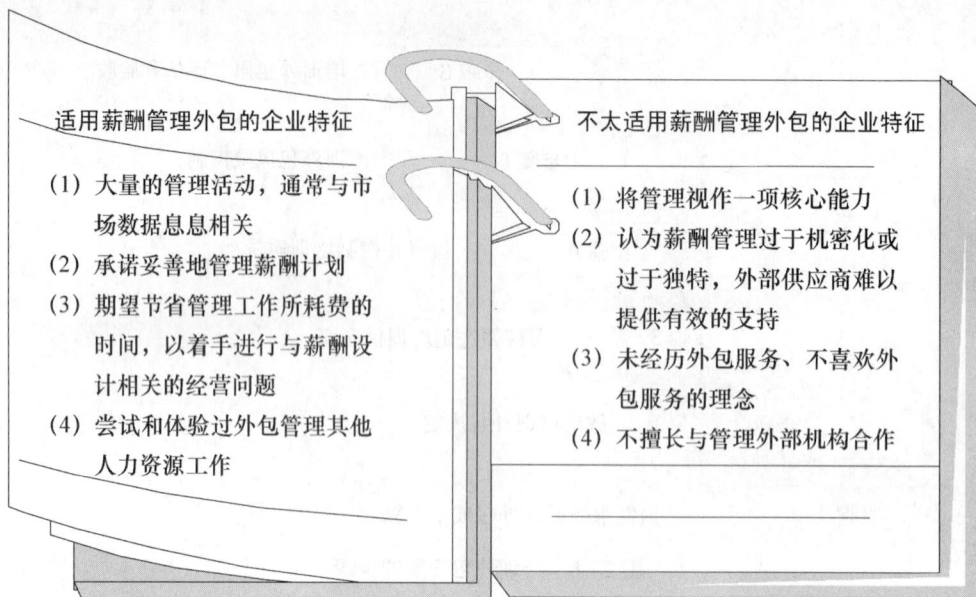

图 23-9　企业薪酬管理外包特征

23.3.3　人力资源外包形式的选择

一般情况下，企业寻求人力资源管理外包服务商的形式包括以下三大类，具体如图 23-10 所示。

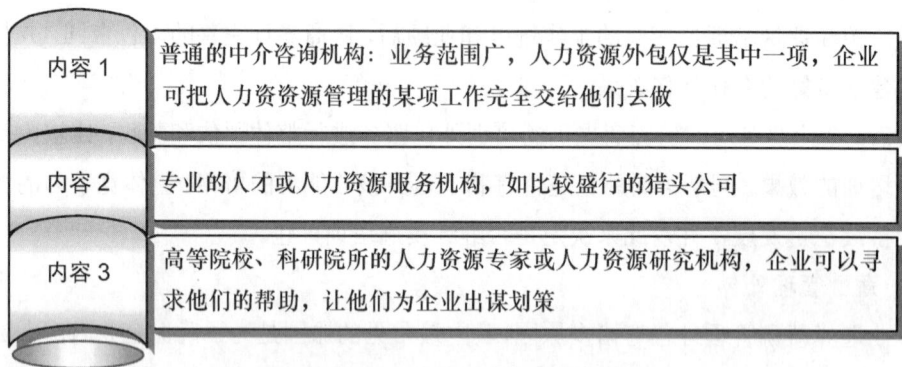

内容 1	普通的中介咨询机构：业务范围广，人力资源外包仅是其中一项，企业可把人力资资源管理的某项工作完全交给他们去做
内容 2	专业的人才或人力资源服务机构，如比较盛行的猎头公司
内容 3	高等院校、科研院所的人力资源专家或人力资源研究机构，企业可以寻求他们的帮助，让他们为企业出谋划策

图 23-10　人力资源外包的形式

23.3.4　外包协议的内容协商与签订

人力资源外包可以为企业带来好处的同时，也会带来一定的风险。企业在与外包服务机构签订合同时，要特别注意考虑来自服务商方面的风险问题，包括外包项目预期效果、阶段考察、信息安全、损失赔偿等方面的条款或相关事宜，在明确外包协议符合企业的实际情况后，作出人力资源外包的决定，并签订人力资源外包协议。

以下是北京市某公司（甲方）与某人力资源外包服务机构（乙方）签订的人力资源外包协议，供读者参考。

文本名称	人力资源外包协议	受控状态	
		编　　号	

甲方：_____（以下简称"甲方"）

乙方：_____（以下简称"乙方"）

1. 合同期限

经甲、乙双方协商一致，本合同期限为____年，于____年__月__日起至____年__月__日止。

2. 甲方责任

2.1　主动、及时地向乙方提供办理相关手续所需要的有关材料和情况。

2.2　及时向乙方缴纳服务费。

2.3　甲方如需转移人事关系和人事档案，须持待收单位的正式商调函和调动通知来甲方处办理有关手续。

2.4　甲方联系电话、住址或通信地址发生变化时应及时通知乙方。

3. 乙方责任

□　招聘、推荐并派遣各类员工

□　提供劳动事务和人事代理服务

3.1　劳动合同及规章制度修改制定。

3.2　劳动法规和政策咨询。

3.3　劳动法律事务处理。

3.4　劳动年检代理。

3.4.1　为乙方外来员工办理合法用工手续。

3.4.2　为乙方员工办理相关社会保险或商业保险。

□ 养老保险　□ 失业保险　□ 医疗保险　□ 工伤保险

□ 住房公积金　□ 补充医疗保障

□ 商业保险内容：

办理户口挂靠、档案关系接转、委托管理及专业技术职称评定等相关人事手续，包括档案在街道人员的招工手续，北京生源的大专院校应届毕业生的接收及转正定级，外地毕业生进京指标申请手续，留学回国人员的接收和落户手续，集体户口落户，为符合条件的外地员工办理居住证，为档案存放人员办理出国政审，代办驾驶证的备案、年审、换本等手续，办理边境证，办理婚姻、计划生育手续

（续）

□ 其他服务

乙方应根据国家、地方相关法律法规的规定及甲方的要求，执行本合同。

4. 费用及支付方式

4.1 服务费每____年支付____次，于每年____月____日前支付。

4.2 保险费用

4.2.1 甲方自主选择的社会保险缴费基数。

4.2.2 上述费用的交费比例按相关部门规定，甲方全额承担所需费用，包括单位交纳费用和个人应交纳费用及按规定补交（罚）的费用。如遇政策性调整费率，由甲方补齐。

4.2.3 交费方式

□ 甲方按月交纳 □ 甲方按季度交纳 □ 甲方每半年交纳一次 □ 甲方每年度交纳

4.3 费用的支付形式：

□ 现金 □ 转账支票 □ 转账

5. 合同的解除和终止

5.1 本合同期满后，如不续签，本合同自动终止。 如需续签的，双方应在合同到期前一个月，就是否续签合同进行协商。协商一致后，可续签合同。

5.2 合同履行期间，如果需要提前终止或解除本合同，经双方协商一致后，合同方可终止或解除。

5.3 一方违反本合同的规定，另一方可解除本合同。

6. 违约责任

6.1 乙方在收到甲方的相关费用后，没有或没有按约定为甲方及时办理相关事务的，乙方除了负责全额补齐之外，并承担由此给甲方造成的经济损失。

6.2 甲方没有按约定及时向乙方支付参保费用和服务费时，或没有按约定时间通知参保人员的缴费基数变化及人员变化时，甲方除了应负责全额补齐相关费用之外，还应承担由此给乙方造成的经济损失。

7. 其他

7.1 甲、乙双方在办理相关手续时，应以书面形式并加盖公章。传真件具有法律效力。

7.2 本协议未尽事宜或需变更内容时，应经双方协商签章后生效。

7.3 本合同自签订之日起生效。

本合同一式两份，甲、乙双方各执一份。未尽事宜，双方协商解决。

甲方（盖章）： 乙方（盖章）：

法定代表人（签字）： 法定代表人（签字）：

代理人（签字）： 代理人（签字）：

日期：____年__月__日 日期：____年__月__日

编制日期		审核日期		批准日期	
修改标记		修改处数		修改日期	

第 24 章　如何进行劳动安全卫生管理

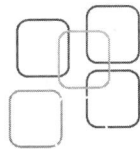

《中华人民共和国劳动法》第五十二条规定："用人单位必须建立健全劳动安全卫生制度，严格执行国家劳动安全卫生规程和标准，对劳动者进行劳动安全卫生教育，防止劳动过程中的事故，减少职业危害。"

《中华人民共和国劳动法》第五十四条规定："用人单位必须为劳动者提供符合国家规定的劳动安全卫生条件和必要的劳动防护用品，对从事有职业危害作业的劳动者应当定期进行健康检查。"

24.1　劳动安全卫生管理制度

劳动安全卫生管理制度是指为了保障劳动者在劳动过程中的安全和健康，制定的组织劳动和科学管理方面的各项规章制度。

劳动安全卫生管理制度的内容主要包括安全生产责任制度、安全技术措施计划、安全生产教育制度、安全生产检查制度、重大事故隐患管理、安全卫生认证制度、伤亡事故报告处理制度、安全卫生防护用品管理和劳动者健康检查制度。

24.1.1　安全生产责任制度

安全生产责任制度是指企业制定的关于各级领导、各职能部门、有关工程技术人员和在一定岗位上的劳动者个人对生产工作应负安全责任的一种制度，也是企业的一项基本管理制度。安全生产责任在不同岗位层次会存在一定的差异，具体内容如图24-1所示。

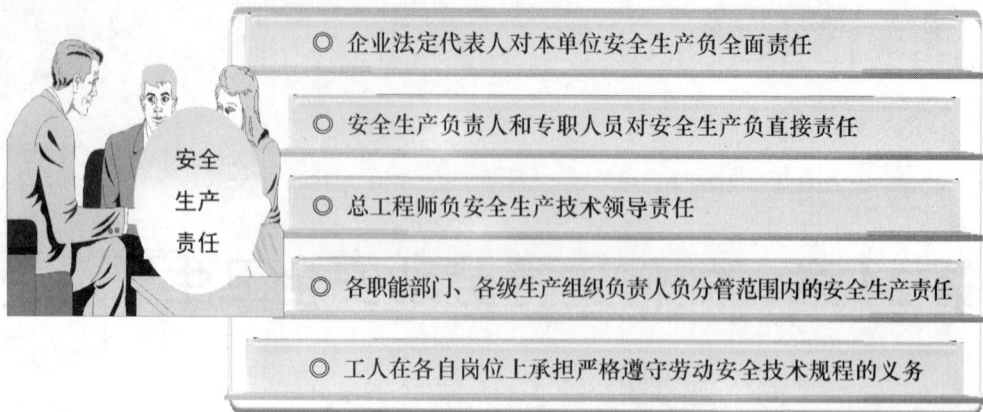

图 24-1　安全生产责任在不同岗位层次的差异

24.1.2　安全技术措施计划

安全技术措施计划是指企业在编制年度生产、技术、财务计划时，必须编制以改善劳动条件、防止伤亡事故和职业病为目的的技术措施计划。

安全技术措施计划的项目主要包括安全技术措施、卫生技术措施、辅助性设施建设措施和宣传教育措施四个方面，具体内容如表24-1所示。

表 24-1　安全技术措施计划的项目

序号	措施	内容
1	安全技术措施	防止工伤事故为目的的一切技术措施，如机器设备、设施的安全防护装置、保险装置、信号装置和安全防爆装置
2	卫生技术措施	改善有害职工身体健康的作业环境，防止职业病为目的的一切措施，如防尘、防毒、防噪音及防辐射危害的隔热、通风、降温和防寒设施
3	辅助性设施建设措施	有关保证生产卫生方面所必要的房屋及一切设施，如为高温、易脏和在粉尘、化学物品或毒品的环境中工作的职工设置淋浴、更衣室、消毒设备和休息室等设施
4	宣传教育措施	安全教育所需的设施、教材、仪器以及安全技术训练班、展览会等

24.1.3　安全生产教育制度

安全生产教育制度是指企业对劳动者进行安全技术知识、安全技术法制观念的教育、培训和考核制度，是防止发生工伤事故的重要措施。

进行安全生产教育要采取多种多样的形式，通过各项安全工作激发职工搞好安全生产的积极性，使全体职工重视并执行安全生产。安全生产教育主要包括入厂教育、特殊教育、日常安全教育和管理人员安全教育四种类型，具体内容如表 24-2 所示。

表 24-2　安全生产教育的类型

序号	类型	内容
1	入厂教育	新入厂人员（新员工、临时工、外单位调入本厂人员等）均需经过厂、车间（科）、班组（工段）三级安全
2	特殊教育	从事电气、锅炉、焊接、爆破等特殊工种的工人必须接受专业的安全操作技术训练，经过考试合格、取得特种作业后，才能被准许操作
3	日常安全教育	（1）在每天的班前、班后会上说明安全注意事项，讲评安全生产情况
		（2）安排安全活动日，进行安全教育、安全检查、安全装置的维护
		（3）召开安全生产会议，专题计划、检查、总结、评比安全生产工作
		（4）召开事故现场会，分析造成事故的原因及教训，确认事故的责任者，制定防止事故再次发生的措施
		（5）总结发生事故的规律，有针对性地进行安全教育
		（6）组织工人参加安全技术交流，观看安全生产展览与劳动安全卫生电影、电视等，张贴安全生产宣传画、宣传标语及安全标志等
4	管理人员安全教育	（1）企业法定代表人、厂长和经理 主要包括安全生产方针、政策、法律法规、规章制度、基本安全技术知识、基本安全管理知识的教育
		（2）技术干部 主要包括安全生产方针、政策和法律法规，本职安全生产责任、典型事故案例剖析，系统安全生产工程知识，基本的安全技术知识
		（3）安全生产管理人员 主要包括国家有关的安全生产方针、政策、法规和标准、企业安全生产管理、安全技术、劳动卫生知识、安全文化、工伤保险、事故应急处理措施等

24.1.4　安全生产检查制度

安全生产检查制度是劳动部门、产业主管部门、用人单位、工会组织对劳动安全卫生法律、法规、制度的实施依法进行监督检查的制度。安全检查是消除事故隐患、落实整改措施、防止伤亡事故、改善劳动条件的重要手段。

安全生产检查的内容主要包括三个层次，如表 24-3 所示。

表 24-3　安全生产检查制度的层次

序号	层次	说明
1	对规章制度建立完善程度的检查	企业安全工作的基本保证来自健全的规章制度，虽然员工按照规程进行生产并不能绝对保证不发生事故，但不按照安全规章制度操作，发生事故的可能会增加
2	对规章制度的执行情况的检查	企业的安全生产的规章制度不能只是一个"空架子"，而且要组织公司全员执行规章制度，切实重视和防止安全事故的发生
3	对安全隐患的检查	在规章制度规定的安全生产规程以外，会存在一些人们未知的危险因素，所以要进行对安全隐患的检查，消除危险因素
备注	（1）安全检查按时间长短可分为：年检、季检、月检、周检、日检等 （2）安全检查的方式可分为：听、问、看、评等	

24.1.5　重大事故隐患管理

重大事故隐患是指可能造成 10 人以上死亡，或造成直接经济损失 500 万元以上的事故隐患。

重大事故隐患管理是指对企业可能导致重大人身伤亡或重大经济损失，潜伏于作业场所、设备设施以及生产、管理行为中的安全缺陷进行预防、报告和整改的规定。

存在重大事故隐患的企业应成立隐患管理小组，小组由企业法定代表人负责。隐患管理小组要履行以下职责，具体内容如图 24-2 所示。

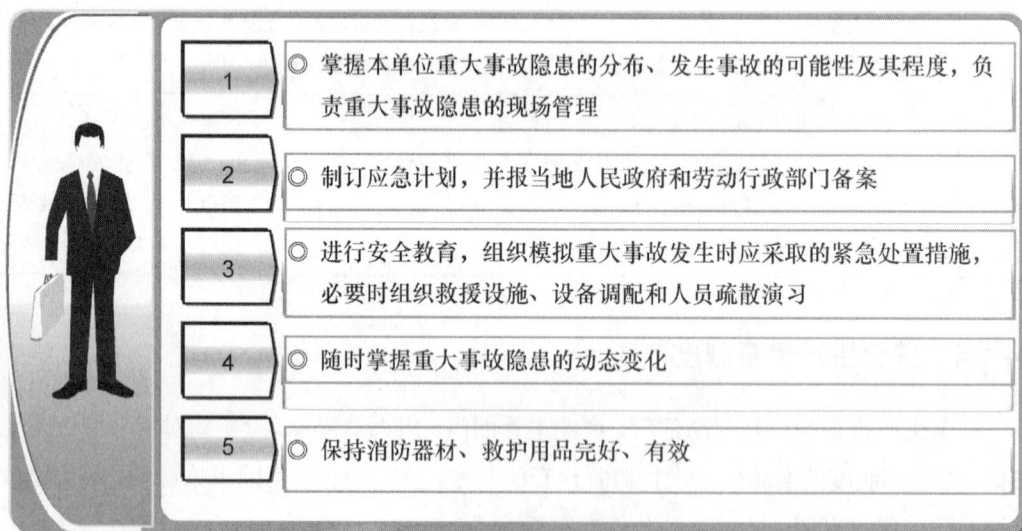

1 ◎ 掌握本单位重大事故隐患的分布、发生事故的可能性及其程度，负责重大事故隐患的现场管理

2 ◎ 制订应急计划，并报当地人民政府和劳动行政部门备案

3 ◎ 进行安全教育，组织模拟重大事故发生时应采取的紧急处置措施，必要时组织救援设施、设备调配和人员疏散演习

4 ◎ 随时掌握重大事故隐患的动态变化

5 ◎ 保持消防器材、救护用品完好、有效

图 24-2　隐患管理小组的职责

24.1.6　安全卫生认证制度

安全卫生认证制度是指通过对劳动安全卫生的各种制约因素是否符合劳动安全卫生要求进行审查，并对符合要求者正式认可、允许进入生产过程的制度，具体内容如图24-3所示。

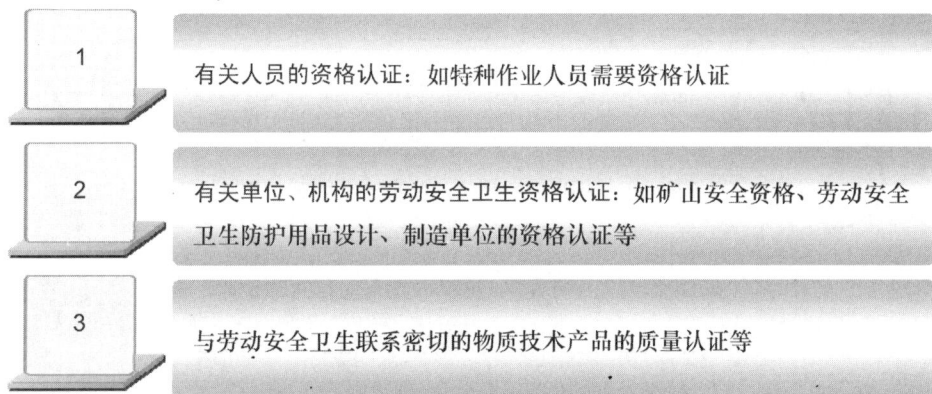

1　有关人员的资格认证：如特种作业人员需要资格认证

2　有关单位、机构的劳动安全卫生资格认证：如矿山安全资格、劳动安全卫生防护用品设计、制造单位的资格认证等

3　与劳动安全卫生联系密切的物质技术产品的质量认证等

图24-3　安全卫生认证制度

凡是被国家纳入认证范围的对象，都应实行强制认证办法。只有经认证合格，才能从事或继续从事相应的职业活动或投入使用。

24.1.7　伤亡事故报告处理制度

伤亡事故报告处理制度是指国家制定的对劳动者在劳动生产过程中发生的与产生有关的伤亡事故的报告、登记、调查、处理、统计和分析的规定。

伤亡事故报告处理制度的主要目的是及时报告、统计、调查和处理职工伤亡事故，采取预防措施，总结经验，并追究事故责任，以防止伤亡事故再度发生。

24.1.8　安全卫生防护用品管理

为了保障劳动者在职业劳动中免遭或减轻事故伤害或职业危害，应采用相应的防护用品，对防护用品的管理则是安全卫生防护用品管理。

安全卫生防护用品管理包括五项内容：安全卫生防护用品的采购、安全卫生防护用品的验收、安全卫生防护用品的保管、安全卫生防护用品的发放以及安全卫生防护用品的使用。

企业采购安全卫生防护用品时应注意以下事项，具体内容如图24-4所示。

1. 选用符合国家标准并有产品检验认证的安全卫生防护用品

2. 特种安全卫生防护用品有相应的生产许可编号、产品合格证和安全鉴定证

3. 根据工作场所的有害因素选用安全卫生防护用品

4. 根据作业类别选用安全卫生防护用品

5. 根据工作场所有害因素的测定值选用安全卫生防护用品

6. 根据有害物对人体作用部位选用安全卫生防护用品

7. 根据劳动强度选用安全卫生防护用品

8. 根据人体尺寸选用安全卫生防护用品

图 24-4　企业采购安全卫生防护用品的注意事项

24.1.9　劳动者健康检查制度

劳动者健康体检制度包括员工招聘健康检查和企业员工定期体检两类制度，具体内容如图 24-5 所示。

劳动者健康体检两类制度	
员工招聘健康检查	企业员工定期体检
企业对拟招聘人员进行体检，一般岗位为常规体检，岗位对员工的健康有特定需要者应进行特定体检，以便确定是否符合从事某项特定工作岗位的要求	企业员工定期体检，发现疾病及时治疗以及预防职业病的发生

图 24-5　劳动者健康体检两类制度

24.2 劳动安全技术与卫生规程

劳动安全卫生是指劳动过程中的安全卫生条件和状态。劳动安全技术与卫生规程就是要最大限度地消除劳动过程中的不安全和不卫生，以保障劳动者的安全和健康。

24.2.1 劳动安全技术规程的主要内容

劳动安全技术规程是指国家为了防止和消除在生产过程中的伤亡事故，保障劳动者生命安全和减轻繁重的体力劳动，以及防止生产设备遭受破坏而制定的规范。

由于各个行业的特点不同，劳动安全技术规程的主要内容也不相同，具体内容如图 24-6 所示。

按产业性质
- 煤矿劳动安全技术规程
- 冶金劳动安全技术规程
- 化工劳动安全技术规程
- 建筑劳动安全技术规程
- 机器制造劳动安全技术规程等
- ……

按机器设备性质
- 电器设备
- 起重设备
- 锅炉和压力容器设备
- 压力管道设备
- 焊接机床劳动安全技术规程
- ……

图 24-6 劳动安全技术规程的主要内容

24.2.2 劳动安全技术规程的法律约束力

随着社会经济的发展，劳动保护相关法律规章制度也逐步完善。劳动安全技术规程法律约束力具体体现在以下五个方面，具体内容如表 24-4 所示。

表 24-4 劳动安全技术规程的法律约束力

规程名称	颁布时间	约束内容
《工厂安全卫生规程》	1956 年	工厂安全设施及管理
《建筑安装工程安全技术规程》	1956 年	建筑安装工程
《工人职员伤亡事故报告规程》	1956 年	事故报告制度

（续表）

规程名称	颁布时间	约束内容
《矿山安全条例》	1982 年	矿山采掘
《矿山安全监察条例》		
《锅炉压力容器安全监察暂行条例》	1982 年	锅炉压力容器安全

24.2.3 劳动卫生规程的具体内容

劳动卫生规程是指国家为了保护劳动者在生产、工作过程中的健康，防止和消除职业危害而制定的各种规范的总称。

劳动卫生规程从很大程度上改善了劳动条件，保护了职工的身体健康。劳动卫生规程的具体内容体现在以下六个方面，具体内容如表 24-5 所示。

表 24-5 劳动卫生规程的具体内容

序号	内容	相关法律规定
1	防止粉尘危害	国务院 1956 年颁布的《关于防止厂矿企业中矽尘危害的决定》要求各厂矿企业根据实际条件，采取各种防尘措施
2	防止有毒物质的危害	国务院在 1956 年批准由劳动部公布的《关于防止沥青中毒的办法》要求在沥青的装卸、搬运和使用过程中，采取各种有效防护措施，预防沥青中毒
3	防止噪声和强光刺激	国务院 1956 年颁布的《工厂安全卫生规程》中，对发生强烈噪声的生产，要求其尽可能在设有消声设备的单独工作房中进行；在有噪音、强光、辐射热和飞溅火花、碎片、刨屑的场所操作的工人，应分别供给护耳器、防护眼镜、面具和帽盔等
4	个人防护用品的供应	劳动部 1963 年公布的《国营企业职工个人防护用品发放标准》具体规定了发放防护用品的原则、标准和保管、发放制度等
5	劳动卫生的管理	包括业务性和专业性的规则、规定、标准和办法，由国家有关部门规定和发布。如《工业企业设计卫生标准》、《工业企业噪声卫生标准》、《工业企业人工照明暂行标准》、《关于加强农药安全管理的规定》等
6	劳动卫生方面的国家技术法规	如自吸过滤式防尘口罩标准（GB2626～81）于 1982 年 1 月公布施行；过滤式防毒面具标准（GB2890～82）于 1982 年 10 月公布施行

24.3　女职工与未成年工保护

女职工是指一切以工资收入为主要生活来源的女性劳动者，包括从事体力劳动和脑力劳动的妇女。

未成年工是指处于法定年龄阶段的未成年劳动者。在我国，未成年工是指年满 16 周岁未满 18 周岁的劳动者。

女职工和未成年工特殊保护是指针对女职工和未成年工的身体结构、生理特点及其各自的特殊需要，在劳动方面对他们特殊权益的法律保障。

24.3.1　禁止安排女职工从事的工作

《中华人民共和国劳动法》第五十九条规定："禁止安排女职工从事矿山井下、国家规定的第四级体力劳动强度的劳动和其他禁忌从事的劳动。"

24.3.2　女职工特殊保护时期及措施

女职工的特殊保护时期是对女职工特殊时期生理变化过程中的保护，主要包括经期保护、孕期保护、产期保护和哺乳期保护。

1. 经期保护

女职工在月经期间，用人单位不得安排其从事以下三种作业：

（1）食品冷冻库内及冷水等低温作业；

（2）《体力劳动强度分级》标准中第三级体力劳动强度的作业；

（3）《高处作业分级》标准中第二级（含二级）以上的作业。

2. 孕期保护

女职工在孕期期间，用人单位不得安排其从事以下作业，具体内容如图 24-7 所示。

3. 产期保护

《中华人民共和国劳动法》第六十二条规定："女职工生育享受不少于九十天的产假。"

4. 哺乳期保护

《中华人民共和国劳动法》第六十三条规定："不得安排女职工在哺乳未满一周岁的婴儿期间从事国家规定的第三级体力劳动强度的劳动和哺乳期禁忌从事的其他劳动，不得安排其延长工作时间和夜班劳动。"

《中华人民共和国劳动法》第二十九条和国务院《女职工劳动保护规定》第四条都规定了女职工在孕期、产期、哺乳期内，用人单位不得终止劳动关系，合同期限应顺延至孕期、产期、哺乳期满。

1. 作业场所空气中铅及其化合物、汞及其化合物、苯、镉、铍、砷、氰化物、氮氧化物、一氧化碳、二硫化碳、氯、己内酰胺、氯丁二烯、氯乙烯、环氧乙烷、苯胺、甲醛等有毒物质浓度超过国家卫生标准的作业

2. 制药作业中从事抗癌药物及乙烯雌酚生产的作业

3. 作业场所放射性物质超过《放射防护规定》中规定剂量的作业

4. 人力进行的土方和石方作业

5. 《体力劳动强度分级》标准中第三级体力劳动强度的作业

6. 伴有全身强烈振动的作业，如风钻、捣固机、锻造等作业，以及拖拉机驾驶等

7. 工作中需要频繁弯腰、攀高、下蹲的作业

8. 《高处作业分级》标准中所规定的作业

9. 禁止夜间劳动和剥夺女职工的休息权

图 24-7 女职工孕期保护

24.3.3 执行未成年工特殊保护制度

未成年工的特殊保护是针对未成年工处于生长发育期的特点以及接受义务教育的需要，采取的特殊劳动保护措施。

《中华人民共和国劳动法》第六十四条规定："不得安排未成年工从事矿山井下、有毒有害、国家规定的第四级体力劳动强度的劳动和其他禁忌从事的劳动。"

《中华人民共和国劳动法》第六十五条规定："用人单位应当对未成年工定期进行健康检查。"

劳动行政部门根据"未成年工健康检查表"和"未成年工登记表"，核发"未成年工登记证"。未成年工人须持"未成年工登记证"上岗。

第25章　如何办理离职与工作交接

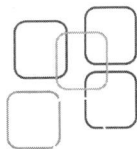

员工离职在性质上可以分为自愿离职和非自愿离职。自愿离职包括员工辞职和退休；非自愿离职包括辞退员工和集体性裁员。退休对于企业更新人员年龄结构具有正面价值，在正常情况下，其数量和比例具有可预期性。集体性裁员和辞退员工是一种偶发行为，一般在离职分析中不予考虑。

25.1　离职问题的形成

企业员工离职可以分为两种情况：一种是对于企业认为不符合企业文化或不具有竞争力的员工，企业往往通过较低的加薪、缓慢的升迁等制度或方式暗示员工主动辞职，从而规避给付员工经济赔偿金；另一种才是真正意义上的企业内部人才流失，即那些有利于企业运营和成长的员工的离职。

25.1.1　离职的原因分析

当企业的员工离职率偏高时，企业应系统地收集相关资料，了解员工离职的原因。资料收集的方法有离职访谈、对离职或现有员工进行问卷调查等。

一般来说，员工离职的原因是多方面的，但主要体现在三个方面，具体如图 25-1 所示。

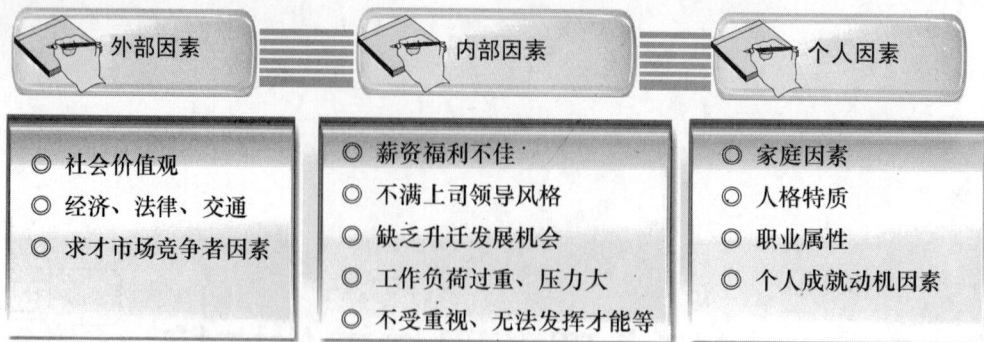

图 25-1　员工离职的三方面原因

25.1.2　离职的效果分析

在企业中保持一定的员工流动率能够为企业不断输入新鲜血液，引进高素质员工，淘汰不合格员工，使企业保持活力。这是员工离职的良性影响，它对企业发展的积极作用体现在以下几个方面，如图25-2所示。

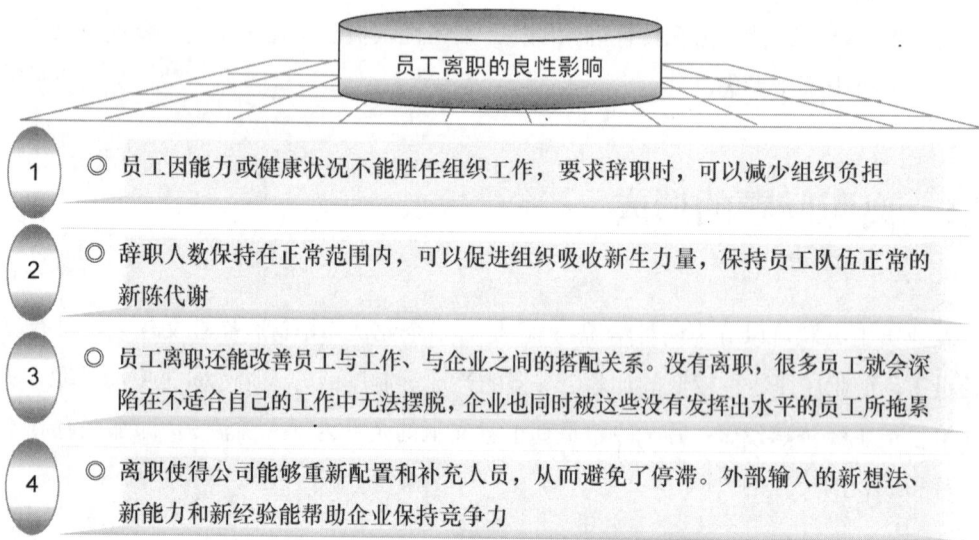

员工离职的良性影响

1 ◎ 员工因能力或健康状况不能胜任组织工作，要求辞职时，可以减少组织负担

2 ◎ 辞职人数保持在正常范围内，可以促进组织吸收新生力量，保持员工队伍正常的新陈代谢

3 ◎ 员工离职还能改善员工与工作、与企业之间的搭配关系。没有离职，很多员工就会深陷在不适合自己的工作中无法摆脱，企业也同时被这些没有发挥出水平的员工所拖累

4 ◎ 离职使得公司能够重新配置和补充人员，从而避免了停滞。外部输入的新想法、新能力和新经验能帮助企业保持竞争力

图 25-2　员工离职的良性影响

但是，如果离职率超过正常范围，特别是骨干员工、核心员工的离职，会严重影响企业正常的生产运营和发展。这样企业必然会因缺乏人才而面临被市场淘汰的风险。这是员工离职对企业的恶性影响，它对企业的发展具有严重的消极作用，具体表现如图25-3所示。

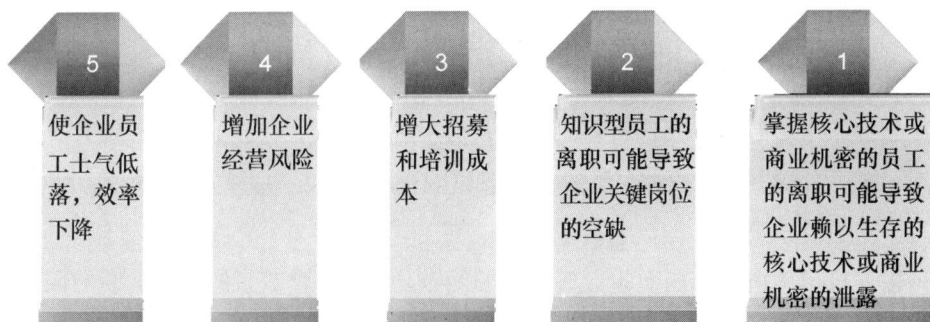

图 25-3　员工离职的恶性影响

25.1.3　离职率的计算

国际通用的离职率的计算公式为：

员工离职率=离职人数/平均在职人数=离职人数/［（期初人数+期末人数）/2］

但如果按上述公式来算，离职率很有可能就超过 100%，可见用这种方法计算离职率并不科学。

如果在计算离职率时，将分子定义为在某一时期内的离职人数，将分母定义为该时期的累积在册人数，即该时期内的在职员工最多时的数量，这样求得的离职率结果将更为科学。计算公式为：

员工离职率=离职人数/本期累计在册人数×100%

本期累计在册人数为月末在职人数与离职人数之和，即月初在职人数与新进人数之和。

这种方法一方面可以使人们更加容易理解离职率的含义；另一方面，不论员工什么时候辞职，都可以在离职率上反映出来。

25.2　辞职的流程与手续办理

25.2.1　提出辞职申请

企业应建立起完善的离职管理制度，以规范离职管理。一般规定，正式员工因故辞职，须提前 30 天向人力资源部提交书面的辞职申请表或离职申请表，并呈送相关领导审批。试用期员工须提前三天向人力资源部提交书面的辞职申请表或辞职通知。

25.2.2　离职面谈与审批

接到辞职申请的负责人应当及时与辞职员工进行沟通，对于工作表现优秀、业绩良好的员工，应适时安排离职面谈，了解其辞职原因，并寻找解决办法尽量挽留，减少企业因员工流失造成的损失。

可以安排员工所属部门负责人参与离职面谈，有助于企业了解员工离职的原因，同时能够有助于企业管理和领导状况的改善和提升。

1. 面谈前的准备

面谈地点应选择轻松、明亮的空间，另外，离职者的个人基本资料、离职申请书、以往考核记录表也应妥善准备，以正确掌握离职的真正原因，同时也让离职者感受到面谈者对于当事人的重视程度。

2. 离职面谈内容

为了达到较好的效果，面谈人员应先确定好面谈的内容，不能漫无目的、随心所欲地进行。离职面谈一般需要了解的信息包括以下六个方面，具体内容如图 25-4 所示。

图 25-4　离职面谈的内容

面谈应以开放性的问题为主，避免问太笼统或具有引导性的问题，多问一些类似"什么"、"如何"和"为什么"等开放式的问题，让离职员工能够表达自己的想法。离职面谈结束后，如果对离职员工挽留无效，要对离职人员对面谈工作的配合表示感谢，并将其离职申请交由负责人审批。

25.2.3　空缺岗位分析与补充

在为离职人员办理手续的同时，人力资源部需及时对离职人员所在岗位进行分析，根据岗位职责、岗位需求，以及企业的实际情况确定采取内部招聘或外部招聘方式，确定招聘方式的标准如图 25-5 所示。

内部招聘优先	外部招聘优先
如果企业具有相对完善的人才培养计划及激励机制，企业人才流失率较小，且岗位涉及的业务发展需求没那么迫切，可以优先选择内部竞聘	如果岗位涉及的业务发展需求迫切，急需技术或能力投入保持业务产出的，岗位内部供应的选择较少，特别是关键技能型的岗位，可通过外部招聘

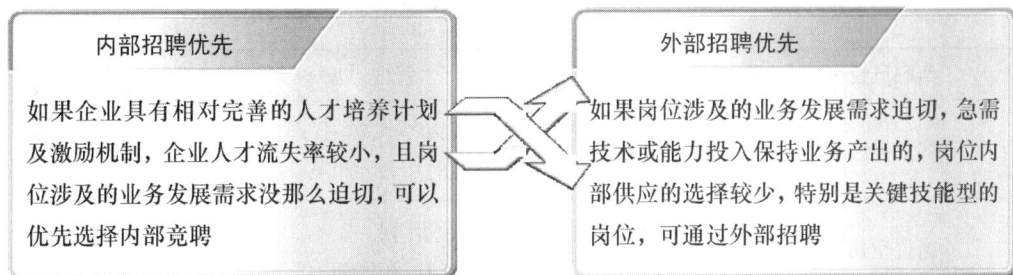

图 25-5　确定招聘方式的标准

25.2.4　进行工作交接

人力资源管理部门在收到员工的离职或辞职申请，并进行离职面谈后，应通知所在部门做好离职员工的工作交接。工作交接主要包括办公用品交接和工作内容交接两个方面，具体如图 25-6 所示。

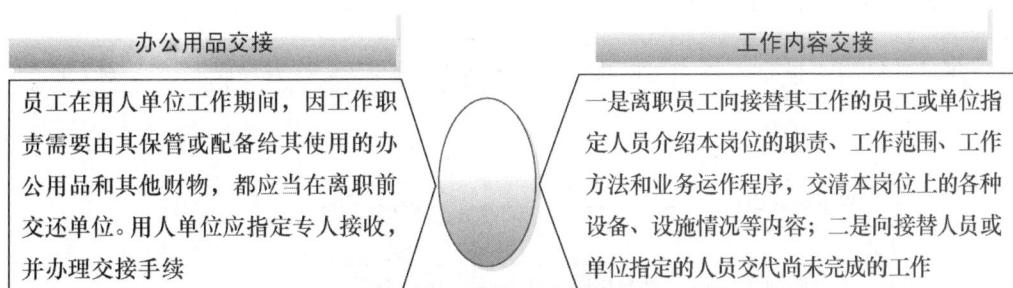

办公用品交接	工作内容交接
员工在用人单位工作期间，因工作职责需要由其保管或配备给其使用的办公用品和其他财物，都应当在离职前交还单位。用人单位应指定专人接收，并办理交接手续	一是离职员工向接替其工作的员工或单位指定人员介绍本岗位的职责、工作范围、工作方法和业务运作程序，交清本岗位上的各种设备、设施情况等内容；二是向接替人员或单位指定的人员交代尚未完成的工作

图 25-6　工作交接内容

25.2.5　自动离职的管理对策

对企业来说，员工的自动离职往往是不可预测的，员工离职率高可能会给企业带来多种消极影响。因此，针对员工离职可能会带来的风险，企业应制定相应管理对策，具体内容如表 25-1 所示。

表 25-1　员工离职风险管理对策

离职风险	管理对策
绩效损失	1. 对员工离职的方法和离职工作交接做事先约定 2. 在企业内部创建顺畅的沟通渠道，创造有激情的内部环境
关键技术/商业秘密泄露	1. 加强商业保密措施 2. 签订竞业限制的协定

（续表）

离职风险	管理对策
客户流失	1. 建立客户信息数据库，实施客户关系管理 2. 实施品牌战略，依靠品牌的知名度和美誉度来吸引顾客
岗位空缺	1. 在内部设立后备人员的培养计划 2. 在外部设立行业关键人才的监测计划

25.3 员工离职办理实例

25.3.1 员工辞职管理流程示例

按照一般的企业离职管理制度，通常员工辞职管理流程如下所示。

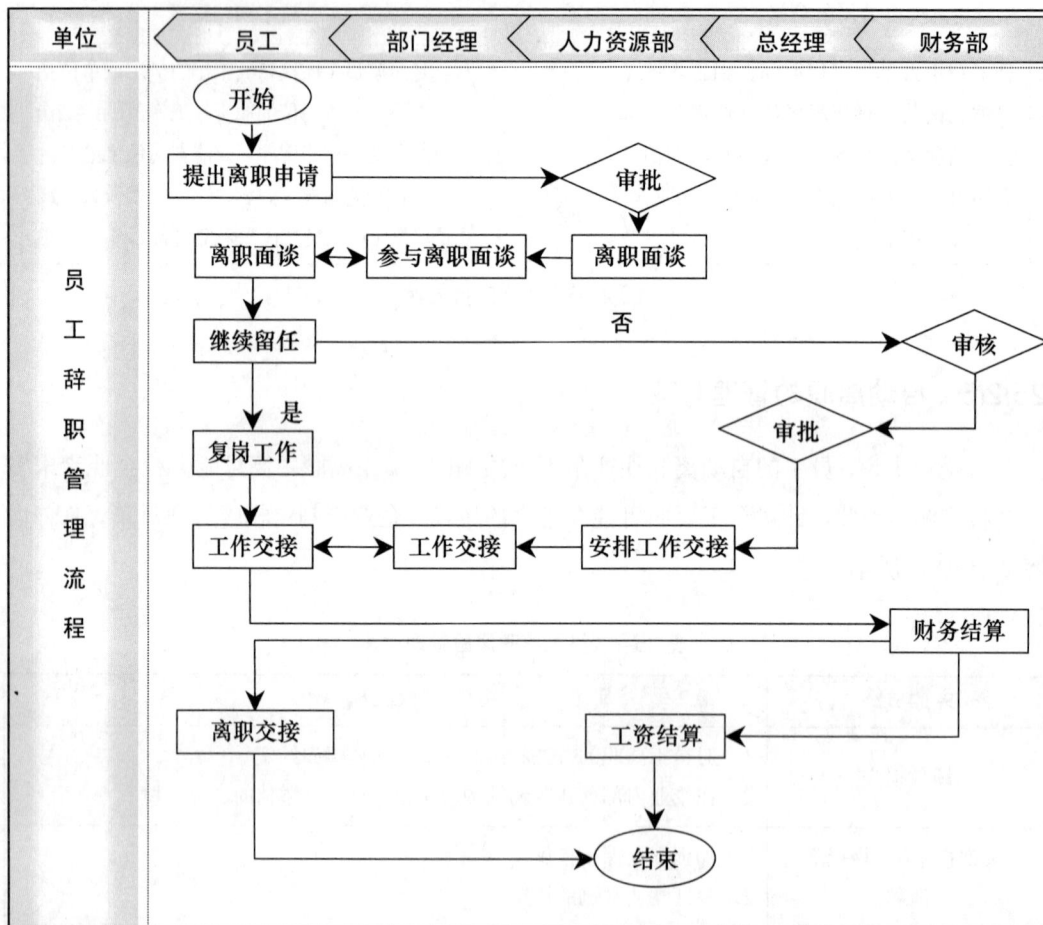

25.3.2　员工离职申请表

离职员工须按照企业规定提前向人力资源部提交书面的"员工离职申请表"，下面是某公司的员工离职申请表，供读者参考。

员工离职申请表					
申请人		所在部门		入职日期	
员工编号		职位		学历	
申请日期		离职去向		拟离职日期	
离职类别	□ 试用期内辞职 □ 劳动合同到期不续签 □ 因个人原因辞职 □ 其他				
离职原因					
所在部门意见：					
人力资源部意见：					
公司领导审批：					

25.3.3　员工离职面谈表

在进行离职面谈时，应记录面谈内容，以便面谈后将记录汇总整理，针对内容分析整理出员工离职的真正原因并提出改善建议，以防类似情况再次发生。下面是某公司的员工离职面谈表，供读者参考。

姓名		部门		岗位	
学历		专业		联系电话	

（续表）

入职日期			离职日期			
谈话日期		谈话方式	□面谈 □电话		谈话人	

1. 请指出你离职最主要的原因（请在恰当处画"√"，可选多项），并加以说明

□ 薪金　　　　□ 工作性质　　　□ 工作环境　　　□ 工作时间
□ 健康因素　　□ 福利　　　　　□ 晋升机会　　　□ 工作量
□ 加班　　　　□ 人际关系
□ 其他：

2. 你认为公司在以下哪方面需要加以改善（可选多项）

□ 公司政策及工作程序　　□ 部门之间沟通　　　□ 上层管理能力
□ 工作环境及设施　　　　□ 员工发展机会　　　□ 工资与福利
□ 教育培训及发展机会　　□ 团队合作精神
□ 其他：

3. 你所在的部门氛围如何

□ 很好　　　□ 较好　　　□ 一般　　　□ 较差　　　□很差
□ 其他：

4. 你觉得公司该如何缓解员工的压力

□ 加强员工与领导的沟通　　□ 加强员工间的沟通　　□ 改善工作环境
□ 增加娱乐活动
□ 其他：

5. 公司可以采取什么措施，能够让你打消离职的念头

□ 完善培训机制　　□ 良好的职业发展规划　　□ 提高工资福利待遇
□ 改善工作氛围　　□ 良好的绩效考核机制
□ 其他：

6. 你觉得公司各部门之间的沟通、关系如何？应该如何改进

□ 很好　　　□ 较好　　　□ 一般　　　□ 较差　　　□很差
□ 其他：

7. 你觉得自己的角色发展和定位适当吗

□ 适当　　　□ 一般　　　□不适当
□ 其他：

8. 你觉得公司存在哪些资源浪费、无意义的报告或会议、官僚作风等？你能具体描述一下吗

9. 若能挽留，公司需要解决什么问题

（续表）

☐ 增加薪酬　　☐ 调整工作部门　　☐ 调整工作岗位	
☐ 解决其他问题：	
10. 我们真诚地希望你能给公司一些个人的意见或建议	

25.3.4　离职工作交接表

员工离职时需将其所负责的工作事项与企业交接，对此，企业的人力资源部门、员工所属部门及其他相关部门应认真处理。交接完成后，应由交接人员和负责人书面确认。下面是某公司的员工离职工作交接表，供读者参考。

姓名		部门		职位	
入职日期		离职日期		离职类别	
离职原因陈述					
交接部门与事项		交接人签字		备注	
本部门	工作职责交接				
	工作资料交接				
	其他				
财务部	工资结算				
	备用金交接				
	扣缴金额				
	发票交接				
	其他				
人力资源部	考勤卡				
	办公用品				
	其他				
领导批示					

25.3.5　员工离职结算表

员工为企业提供了劳动，有取得劳动报酬的权利，企业不得克扣或者无故拖欠劳动者的工资。员工离职时，劳动关系双方应当依据劳动法律法规、政策及双方的劳动合同约定，进行工资结算。

　　员工在办理完工作移交手续后，人力资源部和财务部等相关部门应根据员工的考勤和绩效情况为员工进行离职结算，并填写"员工离职结算表"，由员工领取结算工资后签字确认。下面是某公司的员工离职结算表，供读者参考。

姓名		部门		职位	
入司时间		合同到期日		学历	
离职类别	□ 辞职　　□ 辞退　　□ 除名　　□ 自动离职　　□ 合同到期 □ 其他				
本部门移交	部门负责人签字： ____年__月__日				
行政移交	服装、考勤卡　□已交　　　　移交人签字：　　　日期： 办公用品　　□已交　　　　移交人签字：　　　日期：				
人力资源部	离职手续办理　□已办理　　　签字：　　　日期： 离职当月出勤情况： 从____月__日至____月__日 迟到____次，早退____次，请假____天，旷工____天，实际出勤____天 工资结算： 结算人：　　　日期：				
财务部	财务移交： 财务借款： 其他应扣款： 结算人：　　　日期：				
结算	今收到本人工资____元，核对无误！ 本人签字：　　　日期：				

第 26 章　如何编制人力资源管理制度与流程

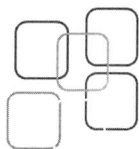

人力资源管理制度与流程的主要作用是使人力资源管理人员在工作中能够做到有章可循，按照制度的规定开展工作，确保工作的规范化、标准化。

26.1　人力资源管理制度的编制

26.1.1　管理制度的界定

管理制度一般指企业为完成某项任务或目标，要求相关人员共同遵守的办事规程或行动准则。对企业来说，人力资源管理制度包括章程、规定、办法、细则、规范等；而公司简介、指导意见、战略发展规划、年度计划、工作计划、说明书等不属于管理制度的范畴。

26.1.2　管理制度的框架设计

一个规范、完整的制度需要具备的内容包括制度名称、总则/通则、正文/分则、附则与落款、附件这五大部分。根据制度的内容结构，现给出常用的制度模板，如图 26-1 所示。

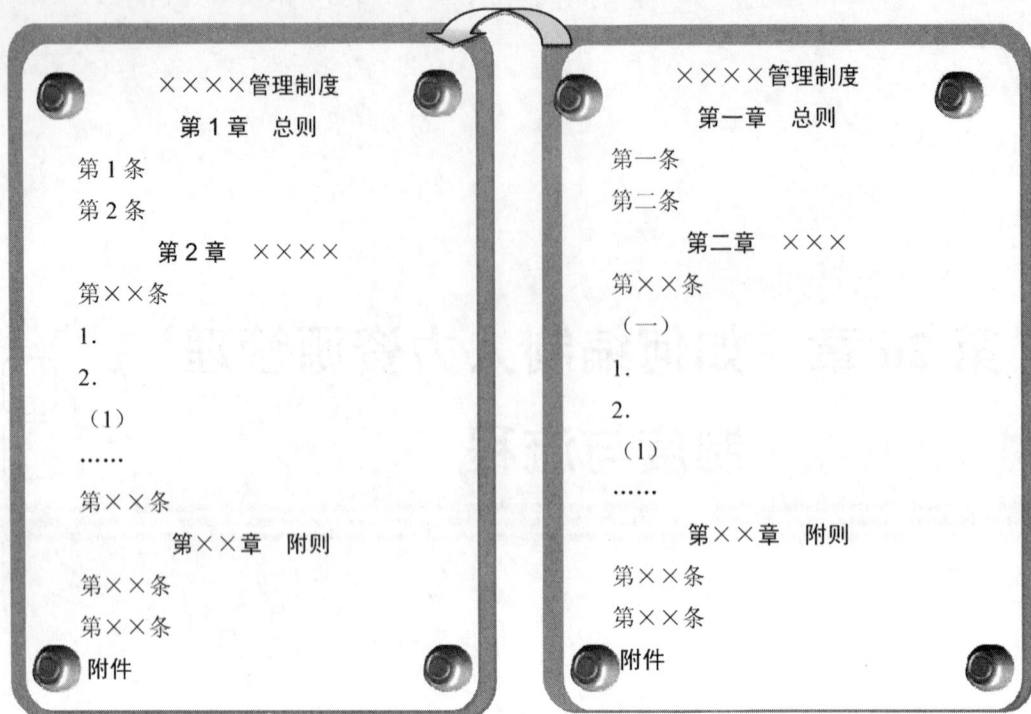

图 26-1　管理制度框架设计

26.1.3　人力资源管理制度的编制规范

管理制度各内容结构设计的要点如图 26-2 所示。

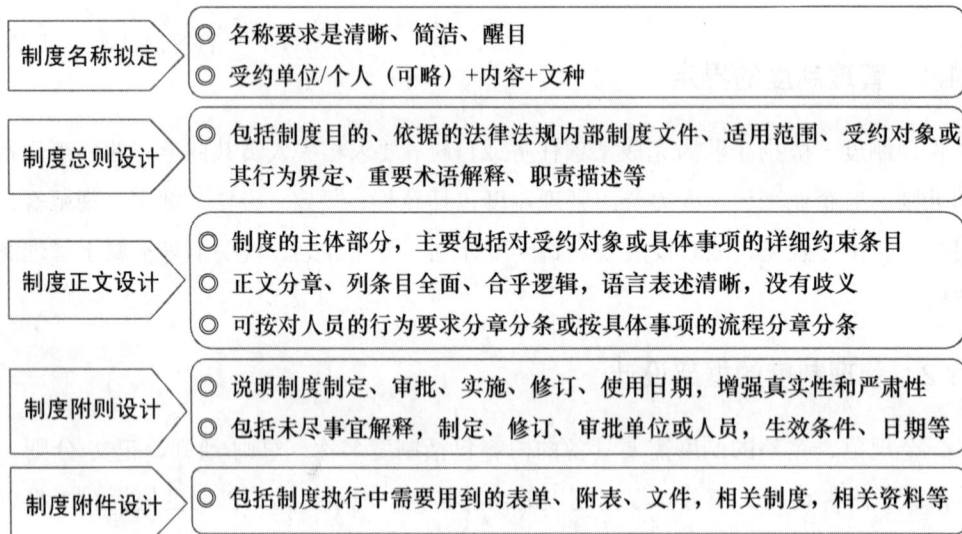

制度名称拟定	◎ 名称要求是清晰、简洁、醒目 ◎ 受约单位/个人（可略）+内容+文种
制度总则设计	◎ 包括制度目的、依据的法律法规内部制度文件、适用范围、受约对象或其行为界定、重要术语解释、职责描述等
制度正文设计	◎ 制度的主体部分，主要包括对受约对象或具体事项的详细约束条目 ◎ 正文分章、列条目全面、合乎逻辑，语言表述清晰，没有歧义 ◎ 可按对人员的行为要求分章分条或按具体事项的流程分章分条
制度附则设计	◎ 说明制度制定、审批、实施、修订、使用日期，增强真实性和严肃性 ◎ 包括未尽事宜解释，制定、修订、审批单位或人员，生效条件、日期等
制度附件设计	◎ 包括制度执行中需要用到的表单、附表、文件，相关制度，相关资料等

图 26-2　管理制度各内容结构设计要点

　　一套体系完整、内容合理、行之有效的人力资源管理制度要求制度设计人员在设计管理制度时需遵循一定的编制要求，即达成"三符合、三规范"，具体如表 26-1 所示。

表 26-1　人力资源管理制度编制规范要求

设计规范		具体说明
三符合		符合管理者最初设想的状态
		符合企业管理科学原理
		符合客观事物发展规律或规则
三规范	规范制度制定者	1. 品行好，能做到公正、客观，有较好的文字表达能力和分析能力 2. 了解国家法律、社会公共秩序和员工风俗习惯 3. 制度所需资料全面、准确，能反映生产经营活动的真实面貌
	规范制度的内容	1. 合法合规，制度内容不违反国家法律法规和公德民俗，确保制度有效 2. 形式美观，制度框架格式统一、简明扼要、易操作，简洁、无缺漏 3. 语言简练、条例清晰、前后一致、符合逻辑规律 4. 制度的可操作性要强，注意与其他规章制度的衔接 5. 规定制度涉及的各种文本的效力，并用书面或电子文件的形式向员工公示或向员工提供接触标准文本的机会
	规范制度实施过程	1. 明确培训及实施过程、公示及管理、定期修订等内容 2. 营造规范的执行环境，减少制度执行中可能遇到的阻力 3. 规范全体员工的职责、工作行为及工作程序 4. 制度的制定、执行与监督应由不同人员担当 5. 记录制度执行的情况并保留

26.1.4　人力资源管理制度的设计步骤

　　企业设计人力资源管理制度时主要有七个步骤，具体如图 26-3 所示。

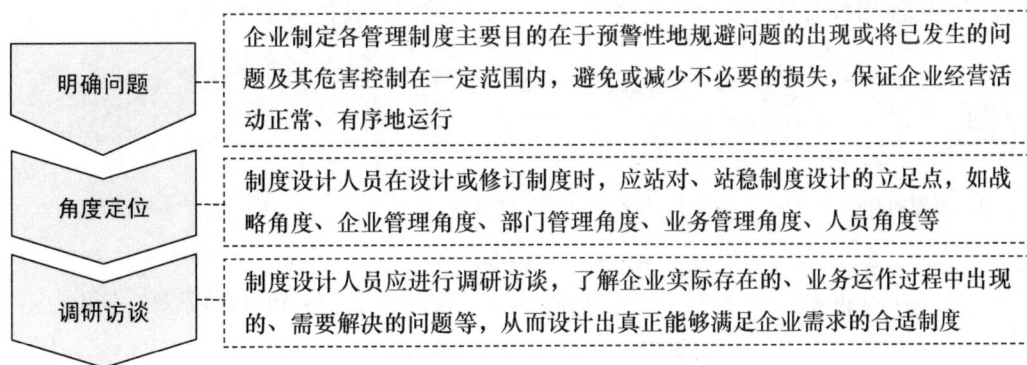

明确问题	企业制定各管理制度主要目的在于预警性地规避问题的出现或将已发生的问题及其危害控制在一定范围内，避免或减少不必要的损失，保证企业经营活动正常、有序地运行
角度定位	制度设计人员在设计或修订制度时，应站对、站稳制度设计的立足点，如战略角度、企业管理角度、部门管理角度、业务管理角度、人员角度等
调研访谈	制度设计人员应进行调研访谈，了解企业实际存在的、业务运作过程中出现的、需要解决的问题等，从而设计出真正能够满足企业需求的合适制度

图 26-3　人力资源管理制度的设计步骤

统一规范	一套体系完整、内容合理、行之有效的企业管理制度应达到"三符合"、"三规范"的要求，具体请参照表26-1
制度起草	制度起草工作包括明确制度类别，确定制度风格和写作方法，明确制度目的，在调研的基础上进行制度内容规划形成纲要，拟定条文形成草案，并进行制度格式标准化
制度定稿	制度草案制定完成后，需通过意见征询、试行等方式获得相关建议，发现不足和纰漏时进行修改完善，直到最终定稿审批通过
制度公示	制度要为企业运营和发展服务，企业应以适当方式向全体员工公示，以示制度生效，便于员工遵守执行

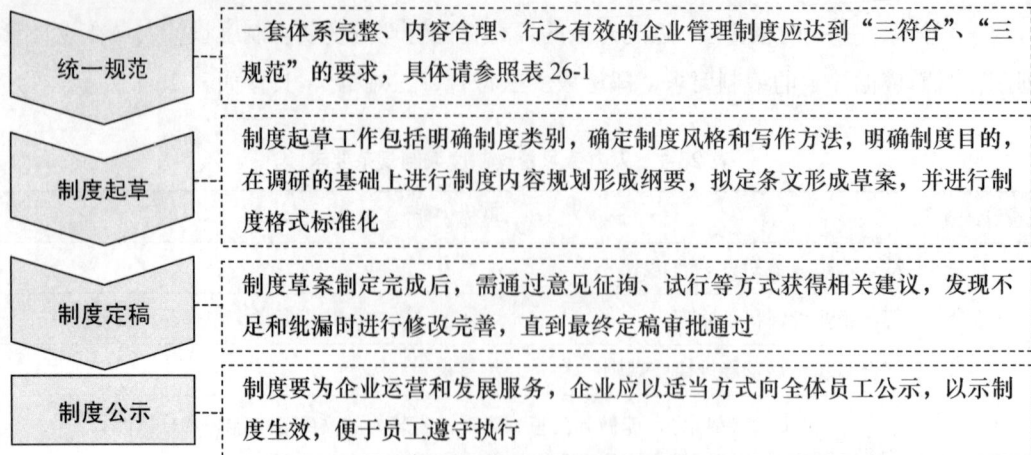

图 26-3　人力资源管理制度的设计步骤（续）

26.2　人力资源管理流程的编制

26.2.1　工作流程的界定

工作流程是指工作事项的活动流向顺序，主要包括实际工作中的工作环节、步骤和程序。工作流程中的组织系统中各项工作之间的逻辑关系是一种动态关系。

工作流程主要采用流程图的方式进行设计。工作流程图是通过适当的符号记录全部工作事项，用以描述工作活动流向顺序。工作流程图由一个开始节点、一个结束阶段及若干中间环节组成，中间环节的每个分支也要有明确的分支判断条件。

26.2.2　流程图绘制符号说明

关于流程图符号，美国国家标准学会（ANSI）给出了相应的规定。下面对流程图设计过程中可能用到的符号进行一一介绍，以便规范使用，具体如图 26-4 所示。

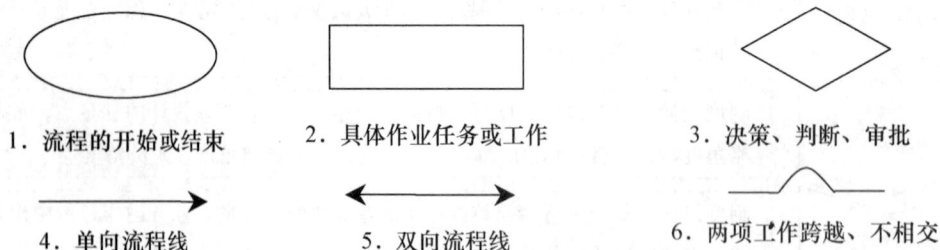

1．流程的开始或结束　　　2．具体作业任务或工作　　　3．决策、判断、审批

4．单向流程线　　　5．双向流程线　　　6．两项工作跨越、不相交

图 26-4　流程设计常用到的符号

7. 两项工作连接　　8. 作业过程中涉及的文档信息　　9. 作业过程中涉及的多文档信息

10. 与本流程关联的其他流程　　11. 信息来源　　12. 信息储存与输出

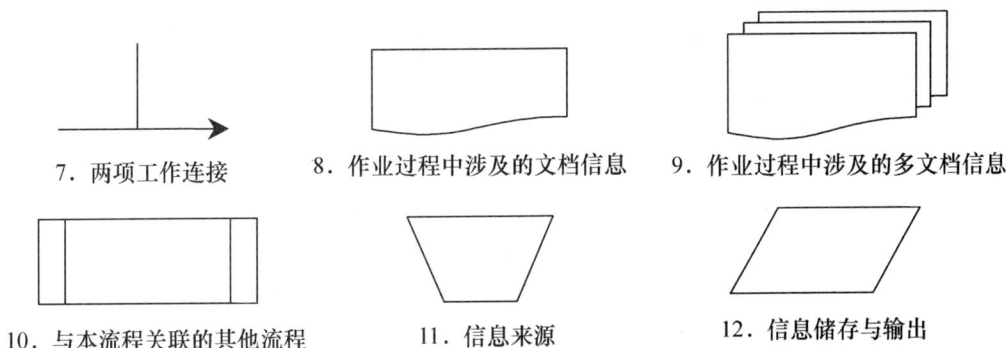

图 26-4　流程设计常用到的符号（续）

流程图的绘制越简洁明了，操作起来越方便，推进和执行人员也越容易接受和落实。所以，在一般情况下，仅使用其中的 5～6 种符号，就基本可以满足绘制流程图的需要了。

26.2.3　人力资源管理流程设计

人力资源流程就是根据先轻后重的原则，将人力资源管理工作进行流程化管理。人力资源管理流程设计主要是将需要设计或再造的人力资源工作流程进行分析，确定流程的主要环节、参与部门，并对其操作进行明确说明，并将最终成果用书面形式展现出来以便推进实施的过程，具体步骤如图 26-5 所示。

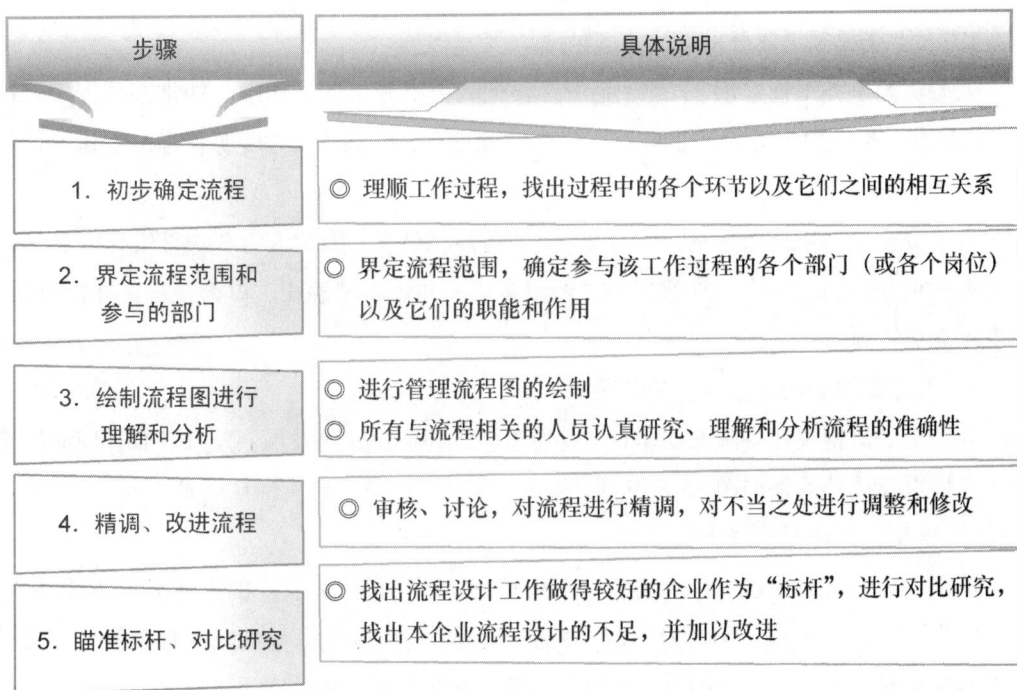

步骤	具体说明
1. 初步确定流程	◎ 理顺工作过程，找出过程中的各个环节以及它们之间的相互关系
2. 界定流程范围和参与的部门	◎ 界定流程范围，确定参与该工作过程的各个部门（或各个岗位）以及它们的职能和作用
3. 绘制流程图进行理解和分析	◎ 进行管理流程图的绘制 ◎ 所有与流程相关的人员认真研究、理解和分析流程的准确性
4. 精调、改进流程	◎ 审核、讨论，对流程进行精调，对不当之处进行调整和修改
5. 瞄准标杆、对比研究	◎ 找出流程设计工作做得较好的企业作为"标杆"，进行对比研究，找出本企业流程设计的不足，并加以改进

图 26-5　人力资源管理流程设计步骤图

6. 流程试行、收集信息	◎ 设计的流程开始在工作中试行，注意收集流程在执行过程中的反馈信息
7. 分析研究反馈的信息	◎ 已设计的流程在工作中试行半年左右，就能反映出很多问题，我们要对收集到的反馈信息进行认真的分析研究
8. 设计并实施流程改进	◎ 在对收集到的反馈信息进行认真的分析研究后，要对现有的流程图进行改进，并重新绘制
9. 最终确定流程	◎ 对经过实践考验的流程图进行最终确定，由公司管理层正式公示，并将公司所有的流程图汇集成册

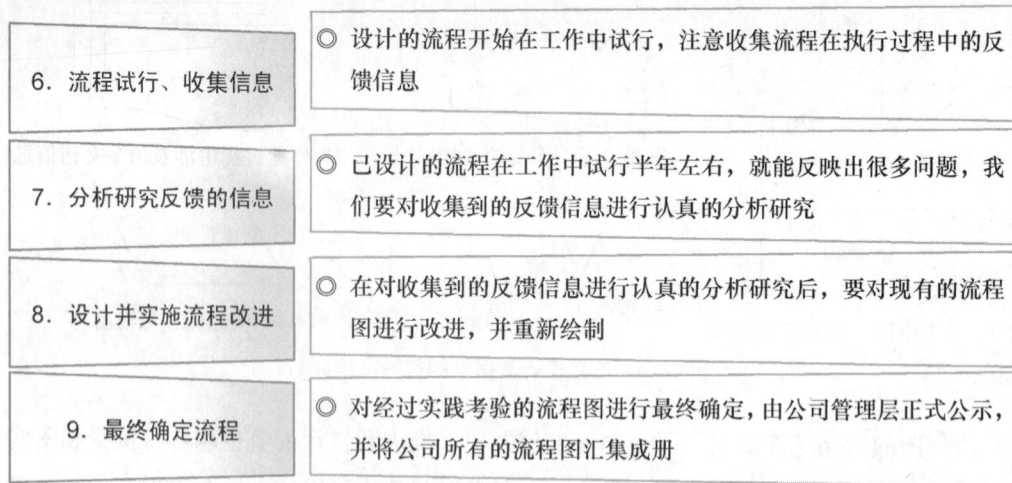

图 26-5　人力资源管理流程设计步骤图（续）

26.2.4　人力资源管理流程设计要领

人力资源管理的工作对象是人力资源，即以人为中心。与其他的管理模块有所区别，其目标和宗旨是合理配置人力资源，最大程度地发挥人力资源的能力与作用，使员工以愉悦的心理状态为企业做出贡献，同时自身得到最大满足。因此，人力资源管理流程具有独特性。

1. 人力资源管理流程的特点分析

人力资源事务工作烦琐、冗杂，企业必须把人力资源事务工作中一些常规的程序流程化、标准化，把人力资源部从事务性工作中解脱出来，因此，人力资源管理流程化设计与执行对企业非常重要。

人力资源管理工作面较宽、种类繁杂、流程步骤较多，因此人力资源部工作人员一般都需要承担几方面的工作，这就需要了解很多相关知识，熟悉相关办公流程，才能高效、优质地完成工作。

2. 人力资源管理流程设计工作要求

人力资源流程设计可降低成本，完善服务，促进企业文化发展。人力资源管理流程设计工作要求及成功条件如图 26-6 所示。

3. 绘制人力资源管理流程

流程管理在实际工作中最重要的一个步骤就是画出最优先工作的工作流程图，即按照工作的先后发展顺序，简明地叙述流程中的每一事件。可以使每位与流程有关或无关的员工都能显而易见地了解工作的每一步骤。每当问题发生时，员工可以此为依据对问题进行系统分析。

人力资源管理流程设计成功必备条件

◎ 获取高层领导的帮助，企业核心人员对人力资源管理流程给予积极支持

◎ 人力资源管理流程设计人员对人力资源管理业务具有敏锐洞察力、敏捷应变能力，能清楚看到问题症结所在，并能较快找出解决办法

◎ 员工对人力资源管理流程设计与实施充满热情，并积极参与

◎ 尽早组织宣传、交流，使员工清楚并理解流程方案及其实施意义

◎ 员工支持现行流程的改变，并能以善意的心态接受各种可能的结果

人力资源管理流程设计工作要求

◎ 使人力资源管理流程设计策略与企业经营目标、信息技术水平相符合

◎ 明确说明新流程的优势和作用，取得高层领导支持

◎ 选择一个合适的人力资源管理流程起点，有效推进流程设计与调整

◎ 明确新人力资源管理流程对现存企业文化的影响，推动企业文化的成功

◎ 及时评估人力资源管理流程成果，制订切实可行的评估计划和方案

◎ 制定保持人力资源管理流程设计与执行的成果并使之扩大化的措施

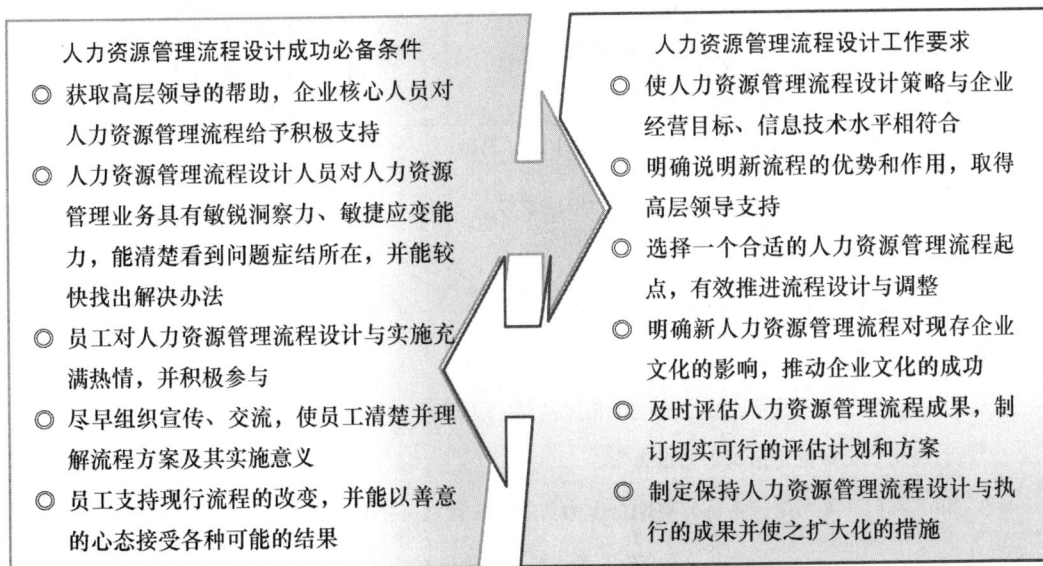

图 26-6　人力资源管理流程设计工作要求及成功条件

4．人力资源管理流程的实施

人力资源管理流程实施的主要工作原则如图 26-7 所示。

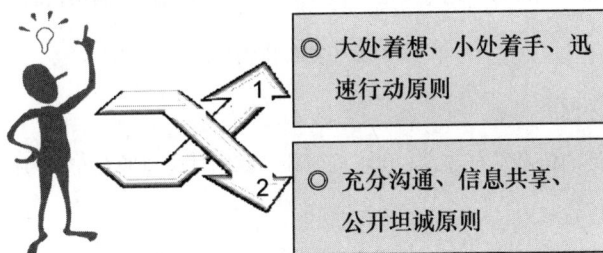

◎ 大处着想、小处着手、迅速行动原则

◎ 充分沟通、信息共享、公开坦诚原则

图 26-7　人力资源管理流程实施的工作原则

26.3　人力资源管理制度与流程实例

26.3.1　网络招聘实施规定

以下是某公司的网络招聘实施规定，供读者参考。

制度名称	网络招聘实施规定		受控状态	
			编　　号	
执行部门		监督部门	编修部门	

第1章　总则

第1条　目的

为扩大招聘范围，节约招聘时间和成本，使公司能聘用到适合的人才，特制定本规定。

第2条　适用范围

本规定适用于公司网络招聘的整个实施过程。

第3条　职责分配

1. 人力资源部负责具体组织实施网络招聘活动，并撰写"招聘评估报告"交总经理审批。

2. 总经理负责审批"招聘评估报告"。

3. 相关部门（如网络技术部）要配合人力资源部进行网络招聘工作。

第2章　制订招聘计划

第4条　人力资源部根据公司的人力需求状况结合公司内外部人力资源供给情况制订网络招聘计划。

第5条　人力资源部的网络招聘计划应包括招聘职位的相关信息、发布信息的网站、招聘预算等内容。

第6条　人力资源部把招聘计划呈交总经理审批后，按计划执行网络招聘。

第3章　发布招聘信息

第7条　委托人才网站

这是一种最为广泛的信息发布方式，可以同时在几家网站注册并发布招聘信息。

第8条　登招聘广告

人力资源部还可以在相关专业的大型网站或本地的综合门户网站上登招聘广告。

第9条　利用BBS发布信息

人力资源部可以通过BBS登录远端主机，在上面张贴布告、网上交谈、传送信息。以这种方式发布信息的成本几乎为零，但影响力有限。

第10条　在公司网站发布招聘信息

人力资源部在公司网站上发布信息，同时将企业文化、人力资源政策以及更多的能让求职者了解的信息发布在网站上，既可达到宣传的目的，又能使求职人员在了解公司的实际状况后，有针对性地选择应聘岗位。

第4章　收集整理信息

第11条　采用人才网站发布信息。人力资源部在人才网站注册后可以利用这些网站的人才库定制查询条件，找到符合要求的应聘者。

（续）

第 12 条　登广告或利用 BBS 发布信息。人力资源部在发布招聘信息以后，要注意及时查询，收集符合条件的应聘者信息。

第 13 条　在公司网站上发布信息。人力资源部可以通过自己的招聘软件累计人才信息，保留符合公司要求的求职者简历。

第 5 章　安排面试

第 14 条　对于通过简历筛选的求职者，人力资源部应及时以电话或者邮件的形式通知其参加面试。

第 15 条　人力资源部可以通知求职者来公司进行实地面试，并告知具体时间、地点和需要携带的资料，人力资源部负责组织面试工作。

第 16 条　由于网络招聘无地域限制，针对在不同地方的求职者，公司可利用互联网完成异地面试。人力资源部还可以利用网络会议软件对求职者进行考察。人力资源部根据不同的求职者安排好面试人员后就可以通知求职者进行电子面试。

第 6 章　录用与评估

第 17 条　面试结束后，人力资源部根据求职者的表现和成绩单进行评估，拟定复试人员名单，并及时通知其参加复试。

第 18 条　复试结束后，人力资源部根据复试成绩拟定录用人员名单，并报总经理审批后，及时反馈给求职者，通知其前来公司报到，并办理相关手续。

第 19 条　网络招聘结束后，人力资源部负责根据招聘实施的整个过程写出"网络招聘评估报告"，报告内容包括招聘计划的完成情况、费用的控制情况、人员的录取情况等，上报总经理审阅。

第 7 章　附则

第 20 条　本规定由人力资源部负责制定，经总经理审批后执行。

第 21 条　本规定自颁布之日起生效。

编制日期		审核日期		批准日期	
修改标记		修改处数		修改日期	

26.3.2 外部招聘管理流程

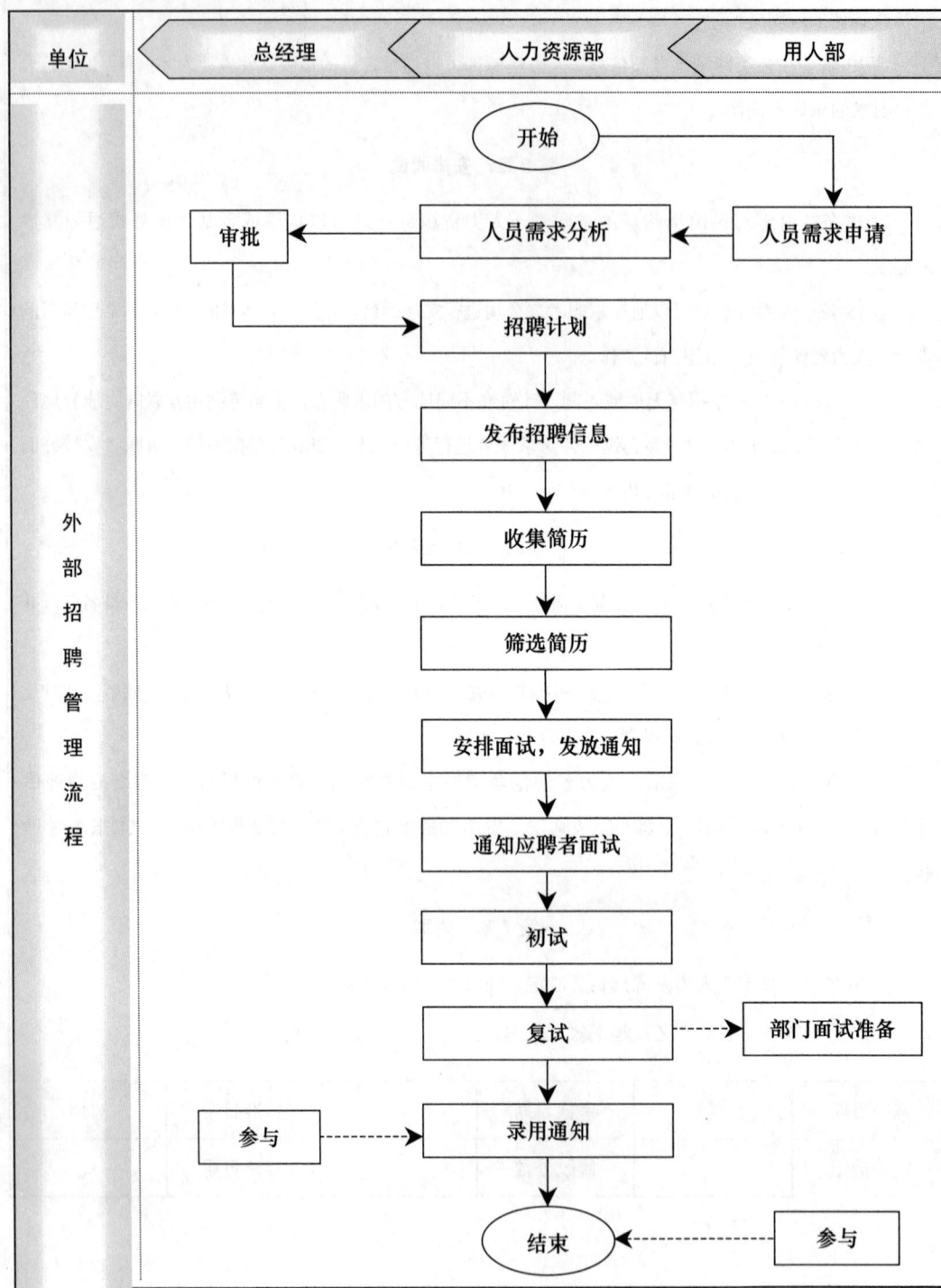

单位	总经理	人力资源部	用人部

外部招聘管理流程

```
                                          开始 ←──────────────────────┐
                                                                      │
                                                                      ↓
        审批 ←── 人员需求分析 ←──────────────── 人员需求申请
         │
         └──────→ 招聘计划
                      │
                      ↓
                 发布招聘信息
                      │
                      ↓
                  收集简历
                      │
                      ↓
                  筛选简历
                      │
                      ↓
              安排面试，发放通知
                      │
                      ↓
                通知应聘者面试
                      │
                      ↓
                   初试
                      │
                      ↓
                   复试 ─ ─ ─ ─ ─→ 部门面试准备
                      │
                      ↓
      参与 ─ ─ ─ ─→ 录用通知
                      │
                      ↓
                   结束 ←─ ─ ─ ─ ─ 参与
```

第 27 章　如何编制员工手册

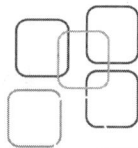

员工手册的编制不仅可以使刚进入企业的新员工能够快速了解企业的历史、理念、规章制度和行为规范等，而且还可以规范员工的日常行为，提高公司整体的运作效率。

27.1　员工手册编制方案

27.1.1　目的和适用范围

1. 目的

公司制定员工手册的目的一方面在于构建公司的制度体系，方便对员工的管理；另一方面对在职所有员工起到指导作用，可以规范员工的行为。

2. 适用范围

员工手册一般适用于与企业建立劳动关系的员工，然而在企业的用工模式中，除了建立劳动关系的员工外，还有实习生、退休返聘人员、兼职人员、劳务派遣等多种用工模式存在。因此，企业也可以根据用工模式的特殊性对员工手册制定相对应的内容。

27.1.2　确定管理对象与约束内容

1. 确定管理对象

编写员工手册前，首先要分析一下员工手册需要管理和约束的对象。管理对象不同，员工手册所要体现的内容就不同。

2. 分析约束内容

在确定管理对象后，就要对企业已有的管理制度的执行情况进行系统分析，评价现行制度的约束效果，做出必要的修改和补充，按照员工手册编写的原则和标准，规划员工手册的内容框架。

27.1.3 具体内容编制与审核

1. 具体内容的编制

员工手册的具体内容如图 27-1 所示。

写在前面的话	公司概述	行为规范 特殊职业要求	公司管理制度	附则
1. 欢迎词 2. 员工手册学习收获 3. 祝福语和希望 4. 签名	1. 公司价值观 2. 战略目标 3. 业务概况介绍 4. 公司组织架构 5. 企业文化 ……	1. 工作准则 2. 行为规范 3. 礼仪规范 4. 行业特殊职业要求（如食品行业）	1. 人事管理制度 2. 行政管理制度 3. 财务管理制度 ……	1. 关于手册（使用、保管、修订） 2. 手册效力（约束效力、异议处理等） 3. 员工签收

图 27-1 员工手册的内容

2. 具体内容审核

填写完成员工手册后，首先由企业人力资源部对整个手册的内容进行初步审核，对于有疑问或错误的地方，及时与相关部门或相关负责人沟通确认，确认无误后，再请各部门员工代表对具体条款内容等传阅审核。

27.1.4 编制语言的审核

员工手册的语言应用最重要的就是要符合企业的实际情况，以确保员工手册的实用性，防止各项条款的编制只流于形式。企业在审核员工手册的语言时，需注意以下三点，具体如图 27-2 所示。

27.1.5 内容合法性审核

在完成语言审核后，下一步的重要工作就是审核员工手册的合法性。员工手册合法性的审核概括来说是从以下四个方面开展的，如图 27-3 所示。

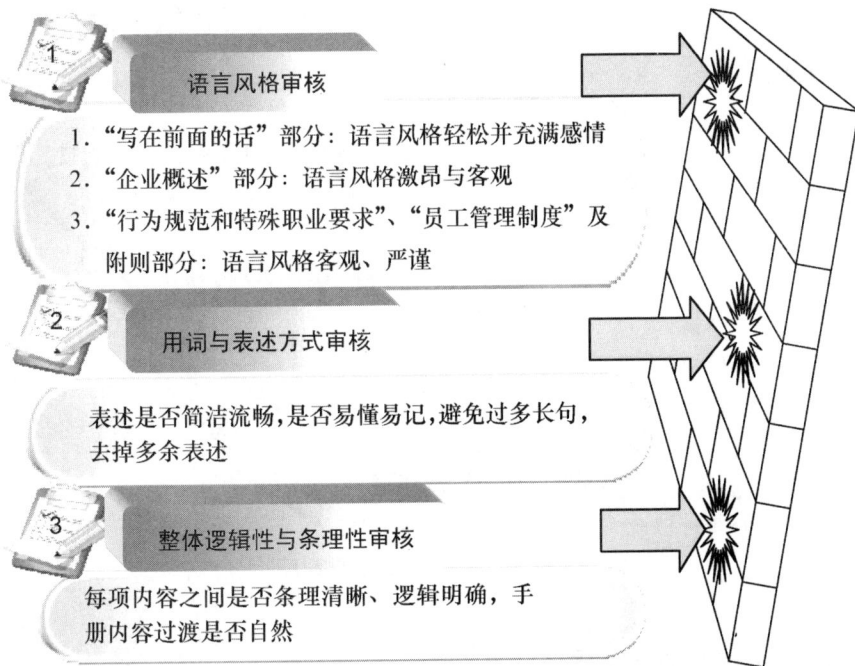

1. "写在前面的话"部分：语言风格轻松并充满感情
2. "企业概述"部分：语言风格激昂与客观
3. "行为规范和特殊职业要求"、"员工管理制度"及附则部分：语言风格客观、严谨

用词与表述方式审核

表述是否简洁流畅，是否易懂易记，避免过多长句，去掉多余表述

整体逻辑性与条理性审核

每项内容之间是否条理清晰、逻辑明确，手册内容过渡是否自然

图 27-2　员工手册编制语言审核

颁布主体合法	◎ 员工手册的制定颁布主体必须合法，必须是企业主体，而不是企业的某个部门（经企业授权除外）
内容合法	◎ 内容必须符合国家现行法律法规、行政法规、规章及政策规定（如上所述）
制定程序合法	◎ 员工手册的内容必须经过一定的民主程序讨论通过
发布程序合法	◎ 员工手册的内容必须向劳动者公示或告知

图 27-3　内容合法性审核

27.2　员工手册编制实操

27.2.1　员工手册编制的程序

一般来说，员工手册的编制需要经过以下五个步骤，具体如图 27-4 所示。

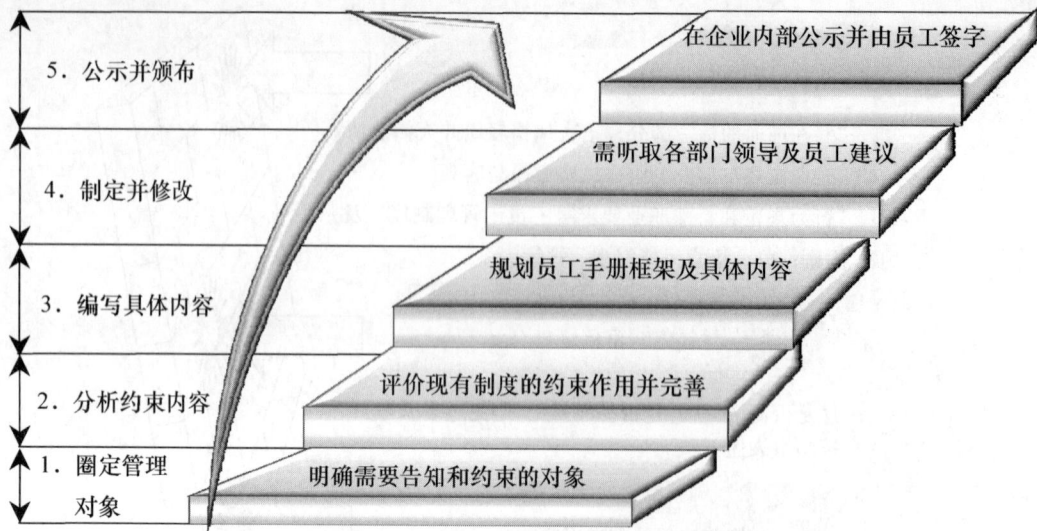

图 27-4　员工手册编制的程序

27.2.2　员工手册编制的六忌

在编制员工手册过程中，应当尽力避免出现贪多求全，陈旧过时，称谓混乱，段落、句子冗长，语法有误和口气生硬等问题，具体内容如图 27-5 所示。

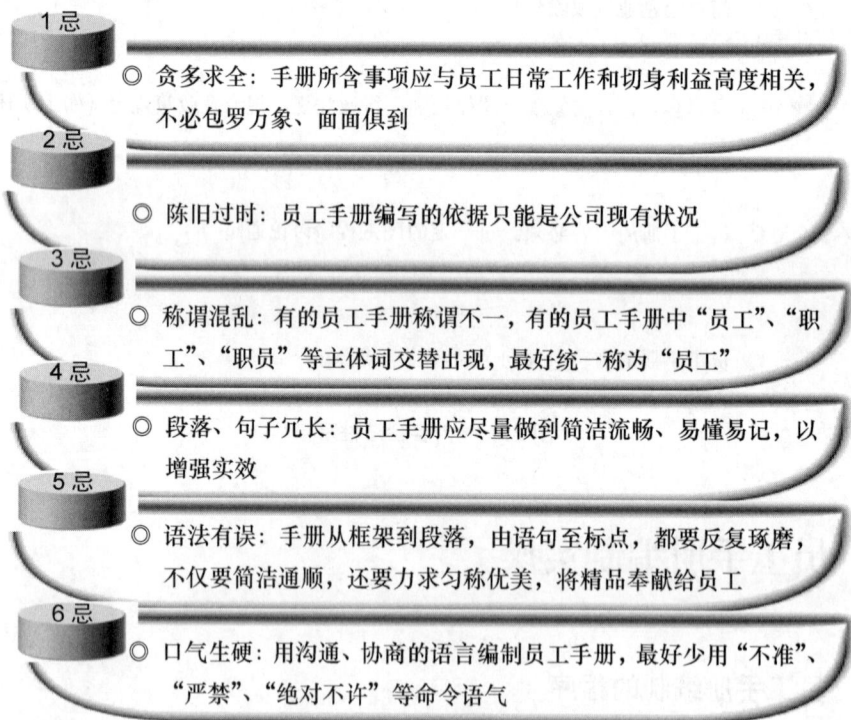

- 1忌　◎ 贪多求全：手册所含事项应与员工日常工作和切身利益高度相关，不必包罗万象、面面俱到

- 2忌　◎ 陈旧过时：员工手册编写的依据只能是公司现有状况

- 3忌　◎ 称谓混乱：有的员工手册称谓不一，有的员工手册中"员工"、"职工"、"职员"等主体词交替出现，最好统一称为"员工"

- 4忌　◎ 段落、句子冗长：员工手册应尽量做到简洁流畅、易懂易记，以增强实效

- 5忌　◎ 语法有误：手册从框架到段落，由语句至标点，都要反复琢磨，不仅要简洁通顺，还要力求匀称优美，将精品奉献给员工

- 6忌　◎ 口气生硬：用沟通、协商的语言编制员工手册，最好少用"不准"、"严禁"、"绝对不许"等命令语气

图 27-5　员工手册编制的六忌

27.3　员工手册框架范本

27.3.1　封面

员工手册封面的设计一方面要做到简洁大气，另一方面也要考虑到本企业的文化。以下是某食品公司的员工手册封面，供读者参考。

公司 LOGO
××食品有限公司
员　工　手　册
文件编号：　　　版本编号：
编制日期：　　　审核日期：
生效日期：　　　保密等级：
编制部门：　　　适用对象：
（盖章处）
××食品有限公司　内部资料

27.3.2　目录

员工手册的目录是对员工手册内容的总体概括。以下是某公司员工手册的目录样式，供读者参考。

目 录

27.3.3 写在前面的话

以下是某公司员工手册 "写在前面的话"的内容，供读者参考。

写在前面的话

第 1 条 欢迎您加入到我们这个团结向上、严谨活泼、快速发展的团队中来，共同参与公司未来的发展。在这里，我们将为您提供平等的晋职机会和广阔的发展空间。在此，希望您继续学习、积极进取，谨祝您工作愉快！

第 2 条 本《员工手册》中所列规章制度是根据国家有关法规，结合公司实际情况而制定的，旨在帮您快速熟悉公司的工作环境，向您陈述公司的价值观，介绍公司内部最基本的规章制度，讲解您在公司所拥有的基本权利和义务，从而使您尽快融入到公司的企业文化中来，愉快地开展工作。

第 3 条 本手册中规定的政策或制度可能会随着公司的发展与经营环境的变化进行相应的修订。

（续）

在任何政策或制度变动后，我们都将及时地对手册内容进行更改并向全体员工告知。如有不明确的地方，请及时向人力资源部咨询。

第 4 条　本手册内容属于企业知识产权，请您不要复制、转抄或者提供给公司以外的任何单位或个人；如您要离职，请在离职之前将所持员工手册交回人力资源部。

第 5 条　请妥善保管并有效利用员工手册，如有遗失或损坏，请及时报告人力资源部或本部门负责人。

第 6 条　本手册适用于公司全体员工，每位员工都应熟悉本手册的要求和规定，检查并规范自己的言行，遵从公司制定的各项规章制度，为公司发展做出自己的贡献，并实现自己的人生价值。

27.3.4　企业概述

以下是某公司员工手册 "企业概述" 的内容，供读者参考。

企业概述

第 1 条　公司简介

××食品有限公司是由××有限公司于____年投资成立的，公司是以专业生产高温肉制品为主的生产型企业。

公司注册资本____万元，拥有资产总值____万元、净资产____万元，拥有先进的生产设备及完善的检测设施，工厂总占地面积为____平方米。公司现有员工____人，其中高级职称员工____人。

公司始终坚持质量兴企，____年、____年、____年分别通过了 ISO9000 质量管理体系认证、ISO14001 环境管理体系认证和绿色食品认证。

第 2 条　公司标识（LOGO）（图案请见封面）

企业标识是本公司企业文化的重要组成部分。

1. 企业标识的形状与颜色（略）。

2. 企业标识用途（略）。

第 3 条　企业管理理念

1. 核心理念：诚信、务实、创新、成就。

2. 企业使命：创新安全食品，造福社会人民。

3. 质量方针：安全的产品、完善的服务、科学的管理。

第 4 条　公司组织结构图如下所示。

（略）

27.3.5 员工行为规范

以下是某公司员工手册 "员工行为规范"的内容,供读者参考。

员工行为规范

第 1 条　员工守则

1．基层员工守则

(1) 遵纪守法,服务社会;热爱公司,热爱工作。

(2) 忠于职守,服从领导;尊重上级,团结同事。

(3) 爱护公司财产,提倡勤俭节约,不得化公为私。

(4) 严格遵守公司规章制度和职业道德规范。

2．管理人员守则

(1) 充满理想,富有激情,具有高度的责任感和使命感。

(2) 严于律己、宽以待人、廉洁守法,最大限度地调动员工的积极性。

(3) 善于激励下属,合理地授权,营造良好的沟通氛围。

第 2 条　工作纪律

1．在工作时间,应坚守岗位,不得随意串岗聊天;需要暂时离开时,应知会同事或主管。

2．在工作时间,不得在办公区域或生产车间内大声喧哗、当众发牢骚、无事生非。

3．在工作时间,不得聊天闲谈、吃东西、看杂志、聊 QQ 等,不得谈论和处理与工作无关的事情。

4．打电话时,应注意礼貌,语言应简明扼要;不得长时间打私人电话。

5．进入公司其他部门前,要事先打招呼,不得随意翻看他人办公桌上的文件和资料。

6．所有员工必须保管好自己持有的涉密文件;对非本人职权范围内的公司机密,应做到不翻看、不打听、不猜测、不传播。

7．员工接电话、相互商讨工作或陪客户参观时,应尽量低声,不要影响其他人工作。

27.3.6 特殊职业要求

以下是某公司员工手册"特殊职业要求"的内容,供读者参考。

特殊职业要求

第 1 条　食品生产对环境的要求

1．食品生产厂区周围必须保持清洁,不得摆放有害、有毒物品。

（续）

2．不得破坏厂区内的道路和绿化，清洁人员要勤洒水，防止尘土飞扬，保证路面、路旁无积水，厂区水沟保持清洁、畅通。

3．不得随处排放生产的废水、废料，要按国家环保要求和食品卫生要求排放和处理。

4．保护厂区卫生间的冲水、洗手设备及防蝇、防虫设施，保证其清洁。

5．员工食堂要及时清理废弃物，爱护食堂内防蝇、防虫设施。

6．食堂废弃物要在远离生产车间的废料区集中堆放，并及时进行处理，使用的容器和堆放的场所要及时进行清洗和消毒。

7．行政部每周五组织检查一次办公室及厂区的卫生环境，监督厂区卫生工作。

第 2 条　食品生产人员的服饰卫生要求

1．服饰要求

（1）员工必须穿清洁的工作服，生产线员工必须穿着公司统一定制的工作服。

（2）员工进入食品生产加工区域时，必须佩戴定制的手套、穿着工作鞋或套鞋套，鞋子必须保持干净、无破损。

（3）毛衣和其他非工作服的衣物必须完全被覆盖在工作服内，以杜绝衣物纤维污染食物。

（4）禁止穿工作服、工作鞋出入卫生间或离开加工场所。

（5）进入车间时，必须使用公司提供的工作帽，将头发尽可能地完全包在帽子内。

（6）员工上班时必须按照要求戴口罩，食品生产线上所有员工禁止戴首饰。

（7）管理人员进入食品生产加工区域时必须穿工作服，参观者进入食品生产加工区时必须更换白大褂，更换工作鞋或鞋套，戴工作帽，并卸下佩戴的所有饰物。

2．手部卫生要求

（1）生产线上的员工必须保证手的清洁卫生。工作前、每次离开生产区域返回工作时，要用合适的洗涤剂彻底洗手，并使用消毒剂消毒。

（2）禁止生产加工人员直接用手接触裸露的食品，必须要接触时，应该按要求对手部进行严格的消毒。

（3）手工包装线上员工所带手套必须完整、清洁。

（4）员工不允许留长指甲、涂指甲油和佩戴任何的假指甲。

第 3 条　食品车间、设施的卫生要求

1．食品加工车间应具有足够的空间，以利于设备的安装和操作。

2．车间地面统一使用无毒、防滑、耐腐的建筑材料，要经常加以清洗和消毒，要保证无积水、无裂缝。

3．车间的门窗应始终保持关闭的状态，员工进出要随手关门；车间的窗户应安装易于更换和清

（续）

洗的纱窗。

　　4. 食品生产车间的出口及与外界相连的排水口、通风口都应安装防暑、防蝇、防虫设施。

　　5. 与车间相连的更衣室要保持清洁和整齐，经常通风。

　　6. 经常检查车间的通风设施，保证车间空气清新；对加工温度有特殊要求的，应使用控温设备，以确保食品质量。

　　7. 生产车间的供水、供电和供气设备要经常检修，以满足正常的生产作业需要。

　　8. 车间的环境及设备卫生必须责任到人，车间内不得存放与生产无关的杂物。

27.3.7　公司管理制度

以下是某公司员工手册 "公司管理制度" 的内容，供读者参考。

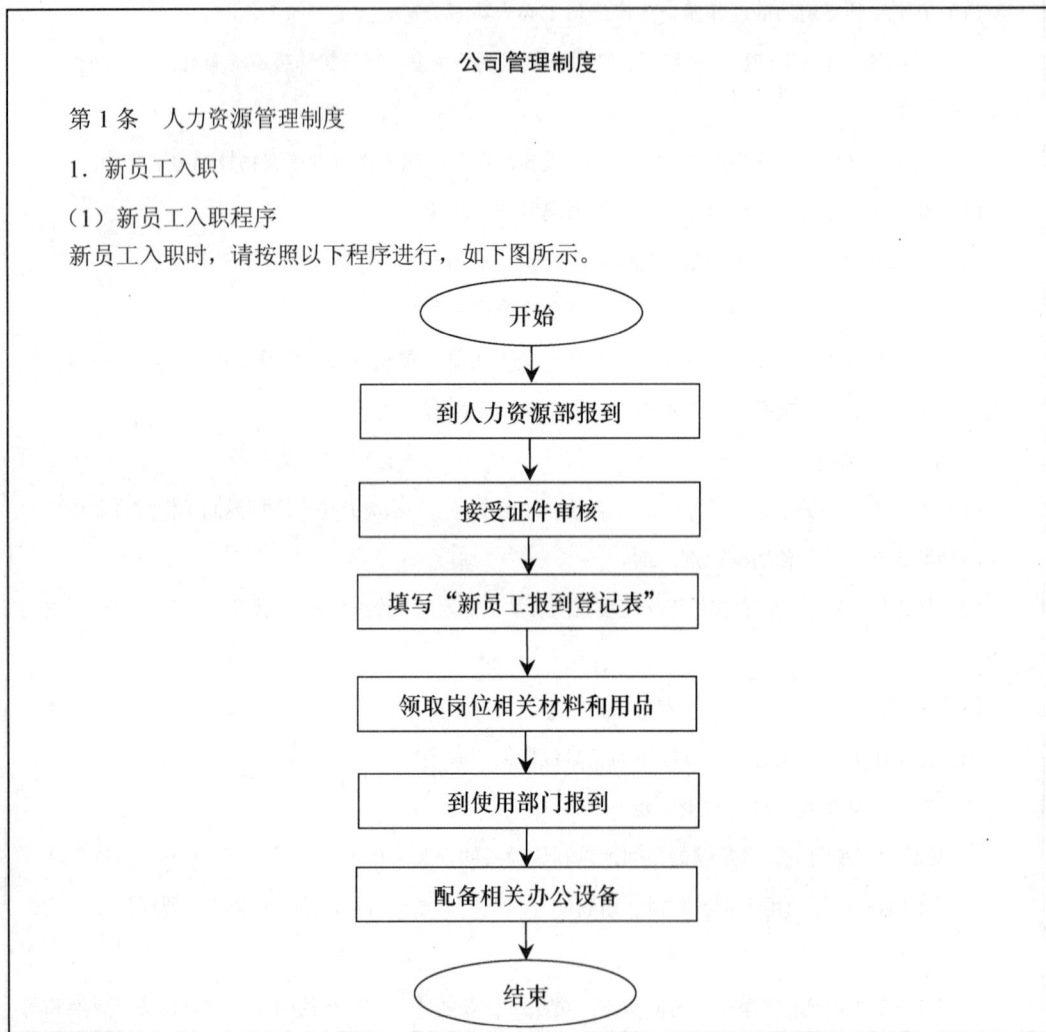

公司管理制度

第1条　人力资源管理制度

1．新员工入职

（1）新员工入职程序

新员工入职时，请按照以下程序进行，如下图所示。

```
          开始
           │
           ▼
   ┌───────────────┐
   │  到人力资源部报到  │
   └───────────────┘
           │
           ▼
   ┌───────────────┐
   │   接受证件审核    │
   └───────────────┘
           │
           ▼
   ┌───────────────┐
   │ 填写"新员工报到登记表" │
   └───────────────┘
           │
           ▼
   ┌───────────────┐
   │ 领取岗位相关材料和用品 │
   └───────────────┘
           │
           ▼
   ┌───────────────┐
   │   到使用部门报到   │
   └───────────────┘
           │
           ▼
   ┌───────────────┐
   │   配备相关办公设备  │
   └───────────────┘
           │
           ▼
          结束
```

（续）

（2）提交材料

新员工报到时，需向人力资源部提交以下材料。

① 身份证、最高学历证书和学位证书的复印件。

② 职称证书和资格证书的复印件。

③ 免冠一寸近照三张。

④ "新员工报到登记表"（见附件1）。

⑤ 社会保险办理所需资料。

当个人资料有以下更改或补充时，请在七个工作日内到人力资源部出示相关证明的原件和复印件。

① 姓名、身份证号码、住址、户籍关系。

② 婚姻、生育情况。

③ 职称、从业资格、培训结业或进修毕业。

④ 紧急情况联系人、联系电话。

（3）入职培训

新员工办理完报到手续后，到人力资源部领取"岗位说明书"、"员工手册"，与试用部门负责人见面，确定工作场所、领取办公用品，落实岗位培训、入职指引人员。

入职指引人员向新员工介绍公司、部门的基本情况和试用期间的工作任务等。

（4）适用与转正

新员工试用期为两个月，入职时间以人力资源部核准的时间为最后依据。

新员工在试用期内，因私事请假的，试用期时间顺延；无故旷工两天、迟到或早退累计五次的，公司将予以辞退。

试用期满前一周内，员工应向上级主管提交"转正审批表"；试用部门主管及人力资源部对新员工试用期内的表现进行综合考核。

经考核合格，报总经理审批，可转为正式员工，并确定正式的工资级别；对于考核不合格者，公司将考虑辞退或适当延长试用期，但试用期总共不超过六个月。

2．劳动关系

（1）劳动合同

① 公司实行全员劳动合同制管理。

② 合同的签订、变更、解除等应按照国家及本市的相关劳动法规和公司的相关规定执行。

（2）辞职

① 员工辞职应提前30天（试用期提前3天）向公司提交"辞职申请表"，经公司各级别领导批

（续）

准后方可办理工作交接、工资结算、解除劳动合同等手续。

② 员工给公司造成经济损失尚未处理完毕，或未满培训协议所规定服务期限的，不得提出辞职；否则应按相应额度或期限对公司进行相应补偿。

（3）辞退

对于严重违反公司规章制度的员工，人力资源部经过调查、核实后，将按相关规定予以辞退。

（4）离职手续

与公司终止、解除劳动合同前，员工应亲自在离职前妥善处理交接事宜，办理离职手续如下。

① 交还公司资料、文件及其他办公物品。

② 向指定的同事交接工作。

③ 向财务部检查个人与公司财务条目，归还公司欠款。

④ 租住公司宿舍的应及时办理退宿手续。

⑤ 户口和人事档案关系在公司的，应在离职当日将户口、档案及人事关系转离公司；如不能立即转离，需与公司签订委托管理协议。

⑥ 如与公司签订培训协议和保密协议的，应按相关约定办理。

⑦ 办理完所有的离职手续后，离职员工方可于离职当日到财务部领取本月实际工作天数的薪金。

3. 出勤规定

（1）规则

① 工作时间：周一至周五 8:00～12:00、13:30～17:30。

② 公司实行指纹打卡，除高层管理人员（经理级以上员工）外，所有员工上下班均需按规定打卡。

（2）考勤奖惩

① 当月、年度内无任何迟到、早退、病假、事假且无旷工者，将获得公司设立的月全勤奖、年度全勤奖。

② 迟到（早退）5分钟以内，记警告一次；迟到（早退）30分钟以内，每次扣罚工资20元（若当月累计迟到（早退）三次或三次以上，每次扣50元）；迟到（早退）超过30分钟的，一律按旷工半天处理。

③ 无故旷工达两天的，按日基本工资扣罚；连续旷工三天或三天以上的，公司将无任何补偿地解除劳动合同。

（3）请假规定

① 因故不能出勤者，特殊情况外，须提前一日提出书面申请，获得批准后方可离岗。

② 病假可于生病当日请假，严重者可托人请假或电话请假（必须经部门主管口头同意）。请病假须提供乡镇级以上医院医生休假证明（连同付款凭证）。

③ 事假一天（含）以内报请部门主管批准；请假一天以上、三天（含）以内，报请部门经理批

（续）

准；请假三天以上，呈请总经理批准。

④ 工伤期间除全勤奖外，工资及一切福利、补贴按 100%发放。

⑤ 任何请/休假不可自动延假，因特殊原因必须延假者，应向本部门最高主管/总经理提出申请并经批准，否则按旷工处理。

4．薪酬与福利

（1）薪金

① 公司薪酬结构由 13 个职等和 8 个薪级构成。薪金由基本工资、补贴（交通补、餐补）、月全勤奖、月奖金、年终奖五个部分组成。

② 薪金发放。每月 10 日发上个月的工资（基本工资+补贴+全勤奖+月奖金），逢节假日、双休日，则提前发放，年终奖则在春节假期之前发放。

③ 公司发放工资前代缴员工个人所得税、社会保险（个人应缴纳的部分）等。

④ 薪金调整。公司每年会进行工资的年度普调；季度与年度考核是调整员工薪金的依据。

（2）福利

凡是试用期满并已转正的员工，可以享受公司提供的以下福利，如下表所示。

公司员工可享受福利的内容

项目	内容	享受条件
保险	社会保险、人身意外保险	（略）
假期	法定节假日、年假、婚假、产假、哺乳假、丧假、调休假（具体内容略）	（略）
体检	公司每年为员工组织一次体检	（略）
补贴	高温补贴、过节补贴	（略）

备注：年假、婚假、丧假为全薪假期；产假中含有休息日、法定节假日，产假仅发放基本工资。

5．奖励与惩罚的相关规定

（1）奖励：本公司员工的奖励分为嘉奖、记功、记大功、奖金四种。

（2）奖励执行

员工有下列事实之一，可酌情予以嘉奖、记功、记大功、奖金等奖励。

① 对公司业务有特殊贡献者。

② 为公司开发新业务者。

③ 处于危险情况，冒险执行职务者。

④ 遇到突发事件奋勇前进，保全员工生命、公司财产或重要文件者。

⑤ 对舞弊或其他有害公司利益事件能检举揭发或防止其发生，使公司免受损失者。

（续）

⑥ 才能卓越、勤勉辛劳、奉公守法，对于应办理的工作均圆满完成者。

⑦ 其他应给予奖励事项。

（3）惩罚：员工惩罚分为申诫、记过、记大过、开除。

（4）员工有下列行为之一者，可酌情给予警告、记过、记大过、开除。

① 徇私舞弊或教唆他人徇私舞弊者。

② 故意毁坏公司财物者。

③ 利用职务之便经营或兼营公司类似业务，损及公司利益者。

④ 泄露公司业务机密及资料，或以文件账册示人者。

⑤ 违反公司各种规章制度或命令者。

⑥ 擅离职守，贻误公务者，有失职或失察者。

⑦ 品行不端，损坏公司名誉者。

⑧ 伪造账目、虚报公司费用者。

（5）员工应受奖励或惩罚之事发生时，其部门主管应随时将有关事实呈总经理核定。

（6）员工嘉奖三次记作记功一次；记功三次记作记大功一次。半年内记功一次者，薪级可晋升一级，一年内记大功一次者，薪级晋升二级。若薪级已达到本职等最高等级，可改发相当于本级数薪水的奖金。

警告三次记作记过一次；记过三次作记大过一次。半年内记过一次者，薪级退一个等级；一年内记大过一次者，薪级退两个等级。

同年度内，功过可相互抵消，以嘉奖抵警告，记功抵记过，记大功抵记大过。

（7）本公司员工基于培养人才和拓展业务的需要，经董事会或总经理审核后员工可给予升迁、调配。

6. 员工培训管理规定

（1）为提升员工的素质和工作效率，公司会不定期举办各种教育培训，被指定参加的员工没有特殊原因不得拒绝参加。

（2）员工培训

① 岗前培训

新进入公司的员工需接受岗前培训，由行政人力资源部统筹办理，内容为：公司简介及人事管理规章的讲解；业务特点、作业规定及工作要求的说明；指定有经验的专业人员辅导作业。

② 在职培训

员工应不断地研究学习本职技能，各级主管应随机施教，以求精进。

（续）

③ 专业培训

邀请专家到公司做系列专题演讲或实地指导，以增进本职业务技能；根据业务需要，挑选优秀员工到各职业培训机构接受专业训练，回公司后员工将培训内容提出书面报告并开课讲授，使本公司同事共享其利。

（3）培训效果评估

① 通过书面测评、口头测试及实际操作测试，评价参加者通过培训对所学知识深度与广度的掌握程度。

② 主管、同事通过观察，评估培训前后学员在工作中的行为方式有多大程度的改变。

（4）培训协议书

员工单次或年累计培训费用超过 3 000 元（含），及个人自费培训结业后公司给与报销的均需与公司签订外部培训协议，并约定为公司继续服务的期限（培训协议书内容见附件 2）。

服务期限界定将外部培训结束时间作为服务期限的起始时间。

员工在培训协议规定的服务期限届满前，因非正常、非合理原因，未经公司批准而辞职，应按以下规定赔偿公司：退还金额=培训金额÷（服务年限×12）×不足年限（月）×1.5。

第 2 条　财务管理制度

1．借款

（1）借款首要原则是"前账不清，后账不借"。

（2）因公需借款时，应填写"借款单"，写明借款事由，分别经部门经理、分管副总、总经理签字后到财务部借款。如借款额度超过 2 000 元，需提前向财务部预约。

（3）公务结束后三日内到财务部结算还款。

2．报销

严格按照审批程序办理，按照以下程序进行：财务规范粘贴"报销单"→部门主管或经理审核签字→财务部核实→分管副总审批→财务部领款报销。

27.3.8　附则

以下是某公司员工手册"附则"的内容，供读者参考。

附则
第 1 条　本《员工手册》自公布之日起生效，由集团人力资源部负责解释。
第 2 条　本《员工手册》的重大更改与修订均须经总经理批准后执行。

（续）

第3条　本《员工手册》的任何更改与修订，均会按照法定程序完成，并以书面形式通知全体员工，并于公布栏内张贴公示。

第4条　本《员工手册》印制成册，作为劳动合同的附件，与劳动合同具有同等法律效力。

第5条　员工阅读后，应在"员工签收确认函"上签字并交到人力资源部存档。

附："员工签收确认函"

员工签收确认函（编号：＿＿＿）

本人＿＿＿确认收到了人力资源部发放的员工手册，并确认明白所有公司的规定及制度；本人将依从并遵守公司的规定及制度（包括公司对本手册的修改）。

员工签名：　　　　　　　　　　日期：＿＿＿年＿＿月＿＿日

注：新员工在"签收函"上签字后将其剪下交回人力资源部

附件1：新员工报到登记表

基本资料			
姓名	性别	出生日期	一寸照片
入职时间	部门	职位	
籍贯	民族	政治面貌	
学历	职称	工作年限	
婚姻状况	档案所在地	身份证号码	
户口所在地			
社会保险状况 □养老　□医疗　□失业　□工伤　□生育　□公积金 □无保险　□在外地　□其他公司已买保险			
家庭资料			
姓名	与本人关系	电话	地址

（续表）

教育经历（从最高学历填写）				
起止时间	学校	专业	学历	学位

培训情况		
起止时间	培训课程	取得成果

工作记录（按倒叙时间填写）					
起止时间	公司名称	职位	职责	离职原因	证明人及电话

语言能力及技能	
第一外语及水平	
第二外语及水平	
其他技能	

健康状况		
身体健康状况：	视力：良好/近视/散光/弱视（　　）	是否有过重大疾病：

职业生涯规划
您的个人爱好与兴趣：
您认为从最近的工作中您得到的最大收获是：
您希望在本公司收获什么：

（续表）

请您描述未来五年的职业发展计划：
入司渠道
□网站　　　□招聘会　　□纸媒体　　□内部介绍（姓名：____关系：____）□其他
申明
本人谨申明以上提交的一切资料绝对正确，如有不实，可作为立即被解除劳动合同的理由，而公司无须做出任何赔偿。本人愿意遵守公司规则。   签名：   ____年__月__日

附件2：培训协议书

培训协议书

　　甲方：　　　　　　　　　　　　　　乙方：

　　代表人（或委托人）：　　　　　　　身份证号码：

　　地址：　　　　　　　　　　　　　　家庭地址：

　　甲乙双方根据平等自愿的原则，达成以下培训协议，此协议与劳动合同具有同等法律作用，任何一方违反本协议，对方均有追究赔偿损失及法律责任的权利。

　　一、甲方的权利与义务

　　1. 根据乙方自愿申请和公司有关部门的推荐，甲方同意乙方参加培训学习，乙方被派送到参加培训学习，时间___天，（即从___年___月___日至___年___月___日）。

　　2. 本次培训由甲方为乙方提供培训学习费用预计____元人民币（大写___）（甲方所提供的全部培训费，包括路费、食宿费及其他各类实际发生的费用等培训后，乙方所报销的实际票据统计）。

　　3. 甲方负责为乙方办理参加培训的必要手续和条件。

　　4. 培训结束后，甲方组织有关培训部门对乙方的培训结果进行综合评价。

　　5. 对完成培训的人员，在后备干部提名、任职、待遇等方面，将予以优先考虑。

　　二、乙方的责任与义务

　　1. 乙方自愿参加甲方组织的____培训，愿意接受甲方所提供的条件与费用，并遵守本协议的所

（续）

有内容。

2．在培训期间，乙方需努力掌握培训的相关知识或达到培训的目标要求，乙方在培训中务必掌握技术要点，并做认真详细的记录。

3．在培训期间，乙方必须服从培训组织领导的工作、学习安排，遵守公司、主办单位或委托培训单位的各项管理制度，积极维护公司形象和利益，遵守所在国家的法律法规。如果由于自己不慎或故意行为导致自身或甲方利益受损的，所有赔偿均由乙方承担。

4．乙方培训完毕后，必须服从甲方安排，到甲方所规定的岗位上工作，乙方为甲方服务年限为____年，即从____年__月__日至____年__月__日。若因甲方公司内部变更，需缩减合同时间，则以甲方变更为准。

5．乙方严格执行公司保密制度，未经公司许可，不得将培训中所得到的专业技术外泄或传播给第三者，培训期间所有重要技术资料均交还公司保存。

6．签订培训协议后又再次参加公司安排的外部培训者，必须重新签订协议，按照新的服务期限执行。

三、甲乙双方其他约定

1．乙方单次或年累计培训费超过 3 000 元（含），及个人自费培训结业后公司给予报销的均须与公司签订培训协议，并约定为公司继续服务的期限。

2．服务期限界定将外部培训结束时间作为服务期限的起始时间。

3．乙方在培训协议规定的服务期限届满前，非正常、合理原因，未经公司批准而辞职，应按以下规定赔偿公司：退还金额＝培训金额÷（服务年限×12）×不足年限（月）×1.5。

4．乙方在培训期间，如出现违反有关规定，未能通过培训考核或未达到培训要求，未能取得培训证书的，由本人负担 30% 的培训费用。培训过程中，如因甲方或人事变动，甲方有权中断培训，所发生培训费用由甲方承担。

5．本协议一式两份，甲乙双方各执一份，协议自签字之日起生效。

甲方（签章）：　　　　　　　　　　　　乙方（签章）：

签字日期：　　　　　　　　　　　　　　签字日期：

第 28 章　锻造 HR 职业经理人

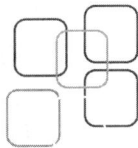

职业经理人是以企业经营管理为职业的社会阶层,优秀的职业经理人必须要有管理艺术、领导水平、决策能力、组织才能和协调能力,要有很强的处理各种疑难问题的穿透力。锻造 HR 职业经理人必须从职业道德规范入手,全面提升其分析问题、解决问题的能力。

28.1　职业经理人概述

28.1.1　职业经理人的产生

1. 职业经理人的概念

职业经理人是以经营管理企业为职业,在一个所有权、法人财产权和经营权分离的企业中承担法人财产的保值增值责任,对法人财产拥有绝对经营权和管理权,将所经营企业的成功视为自己人生的成功,通过管理企业来实现自身价值的专职管理者。

2. 职业经理人的起源

职业经理人起源于美国。1841 年,因为两列客车相撞,美国人意识到铁路企业的业主没有能力管理好这种现代企业,应该选择有管理才能的人来担任企业的管理者,世界上第一个经理人就这样诞生了。

19 世纪中叶,美国铁路货运进入大规模正式运营阶段。当时,由于轨道、机车、车辆等分属各区业主所有,货物在铁路运输途经各区时,需要频繁地更换车体与押载人员,需要进行区段计价核算,经常性地造成大比例的货物缺损和日期拖延。不同中转区段货运计划的连贯性和对接性欠缺,易损品、易腐品的中途损耗情况严重。

基于此现状，世界上第一批职业经理人——专业货运计划人员应运而生。专业货运计划人员接受政府统一付薪，不得接受各区业主所支付的工资、奖金乃至贿赂；并严格按照铁路货运行业规则行事，借以对运程货物进行综合调配、取价，然后按各区段运营吨公里数，向各区业主进行利润分配；如果一旦违反本行业规则或出现收受非法利益等问题，即予以开除，且终身不得再从事此种行业。

28.1.2 职业经理人的特性

职业经理人一般具有五方面特性，其具体内容如图 28-1 所示。

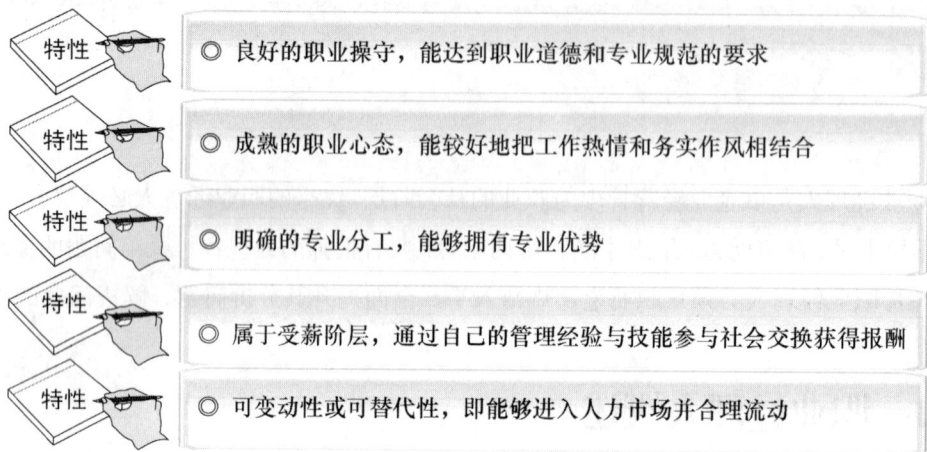

特性	◎ 良好的职业操守，能达到职业道德和专业规范的要求
特性	◎ 成熟的职业心态，能较好地把工作热情和务实作风相结合
特性	◎ 明确的专业分工，能够拥有专业优势
特性	◎ 属于受薪阶层，通过自己的管理经验与技能参与社会交换获得报酬
特性	◎ 可变动性或可替代性，即能够进入人力市场并合理流动

图 28-1 职业经理人的特性

28.1.3 岗位资格认证制度

中国职业经理人资格由职业道德、知识、能力和绩效四个要素构成资格评价体系。职业道德和绩效在体系中为通用要素，根据企业经营管理职能将职业经理人的职业知识和能力分为三个级别：初级（助理级）、中级、高级，以此作为提升中国职业经理人资格的手段和方式。

目前，中国比较权威的职业经理人认证机构分为以下两类。

（1）第一类是经民政部门注册的全国性团组织、行业组织，其中包括中国企业联合会、中国企业家协会、中国建筑行业协会以及各省市的企业联合会，如广东省企业联合会。

（2）第二类是国家人力资源和社会保障部门的职业经理人国家资格认证。

28.1.4 人力资源管理职业化

1. 职业化的定位及特性

职业化是劳动社会化分工条件下的组织原则，也是劳动力市场构建的一种方式，是一种工作状态的标准化、规范化及制度化。

职业化包括由内而外三个层次的特性，具体内容如图 28-2 所示。

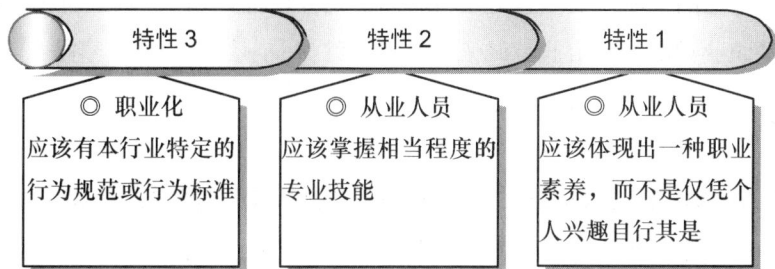

图 28-2　职业化的特性

2．人力资源管理职业化的定位

人力资源管理职业化是人力资源管理专业化、规范化、流程化、制度化和系统化的过程，是坚持人力资源从业者应有的职业道德，为组织提供可持续发展能力的过程。人力资源职业化包含以下内容。

（1）以专业知识和技能为基础。人力资源管理是一门跨学科的综合理论，它不但涉及经济学、管理学知识，还涉及心理学、法学、社会学、计算机科学等各个方面。无论是企业组织的管理者还是从事该项工作的人员，都必须经过系统的专业训练，并具备符合时间需要的技能与管理经验。

（2）有与特定文化、价值观相一致的管理理念。作为职业的人力资源管理从业人员，必须具备多层的价值观和管理理念，并将其融合后形成一种既与社会衔接，又与服务组织契合的特定的职业伦理。

（3）具有一整套的职业资格认证体系，从而获得从事该项工作、控制职业培训和职业进入、确定评价该职业工作方式的专有权利，进一步保证和提高从事人力资源管理工作的人员的质量。

28.2　HR 职业道德规范

28.2.1　企业人力资源管理师职业守则

人力资源管理师（Human Resources Professional，HRP）指从事人力资源规划、招聘与配置、培训与开发、绩效管理、薪酬与福利管理、劳动关系管理等工作的管理人员。

人力资源管理的职能是调动各类员工的积极性和创造性,运用劳动法规和劳动合同来规范人力资源管理活动，为企业选才、育才、用才、留才，从而达到事得其人、人适其事、人尽其才，事竞其功的目的。

人力资源管理的重要性要求人力资源管理师遵守职业守则，全新全意为企业服务。人力资源管理师职业守则为：敬业、诚信、公道、纪律、节约、合作和奉献。

28.2.2 敬业

敬业是人力资源管理师在职场上立足的基础，是事业成功的保证，是企业发展壮大的根基。人力资源管理师应热爱本职工作，认真对待自己的岗位，对自己的岗位职责负责到底，对自己所选择的事业专心致志。在人力资源管理工作中应坚持以下四个原则，具体内容如图28-3所示。

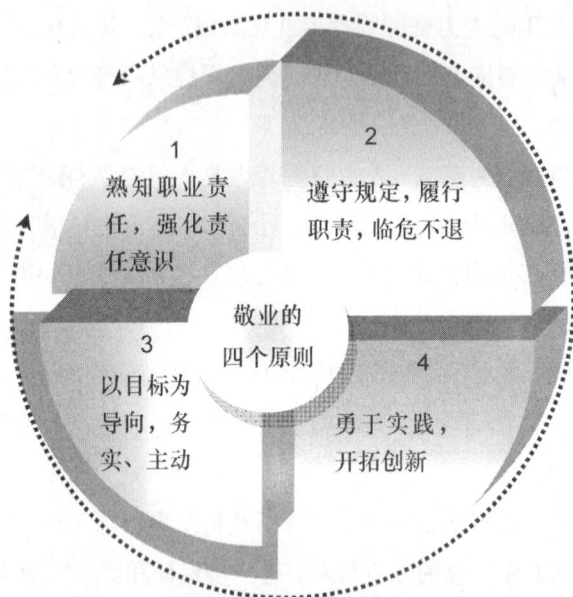

图28-3　敬业的四个原则

28.2.3 诚信

诚信是一个道德范畴，是诚实和信用的合称，即待人处事真诚、老实、讲信誉，言必信、行必果，一言九鼎，一诺千金。

良好的信誉有利于降低工作成本，减少误会；有利于提高工作效率；有利于提高员工的信心；有利于提升工作成绩。因此，诚信是人力资源管理师个人职业生涯的生存力和发展力，人力资源管理师应诚实地对待工作、诚实地对待同事、诚实地对待业务伙伴。在工作中应坚持诚信的原则从事人力资源管理工作，如图28-4所示。

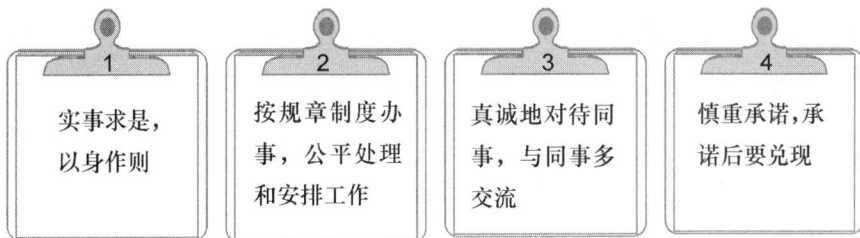

1	2	3	4
实事求是，以身作则	按规章制度办事，公平处理和安排工作	真诚地对待同事，与同事多交流	慎重承诺，承诺后要兑现

图 28-4　坚持诚信的原则

28.2.4　公道

公道是职业经理人按照一定的社会标准，公平、公正地待人处事。

人力资源部是企业变革的推动者，是企业战略规划的参与者，是公司各部门的人事专家，是企业和员工的代言人。公平正义是协调企业各个阶层相互关系的基本准则，也是企业凝聚力、向心力和感召力的重要源泉。因此，人力资源师应公平、公正地待人处事，坚持按以下四个标准为指导，如图 28-5 所示。

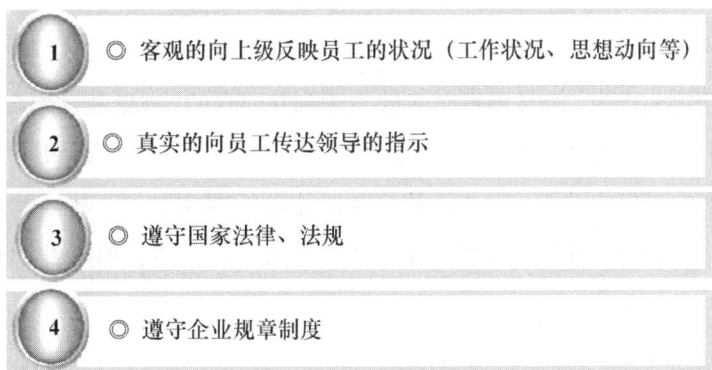

1　◎ 客观的向上级反映员工的状况（工作状况、思想动向等）

2　◎ 真实的向员工传达领导的指示

3　◎ 遵守国家法律、法规

4　◎ 遵守企业规章制度

图 28-5　公道应遵守的原则

28.2.5　纪律

纪律是一切制度的基石，企业要长久存在，其重要的维系力就是团队纪律。任何一个企业，总须有一个大家必须共同遵守的准则。莎士比亚曾经说过："纪律是达到一切宏图的阶梯。"只有团队中的每一个成员都遵守纪律，这个团队才会有成就。

人力资源管理师在企业中长久发展，就需要努力去加强自己的纪律意识，在工作中一定要遵守公司的规章制度，绝对不要把生活中的坏习惯带到工作中来。

28.2.6　节约

节约对个人而言，是一种美德，是一种精神；对企业而言，节约意味着成本的降低，是企业提升竞争力的有力武器。人力资源管理师应勤俭办公，节约能源。人力资源管理师在工作中应做到以下四个原则，如图 28-6 所示。

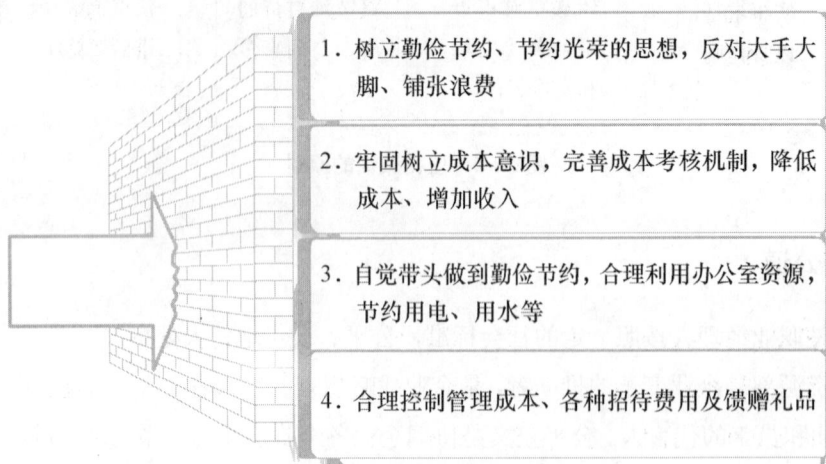

1. 树立勤俭节约、节约光荣的思想，反对大手大脚、铺张浪费

2. 牢固树立成本意识，完善成本考核机制，降低成本、增加收入

3. 自觉带头做到勤俭节约，合理利用办公室资源，节约用电、用水等

4. 合理控制管理成本、各种招待费用及馈赠礼品

图 28-6　节约应坚持的四个原则

28.2.7　合作

合作就是个人与个人、群体与群体之间为达到共同目的、彼此相互配合的一种联合行动。团队合作可以调动团队成员的所有资源和才智，并且会自动地驱除所有不和谐、不公正现象，同时会给予那些诚心、大公无私的奉献者适当的回报。所以，企业需要人力资源管理师在工作中发扬合作精神，积极进取。工作中遵守的具体原则如图 28-7 所示。

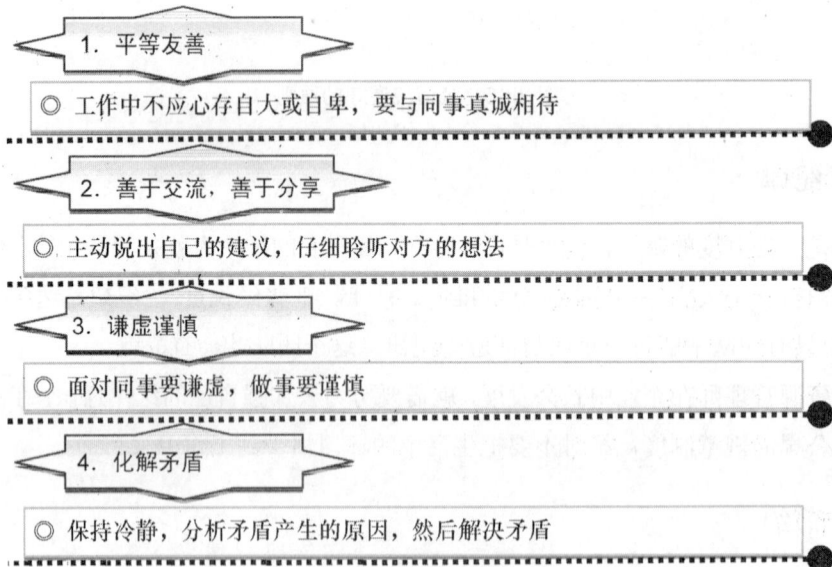

1. 平等友善
◎ 工作中不应心存自大或自卑，要与同事真诚相待

2. 善于交流，善于分享
◎ 主动说出自己的建议，仔细聆听对方的想法

3. 谦虚谨慎
◎ 面对同事要谦虚，做事要谨慎

4. 化解矛盾
◎ 保持冷静，分析矛盾产生的原因，然后解决矛盾

图 28-7　合作应遵循的原则

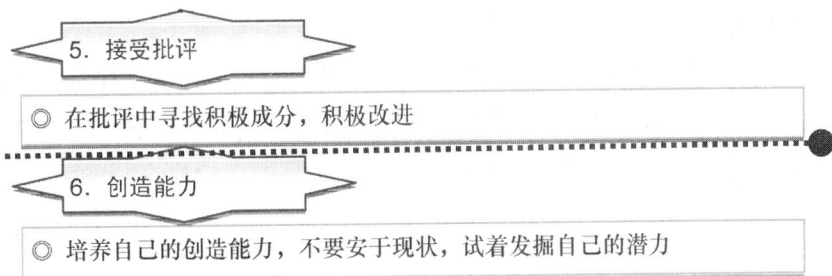

5. 接受批评

◎ 在批评中寻找积极成分，积极改进

6. 创造能力

◎ 培养自己的创造能力，不要安于现状，试着发掘自己的潜力

图 28-7　合作应遵循的原则（续）

28.2.8　奉献

奉献精神既是中华民族的传统美德，也是企业和谐发展的必要条件。作为人力资源管理师要实现自己的人生价值，就要充分利用企业为其提供的有利条件，积极发挥主观能动性，全面提高个人素质，在自己的岗位上埋头苦干，开拓进取。另外，在处理好本职工作之外应做一些力所能及的工作，为企业发展做出贡献。

28.3　问题分析与解决

28.3.1　工作中需要解决的三类问题

组织和工作中需要解决的问题一般可以分为三类，即程序化问题、非程序化问题和半程序化问题。

1. 程序化问题

程序化问题是重复出现的、日常的例行问题，它可以通过程序化决策方式解决。如到期应收账款的处理、常规性问题的投诉处理、办公低值易耗品的订购等。可以通过程序化方式解决的问题一般需要满足图 28-8 所示的三个条件。

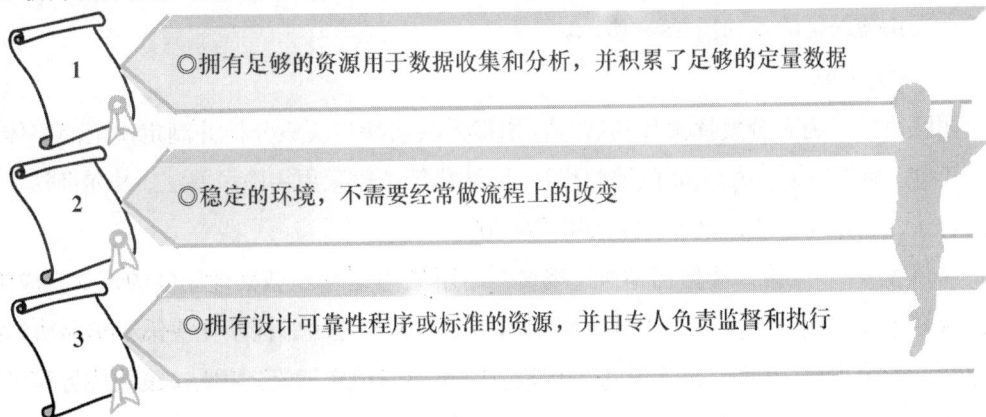

1 ◎拥有足够的资源用于数据收集和分析，并积累了足够的定量数据

2 ◎稳定的环境，不需要经常做流程上的改变

3 ◎拥有设计可靠性程序或标准的资源，并由专人负责监督和执行

图 28-8　程序化问题的三个条件

2. 非程序化问题

非程序化问题是指那些决策过程复杂，其决策过程和决策方法没有固定的规律可循，没有固定的决策规则和通用模型可依的问题，决策者的学识、经验、管理风格等主观行为对非程序化各阶段的决策效果有相当影响，如企业经营模式的创新，组织结构的重组等。非程序化问题可以通过一套科学的结构化步骤、方法和工具（如 SWOT 分析法，PDCA 分析法等）有效地加以分析和解决。

3. 半程序化问题

半程序化问题介于上述两者之间，是指问题的一部分可以通过程序化方式解决，但最终结果却需要通过非程序化决策方式来获得。如项目进行中出现计划之外的突发事故，一方面需要运用突发事件风险管理制度和偏差纠正的程序化方法做出应对，另外还要根据突发事件的特殊要求用"非程序化"的方式来解决。

28.3.2　个人决策与团队决策的差异

1. 个人决策

个人决策是组织决策本身的一部分，它主要靠个人的价值观、知识、经验以及个人所掌握的情报信息去进行决策。个人决策一般用于日常工作中程序化的决策和管理者职责范围内的事情的决策。

个体决策分为经验式的个人决策和科学式的个人决策。经验式的个人决策是决策者根据个人经验确立见解，收集事实，检验事实，排除非理性思考，试探解决方案后做出的决策。科学式的个人决策是决策者在集中多数人的正确意见，经过反复思考后做出的决策。

个人决策具有合理性，是因为它具有简便、迅速、责任明确的特点。个人决策的局限性主要体现在两个方面：一方面表现在个人决策所需的社会条件难以充分具备；另一方面表现在决策者受到个人的经验、知识和能力的限制。

个人决策的优缺点如图 28-9 所示。

2. 团队决策

团队决策是为充分发挥集体的智慧，由多人共同参与决策分析并制定决策的整体过程，其中，参与决策的人组成了决策团队。团队决策一般采用头脑风暴法、德尔菲法、异地思考法、思路转换法、电子会议法组织实施。

在多数组织中，许多决策都是通过委员会、团队、任务小组或其他团队的形式完成的，决策者必须在团队会议上为那些具有新颖和高度不确定性的非程序化决策寻求和协调解决方法。分析团队决策的利弊及其影响因素具有重要的现实意义。团队决策的优势和可能存在的问题如图 28-10 所示。

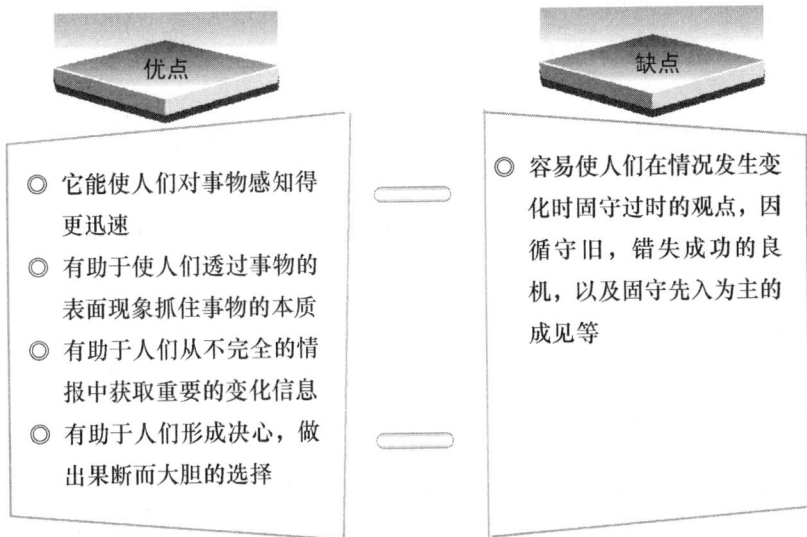

图 28-9　个人决策的优缺点

优点
- 它能使人们对事物感知得更迅速
- 有助于使人们透过事物的表面现象抓住事物的本质
- 有助于人们从不完全的情报中获取重要的变化信息
- 有助于人们形成决心，做出果断而大胆的选择

缺点
- 容易使人们在情况发生变化时固守过时的观点，因循守旧，错失成功的良机，以及固守先入为主的成见等

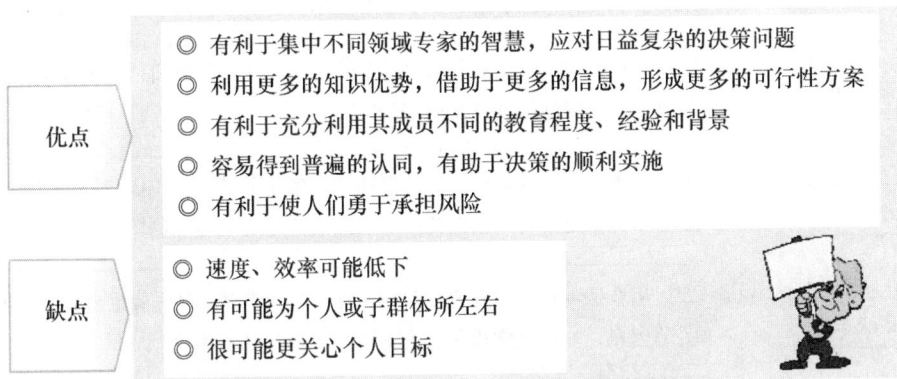

优点
- 有利于集中不同领域专家的智慧，应对日益复杂的决策问题
- 利用更多的知识优势，借助于更多的信息，形成更多的可行性方案
- 有利于充分利用其成员不同的教育程度、经验和背景
- 容易得到普遍的认同，有助于决策的顺利实施
- 有利于使人们勇于承担风险

缺点
- 速度、效率可能低下
- 有可能为个人或子群体所左右
- 很可能更关心个人目标

图 28-10　团队决策的优势和可能存在的问题

3. 个人决策与团队决策的比较

个人决策与团队决策的比较如表 28-1 所示。

表 28-1　个人决策与团队决策比较表

方式 项目	个人决策	团队决策
速度	快	慢
准确性	较差	较高
创造性	较高，适用于工作不明确，需要创新的工作	较低，适用于工作结构明确，有固定程序的工作
效率	由任务的复杂程度决定，通常费时较少，但代价高	从长远看，费时多，但代价低，效率高于个人决策
风险性	视个人经验、判断力、决策力而定	视群体性格（尤其是领导）而定

28.3.3 解决非程序化问题的步骤

非程序化问题需要花更多的时间和精力来解决，非程序化决策不能是随意的、莽撞的、为所欲为的决策。要进行科学的非程序决策，应该遵循图28-11所示的四条原则。

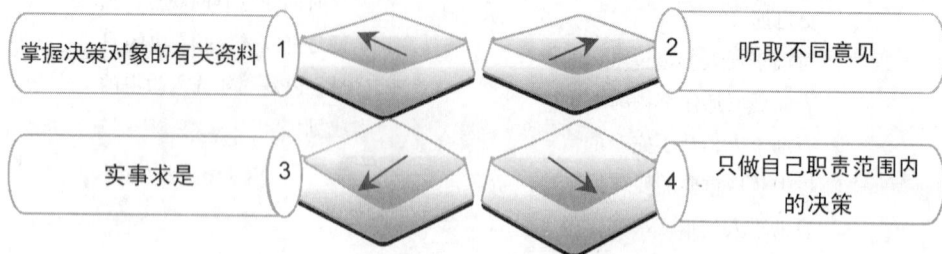

掌握决策对象的有关资料	1	2	听取不同意见
实事求是	3	4	只做自己职责范围内的决策

图28-11 解决非程序化问题应遵循的原则

非程序化问题的解决方法一般可分为八个步骤：识别问题、分析原因、确定决策标准、拟定方案、评估方案、选择方案、实施方案、决策效果评估。其具体内容如图28-12所示。

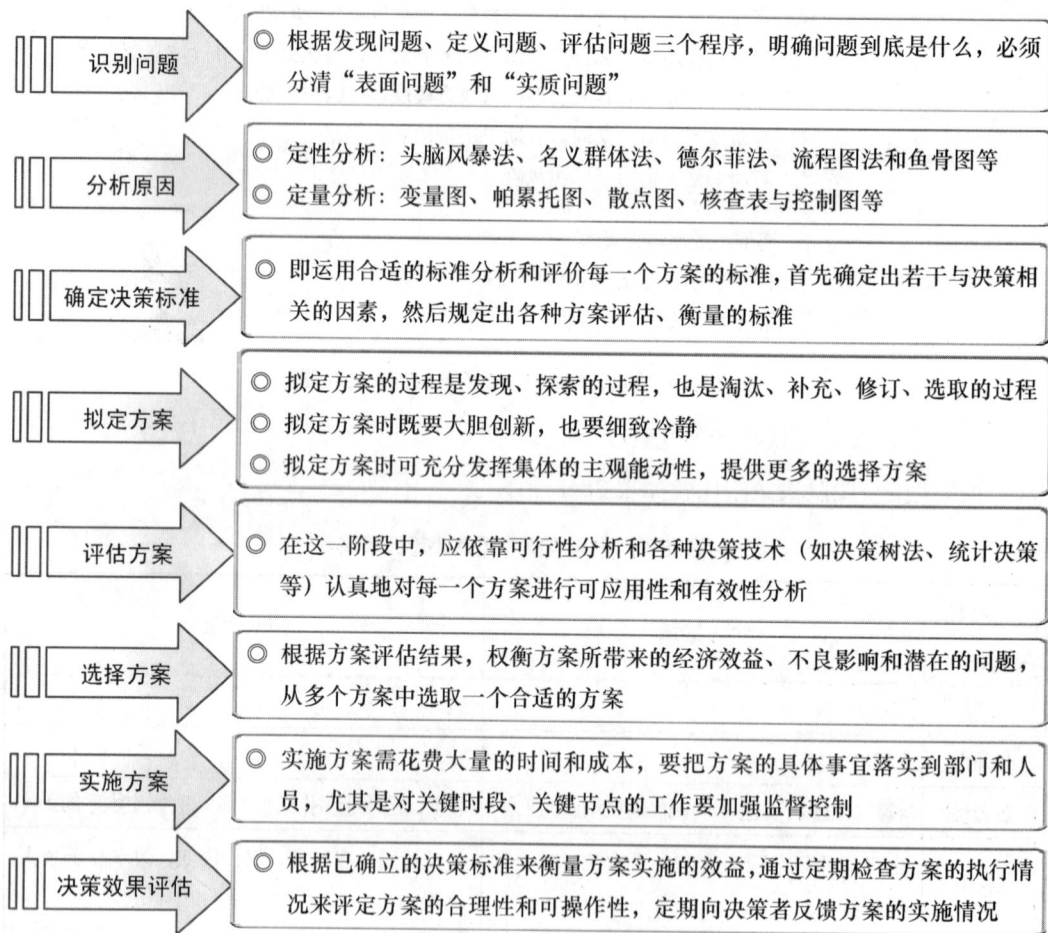

识别问题	◎ 根据发现问题、定义问题、评估问题三个程序，明确问题到底是什么，必须分清"表面问题"和"实质问题"
分析原因	◎ 定性分析：头脑风暴法、名义群体法、德尔菲法、流程图法和鱼骨图等 ◎ 定量分析：变量图、帕累托图、散点图、核查表与控制图等
确定决策标准	◎ 即运用合适的标准分析和评价每一个方案的标准，首先确定出若干与决策相关的因素，然后规定出各种方案评估、衡量的标准
拟定方案	◎ 拟定方案的过程是发现、探索的过程，也是淘汰、补充、修订、选取的过程 ◎ 拟定方案时既要大胆创新，也要细致冷静 ◎ 拟定方案时可充分发挥集体的主观能动性，提供更多的选择方案
评估方案	◎ 在这一阶段中，应依靠可行性分析和各种决策技术（如决策树法、统计决策等）认真地对每一个方案进行可应用性和有效性分析
选择方案	◎ 根据方案评估结果，权衡方案所带来的经济效益、不良影响和潜在的问题，从多个方案中选取一个合适的方案
实施方案	◎ 实施方案需花费大量的时间和成本，要把方案的具体事宜落实到部门和人员，尤其是对关键时段、关键节点的工作要加强监督控制
决策效果评估	◎ 根据已确立的决策标准来衡量方案实施的效益，通过定期检查方案的执行情况来评定方案的合理性和可操作性，定期向决策者反馈方案的实施情况

图28-12 非程序化问题的解决步骤

28.3.4　SWOT 分析法

SWOT 分析法又称为态势分析法、自我诊断法，是进行企业外部环境和内部条件分析，从而构造两者最佳策略组合的一种分析工具。SWOT 四个英文字母分别代表：Strength（优势）、Weakness（劣势）、Opportunity（机会）和 Threat（威胁）。

1. 执行程序的六个步骤

（1）绘出 SWOT 分析表，如表 28-2 所示。

表 28-2　SWOT 分析表

优势（S）	劣势（W）
1. 2. 3. ……	1. 2. 3. ……
机会（O）	威胁（T）
1. 2. 3. ……	1. 2. 3. ……

（2）对企业的内外部环境进行分析，找出企业的优势（S）、劣势（W）、机会（O）和威胁（T）。

（3）把各种影响因素列在相应的象限内。将那些对公司发展有直接的、重要的、迫切的、久远的影响因素优先排列出来，而将那些间接的、次要的、可缓的、短暂的影响因素排列在后面。

（4）把所有的内部因素（优势和劣势）以及外部因素（机会和威胁）分别集中在一起进行对比。

（5）将内部因素和外部因素相互匹配起来加以组合，得出一系列公司未来发展的可选择策略，如表 28-3 所示。

表 28-3　SWOT 策略选择表

SWOT	优势（S）	劣势（W）
机会（O）	OS 组合 OS 策略——利用这些因素	OW 组合 OW 策略——改进这些因素

SWOT	优势（S）	劣势（W）
威胁（T）	TS 组合 TS 组合——监控这些因素	TS 组合 TS 策略——消除这些因素

（6）制订并实施相应的行动计划。基本思路是：发挥优势因素，克服弱点因素，利用机会因素，化解威胁因素；考虑过去，立足当前，着眼未来。

2．人力资源管理 SWOT 分析示例

表 28-4　企业人力资源管理 SWOT 分析要点表

优势（S）	劣势（W）
1．卓越的品牌影响力、出众的企业形象、优秀的企业文化 2．富有创造力的员工、凸显价值的关键员工 3．充满朝气的团队 ……	1．品牌影响力低、企业形象差、企业文化建设缓慢 2．员工流动性大、员工缺乏创造力 3．团队建设不到位 ……
机会（O）	威胁（T）
1．市场需求增长强势，适合快速扩张 2．技术向新产品、新业务方向转移，客户群增多 3．具有并购竞争对手的能力，并找准了并购对象，人员需求量增大 ……	1．市场中出现了强大的竞争对手和替代品 2．顾客的消费需求发生了不利于产品销售的变化，销售人员培训滞后 3．发生经济危机，主要业务受到严重影响，面临大规模裁员要求 ……

这样企业人力资源管理现状的 SWOT 图就做好了，企业内部人力资源管理的优劣势以及外部面临的机会与威胁也一目了然，人力资源部经理就可以针对企业存在的问题，进一步按照执行程序来确定解决方案，并实施有效的人力资源管理了。

3．SWOT 分析法应用注意事项

（1）SWOT 采用了定性分析的方法，具有一定的局限性，所以在运用时，要尽量罗列真实、客观、精确的内容，并提供一定的数据以弥补定性分析的不足。

（2）分析重点应放在提出问题、分析问题和讨论问题上。

（3）SWOT 分析法将各因素填到图表中，只是方便整理和分析的一种手段，因此在运用时切不可舍本逐末。

28.3.5　PDCA 分析法

PDCA 循环也称戴明环，是一个持续改进模型。PDCA 是由英语单词 Plan（计划）、Do（执行）、Check（检查）和 Act（行动和改进）的第一个字母组成的，PDCA 循环就是按照这样的顺序进行量管理，并且不停地反复循环的科学程序。

1. PDCA 循环的基本原理

PDCA 循环是全面管理所应遵循的科学程序。全面管理活动的全部过程就是管理计划的制订和组织实现的过程，这个过程是按照 PDCA 循环周而复始地运转的。

（1）P（Plan）计划：确定方针和目标，确定活动计划。

（2）D（Do）执行：实地去做，实现计划中的内容。

（3）C（Check）检查：总结执行的效果，找出执行的问题。

（4）A（Action）行动和改进：对检查取得的结果进行处理。

① 对于成功的经验，加以肯定和适当推广。

② 对于失败的教训，进行总结，以免重蹈覆辙。

③ 将未解决的问题放到下一个 PDCA 循环中去。

2. PDCA 循环图例及特点

（1）PDCA 的四个阶段缺一不可，先后次序不可颠倒，并紧密衔接，连为一体，如图 28-13 所示。

（2）大环带小环，环环相扣，质量持续改进过程从企业整体质量控制到车间操作人员的质量控制，可以理解为是质量秩序改进模型在不同层面上的使用，如图 28-14 所示。

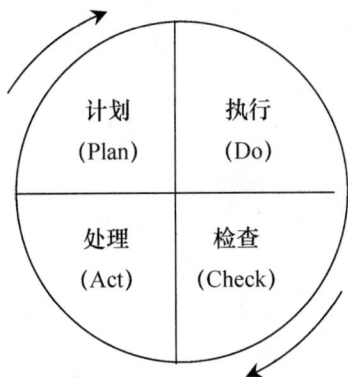

图 28-13　PDCA 循环图例之一般情形　　图 28-14　PDCA 循环图例之大环套小环

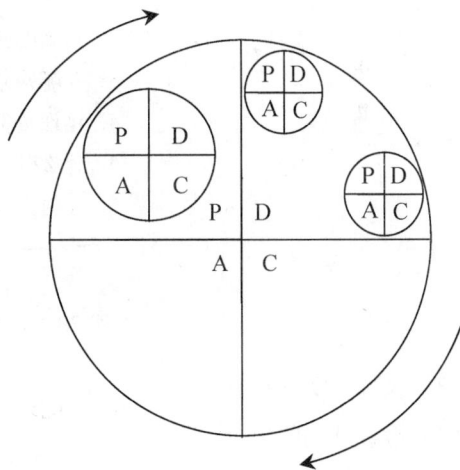

（3）阶梯式上升。PDCA循环不是在同一水平上循环，而是阶梯式上升，每循环一次，就解决一部分问题，使质量得以改进和提升，如图28-15所示。

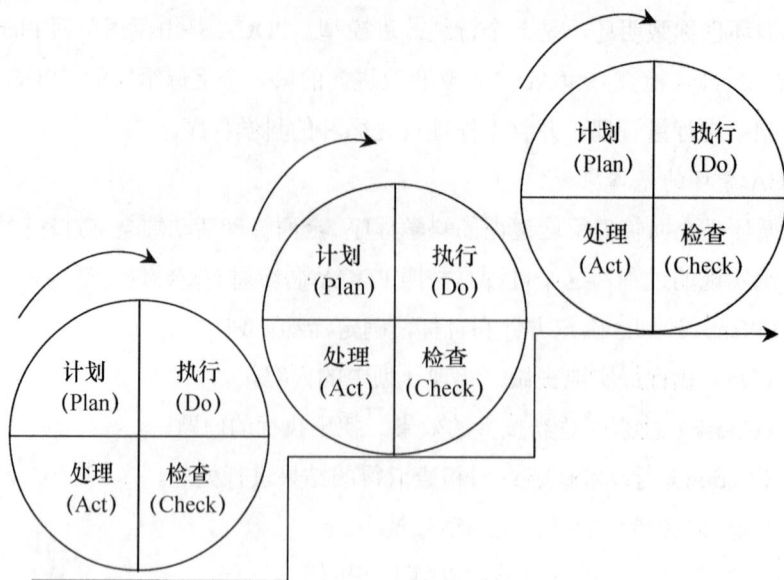

图28-15　PDCA循环的阶梯式上升

3. PDCA循环执行程序六步骤

（1）分析现状，找出需要改进的地方和有关的影响因素。

（2）针对主要原因制订改进措施的计划，该计划应能够回答"5W1H"的问题，如图28-16所示。

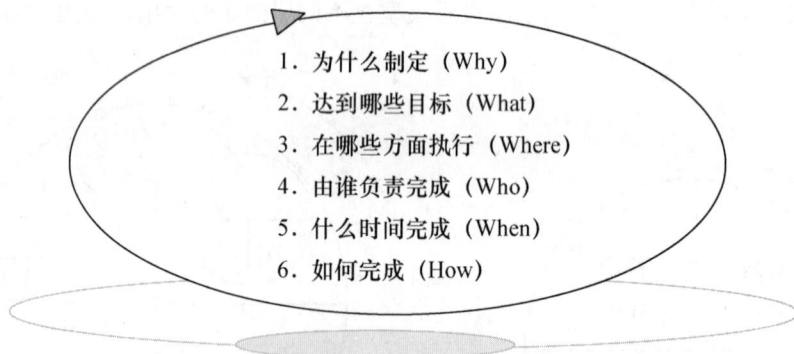

1. 为什么制定（Why）
2. 达到哪些目标（What）
3. 在哪些方面执行（Where）
4. 由谁负责完成（Who）
5. 什么时间完成（When）
6. 如何完成（How）

图28-16　5W1H问题

（3）执行、实施计划。

（4）检查计划的执行效果。

（5）总结成功经验，制定相应标准、修改工作规程以及其他有关规章制度。

（6）在下一个PDCA循环中解决未解决的问题或新出现的问题。

28.4 组织变革中的自我管理

28.4.1 外在变革与内在变革

组织变革就是组织根据内外环境的变化,运用行为科学和相关管理方法及时对组织中的要素及其关系进行调整,以适应组织未来发展的要求。它涉及组织在结构、技术或人员方面的任何改变,组织变革既包括外在变革,也包括内在变革。

外在变革是环境对企业发展的必然要求,它往往是快速发生、不以人的意志为转移的。外在变革的主要形式为:公司并购后成为兼并方、公司并购后成为被购方、业务转型、业务合并或拆分、业务转让、组织结构重组、领导/管理团队变更等。

内在变革是企业员工对外在变革的反应,它涉及员工的态度、价值观、身份、地位、与他人的人际关系等诸多与切身利益相关的因素,内在变革需要一定的过渡期和适应期。相对于外在变革来说,内在变革缓慢而微妙。

28.4.2 内在变革的三个阶段

对于员工个人来说,变革管理的实质是内在变革的管理。经过研究发现,每个人面对变革,尤其是革命性变革,都需经历三个阶段,只不过每个人经历每个阶段的时间和速度不同,这与组织及员工个人对这三个阶段的管理水平有关。这三个阶段分别是:告别过去(Letting Go),中间地带(Neutral Zone),崭新开端(New Beginning)。

28.4.3 告别过去

员工已经习惯了现有的生活方式、工作方式和身份地位,习惯了固定的思维模式。告别过去意味着要用新的身份去工作、去生活,这时他会被未来不确定性的恐惧包围着,会感到失落和迷茫。这一阶段人的典型心理和行为反应为震惊、抵制、气愤、怨恨、叹息和忧郁。

在“告别过去”这一阶段,对于可以自我控制的事物,我们要采取行动;对于不可控制的事物,也要积极努力而不强求好的结果。面对外在的变化,我们要运用健康的方式告别过去,具体内容如图 28-17 所示。

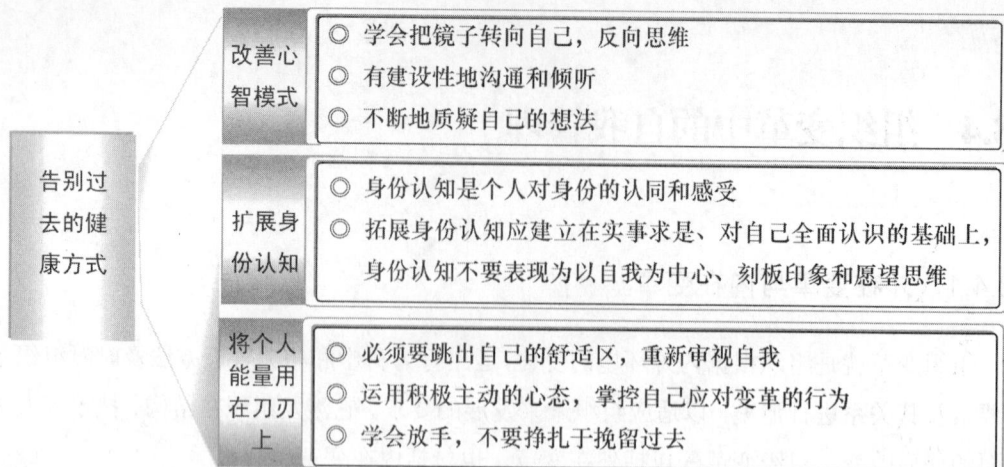

图 28-17　告别过去的健康方式

28.4.4　中间地带

在中间地带这一阶段，员工已经克服了变革初期的忧郁，员工的心情虽不像最初面对变革时那么偏激，但仍然十分复杂，表现为对自己能力的怀疑加重、孤独感增强和自信心减弱。中间地带是一个难熬的阶段，同时又是蕴含创造力的阶段。

中间地带是员工内在变革的核心，只有成功度过中间地带，才能在组织变革中重生。因此我们要从以下三个方面入手，努力改善中间地带的混沌情况，如图 28-18 所示。

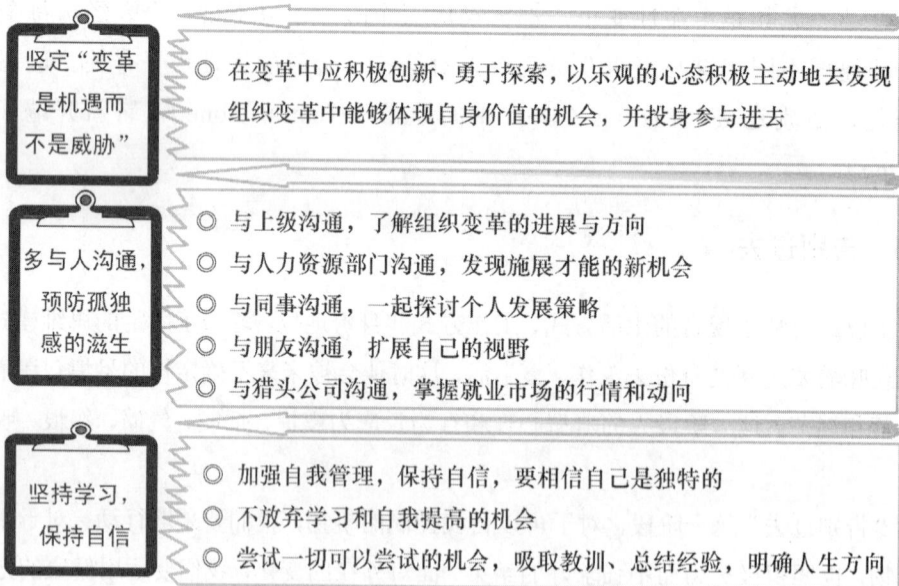

图 28-18　度过中间地带需具备的能力

28.4.5 崭新开端

在崭新开端这一阶段，员工已经感受到新的人生价值和目标，已经适应并接受了组织的变革，并愿意在变革中积极进取。在这一阶段，我们新的事业航向终于驶入了正轨。组织变革总会给人带来不适，但它会加速我们的成长步伐，让我们的意志和能力大大增强，今后遇到再大的风雨都会应对得游刃有余。

每次组织变革的经历和经验都是宝贵的，员工要善于总结并学会珍惜。这一阶段需要重点总结的内容如图 28-19 所示。

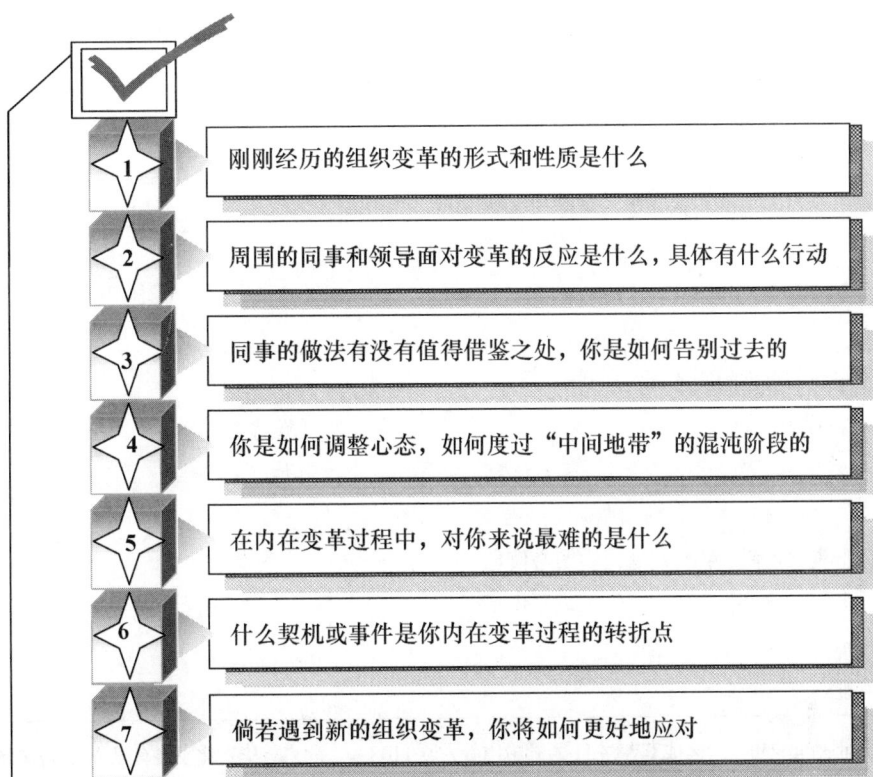

1	刚刚经历的组织变革的形式和性质是什么
2	周围的同事和领导面对变革的反应是什么，具体有什么行动
3	同事的做法有没有值得借鉴之处，你是如何告别过去的
4	你是如何调整心态，如何度过"中间地带"的混沌阶段的
5	在内在变革过程中，对你来说最难的是什么
6	什么契机或事件是你内在变革过程的转折点
7	倘若遇到新的组织变革，你将如何更好地应对

图 28-19 "崭新开端"阶段需重点总结的内容

组织所处的内外部环境是不断变化的，组织变革随时都可能在我们的生活中发生。在组织变革中，我们需要加强自我管理技能、勇于承担责任、提高心理素质、提高工作的灵活性。任凭组织变革多么巨大，只要我们具备不折不挠的心理素质和应对变革的自我管理技能，就可以像冲浪手那样，不被组织变革的大潮所吞噬，而是乘风破浪、勇往直前。

《我的第一本 HR 入门书》

编读互动信息卡

亲爱的读者：

感谢您购买本书。只要您以以下三种方式之一成为普华公司的**会员**，即可免费获得普华每月新书信息快递，在线订购图书或向我们邮购图书时可获得免付图书邮寄费的优惠：①详细填写本卡并以**传真（复印有效）或**邮寄返回给我们；②**登录普华公司官网注册成为普华会员**；③**关注微博：@普华文化（新浪微博）。会员单笔订购金额满 300 元，可免费获赠普华当月新书一本。

哪些因素促使您购买本书（可多选）

○本书摆放在书店显著位置　　　　○封面推荐　　　　　　○书名

○作者及出版社　　　　　　　　　○封面设计及版式　　　○媒体书评

○前言　　　　　　　　　　　　　○内容　　　　　　　　○价格

○其他（　　　　　　　　　　　　　　　　　　　　　　　　　　）

您最近三个月购买的其他经济管理类图书有

1.《　　　　　　　　　》　　　　2.《　　　　　　　　　》

3.《　　　　　　　　　》　　　　4.《　　　　　　　　　》

您还希望我们提供的服务有

1. 作者讲座或培训　　　　　　　2. 附赠光盘

3. 新书信息　　　　　　　　　　4. 其他（　　　　　　　）

请附阁下资料，便于我们向您提供图书信息

姓　　名　　　　　　联系电话　　　　　　　职　　务

电子邮箱　　　　　　工作单位

地　　址

地　　址：北京市丰台区成寿寺路 11 号邮电出版大厦 1108 室　北京普华文化发展有限公司（100164）

传　　真：010-81055644

读者热线：010-81055656

编辑邮箱：daixinmei@puhuabook.com

投稿邮箱：puhua111@126.com，或请登录普华官网"作者投稿专区"。

投稿热线：010-81055633

购书电话：010-81055656

媒体及活动联系电话：010-81055656　　　　　　邮件地址：hanjuan@puhuabook.com

普华官网：http://www.puhuabook.com.cn

博　　客：http://blog.sina.com.cn/u/1812635437

新浪微博：@普华文化（关注微博，免费订阅普华每月新书信息速递）